本书是国家自然科学基金项目（71372001、71173193）、教育部人文社会科学基金项目（17YJC790077）、浙江省科技厅软科学重点项目（2014C25029）、浙江省自然科学基金项目（LY17D010007）、浙江省社科规划项目（16ZJQN002YB、17NDYD07YB）、宁波财经学院浙江省应用经济学一流学科和宁波财经学院大宗商品流通协同创新中心研究成果

# 大宗商品流通行业发展的
# 理论、测度与政策

蒋天颖　谭晶荣　李书彦　著　Commodities

中国社会科学出版社

# 图书在版编目（CIP）数据

大宗商品流通行业发展的理论、测度与政策/蒋天颖等著.—北京：中国社会科学出版社，2018.5
ISBN 978-7-5203-2569-1

Ⅰ.①大… Ⅱ.①蒋… Ⅲ.①商品流通—产业发展—研究—中国 Ⅳ.①F724

中国版本图书馆 CIP 数据核字（2018）第 097664 号

| 出版人 | 赵剑英 |
|---|---|
| 责任编辑 | 卢小生 |
| 责任校对 | 周晓东 |
| 责任印制 | 王　超 |

| 出　版 | 中国社会科学出版社 |
|---|---|
| 社　址 | 北京鼓楼西大街甲158号 |
| 邮　编 | 100720 |
| 网　址 | http://www.csspw.cn |
| 发行部 | 010-84083685 |
| 门市部 | 010-84029450 |
| 经　销 | 新华书店及其他书店 |
| 印刷装订 | 北京君升印刷有限公司 |
| 版　次 | 2018年5月第1版 |
| 印　次 | 2018年5月第1次印刷 |
| 开　本 | 787×1092　1/16 |
| 印　张 | 23.5 |
| 插　页 | 2 |
| 字　数 | 395千字 |
| 定　价 | 98.00元 |

凡购买中国社会科学出版社图书，如有质量问题请与本社营销中心联系调换
电话：010-84083683
版权所有　侵权必究

# 序　言

　　工业革命伊始，大宗商品作为工农业生产的基础原材料登上了全球贸易的舞台。其后，随着历次工业革命的兴起，大宗商品在经济中的地位日益重要。尤其是近年来，随着国际大宗商品供需矛盾的日益加深，对于一些战略性资源，其生产、贸易甚至上升到国家战略层面，成为国家经济安全的重要保障。从我国来看，随着经济的高速发展，我国已经成为仅次于美国的全球第二大经济体和全球最大的出口贸易国，尤其是随着"一带一路"等对外开放的不断深入和经济全球化的发展，我国在国际大宗商品贸易中的地位越来越重要。从需求来看，中国拥有全球规模最大、体系最完善的制造业体系，全球500多种工业品中，中国有一半以上位居全球第一，中国早已成为全球大宗商品的最大需求国。在国际大宗商品市场中，"中国时刻""中国价格"现象日益显著。

　　尽管大宗商品贸易和价格波动对经济影响甚远，但学术界似乎对大宗商品领域的研究一直比较冷淡。而与此相反，在金融投资、商品流通等领域的实际从业人员，却对大宗商品的研究和实践热度不减，关注极高。这种"业界热、学界冷"的局面着实令人费解，其原因之一是学术界对大宗商品贸易、流通、金融的研究缺乏系统的理论支撑。当前的研究视角要么是侧重于金融视角，把大宗商品市场作为期货及金融衍生品的一部分而不加区分；要么是从贸易产品的某一种类视角，对农产品、矿产品等生产加工、流通进行一定的研究。实际上，大宗商品流通领域的研究需要从贸易、金融、物流、产业组织等多学科交叉融合，进行综合研究；大宗商品流通产业已经成为一个具有举足轻重地位的产业部门。无论是从学科发展角度，还是从产业发展角度考量，都亟须围绕大宗商品流通这一重要主题，在现代经济学的思想、理论和方法的指导下，对大宗商品经济运行进行科学、系统的梳理，使学科发展和专业建设跟上经济社会发展的需要。

对于大宗商品流通的研究，应以经济学理论为基础，主要研究大宗商品的价格形成、价格波动以及其对宏观经济运行、国家经济安全等方面的影响，以及大宗商品流通产业发展的一般规律。从宏观视角，主要研究大宗商品对一国经济运行（如通货膨胀、就业）产生的影响及其传导机制；从开放经济视角，主要研究大宗商品国际市场的特征，包括大宗商品国际贸易、投资等对一国贸易条件、战略资源安全乃至定价权的重要影响；从微观视角，主要研究大宗商品的供给、需求决定的基本规律，以及大宗商品流通企业的发展与运行规律；从产业视角，主要研究大宗商品的产业结构特征及相关上下游产业体系的互动关系。

蒋天颖等以宁波大宗商品流通协同创新中心和浙江一流学科（B类）"应用经济学"为依托，一直从事大宗商品贸易、流通和金融等领域的相关研究。研究成果不仅有理论创新，更注重运用到行业实践，已经成为国内大宗商品理论研究的高地和产学研协同创新高地，受到了学术界、产业界和政府的广泛关注和高度评价。

本著作对大宗商品流通行业发展的若干热点问题提出了针对性的对策建议，其中很多政策建议已经得到了省市领导的批示和政府部门的采纳应用。

在本著作撰写过程中，我数次受邀参加著作撰写的研讨和论证，见证了著作从谋篇布局、反复修改到最终的定稿出版，并有幸先睹为快。作为著作的见证者，我为蒋天颖等专注理论和实证研究并不懈努力的精神表示钦佩，也对倾注了无数心血的专著顺利出版表示祝贺。

2018年1月18日于昆明

# 前　言

早在明清时期，大宗商品交易就出现在我国东南沿海地区。由于当时的经济条件、生产条件和交通状况限制，各地区间大宗商品贸易流通主要是以粮食、棉和丝织品为主，规模相对较小。现代意义上的大宗商品交易及交易市场的出现和发展还是在20世纪我国改革开放以后。自1997年我国开展大宗商品电子交易以来，我国大宗商品流通市场得以快速成长。截至2016年年底，我国大宗商品电子类交易市场共计1231家。大宗商品流通市场与大宗商品实体企业和大宗商品金融服务企业紧密关联，已成为现代服务业的重要生力军，在现代化经济体系中发挥着越来越重要的作用。

当前，我国经济步入新常态，经济发展的结构性矛盾日益突出，流通作为连接生产和消费的关键环节，发展流通业有利于提升资源配置效率，形成有效供给，缓解产能过剩，促进经济转型升级，流通作为经济增长新引擎和新动力的作用进一步凸显。伴随着互联网技术的深度发展，大宗商品流通领域已实现线上与线下、境内与境外、商品与金融、资金与物流、上游与下游，乃至场内与场外、现货与期货的有效对接，形成了完整的产业生态圈。

供给侧结构性改革、"一带一路"倡议和"互联网＋"等国家政策的实施，也给大宗商品流通业带来了重大发展契机。2016年，国家发布的内贸"十三五"规划明确指出，要推动我国从流通大国向流通强国转变，要推动供应链创新与应用，有序发展平台经济，促进流通集约化发展。我国大宗商品流通业正在以新的发展方式，创造新的价值，迎来了新的发展机会和空间。

系统地总结和梳理目前我国大宗商品流通行业发展的相关理论，揭示大宗商品流通业发展的现状与问题，对推进我国大宗商品流通现代化，提高流通效率，完善我国重要商品、服务、要素价格形成机制，提高市场调控能力和国际市场应对能力，从而促进我国从大宗商品流通大国走向大宗商品流通强国具有重要意义。

本书的学术价值和社会价值主要体现在以下三个方面：

第一，在理论研究方面，围绕大宗商品流通的核心理论和关注热点，对大宗商品交易市场结构及特征、大宗商品交易平台运行机制、大宗商品交易平台风险防范、大宗商品金融化及供应链金融服务创新、大宗商品国际贸易结构及潜力、大宗商品物流服务创新等内容进行研究，揭示了大宗商品交易、大宗商品金融、大宗商品贸易以及大宗商品物流的运行机制、影响机理以及演化规律，构建了大宗商品流通理论问题的基础框架。本书的理论研究成果被各类研究引用达200余次，总计被下载15000余次，产生了较强的学术影响。

第二，在实证测度研究方面，原创性地完成了大宗商品流通行业景气指数测度方法构建工作，实证测度了2015—2016年浙江省大宗商品流通行业景气状况，并围绕浙江省大宗商品流通行业发展现状及问题，聚焦大宗商品流通行业融资政策、转型升级、创新驱动、国际化发展等重要问题，客观地评估了浙江省各地市大宗商品流通行业发展的优势与不足。这对统筹引导浙江省各地市大宗商品流通产业有序发展、促进浙江省产业结构调整、转变经济发展方式和增强国民经济竞争力等方面具有重要意义。本书的实证测度研究成果被新华网、搜狐网、浙江在线、《浙江教育报》等媒体广泛宣传报道。

第三，在政策建议研究方面，聚焦当前浙江省乃至我国大宗商品流通领域的热点问题，从完善大宗商品交易平台运作机制、加快大宗商品流通人才培养和提升大宗商品流通资源配置效率入手，选择若干典型问题，通过调查研究，提出一系列有较强针对性的政策建议。本书提出的政策建议先后得到浙江省委书记车俊，浙江省省长袁家军、副省长朱从玖，时任浙江省委常委、宁波市委书记王辉忠等省市领导的批示，以及浙江省发展与改革委员会、浙江省政府咨询委员会、舟山市政府、宁波市社会科学院等政府部门的采纳与应用，对服务地方经济发展具有较强的应用价值。

本书由前言和三篇共二十八章组成。

第一篇是大宗商品流通行业发展理论问题，主要内容包括大宗商品交易市场结构及特征、大宗商品交易平台运行机制及效率评价、大宗商品交易市场空间分布特征及区位选择、国际大宗商品期货价格与我国农产品批发市场价格关系、大宗商品金融化对我国农产品贸易条件的影响、贸易便利化对中国大宗农产品贸易的影响、大宗物流产业空间格局演化及影响因素等。

第二篇是大宗商品流通行业发展实证测度，主要内容包括大宗商品流通行业景气指数构建理论与方法，浙江省大宗商品流通行业景气指数测度，浙江省杭州市、宁波市和舟山市大宗商品流通行业景气指数测度以及浙江省大宗商品流通行业发展实证案例。

第三篇是大宗商品流通行业发展政策建议，主要内容包括加快推动大宗商品金融服务企业发展的对策建议、完善大宗商品交易平台风险防范机制、大宗商品流通人才培养的创新实践与思考、浙江建设大宗商品国际贸易与物流中心的若干思考、发展浙江大宗商品自由贸易的优势及建议、中国（浙江）自贸试验区建设亟须破解的难点和对策建议、加快创建浙江自由贸易港的建议、浙江大宗农产品跨境电商的发展现状及建议、加快发展宁波大宗物流产业的政策建议等。

本书是国家自然科学基金项目（71372001、71173193）、浙江省社科规划项目（16ZJQN002YB、17NDYD07YB）、浙江省科技厅软科学重点项目（2014C25029）、教育部人文社会科学基金项目（17YJC790077）和浙江省自然科学基金（LY17D010007）的研究成果。本书由蒋天颖负责出版策划、组织和统撰工作。谭晶荣和李书彦作为主要参与人员参加了本书部分章节的写作和审校。

在本书研究和撰写过程中，得到了浙江省发展与改革委员会、浙江省政府咨询委员会、浙江省中小企业局、浙江省哲学社会科学规划办公室、南京大学、东华大学、浙江工业大学、宁波大宗商品交易所、舟山大宗商品交易所等组织机构、部门、高校、企业与领导的指导和支持，使本书内容充实、数据准确、资料丰富，再次一并表示感谢。

感谢宁波财经学院的领导、同事对本书出版的支持和帮助。同时还要由衷感谢中国社会科学出版社经济与管理出版中心主任卢小生编审及其专业团队为本书出版所付出的大量心血和努力，他们精心、细致、高效的工作保证了本书的顺利出版。

　　尽管参加本书撰写的学者都对自己撰写的内容进行了认真思考和深入研究，但是，由于目前我国关于大宗商品流通行业发展的研究还处于起步阶段，面临着众多新问题，再加上编写时间仓促，难免存在不足之处，敬请各位读者批评指正。

# 目 录

## 第一篇 大宗商品流通行业发展理论问题

### 第一章 大宗商品交易市场结构与特征 …………………………… 3
第一节 大宗商品交易市场结构 …………………………………… 3
第二节 全球主要大宗商品交易市场特征 ………………………… 7
第三节 我国大宗商品交易市场特征 ……………………………… 9
第四节 结论 ………………………………………………………… 10

### 第二章 大宗商品交易平台运行机制及效率评价 ………………… 12
第一节 大宗商品交易平台运行机制 ……………………………… 12
第二节 大宗商品交易平台运作效率指标构建 …………………… 17
第三节 大宗商品交易平台运作效率评价指标权重确定 ………… 28
第四节 主要结论 …………………………………………………… 33

### 第三章 大宗商品交易市场空间分布特征及区位选择
——以浙江为例 …………………………………………… 34
第一节 研究方法与数据来源 ……………………………………… 35
第二节 大宗商品交易市场空间分布特征 ………………………… 38
第三节 浙江省大宗商品交易市场区位选择 ……………………… 41
第四节 结论与讨论 ………………………………………………… 45

## 第四章 国际大宗商品期货价格与我国农产品批发市场价格关系 …… 47

  第一节 引言 …… 47
  第二节 文献回顾 …… 48
  第三节 数据收集及预处理 …… 49
  第四节 基于视图传导关系的理论分析 …… 50
  第五节 实证与结果 …… 52
  第六节 结论及政策启示 …… 59

## 第五章 大宗商品金融化对我国农产品贸易条件的影响 …… 60

  第一节 引言 …… 60
  第二节 大宗商品金融化背景下国际农产品市场运行机制 …… 62
  第三节 我国月度农产品贸易条件变动测算 …… 64
  第四节 实证检验 …… 67
  第五节 结果分析及结论 …… 69

## 第六章 贸易便利化对中国大宗农产品贸易的影响 …… 72

  第一节 问题提出 …… 72
  第二节 文献回顾 …… 73
  第三节 经济带沿线国家的贸易便利化水平现状 …… 75
  第四节 经济带沿线国家贸易便利化水平对中国大宗农产品出口的影响 …… 80
  第五节 主要结论与政策建议 …… 86

## 第七章 中国对丝绸之路经济带沿线国家农产品出口贸易决定因素分析 …… 88

  第一节 引言 …… 88
  第二节 中国对丝绸之路经济带沿线国家农产品出口贸易状况 …… 89
  第三节 中国对丝绸之路经济带沿线国家农产品出口决定因素分析 …… 91

  第四节 实证结果及讨论 …………………………………………… 94
  第五节 主要结论及启示 …………………………………………… 98

**第八章 "一带一路"背景下中国与中亚五国主要农产品**
    **贸易潜力** ……………………………………………………… 100
  第一节 研究背景 …………………………………………………… 100
  第二节 中国与中亚五国农产品贸易现状及贸易结构分析 …… 102
  第三节 中国与中亚五国主要农产品贸易潜力实证分析 ……… 103
  第四节 结论与政策建议 ………………………………………… 110

**第九章 物流企业空间格局演化特征研究** ……………………………… 111
  第一节 数据来源与研究方法 …………………………………… 112
  第二节 物流企业时间序列演化特征 …………………………… 114
  第三节 物流企业空间格局演化特征 …………………………… 115
  第四节 结论与启示 ………………………………………………… 121

**第十章 港口物流产业空间格局及区位选择** ………………………… 123
  第一节 研究方法与数据来源 …………………………………… 124
  第二节 港口物流企业总体分布特征 …………………………… 126
  第三节 港口物流企业区位选择的影响因素 ………………… 131
  第四节 结论与建议 ………………………………………………… 135

**第十一章 大宗物流企业空间格局演化及影响因素** ……………… 137
  第一节 引言 ………………………………………………………… 137
  第二节 大宗物流企业空间分布特征 …………………………… 138
  第三节 大宗物流企业空间格局影响因素 …………………… 143
  第四节 研究结论 …………………………………………………… 148

## 第二篇　大宗商品流通行业发展实证测度

**第十二章　大宗商品流通行业景气指数构建理论与方法**……… 153
  第一节　景气指数理论梳理……………………………………… 153
  第二节　景气指数测度指标选取原则与方法…………………… 157
  第三节　景气指数测度指标体系构建及权重确定……………… 161

**第十三章　浙江省大宗商品流通行业景气指数测度**…………… 168
  第一节　2015年浙江省大宗商品流通行业景气指数 ………… 168
  第二节　2016年浙江省大宗商品流通行业景气指数 ………… 171
  第三节　浙江省大宗商品流通行业景气指数比较……………… 174

**第十四章　浙江省杭州市、宁波市和舟山市大宗商品流通行业**
**　　　　　景气指数测度**………………………………………… 176
  第一节　杭州市大宗商品流通行业景气指数…………………… 176
  第二节　宁波市大宗商品流通行业景气指数…………………… 178
  第三节　舟山市大宗商品流通行业景气指数…………………… 179

**第十五章　浙江省大宗商品流通行业发展实证案例**…………… 182
  第一节　宁波大宗商品交易所有限公司交易模式创新发展…… 182
  第二节　中国塑料城转型升级发展……………………………… 194
  第三节　国际物流创新驱动发展………………………………… 207
  第四节　中国（舟山）大宗商品交易中心国际化发展 ………… 214
  第五节　新华浙江大宗商品交易中心国际化发展……………… 222

## 第三篇　大宗商品流通行业发展政策建议

### 第十六章　推进大宗商品金融服务企业发展的对策建议 ………… 233
  第一节　构建大宗商品电子交易金融平台 ………………… 233
  第二节　推行数据化金融模式 ……………………………… 235
  第三节　推进公共服务平台建设 …………………………… 235
  第四节　实施全面风险管理 ………………………………… 236

### 第十七章　推进大宗商品交易平台健康有序发展的政策建议 ……… 240
  第一节　加大政府支持力度 ………………………………… 240
  第二节　提升大宗商品交易平台运营能力 ………………… 242
  第三节　加强大宗商品交易平台服务支持能力 …………… 243
  第四节　规范大宗商品交易平台管理制度 ………………… 244

### 第十八章　大宗商品流通人才培养的创新实践与思考 ………… 246
  第一节　引言 ………………………………………………… 246
  第二节　大宗商品流通人才培养的创新举措 ……………… 247
  第三节　大宗商品流通人才培养面临的问题及困难 ……… 248
  第四节　推进大宗商品流通人才培养的若干思考 ………… 250

### 第十九章　浙江建设大宗商品国际贸易与物流中心的若干思考 …… 255
  第一节　国际大宗商品市场发展趋势 ……………………… 255
  第二节　浙江大宗商品贸易与物流现状 …………………… 256
  第三节　浙江大宗商品交易市场建设的机遇和挑战 ……… 257
  第四节　推动大宗商品交易市场发展的若干建议 ………… 258

### 第二十章　浙江发展大宗商品自由贸易的优势及建议 ……………… 261
  第一节　引言 ………………………………………………… 261
  第二节　浙江发展大宗商品自由贸易的优势 ……………… 261

第三节　浙江发展大宗商品自由贸易的政策建议……………… 263

**第二十一章　中国（浙江）自贸试验区建设亟须破解的难点和对策建议** 266

　　第一节　研究背景……………………………………………… 266
　　第二节　浙江自贸试验区建设亟须破解的"瓶颈"和难点…… 266
　　第三节　加快浙江自贸试验区建设的思路与举措…………… 268

**第二十二章　加快创建浙江自由贸易港的建议** 271

　　第一节　自由贸易港建设的战略机遇………………………… 271
　　第二节　浙江创建自由贸易港的基础和条件………………… 272
　　第三节　创建浙江自由贸易港的战略定位和政策举措……… 273

**第二十三章　浙江大宗农产品跨境电商发展现状及建议** 276

　　第一节　浙江大宗农产品跨境电商发展现状………………… 276
　　第二节　浙江大宗农产品跨境电商面临的挑战……………… 277
　　第三节　浙江大宗农产品跨境电商改革建议………………… 279

**第二十四章　浙江构建大宗农产品品牌的优势与政策建议** 281

　　第一节　浙江大宗农产品品牌发展的三大优势……………… 281
　　第二节　浙江大宗农产品品牌发展现状与问题……………… 283
　　第三节　加快创建浙江大宗农产品品牌的政策建议………… 285

**第二十五章　加快推进义甬舟开放大通道建设的对策建议** 288

　　第一节　加快推进义甬舟开放大通道建设的基础和条件…… 288
　　第二节　推进义甬舟开放大通道建设中面临的若干问题…… 289
　　第三节　加快推进义甬舟开放大通道建设的若干思路……… 290

**第二十六章　宁波大宗商品交易市场建设与政府服务** 293

　　第一节　研究背景……………………………………………… 293
　　第二节　宁波大宗商品交易市场建设面临的形势…………… 294

|  |  |  |
| --- | --- | --- |
| 第三节 | 宁波建设区域性大宗商品交易中心的条件和优势……… | 296 |
| 第四节 | 政府参与大宗商品交易市场建设的必要性…………… | 297 |
| 第五节 | 推动大宗商品交易市场发展的政策建议……………… | 298 |

## 第二十七章 宁波农产品进出口贸易影响因素及发展对策………… 301

|  |  |  |
| --- | --- | --- |
| 第一节 | 研究回顾………………………………………………… | 302 |
| 第二节 | 宁波农产品进出口贸易现状…………………………… | 304 |
| 第三节 | 宁波农产品进出口贸易影响因素研究假设…………… | 307 |
| 第四节 | 宁波农产品进出口贸易影响因素实证检验…………… | 314 |
| 第五节 | 进一步发展宁波农产品进出口贸易的对策建议……… | 322 |

## 第二十八章 加快发展宁波大宗物流产业的政策建议………………… 326

|  |  |  |
| --- | --- | --- |
| 第一节 | 研究回顾………………………………………………… | 326 |
| 第二节 | 宁波大宗物流产业发展的基础………………………… | 327 |
| 第三节 | 宁波大宗物流产业发展的"短板"……………………… | 330 |
| 第四节 | 推进宁波大宗物流产业发展的政策建议……………… | 331 |

**参考文献**………………………………………………………………… 336

# 图 目 录

图 3-1　浙江省大宗商品交易市场分布 …………………………………… 38
图 3-2　浙江省大宗商品交易市场分布空间洛伦兹曲线 ………………… 41
图 4-1　lnAWPI、lnCPI 和 lnCRB 走势 …………………………………… 51
图 4-2　假设的三阶段波动传导链 ………………………………………… 52
图 4-3　lnWPI 对 lnCRB 的冲击脉冲响应 ………………………………… 57
图 4-4　lnCPI 对 lnCRB 的冲击脉冲响应 ………………………………… 58
图 4-5　lnWPI 对 lnCPI 的冲击脉冲响应 ………………………………… 58
图 5-1　国际大宗商品交易主体及买卖方向 ……………………………… 62
图 5-2　2005—2012 年我国农产品月度进出口价格指数及
　　　　CRB 食品分类指数变动 …………………………………………… 65
图 5-3　2005—2012 年我国农产品月度贸易条件指数变动 ……………… 66
图 5-4　2008 年前后我国农产品进出口价格与 CRB 食品价格
　　　　指数比较 ……………………………………………………………… 70
图 6-1　2008—2013 年 6 个代表国的贸易便利化水平与贸易额的
　　　　关系 …………………………………………………………………… 79
图 7-1　中国对丝绸之路经济带沿线国家农产品出口贸易状况 ………… 90
图 8-1　2000—2013 年中国和中亚五国双边农产品贸易状况 ………… 102
图 9-1　浙江省 A 级物流企业空间分布情况 …………………………… 116
图 9-2　浙江省 A 级物流企业的 Ripley's L(r) 函数分析 ……………… 117
图 9-3　浙江省 A 级物流企业热点区探测 ……………………………… 119
图 10-1　基于距城市中心距离的港口物流企业数量空间分布
　　　　 变化 ………………………………………………………………… 127
图 10-2　宁波港口物流企业冷热点 ……………………………………… 128

| | | |
|---|---|---|
| 图 10-3 | 宁波港口物流企业核密度 | 128 |
| 图 10-4 | 宁波港口物流企业空间分布演化 | 129 |
| 图 10-5 | 不同类型港口物流企业空间分布 | 130 |
| 图 11-1 | 宁波大宗物流企业空间分布格局 | 139 |
| 图 11-2 | 2004 年、2009 年、2014 年宁波分街道大宗物流企业热点演化 | 141 |
| 图 11-3 | 2004 年、2009 年、2014 年不同类型大宗物流企业空间分布 | 142 |
| 图 11-4 | 2004—2014 年不同类型大宗物流企业增长格局 | 143 |
| 图 13-1 | 2015 年浙江省 11 个地级市大宗商品流通行业景气指数排名 | 169 |
| 图 13-2 | 2015 年浙江省 11 个地级市分行业景气指数排名 | 170 |
| 图 13-3 | 2016 年浙江省 11 个地级市大宗商品流通行业景气指数排名 | 172 |
| 图 13-4 | 2016 年浙江省 11 个地级市分行业景气指数排名 | 173 |
| 图 13-5 | 2015—2016 年浙江省 11 个地级市大宗商品流通行业景气指数比较 | 175 |
| 图 14-1 | 2015—2016 年杭州市大宗商品流通行业景气指数构成情况 | 177 |
| 图 14-2 | 2015—2016 年宁波市大宗商品流通行业景气指数构成情况 | 179 |
| 图 14-3 | 舟山市 2015—2016 年大宗商品流通行业景气指数构成情况 | 181 |
| 图 27-1 | 2001—2016 年宁波农产品进出口贸易额 | 306 |
| 图 27-2 | 2001—2016 年宁波农产品总产值及其进出口额比较 | 308 |
| 图 27-3 | 2001—2016 年宁波地区生产总值与农产品进出口总额比较 | 309 |
| 图 27-4 | 2001—2016 年我国农产品关税水平及宁波农产品进出口总额 | 310 |
| 图 27-5 | 2001—2016 年人民币对美元汇率水平和宁波农产品进出口总额比较 | 311 |

图 27-6 2001—2016 年宁波通货膨胀率与农产品进出口
总额比较 …………………………………………… 312
图 27-7 2001—2016 年宁波农产品进出口总额及其货运
总量比较 …………………………………………… 313
图 27-8 2001—2016 年宁波实际利用外资及其农产品进出口
贸易总额 …………………………………………… 314

# 表 目 录

| | | |
|---|---|---|
| 表 2-1 | 大宗商品交易平台运作效率评价指标 | 19 |
| 表 2-2 | 调查问卷回收统计 | 21 |
| 表 2-3 | 调查对象基本信息分析 | 21 |
| 表 2-4 | KMO 和 Bartlett 检验（N=251） | 22 |
| 表 2-5 | 因子提取 | 23 |
| 表 2-6 | 总方差解释 | 24 |
| 表 2-7 | 旋转后的因子载荷矩阵 | 26 |
| 表 2-8 | α 系数判别标准 | 27 |
| 表 2-9 | 大宗商品交易平台评价指标体系八因子模型信度系数 | 28 |
| 表 2-10 | 标度的含义 | 29 |
| 表 2-11 | 一级指标权重确定 | 31 |
| 表 2-12 | 评价指标权重 | 32 |
| 表 3-1 | 浙江省大宗商品交易市场分布统计 | 39 |
| 表 3-2 | 浙江省各区域大宗商品交易市场统计 | 40 |
| 表 3-3 | 解释变量指标选取及说明 | 42 |
| 表 3-4 | 大宗商品交易市场回归模型估计结果 | 44 |
| 表 4-1 | 变量的 ADF 平稳性检验 | 53 |
| 表 4-2 | 协整关系检验 | 53 |
| 表 4-3 | 格兰杰因果关系检验 | 54 |
| 表 5-1 | 各变量的 ADF 检验 | 67 |
| 表 5-2 | 格兰杰因果检验结果 | 68 |
| 表 6-1 | 贸易便利化测评指标体系 | 76 |
| 表 6-2 | 2008—2013 年丝绸之路经济带主要国家贸易便利化水平 | 78 |

| 表 6-3 | 解释变量的含义、符号预测与解释说明 …………………… | 81 |
| --- | --- | --- |
| 表 6-4 | 模型各变量的描述性统计 …………………………………… | 83 |
| 表 6-5 | 总体回归结果 ………………………………………………… | 84 |
| 表 6-6 | 贸易便利化一级指标对中国大宗农产品贸易出口的影响回归结果 ……………………………………………………… | 85 |
| 表 7-1 | 解释变量的含义、理论预测和说明 ………………………… | 92 |
| 表 7-2 | 各变量的描述性统计 ………………………………………… | 93 |
| 表 7-3 | 总体回归结果 ………………………………………………… | 94 |
| 表 7-4 | 分产品估测结果 ……………………………………………… | 95 |
| 表 8-1 | 四类主要农产品总体回归结果 ……………………………… | 105 |
| 表 8-2 | 分产品估测结果 ……………………………………………… | 106 |
| 表 8-3 | 中国与中亚五国主要农产品贸易潜力（1995—2013） …… | 108 |
| 表 8-4 | 中国与中亚五国分类农产品贸易潜力（1995—2013） …… | 109 |
| 表 9-1 | 浙江省 A 级物流企业空间聚集性分析 ……………………… | 116 |
| 表 10-1 | 宁波市港口物流企业区域分布情况 ………………………… | 126 |
| 表 10-2 | 宁波市港口物流企业集聚程度变化 ………………………… | 130 |
| 表 10-3 | 解释变量指标选取及说明 …………………………………… | 132 |
| 表 10-4 | 港口物流企业区位选择回归模型估计结果 ………………… | 133 |
| 表 11-1 | 宁波市大宗物流企业分布概况 ……………………………… | 139 |
| 表 11-2 | 宁波市大宗物流企业全局自相关指数 ……………………… | 140 |
| 表 11-3 | 解释变量指标选取及说明 …………………………………… | 144 |
| 表 11-4 | 2014 年大宗物流企业回归模型估计结果 …………………… | 146 |
| 表 11-5 | 2014 年不同类型大宗物流企业回归模型估计结果 ………… | 146 |
| 表 12-1 | 浙江省 11 个地级市问卷调查分布情况 …………………… | 160 |
| 表 12-2 | 浙江省规模以上大宗商品流通企业发展一级指标 ………… | 162 |
| 表 12-3 | 信心指数指标分解 …………………………………………… | 163 |
| 表 12-4 | 市场指数指标分解 …………………………………………… | 163 |
| 表 12-5 | 成本指数指标分解 …………………………………………… | 164 |
| 表 12-6 | 创新指数指标分解 …………………………………………… | 165 |
| 表 12-7 | 融资指数指标分解 …………………………………………… | 165 |
| 表 12-8 | 大宗商品流通行业景气指数指标体系评价 ………………… | 165 |

| | | |
|---|---|---|
| 表 13-1 | 2015年浙江省11个地级市大宗商品流通行业景气指数排名 | 168 |
| 表 13-2 | 2015年浙江省11个地级市分行业景气指数排名 | 169 |
| 表 13-3 | 2016年浙江省11个地级市大宗商品流通行业景气指数排名 | 172 |
| 表 13-4 | 2016年浙江省11个地级市分行业景气指数排名 | 172 |
| 表 13-5 | 2015—2016年浙江省11个地级市大宗商品流通行业景气指数比较 | 175 |
| 表 14-1 | 2015—2016年杭州市大宗商品流通行业景气指数构成情况 | 177 |
| 表 14-2 | 2015—2016年宁波市大宗商品流通行业景气指数构成情况 | 179 |
| 表 14-3 | 舟山市2015—2016年大宗商品流通行业景气指数构成情况 | 180 |
| 表 26-1 | 宁波改革开放以来成立的海关特殊监管区 | 297 |
| 表 27-1 | 2001—2016年宁波农产品进出口贸易竞争力指标 | 306 |
| 表 27-2 | 2001—2016年宁波进出口贸易额及其影响因素基础数据 | 315 |
| 表 27-3 | 主要变量描述统计结果 | 316 |
| 表 27-4 | 剔除常数项 $\beta_0$ 后的 R 检验参数 | 319 |
| 表 27-5 | 剔除常数项 $\beta_0$ 后的模型系数及 t 检验参数 | 319 |
| 表 27-6 | 使用 Cochrane-Orcutt 迭代法消除自相关性后各解释变量相伴概率 P 值 | 319 |
| 表 27-7 | 宁波农产品进出口回归模型多重共线性相关矩阵法检验结果 | 320 |
| 表 27-8 | 单个变量分别对于被解释变量的 t 检验参数 | 321 |

# 第 一 篇

## 大宗商品流通行业发展理论问题

# 第一章

# 大宗商品交易市场结构与特征

　　大宗商品流通行业是指大宗商品生产后所经历的一系列流通过程中所涉及的行业。一般包括大宗商品交易行业、大宗商品金融服务行业、大宗商品电商行业、大宗商品贸易行业以及大宗商品物流行业等。主要分为以下三个方面：一是大宗农产品流通，主要包含大米、小麦（面粉）、棉花、林木、标准化皮革的流通；二是大宗金属产品流通，主要包含铁（钢材）、铜、铝的流通；三是能源化工产品的流通，主要包括石油、天然气、煤炭（焦炭）、天然橡胶等。大宗商品流通是相对于社会一般商品流通而言的，由于大宗商品具有高度同质性，其流通价值较大，价格波动幅度也较大。

　　商品交易是市场经济的基础，大宗商品交易市场发展是大宗商品流通行业发展的前提和基础。本章在对大宗商品市场结构分析的基础上，探析全球主要大宗商品交易市场和我国大宗商品交易市场的相关特征。

## 第一节　大宗商品交易市场结构

### 一　大宗商品交易市场概念界定

　　大宗商品是指同质化、可交易、被广泛作为工业基础原材料的商品，主要包括能源商品、基础原材料和农副产品三个类别。发达国家大宗商品交易市场经过漫长的发展，目前一般包含场内期货市场、场外衍生品市场和基础现货市场三个层次。

　　目前，全球商品衍生品的交易主要集中在亚太、北美和欧洲地区。2008年以前，北美地区的商品衍生品交易量平均接近全球市场的40%左右。但是，随着 2008 年国际金融危机的爆发，商品衍生品交易量锐减，2010 年下降至全球市场的 30% 左右。欧洲市场衍生品的发展也遭遇了与北美地区类似的境遇。亚洲的场内期货市场蓬勃发展，使其衍生品交易量在全球的比重稳步提升。2016 年，亚太地区商品衍生品交易量占全球交易量的 39%。

## 二　大宗商品交易市场三层次结构

发达经济体大宗商品交易市场经过上百年的漫长发展过程，由传统的现货业务演化出场外衍生品市场业务，进一步标准化和集中化后形成期货市场业务，市场层次丰富，创新活跃，操作灵活，能够最大限度地满足市场主体的各类需求，并通过吸引市场资金，形成大宗商品的国际定价中心。

一个完整的大宗商品交易市场体系一般包括场内期货市场、场外衍生品市场和基础现货市场三个层次。具体而言，场内期货市场根据交易制度，分为集中竞价市场和做市商市场；场外衍生品市场根据衍生品能否进入场内集中清算，分为场内清算的场外市场和未进场集中清算的场外市场。连接场内市场与场外市场的是集中清算平台（或称中央对手方机制）。

### （一）场内期货市场

场内期货市场是指在期货交易所内进行标准化合约交易的市场。在场内期货市场上市的合约一般为高度标准化的合约，其标的产品一般具有价格波动性强、市场交易量大、易于标准化等特点。场内期货市场的参与者是对产品的共性要求较高而对个性要求较低的投资者。该市场凭借其充裕的流动性、低廉的成本、完善的交易制度和严格的监管措施，为各类投资者提供了满足其最低风险管理要求和普遍的财富管理需要的衍生产品。

集中竞价市场又称指令驱动市场，实行做市商制度，通常交易的是流动性较竞价市场稍差品种，多空双方势力失衡，必须由做市商不断地向投资者提供买卖价格，并按其提供的价格接受投资者买卖要求，以其自有资金与投资者进行交易。

从总体上说，做市商市场的交易成本要高于竞价市场。这是由于做市商作为流动性的提供者，面临着做市带来的存货风险和逆向选择风险，需要相应的买卖价差来补偿其承担的成本和风险，这必然会增加市场的交易成本。但是，如果从提供流动性的（即有效报价）角度来看，对于流动性较差的品种，做市商市场的交易成本要低于市场。

场内期货市场的主要功能是将远期合约高度标准化，整合市场流动性，提供大宗商品价格基准，通过套期保值和远期价格发现功能，达到资源配置和风险转移的目的。

(二) 场外衍生品市场

场外衍生品市场是指在期货交易所以外的场所进行非标准化合约交易的市场。场外衍生品市场上推出的合约一般为高度个性化的合约，其基础产品具有市场规模较小（相对期货品种而言）、品种特色突出、难以标准化等特点。场外衍生品市场服务的对象是对产品的个性要求较高的投资者。场外衍生品市场凭借其高度定制化（在产品规模、地域、品质、交割时间、交割地、交割方式等方面）的设计、一对一的服务和较为宽松的监管环境，可以为一部分投资者提供满足其特有的风险管理要求和投资需求的衍生产品。场外衍生产品市场主要合约类型包括互换、价差、场外期权等。

场外衍生品市场以大型金融机构（主要是国际上大的投资银行，包括摩根、高盛、巴克莱、法国兴业、德意志等）为核心。这些大型金融机构承担了做市商职责，一边面对产业客户、其他金融机构，针对某些基础产品（常见的基础产品可以是大宗商品、利率、汇率、权益等产品，特殊的基础产品范围更广，可以是天气情况等）定制个性化的衍生产品；一边将机构内部各类资产产生的风险头寸进行对冲后，计算出单边净头寸，寻找另一家同类机构作为交易对手。前者一般称为场外零售市场，主要功能是进一步增强远期报价功能，以做市商为主导整合个性化产品头寸，为市场主体保持风险中性提供保障；后者称为场外批发市场，主要功能是发现远期价格，满足市场各主体的个性化风险管理需求。

场内清算的场外市场和未进场集中清算的场外市场是以衍生产品是否进入场内集中清算区分，但是，两个市场无明显界限，各国对强制进入场内清算的场外衍生品的规定也有所差异。一般原则是：由监管机构审批后认为不需要进入场内清算的产品（比如进行实物交割的远期合约、个性化极强而交易量极小的合约等），或不具备清算会员资格的主体间的交易，仍然在场外清算。其余场外衍生品均鼓励或强制进入场内清算。

### (三) 基础现货市场

基础现货市场以实物交割为目的，涵盖大宗商品的生产、交易、交割、存储、流通等环节的一系列业务流程。基础现货市场的功能是发现即期价格，为现货交易活动提供价格基准，为衍生品市场价格走势提供依据。

要进一步厘清大宗商品交易市场的三层次结构，还需正确理解各层次之间的关系。

#### 1. 集中竞价市场和做市商市场的关系

集中竞价市场与做市商市场同场内期货市场，做市商市场为集中竞价市场补充流动性。一些流动性稍差的标准化产品，在集中竞价市场难以形成连续报价时，可以首先挂在竞争性的做市商市场，由各做市商提出双边报价，在条件成熟后再拿到集中竞价市场，以保障合约价格的有效性。

#### 2. 场内期货市场、场外衍生品市场与集中清算平台的关系

场内期货市场与场外衍生品市场可有效互补，具有互动关系。期货业务提供的是标准化合约，凭借更广阔的平台和更集中、更大规模的流动性，成为非标准化合约的定价基准；而场外衍生品市场提供的是个性化合约，为期货业务无法完全覆盖到的市场提供有针对性的风险管理服务。当机构持有的头寸通过场外衍生品市场无法寻找到对手盘进行完全对冲时，可以将剩余头寸通过场内期货市场进行对冲。场内期货市场为场外衍生品市场提供了最后的风险管理服务。集中清算平台是连接场内期货市场和场外衍生品市场的桥梁，场外衍生品市场（主要是场内清算的场外衍生品市场）通过将场外衍生品拿到清算平台进行清算，其场外合约也通过在清算平台上挂出而转换为场内期货合约。换句话说，是同一个业务在三个场所完成了整个流程；交易在场外衍生品市场发生，清算在集中清算平台发生，而产品也随着清算的发生从场外衍生品市场转移到场内期货市场。

场内期货市场与基础现货市场的关系。场内期货市场与基础现货市场是两类互相依存的传统市场形态。场内期货市场产生了基础现货市场的远期价格，引导现货市场进行更合理的资源配置；基础现货市场产生了即期价格，为场内期货市场的合理定价提供了依据。场内期货市场为基础现货市场提供了标准化的风险管理手段。

场外衍生品市场与基础现货市场的关系。场外衍生品市场为基础现货

市场提供了更多的风险管理手段，通过量身定做的合约，为基础现货市场的参与主体提供更有针对性的服务，满足更广大实体企业和中小型机构投资者的套期保值需求，能够更好地服务实体经济。

## 第二节 全球主要大宗商品交易市场特征

经过多年的发展，美国、英国、日本和印度四个主要的大宗商品交易国家的大宗商品交易市场各有特点，都形成了一套具有本国特色的市场体系。虽然各国市场体系通常都包括现货市场、柜台（OTC）市场和期货市场三个层次，但是，由于各国的每个市场层次处于不同的发展阶段，在市场分层、监管配套和服务实体经济方面具有不同的特点。

美国的衍生品市场经过上百年的自然演进，形成了全球最成熟的市场模式，其特点是：市场体系完整，层次清晰，分工明确，市场效率高。该模式对其他国家市场建设起到了标杆作用。

英国经历过三次大的市场变革后，孕育出一个高度自由化和多样化的衍生品市场体系，市场机制成熟，立法高效，能够灵活应对危机并及时做出调整。

日本的商品衍生品市场的监管机构较多，各机构间协调机制不畅，人为造成严重的市场分割现象，加之现货基础薄弱，市场逐步萎缩。

印度的大宗商品交易市场由三家全国性期货交易所主导，通过纵向整合提高市场效率，近年来发展迅猛。这三家全国性期货交易所的交易量占市场的90%以上，呈现出明显的垄断格局。

在农产品和能源等基础性产品上，美国是全球最大的生产国，农业和工业长期以来都是美国经济最重要的组成部分。其规模庞大的实体经济是衍生品市场的基础，巨大的套期保值需求对衍生品市场的发展起到了强大的支撑作用。

日本对农产品和能源类基础产品的需求量也比较大，但是，主要依赖海外进口，本国市场产量很小，现货基础薄弱，而且泡沫经济破裂以来，由于其经济增长放缓，经济地位下降，国际谈判力随之减弱，加之监管分割等问题的存在，使其国内期货市场的国际影响力逐年弱化，市场规模也出现萎缩。

英国和美国的大宗商品交易市场拥有比较成熟的市场体系，无论从市场参与者角度还是从交易产品的角度看，都有比较清晰明确的层次划分，两个国家都是根据不同市场参与需求差异来建立不同层次的市场，与其多层次市场结构相呼应的是国内多元化的市场参与主体。

同时，英国、美国等发达经济体的商品市场不只是由现货市场和期货市场两个市场层次构成，其中间层次——场外市场（柜台市场）也非常活跃，这是长期以来市场选择和淘汰的结果。场外市场为期货市场在培育品种和投资者方面起到了重要作用。目前，美国场外市场是全球交易规模最大的市场，聚集了流动资本，推动跨境资源的有效配置。

受现货市场的支撑，印度的期货市场近年来发展迅速，但是，场外市场尚处于起步阶段，虽然有一定规模，但业务类型较为单一。日本在商品市场分层，尤其是场外市场这一中间层次的分工上，不是很明晰，其市场参与者的参与程度有限。日本期货市场曾经经历快速发展，但近年来期货市场的活跃程度在不断下降，这与其国内缺少与现货市场相匹配的场外市场不无关系。

在交易所制度方面，美国、英国和日本的期货交易所都已实行了公司制，印度的全国交易所也实行了公司制，可见，虽然各国的期货市场发展水平处于不同的阶段，但是，公司制是交易所普遍的制度选择。公司制的交易所市场化程度更高，相对完善的公司治理结构也有助于提高交易所的运作效率和国际竞争力，调动交易所盈利的主观能动性。交易所一旦上市成功，其市场地位将进一步得到巩固，也有助于我国积极参与全球交易所并购，形成以亚洲为中心的全球衍生品市场布局。

在交易品种方面，欧美的商品期货市场品种丰富，体系完善，产品链完整。从纵向看，拥有从期货到期权、从以现货为标的到以现货价格指数为标的、从实物交割到现金交割、从日合约到 5 年期合约的多种合约类型；从横向看，拥有基础原材料、特殊商品（如天气）、各类指数（如房屋价格期货等）衍生品等类型；同一品种下根据不同的交割量或产地等因素又有产品细分，比如北海布伦特原油交易所的理查德湾煤炭和鹿特丹煤炭（根据产地细分的合约品种）、芝加哥交易所的玉米和迷你玉米（根据交割量细分的合约品种）等。多样化的交易品种极大地满足了实体经济需求，促进了各类市场主体的参与，也扩大了其国内期货市场价格在全球市场的影响力。

在监管方面，美国和英国都有比较完善和相对协调的监管体系。美国的商品市场由于市场分层明晰，产品种类繁多，不同的客户出于不同的投资需求参与市场交易，因此，对各个市场层次、各类投资者和各类产品都有相应的监管规则，监管有很强的针对性，从而达到了在保持商品市场的市场化竞争的同时加强市场监管、维护市场整体稳定的目的。

同样，英国凭借健全的法律体系和量体裁衣式的监管风格，在维护市场稳定运行的同时，又保障了市场的灵活性。如前所述，英国金融业的长期发展得益于诸多因素，其中最重要的是开放竞争的环境和良好的监管。这些都为增强市场流动性和提高金融创新效率提供了根本保证。

相反，日本监管部门根据商品类别设置，部门繁多，部门间协调不畅，导致市场分割明显；同时监管政策过严，市场呈现萎缩现象，对市场发展相对不利。

## 第三节 我国大宗商品交易市场特征

当前，从市场情况来看，我国较大规模的大宗商品交易市场已超过500家，2008年交易额为3万亿元，2009年为5万亿元，2010—2014年均突破10万亿元，2016年达到15万亿元，呈快速增长趋势。商品种类涵盖有色金属、农产品、纺织原料、酒类、医药、林产品、石油及衍生品和煤炭等多个大类。大多数大宗商品交易市场均有较为理想的运营状况，并有较大发展潜力。总体上看，我国目前大宗商品交易市场呈现以下五个特征。

### 一 市场交易模式多样化

我国现有的大宗商品市场在交易模式上已实现多层次、多样化的发展。许多大宗商品交易平台积极推动大宗商品交易模式创新，在电子商务业务模式的引领下，实现多种交易模式。

### 二 全球化市场特征明显

我国大宗商品企业在融资体系上获得了政府及金融机构的支持，广泛地参与不同类型国际市场的投资和跨境贸易。随着长三角中心城市上海以及浙江、福建等地相继建立了自由贸易试验区，在中国沿海地区建立新的政策性及国际性的自由贸易区，极大地推动了大宗商品交易市场的发展，形成了中国的主权商品市场。

### 三　广泛应用大数据

大数据的概念及业务体系蓬勃发展推动了大宗商品数据应用，市场对大宗商品数据进行处理和应用，形成和组建了与大宗商品市场相关的有效数据运营商和商业化数据产品，并进行了广泛的大宗商品数据的研究、编制和应用。

### 四　区域特征鲜明

从区域分布看，原油、部分成品油市场主要分布在山东青岛、江苏张家港、上海外高桥和浙江镇海等；矿石交易中心在天津港；煤炭以产地的交易市场为主，也有一些沿海沿边城市正在筹建煤炭交易所；粮食交易市场遍布全国；木材交易市场集中在江苏张家港、浙江嘉善等长江沿线港口以及大连港和广东盐田港等地。

### 五　统一的市场体系尚未完全形成

我国各区域间还存在地方保护主义，各管理部门间的监管权限分配不均衡导致了整个市场条块分割现象严重。这种情况造成了某些产品价格扭曲或价格信息不充分，无法正确指导市场合理配置资源，造成市场供求失衡，部分行业反应滞后，产能过剩。与此同时，整个大宗商品交易市场行业尚未形成一套成熟规范的市场运作机制和风险可控的资金管理模式，大宗商品市场立法还比较滞后，没有形成良性的监管体系，出现处罚、监管不力等问题。

## 第四节　结　论

由上述研究可知，一个完整的大宗商品交易市场结构一般包括场内期货市场、场外衍生品市场和基础现货市场三个层次，每个层次之间存在相互依存、相互促进的关系。主要发达国家大宗商品交易市场经过了百年的发展，已积累了一套相对成熟的经验，我们应该取其精华，去其糟粕，发展中国特色的现代化大宗交易市场。例如，从发达市场经验来看，商品市场体系一方面为各类投资者提供了多种多样的创新产品；另一方面也拓展了产品交易机制，形成了灵活的、以需求为导向的交易和清算方式，所以市场效率较高。投资者能够有效地参与并促进市场交易，在资源配置方面，能够最大限度地发挥"无形的手"的作用，更好地服务实体经济。又如，如何更好地掌握大宗商品定价权、引领国际市场的发展等。这些都是值得我们进一步研究和思考的问题。

# 第二章

# 大宗商品交易平台运行机制及效率评价

通过平台交易和现代物流配送信息化来实现大宗商品集成交易的现代化是大宗商品交易市场的主要发展方向。随着信息化程度的提升，大宗商品交易平台数量逐步增加，在建立和运作过程中需要遵循一定的机制，以提升运行效率。本章在分析大宗商品交易平台运行机制的基础上，构建了大宗商品交易平台运行效率评价体系。

## 第一节 大宗商品交易平台运行机制

大宗商品交易平台的运作遵循集合竞价、公平竞争的基本理念与规则。它是以交易平台作为第三方，将供需量大并且达到一定数量的商品从各地集中到交易平台指定的交割仓库，以买卖双方广泛参加为基本前提，通过建立完善的交易系统，将标准统一、质量稳定、流通量大的商品固化为具有普通意义的格式条款，在交易平台进行稽核竞价交易，买卖双方通过公平竞争产生权威价格。

通过集合竞价交易不仅能够克服市场零散随机、面大量小、货物积压滞销等缺陷，而且还能克服中端市场交易成本高、谈判成功率低、货物交收与货款支付脱节而造成的债务纠纷等弊端。企业参加集合竞价而产生权威价格是一种公平竞争的表现，这符合交易者的参与心理。大宗商品集合竞价交易还能降低企业营销成本、交易成本、经营成本，使商流、资金流、信息流、物流"四流合一"，在区域经济内产生经济盆地效应。

### 一 交易平台运作模式

大宗商品交易平台运作的基本交易模式为交易会员制度，会员制度是大宗商品交易平台参与者企业制度的基础。所谓交易会员制度，是指在大宗商品交易平台进行的各种商品交易，只有该平台的交易会员才能进行。如果是非该平台的客户想进行现货交易，必须先办理该平台的会员，或者委托该平台的会员才能进行交易。该平台的会员可以参加这个平台组织的各种交易活动，享受各项优惠政策和服务。

会员制是一种最能体现长期效果，使客户得到更多消费或经营利益和更大使用价值的营销方式。会员是会员制的核心组成部分。实行交易会员制度，既有利于对用户的有效管理，也有利于试点运作和集聚人气，还有利于保障平台服务交易的安全性。此外，大宗商品的交易会员制度还确保了大宗商品交易平台有一支基本的经营队伍，实现规模化经营；确保了交易平台的经常化、正常化交易，保证稳定的交易量；确保了市场管理的规范化、法制化，建立安全、诚信的市场机制。

品种决策在很大程度上决定了大宗商品交易市场的兴衰，是交易平台运作的前提。在交易平台建立初期，行业、品种、标准品指标、配套服务等都需明确，正确选择交易品种及行业会极大地促进交易平台稳定、健康的发展，而一旦选择错误，交易平台的发展就会受到阻碍。

目前，我国大宗商品交易市场多服务于农产品、化工和金属三大产业，涉及花生、大蒜、食糖、钢材、铜、铁、煤炭、塑料、蚕丝等众多产业。交易品种涵盖较多的是农副产品、石化产品、大宗工业原材料，随着能源类市场的进一步发展，也出现了一些新的行业及市场，比如林木、畜牧以及综合类市场。相对而言，交易比较繁荣的是发育程度较高、价格风险较大、产品标准化程度较高的行业，根据《2013年中国大宗商品交易数据服务及研究报告》，我国大宗商品交易平台产品虽然表现出多元化，但是，金属类产品占25%，农产品占29%，两者合计超过了五成。随着更多行业的市场化程度不断提高，如煤炭、电力等，其大宗商品交易市场的交易将会逐步活跃。

在大宗商品交易中心建立初期，通过借鉴其他成熟市场的经验，以成熟品种作为交易的主营产品。交易市场稳定发展以后，遵循"一切从实际出发""实事求是"等原则，在选择交易品种时，详细分析当地市场以及投资方具备的资源优势，选出利于在本地区开展交易的产品，确定基本的产业方向。同时，由于每个行业中又有众多品种可以从事电子交易，交易中心受到能力限制，不能选择全部的产品，这就要认真地对行业中的各类产品进行调研，选择价格波动较大、品质比较单一、市场化程度高、标准化工作比较成熟的品种作为备选，经过上层领导确认后，将其确认为正式交易品种。

### 二 交易平台运行支撑

大宗商品交易平台运作的力量是管理团队。交易平台通过建立严格的内部控制机制和管理制度，减少由于不公平行为而给交易平台带来损失的可能性。管理制度的制定及实施需要专业的管理团队，明确各个部门的权利和责任，建立健全业务流程的管理机制。在内部管理方面，遵循"机构设置完整、监督执行高效、内部控制严密、危机管理智慧"的原则，提升内部管理的效率和能力。在人才培养方面，随着大宗商品交易市场繁荣，高端管理人才、运营人才稀缺的现象日益明显，中层管理、运营人才流动性日益活跃，在这种情况下，交易平台应该未雨绸缪，筛选出资质高的中层管理、运营人才，通过交易平台的培训，培养其成为独当一面的专业人才。此外，有效的激励机制和薪资政策也是减少中高层人才流失的重要手段。

大宗商品交易平台发展成败的关键是：首先，其对风险控制的能力。做好风险预测，通过制订应对风险的各种方案，预防风险的产生，是交易平台健康发展的重要保证。风险识别是风险控制的基础，对可能给大宗商品交易市场带来损失的风险因素加以判断，准确分析风险的性质并进行分类。当然，在这个过程中，还要分析风险产生的原因，防止同样风险的再次发生。其次，对发现风险进行定量分析和描述，对风险发生概率以及可能造成的损失进行估算。再次，根据风险评估的结果，选择恰当的管理工具，采取相对应的措施，规避、转移和降低风险，将风险可能造成的损失控制在可以接受的范围内。最后，对风险进行处理。在风险识别和度量的基础之上，有效的风险管理是风险控制的最终目的。

可以通过风险转移、风险自留、风险组合、风险预防、风险回避等方法对风险进行管理。在这个过程中，交易平台秉持服务行业企业、促进地方经济的原则，规范运营，守法经营，通过合理的方法将风险降到最低。由于大宗商品交易同业竞争较为明显，为了规避同业竞争风险，交易平台要强化管理团队、提高顾客满意度、积极参与异地同业交易中心等手段，力争成为行业龙头，提升对抗竞争风险的能力。

### 三 交易平台运行手段

大宗商品电子交易平台利用的主要手段是先进的网络和电子计算机信息技术。在大宗商品交易平台运作过程，大宗商品市场信息的准确、公开和透明十分重要。随着网络和电子计算机技术的高速发展，使大宗商品交易平台的参与者获得准确及时、公开透明的价格信息、交易信息等成为可能，成为大宗商品交易平台运作的主要手段。

大宗商品交易平台要实现专业化、规模化协调发展，需要具有极强的信息处理能力。先进的网络和电子计算机信息技术的发展，使大宗商品交易平台在运作过程中能为平台参与者构建一个信息共享平台，实现整个平台的信息共享，促进整个交易平台的建设。合理利用先进的网络和电子计算机信息技术，有助于平台参与者及时获得有用的信息，为自己将做交易决策提供可靠的依据。

大宗商品电子交易平台的基石是良好的信用。任何商品交易都是建立在互利互信基础上的，为了确保大宗商品交易平台能够持续地经营下去，必须建立平台参与者的信用。只有在确保信用的前提下，供需双方才愿意进行商品交易乃至下一次交易，因此，在大宗商品运作过程中，良好的信用是基石。

在大宗商品交易平台进行的商品交易，是先由平台参与者的买卖双方根据集合竞价产生的权威价格达成一个协议，订立一份合约，再由买方交钱给卖方，卖方发货给买方的过程。因此，在合约订立后，存在买方违约，延迟交钱甚至不交钱，导致卖方商品堆积、滞销的风险。此外，还可能会导致买方已交钱，卖方违约，延迟发货，导致买方因货物延迟发货而产生一定的经济损失，甚至更严重的是导致买方钱货两空。因此，为了规范大宗商品交易平台的信用，平台引进了履约担保金制度。所谓履约担保金制度，就是买卖双方存放于平台交易账户的押金，当任何一方违约时，履约担保金就为对方所有，以弥补自己因对方违约而造成的经济损失。

履约担保金制度确保平台参与者具有一定的经济实力，具有基本的履约和信用保障。同时，有利于发挥"杠杆作用"，提高资金利用率，增加市场交易量，扩大交易规模。

### 四 交易平台运行保障

大宗商品电子交易平台运作的核心是资金安全。作为一个市场交易者,最关注的问题就是他在市场交易中的风险有多大,他的资金有多安全。大宗商品交易平台进行交易也是如此,因此,如何保证参与者的资金安全是平台获得参与者认可的核心问题。

因为在大宗商品交易平台进行交易时,我们首先要在平台的交易账户中存入一定的资金,比如履约保证金等都需要事先存入平台的交易账户。因此,这样就出现了交易账户里的资金可能被挪用的问题。为了解决资金的安全问题,交易平台运作实行交易资金第三方监管制。所谓交易资金第三方监管,是指由指定的商业银行作为独立的第三方,作为存管银行,为大宗商品交易平台的客户建立客户交易结算资金明细账,通过这样的方法,对客户交易结算资金进行监管,并且及时对明细账与结算资金总额进行核对,以监控客户资金的安全。交易资金第三方监管制度有效地防范了参与者交易账户的资金被挪用的问题。

服务水平尤其是物流能力是大宗商品交易平台运作的保证。在大宗商品交易平台进行商品交易,是市场供需双方(买卖参与者),以交易平台服务商为第三方,在平台上进行各种商品交易。如何才能吸引市场参与者在这个平台进行交易,关键是让这个平台得到市场供需双方的认可,而获得供需双方认可的关键又是平台服务商的服务质量。在大宗商品交易过程中,在买卖双方达成合约并由买方支付一定的保证金后,卖方要从各地把商品货物先运到交易平台所在地的仓库,当买方交足全部资金后,再由平台仓库转移到买方的所在地仓库。因此,在整个大宗商品交易中,大宗商品交易平台充当第三方的作用,在货物的抵达、移交过程中,该平台又充当着物流中转站的作用。

因此,在这个过程中,高度发达的物流体系就显得至关重要,因为只有交易平台所在地具有发达的物流体系,才能及时、安全、无损地收到卖方的货物,同时把货物运输到买方所在地。因此,大宗商品交易平台往往是建立在经济比较发达、物流体系比较完善、交通比较便利的地区,服务水平尤其是物流能力是大宗商品交易平台运行的保证。

## 第二节 大宗商品交易平台运作效率指标构建

大宗商品交易平台对商品流通起到十分重要的作用，将物流、商流、信息流高效整合，提高大宗商品流通效率，为国内外投资者提供了交易平台。但是，我国大宗商品交易平台发展时间较短，法律法规等监督管理机制不完善，直接影响交易平台的运作效率。因此，针对大宗商品交易平台运作效率的评价就十分必要，通过对绩效评价，管理者可以更加明确影响大宗商品交易平台运作的各个因素，并对各个因素的重要性进行排序，有利于管理计划的顺利进行。

### 一 评价指标的初步确定

**（一）评价指标体系建立原则**

评价指标体系是评价模型的核心，评价指标选择的科学性是决定评价工作成功的关键因素。所以，在构建评价指标体系时，必须遵循一定的原则。在构建大宗商品交易平台运作效率评价指标体系时，一般要遵循以下四个原则：

1. 系统性原则

大宗商品交易平台是一个完整的人机系统，只有平台内的各个组成部分协调合作，才能很好地完成工作。对大宗商品交易平台进行评价，应该能够全面地反映平台的本质与整体性，指标体系评价功能应高于各个分项指标简单的加总。

2. 可比性原则

大宗商品交易平台评价指标的可比性越强，评价结果的可信度越高，对实践的指导意义也越强。评价指标的选择要客观实际，便于比较。

3. 科学性原则

评价指标体系的构建要以科学的理论为指导，以客观存在的内部要素为依据，定性与定量分析相结合，正确反映交易平台内外部特征。一方面，要分析借鉴国外学者对大宗商品交易平台运作效率评价的研究，经过几十年的经验借鉴，西方学者构建的评价指标体系无论在科学性方面还是实践性方面都有重要的参考价值；另一方面，紧密结合我国尤其是宁波大宗商品交易现状来设定指标。

4. 主观与客观评价相结合

大宗商品交易平台是一个人机系统，人的因素有较大的影响，平台用户、平台主管部门以及其他利益相关者的利益诉求不同，对平台运行效果的感知也必然不同。因此，在交易平台运作效率评价中，不仅要注重客观效益的判断，还要充分考虑不同主体的感知，两者结合，构建全方位的评价指标体系。

（二）指标体系的初步筛选

大宗商品电子交易平台是大宗商品交易集散的中心，同时由于电子交易的特性，交易平台也是财务中心、信息中心、结算中心和价格形成中心。从市场职能来讲，大宗商品交易平台具有产品集聚、分配、检验、价格发现、融资、信息收集和结算等功能。大宗商品交易平台对互联网技术有较强的依赖性，是电子商务发展的产物，只有依托于互联网，才能发挥其作用。交易平台要同时兼具安全性和便捷性的特征：平台的主要作用是为买卖双方提供各种服务，所以需要更加专业的技术，包括保证及时交流通畅、对订单管理、信用评价、物流管理、支付安全等能够为客户提供安全便捷的服务。所以，建立评价指标体系不仅要关注平台本身的质量，更应关注平台的应用效果和经济价值；不仅要衡量财务方面绩效，更要衡量非财务方面的绩效。大宗商品交易平台的特性决定了平台的评价主体应该包括IT主管部门、高层管理者、平台用户，以及其他利益相关方，在评价过程中要综合考虑不同评价主体对平台绩效的感知。

由于我国学者对大宗商品交易平台研究较晚，对平台运作效率评价方面的研究存在很大的不足，因此，本书在构建评价指标体系时，主要参考了物流平台绩效评价、B2B交易平台竞争力评价等研究成果较多的平台评价模型。大宗商品交易平台作为B2B交易平台的一种形式，与普通B2B还存在一定区别，主要体现在：商品价格波动频繁且幅度较大，商品标准化程度高，对在线支付、物流能力、信息服务、融资服务等的要求较高，在构建模型时，也要充分考虑到大宗商品交易平台的特性。

基于此，在相关研究的基础上，本书借鉴和参考现有模型中的相关指标，结合大宗商品交易平台的特性，并咨询大宗商品交易平台建设方面的专家后，将从平台质量、信息质量、服务水平、持续发展能力、用户满意度、经济效益、运营管理和风险控制能力方面对大宗商品交易平台运作效率进行评价，具体评价指标如表2-1所示。

表2-1　　　　　　　大宗商品交易平台运作效率评价指标

| | | |
|---|---|---|
| 大宗商品交易平台运行绩效评价体系 | 平台质量（$A_1$） | 平台可靠性（$A_{11}$） |
| | | 平台功能性（$A_{12}$） |
| | | 平台可用性（$A_{13}$） |
| | | 平台可维护性（$A_{14}$） |
| | 信息质量（$A_2$） | 信息相关性（$A_{21}$） |
| | | 信息准确性（$A_{22}$） |
| | | 信息全面性（$A_{23}$） |
| | | 信息实时性（$A_{24}$） |
| | 服务水平（$A_3$） | 在线帮助（$A_{31}$） |
| | | 物流能力（$A_{32}$） |
| | | 管理制度（$A_{33}$） |
| | | 顾客信息反馈的便利性（$A_{34}$） |
| | 持续发展能力（$A_4$） | 创新能力（$A_{41}$） |
| | | 资金支持能力（$A_{42}$） |
| | | 人力资本（$A_{43}$） |
| | 用户满意度（$A_5$） | 客户通过平台的交易率（$A_{51}$） |
| | | 新增用户数（$A_{52}$） |
| | | 客户对平台反应速度的满意度（$A_{53}$） |
| | | 客户对平台的访问次数（$A_{54}$） |
| | 经济效益（$A_6$） | 资金周转率（$A_{61}$） |
| | | 市场占有增长率（$A_{62}$） |
| | | 库存资金降低率（$A_{63}$） |
| | | 销售增长率（$A_{64}$） |
| | | 利润增长率（$A_{65}$） |
| | 运营管理（$A_7$） | 激励机制的有效性（$A_{71}$） |
| | | 平台战略的完善情况（$A_{72}$） |
| | | 突发事件处理能力（$A_{73}$） |

续表

| 大宗商品交易平台运行绩效评价体系 | 风险控制能力（$A_8$） | 交易的安全机制（$A_{81}$） |
|---|---|---|
| | | 客户信息的保密性（$A_{82}$） |
| | | 交易过程的保密性（$A_{83}$） |
| | | 价格波动风险（$A_{84}$） |
| | | 套期保值风险（$A_{85}$） |
| | | 质押物安全性（$A_{86}$） |
| | | 企业还款能力（$A_{87}$） |

## 二 大宗商品交易平台运作效率评价指标筛选

大宗商品交易平台运作效率评价指标体系是在依据交易平台功能结构等内在因素和现有研究成果，以及咨询专家的基础之上确定的，为了保证指标的完整性和全面性，在初期尽可能地将各种相关指标纳入评价模型中，不可避免地会收录一些重要程度较低、无关紧要的指标，或者出现指标之间相关性过强的情况。因此，对构建的评价指标体系进行筛选是十分必要的。为了保证指标的科学性，本书运用问卷调查法对评价指标进行筛选。

### （一）问卷设计

结合宁波大宗商品交易平台建设的实际情况，在对国内外文献整理的基础之上，本书设计了大宗商品交易平台运作效率评价体系。作为平台的实际使用者，从事大宗商品交易的企业、平台管理人员等的态度决定了平台是否被社会广泛地使用。本书设计的指标体系在借鉴国外学者研究成果的基础之上，结合了部分交易平台使用者的调查成果。

1. 问卷调查目的

通过上面的系统分析，初步构建了大宗商品交易平台运作效率评价指标体系，需要进一步征询专家意见，对指标体系进行筛选、修正和完善。运用大宗商品研究领域专家的知识、经验、信息，对评价指标体系进行匿名评分，最终确定大宗商品交易平台运作效率评价体系。

2. 问卷内容设计

问卷总共分为三个部分：第一，引言。第二，调查对象的基本资料。通过了解调查对象的基本情况，初步判断调查对象在工作经验和专业知识方面能够对问卷内容做出合理解答。第三，问卷主体。要求调查对象根据对大宗商品交易平台的了解表达对题项的赞同程度，本问卷采用李克特（Likert）七级量表判断。

3. 调查范围与对象

问卷调查对象主要是国内大宗商品交易平台建设方面的专家学者、从事大宗商品交易企业的中高层管理者、平台运营操作人员等。问卷发放的范围主要是国内主要大宗商品交易平台及公司人员，包括浙江省内的绍兴县中国轻纺城网上交易市场、宁波大宗商品电子交易有限公司、宁波众诚钢铁电子交易中心、张家港市保税区华东化工电子交易市场有限公司、东北亚煤炭交易中心、广州华南金属材料交易中心、长沙大宗商品电子交易中心等。通过实地调查（当面发放问卷）、电子邮件、邮寄问卷等多种方式进行调查，共发放问卷400份，回收286份，剔除不完整问卷，有效问卷共251份，问卷有效回收率为63%，问卷回收情况及调查对象样本信息如表2-2和表2-3所示。

表2-2　　　　　　　　　调查问卷回收统计

| 调查方式 | 发放问卷 | 回收问卷 | 有效问卷 | 有效回收率（%） |
| --- | --- | --- | --- | --- |
| 实地调查 | 200 | 167 | 154 | 77 |
| 电子邮件 | 100 | 76 | 65 | 65 |
| 邮寄问卷 | 100 | 43 | 32 | 32 |
| 小计 | 400 | 286 | 251 | 63 |

表2-3　　　　　　　　　调查对象基本信息分析

| 基本信息 | | 频率 | 百分比（%） |
| --- | --- | --- | --- |
| 性别 | 男 | 143 | 57 |
| | 女 | 108 | 43 |
| 从业年限 | 5年及以下 | 40 | 16 |
| | 6—10年 | 76 | 30 |
| | 11—15年 | 86 | 34 |
| | 16—20年 | 30 | 12 |
| | 20年以上 | 19 | 8 |

续表

| 基本信息 | | 频率 | 百分比（%） |
|---|---|---|---|
| 学历 | 大专 | 91 | 36 |
| | 本科 | 123 | 49 |
| | 硕士及以上 | 37 | 15 |

## （二）因子分析

### 1. KMO 和 Bartlett 检验

在因子分析中，根据变量间净相关系数值可获取统计量 KMO（Kaiser – Meyer – Olkin，KMO）。若变量间具有关联性时，其简单相关会很高，但变量间的净相关系数会较小；两变量间的净相关系数越接近零，表示变量间的共同因子越少，题项变量数据就越不适合进行因子分析。Kaiser 定义的 KMO 标准为：0.5 以下表示非常不适合进行因子分析；0.5—0.6 表示不适合进行因子分析；0.6—0.7 表示勉强可以进行因子分析；0.7—0.8 表示尚可进行因子分析；0.8—0.9 表示适合进行因子分析；0.9 以上表示极适合进行因子分析。

Bartlett 球形度检验以变量的相关系数矩阵为出发点。它的零假设为相关系数矩阵的一个单位阵，即相关系数矩阵对角线上的所有元素都是 1，所有非对角线上的元素都为零。由相关系数矩阵的行列式可求得 Bartlett 球形度检验的统计量，如果该值较大，且其对应的相伴概率小于假定的显著性水平，那么应该拒绝零假设，认为相关系数不可能是单位阵，即原始变量之间存在相关性，适合于作因子分析。反之，则不适合作因子分析。

通过 Bartlett 球形度检验，获得 KMO 值为 0.841，大于 0.8，这表明它适合因子分析；P（相伴概率）=0.000，小于 0.01，达到显著性水平（见表 2 – 4），适合做因子分析。

表 2 – 4　　　　　　KMO 和 Bartlett 检验（N = 251）

| 取样足够度的 KMO 度量 | | 0.841 |
|---|---|---|
| Bartlett 球形度检验 | 近似卡方 | 12518.71 |
| | 自由度 | 561 |
| | P（相伴概率） | 0.000 |

## 2. 因子提取

表2-5表示在指定提取条件特征根大于1时提取特征根时的共同度，Extraction表示共同度，共同度越高表示项目信息损失越少，对共同度过低的题项可以考虑将其删除，或者采用其他提取方法。一般情况下，共同度为0.5表示在可接受范围内，当项目共同度小于0.5则将其删除。从表2-5中可以看出，所有项目共同度提取值均大于0.5。

表2-5　　　　　　　　　　因子提取

|  | 初期值(Initial) | 共同度(Extraction) |  | 初期值(Initial) | 共同度(Extraction) |
| --- | --- | --- | --- | --- | --- |
| 平台可靠性 | 1.000 | 0682 | 客户对平台反应速度的满意度 | 1.000 | 0.714 |
| 平台功能性 | 1.000 | 0.844 | 客户对平台的访问次数 | 1.000 | 0.804 |
| 平台可用性 | 1.000 | 0.923 | 资金周转率 | 1.000 | 0.828 |
| 平台可维护性 | 1.000 | 0.896 | 市场占有率 | 1.000 | 0.928 |
| 信息相关性 | 1.000 | 0.889 | 库存资金降低率 | 1.000 | 0.914 |
| 信息准确性 | 1.000 | 0.853 | 销售增长率 | 1.000 | 0.921 |
| 信息全面性 | 1.000 | 0.874 | 利润增长率 | 1.000 | 0.819 |
| 信息实时性 | 1.000 | 0.823 | 激励机制的有效性 | 1.000 | 0.876 |
| 在线帮助 | 1.000 | 0.886 | 平台战略的完善情况 | 1.000 | 0.928 |
| 物流能力 | 1.000 | 0.862 | 突发事件处理能力 | 1.000 | 0.794 |
| 管理制度 | 1.000 | 0.674 | 交易的安全机制 | 1.000 | 0.921 |
| 顾客信息反馈的便利性 | 1.000 | 0.905 | 客户信息的保密性 | 1.000 | 0.668 |
| 创新能力 | 1.000 | 0.883 | 交易过程的保密性 | 1.000 | 0.933 |
| 资金支持能力 | 1.000 | 0.912 | 价格波动风险 | 1.000 | 0.966 |
| 人力资本 | 1.000 | 0.897 | 套期保值风险 | 1.000 | 0.881 |
| 客户通过平台的交易率 | 1.000 | 0.932 | 质押物安全性 | 1.000 | 0.928 |
| 新增用户数 | 1.000 | 0.858 | 企业还款能力 | 1.000 | 0.924 |

## 3. 总方差解释

表2-6是因子解释变量总方差情况列表，其中，第一列是因子编码，之后每三列组成一组，依次是特征根值、方差贡献率和累计方差贡献率；

第二列到第四列描述初始因子解的情况；第五列到第七列描述了因子解的情况。从总方差解释表中看到，提取 8 个公共因子解释总方差百分比为 87.105%，大于 60%，在可以接受范围内。

表 2-6　　　　　　　　　　　总方差解释

| 成分 | 初始特征值 合计 | 方差百分比（%） | 累计百分比（%） | 提取平方和载入 合计 | 方差百分比（%） | 累计百分比（%） | 旋转平方和载入 合计 | 方差百分比（%） | 累计百分比（%） |
|---|---|---|---|---|---|---|---|---|---|
| 1 | 10.507 | 30.904 | 30.904 | 10.507 | 30.904 | 30.904 | 10.287 | 30.255 | 30.255 |
| 2 | 5.913 | 17.393 | 48.296 | 5.913 | 17.393 | 48.296 | 4.513 | 13.275 | 43.530 |
| 3 | 4.430 | 13.029 | 61.325 | 4.430 | 13.029 | 61.325 | 4.204 | 12.364 | 55.894 |
| 4 | 3.034 | 8.924 | 70.249 | 3.034 | 8.924 | 70.249 | 3.013 | 8.862 | 64.756 |
| 5 | 1.740 | 5.118 | 75.366 | 1.740 | 5.118 | 75.366 | 2.181 | 6.415 | 71.171 |
| 6 | 1.455 | 4.280 | 79.646 | 1.455 | 4.280 | 79.646 | 2.035 | 5.985 | 77.156 |
| 7 | 1.331 | 3.915 | 83.560 | 1.331 | 3.915 | 83.560 | 1.912 | 5.624 | 82.779 |
| 8 | 1.205 | 3.545 | 87.105 | 1.205 | 3.545 | 87.105 | 1.471 | 4.326 | 87.105 |
| 9 | 0.733 | 2.156 | 89.261 | | | | | | |
| 10 | 0.574 | 1.688 | 90.950 | | | | | | |
| 11 | 0.453 | 1.334 | 92.283 | | | | | | |
| 12 | 0.390 | 1.147 | 93.430 | | | | | | |
| 13 | 0.312 | 0.917 | 94.347 | | | | | | |
| 14 | 0.252 | 0.740 | 95.087 | | | | | | |
| 15 | 0.208 | 0.611 | 95.698 | | | | | | |
| 16 | 0.195 | 0.572 | 96.270 | | | | | | |
| 17 | 0.158 | 0.463 | 96.733 | | | | | | |
| 18 | 0.151 | 0.444 | 97.178 | | | | | | |
| 19 | 0.141 | 0.413 | 97.591 | | | | | | |
| 20 | 0.137 | 0.404 | 97.995 | | | | | | |
| 21 | 0.112 | 0.329 | 98.324 | | | | | | |
| 22 | 0.086 | 0.252 | 98.575 | | | | | | |
| 23 | 0.074 | 0.217 | 98.793 | | | | | | |
| 24 | 0.062 | 0.183 | 98.976 | | | | | | |
| 25 | 0.054 | 0.159 | 99.135 | | | | | | |

续表

| 成分 | 初始特征值 合计 | 初始特征值 方差百分比（%） | 初始特征值 累计百分比（%） | 提取平方和载入 合计 | 提取平方和载入 方差百分比（%） | 提取平方和载入 累计百分比（%） | 旋转平方和载入 合计 | 旋转平方和载入 方差百分比（%） | 旋转平方和载入 累计百分比（%） |
|---|---|---|---|---|---|---|---|---|---|
| 26 | 0.052 | 0.152 | 99.286 | | | | | | |
| 27 | 0.050 | 0.146 | 99.432 | | | | | | |
| 28 | 0.042 | 0.124 | 99.556 | | | | | | |
| 29 | 0.038 | 0.111 | 99.667 | | | | | | |
| 30 | 0.033 | 0.097 | 99.764 | | | | | | |
| 31 | 0.028 | 0.083 | 99.847 | | | | | | |
| 32 | 0.023 | 0.068 | 99.915 | | | | | | |
| 33 | 0.020 | 0.058 | 99.973 | | | | | | |
| 34 | 0.009 | 0.027 | 100.000 | | | | | | |

4. 旋转后的因子载荷矩阵

旋转后的因子载荷，一般要大于0.3，为了提高研究的准确性，本书以0.5为界限，删除载荷小于0.5的项目，因子载荷结果如表2-7所示。从表2-7中可以看到，所有项目的因子载荷都大于0.5。8个公因子中第一个公因子包含平台可靠性、平台功能性、平台可用性和平台可维护性，我们称为平台质量；第二个公因子包括信息相关性、信息准确性、信息全面性和信息实时性，我们称为信息质量；第三个公因子包括在线帮助、物流能力、管理制度和顾客信息反馈的便利性，我们称为服务水平；第四个公因子包括创新能力、资金支持能力和人力资本，我们称为持续发展能力；第五个公因子包括客户通过平台的交易次率、新增用户数、客户对平台反应速度的满意度和客户对平台的访问次数，我们称为用户满意度；第六个公因子包括资金周转率、市场占有率、库存资金降低率、销售增长率和利润增长率，我们称为经济效益；第七个公因子包括激励机制的有效性、平台战略的完善情况和突发事件处理能力，我们称为运营管理；第八个公因子包括交易的安全机制、客户信息的保密性、交易过程的保密性、价格波动风险、套期保值风险、质押物安全性和企业还款能力，我们称为风险控制能力。

**表 2－7** 旋转后的因子载荷矩阵

| | 成分 | | | | | | | |
|---|---|---|---|---|---|---|---|---|
| | 1 | 2 | 3 | 4 | 5 | 6 | 7 | 8 |
| $A_{11}$ | 0.654 | | | | | | | |
| $A_{12}$ | 0.809 | | | | | | | |
| $A_{13}$ | 0.419 | | | | | | | |
| $A_{14}$ | 0.619 | | | | | | | |
| $A_{21}$ | | 0.857 | | | | | | |
| $A_{22}$ | | 0.812 | | | | | | |
| $A_{23}$ | | 0.713 | | | | | | |
| $A_{24}$ | | 0.778 | | | | | | |
| $A_{31}$ | | | 0.641 | | | | | |
| $A_{32}$ | | | 0.778 | | | | | |
| $A_{33}$ | | | 0.484 | | | | | |
| $A_{34}$ | | | 0.824 | | | | | |
| $A_{41}$ | | | | 0.825 | | | | |
| $A_{42}$ | | | | 0.781 | | | | |
| $A_{43}$ | | | | 0.531 | | | | |
| $A_{51}$ | | | | | 0.799 | | | |
| $A_{52}$ | | | | | 0.688 | | | |
| $A_{53}$ | | | | | 0.765 | | | |
| $A_{54}$ | | | | | 0.537 | | | |
| $A_{61}$ | | | | | | 0.631 | | |
| $A_{62}$ | | | | | | 0.503 | | |
| $A_{63}$ | | | | | | 0.511 | | |
| $A_{64}$ | | | | | | 0.609 | | |
| $A_{65}$ | | | | | | 0.633 | | |
| $A_{71}$ | | | | | | | 0.635 | |
| $A_{72}$ | | | | | | | 0.741 | |
| $A_{73}$ | | | | | | | 0.599 | |
| $A_{81}$ | | | | | | | | 0.634 |

续表

| | 成分 | | | | | | | |
|---|---|---|---|---|---|---|---|---|
| | 1 | 2 | 3 | 4 | 5 | 6 | 7 | 8 |
| A$_{82}$ | | | | | | | | 0.703 |
| A$_{83}$ | | | | | | | | 0.539 |
| A$_{84}$ | | | | | | | | 0.698 |
| A$_{85}$ | | | | | | | | 0.567 |
| A$_{86}$ | | | | | | | | 0.665 |
| A$_{87}$ | | | | | | | | 0.625 |

（三）信度分析

所谓信度分析，是指检验问卷的一致性或稳定性程度。信度高说明问卷稳定，它是衡量一个量表优劣的重要指标。在态度量表法中，常用检验信度的方法是 L. J. Cronbach 所创的 α 系数，其计算公式为：

$$\alpha = \frac{K}{K-1}\left(1 - \frac{\sum S_i^2}{S^2}\right) \tag{2.1}$$

式中，$K$ 为量表的总题数，$\sum S_i^2$ 为量表题项的方差总和，$S^2$ 为量表题项求和后的方差。在社会科学研究领域中，每份量表都包含分层面，因而使用者除提供总量表的信度系数之外，也应提供各层面的信度系数，α 系数的判别标准如表 2-8 所示。

表 2-8　　　　　　　　α 系数判别标准

| 内部一致性信度系数值 | 层面或构念 | 整个量表 |
|---|---|---|
| α 系数 < 0.50 | 不理想，舍弃不用 | 非常不理想，舍弃不用 |
| 0.50 ≤ α 系数 < 0.60 | 可以接受，增列题项或修改语句 | 不理想，重新编制或修订 |
| 0.60 ≤ α 系数 < 0.70 | 尚佳 | 勉强接受，最好增列题项或修改语句 |
| 0.70 ≤ α 系数 < 0.80 | 佳（信度高） | 可以接受 |
| 0.80 ≤ α 系数 < 0.90 | 理想（甚佳，信度很高） | 佳（信度高） |
| α 系数 ≥ 0.90 | 非常理想（信度非常好） | 非常理想（甚佳，信度很高） |

表2-9给出了问卷的信度分析结果。大宗商品交易平台运作效率评价总量表Cronbach's α系数达到0.917，8个因子的Cronbach's α系数分别为0.895、0.891、0.875、0.844、0.863、0.818、0.901、0.832。总量表和分量表的Cronbach's α系数都位于非常理想的区间内，这表明所构建的评价指标体系是合理的。

**表2-9　大宗商品交易平台评价指标体系八因子模型信度系数**

|  | 总量表 | 因子1 | 因子2 | 因子3 | 因子4 | 因子5 | 因子6 | 因子7 | 因子8 |
|---|---|---|---|---|---|---|---|---|---|
| α系数 | 0.917 | 0.895 | 0.891 | 0.875 | 0.844 | 0.863 | 0.818 | 0.901 | 0.832 |
| 项目数 | 34 | 4 | 4 | 4 | 3 | 4 | 5 | 3 | 7 |

### （四）效度分析

效度是指测量结果能够反映所需要考察的内容的程度。效度的高低意味着测量结果与要考察的内容相吻合情况。我们从结构效度角度，对大宗商品交易平台运作效率评价指标体系进行检验。探索性因子分析结果表明，KMO值为0.841，Bartlett球形检验中P（相伴概率）=0.000，小于0.01，达到显著相关；采用主成分分析法提取的8个因子累计变异解释率为87.105%，表明问卷具有良好的结构效度。

## 第三节　大宗商品交易平台运作效率评价指标权重确定

### 一　确定权重的方法和步骤

依据层次分析法原理，假设每一层次上的n个评价指标构成一个评价指标集合：

$$U = \{u_1, u_2, \cdots, u_n\}$$

假设评价主体对于各评价对象所处状态的评判集合为：

$$V = \{v_1, v_2, \cdots, v_m\}$$

评价系统中因素$u_i$对评判集合V的隶属度为：

$$R_i = \{r_{i1}, r_{i2}, \cdots, r_{im}\}$$

这里，i = 1，2，…，n，因此评价矩阵为：

$$R = \begin{bmatrix} r_{11} & r_{12} & \cdots & r_{1n} \\ r_{21} & r_{22} & \cdots & r_{2n} \\ & & \cdots & \\ r_{n1} & r_{n2} & \cdots & r_{nn} \end{bmatrix} \quad (2.2)$$

式中，$r_{ij}$ 表示 $R_i$ 对于 $R_j$ 的相对重要性，$r_{ij}$ 的取值范围为 1—9 或 1/9—1，其含义见表 2 - 10。

表 2 - 10　　　　　　　　　标度的含义

| 标度 $r_{ij}$ | 含义 |
| --- | --- |
| 1 | $R_i$ 与 $R_j$ 相比，两者同样重要 |
| 3 | $R_i$ 比 $R_j$ 稍重要 |
| 5 | $R_i$ 比 $R_j$ 重要 |
| 7 | $R_i$ 比 $R_j$ 强烈重要 |
| 9 | $R_i$ 比 $R_j$ 极端重要 |
| 2，4，6，8 | $R_i$ 比 $R_j$ 的影响之比介于上述两个相邻等级之间 |
| 1/2，1/3，…，1/9 | $R_i$ 比 $R_j$ 的影响之比为上述 $r_{ij}$ 的倒数 |

在获得上述权重初始值之后，利用专家打分法对各标度进行调整分析。假设 W 为工程项目群管理流程中某一层次单排序过程中各因素的权重，则先计算判断矩阵中每一行的乘积：

$$M_i = f_{i1} \times f_{i2} \times \cdots \times f_{in} \quad (2.3)$$

再计算：

$$V_i = \sqrt[n]{M_i}$$

对向量：

$$V = (V_1, V_2, \cdots, V_n)^T$$

进行归一化处理，得：

$$W_i = V_i / (V_1 + V_2 + \cdots + V_n) \quad (2.4)$$

则 $W_i$ 为该层次上各因素的权重。

最后，需要对权重值进行一致性检验。假设 $\lambda_{max}$ 为 n 阶判断矩阵的最大特征根，CI 为检验 n 阶判断矩阵的一致性指标：

$$CI = (\lambda_{max} - n)/(n - 1) \tag{2.5}$$

在实际应用中,采用9标度法进行两两比较,很难掌握,会导致判断矩阵出现严重不一致的现象,所以,本书以间接标度法来规范评价因素的测度,先计算一个三标度的比较矩阵,再通过数值间的变换得到最终判断矩阵,运用层次分析法对最终判断矩阵进行计算,求得各指标权重。三标度矩阵转化为判断矩阵的步骤如下:

(1) 比较矩阵:通过对调查问卷的分析,确定每一层上因素之间重要性的三标度比较矩阵 $X = (x_{ij})_{m \times n}$,其中,$x_{ij} = 2$ 表示 $A_i$ 比 $A_j$ 重要;$x_{ij} = 1$ 表示 $A_i$ 与 $A_j$ 同样重要;$x_{ij} = 0$ 表示 $A_i$ 没有 $A_j$ 重要,$A_i$ 表示每一层的各个元素。

(2) 因素重要性指数:把比较矩阵 X 中的第 i 行元素之和记为 $r_i$,即:

$$r_i = \sum_{j=1}^{n} x_{ij}, \quad (j = 1, 2, 3, \cdots, n) \tag{2.6}$$

称 $r_i$ 为因素 $A_i$ 的重要性指数。

(3) 各因素间相对重要指标:将 $r_1, r_2, \cdots, r_n$ 中最大的记为 $r^*$,最小的记为 $r^0$,$b_{ij}$ 是各因素的相对重要性。

$$b_{ij} = \frac{r_i - r_j}{r^* - r^0}(b_m - 1) + 1, \text{ 当 } r_i \leq r_j \text{ 时}$$
$$b_{ij} = \left\{\frac{r_i - r_j}{r^* - r^0}(b_m - 1) + 1\right\}^{-1}, \text{ 当 } r_i \geq r_j \text{ 时} \tag{2.7}$$

式中,$b_m$ 为基点标度,因为本书采用的是李克特七级量表,故 $b_m$ 值为7。

(4) 间接判断矩阵为 n 阶方阵 $B = (b_{ij})$,$b_{ij} = 1/b_{ji}$。 (2.8)

## 二 专家调查问卷设计

本书设计专家问卷调查表,通过专家意见对指标进行两两比较,以确定权重。问卷共分为两部分:第一部分为引言,介绍问卷调查对大宗商品交易平台运作效率评价的意义等;第二部分为问卷主体,交易平台运作效率要素重要性调查。在发放问卷过程中,也将大宗商品交易平台基本信息情况作为问卷附表,一并寄给专家,让专家对大宗商品交易平台有更加清晰的了解。本书给大宗商品交易平台建设方面的专家发放40份问卷,回收有效问卷31份，通过对调查结果取平均值，得到指标的重要排序。

### 三 指标权重确定

通过对问卷数据的分析，得到比较矩阵和间接判断矩阵，按照层次分析法的步骤计算各个指标的权重。根据问卷调查结果可知，对一级指标的重要性排序为 $A_6 > A_2 > A_8 > A_7 > A_1 > A_3 = A_4 > A_5$，得到的比较矩阵为：

|  | $A_1$ | $A_2$ | $A_3$ | $A_4$ | $A_5$ | $A_6$ | $A_7$ | $A_8$ |  |
|---|---|---|---|---|---|---|---|---|---|
| $A_1$ | 1 | 0 | 2 | 2 | 2 | 0 | 0 | 0 | $r_1 = 7$ |
| $A_2$ | 2 | 1 | 2 | 2 | 2 | 0 | 2 | 2 | $r_2 = 13$ |
| $A_3$ | 0 | 0 | 1 | 2 | 2 | 0 | 0 | 0 | $r_3 = 5$ |
| $A_4$ | 0 | 0 | 0 | 1 | 2 | 0 | 0 | 0 | $r_4 = 5$ |
| $A_5$ | 0 | 0 | 0 | 0 | 1 | 0 | 0 | 0 | $r_5 = 1$ |
| $A_6$ | 2 | 2 | 2 | 2 | 2 | 1 | 2 | 2 | $r_6 = 15$ |
| $A_7$ | 2 | 0 | 2 | 2 | 2 | 0 | 1 | 0 | $r_7 = 9$ |
| $A_8$ | 2 | 0 | 2 | 2 | 2 | 0 | 2 | 1 | $r_8 = 11$ |

$$b_{ij} = \frac{r_i - r_j}{r_6 - r_5}(b_m - 1) + 1，当 r_i > r_j 时$$

$$b_{ij} = \left\{\frac{r_j - r_i}{r_6 - r_5}(b_m - 1) + 1\right\}^{-1}，当 r_i \leq r_j 时$$

由以上数据可以获得进行判断矩阵，再根据层次分析法的步骤，计算权重并进行一致性检验，结果见表2－11。

表2－11　　　　　　　　　一级指标权重确定

|  | $A_1$ | $A_2$ | $A_3$ | $A_4$ | $A_5$ | $A_6$ | $A_7$ | $A_8$ | W | 一致性检验 |
|---|---|---|---|---|---|---|---|---|---|---|
| $A_1$ | 1 | 7/25 | 13/7 | 13/7 | 25/7 | 7/28 | 7/13 | 7/19 | 0.084 |  |
| $A_2$ | 25/7 | 1 | 28/7 | 28/7 | 23/7 | 7/13 | 19/7 | 13/7 | 0.227 |  |
| $A_3$ | 7/13 | 7/28 | 1 | 1 | 19/7 | 7/37 | 7/37 | 7/19 | 0.054 | $\lambda max = 8.169$ |
| $A_4$ | 7/13 | 7/28 | 1 | 1 | 19/7 | 7/37 | 7/19 | 7/25 | 0.056 | $CR = 0.017 < 0.1$ |
| $A_5$ | 7/25 | 7/23 | 7/19 | 7/19 | 1 | 1/7 | 7/31 | 7/37 | 0.032 | 满足一致性 |
| $A_6$ | 28/7 | 13/7 | 37/7 | 37/7 | 7 | 1 | 7/25 | 19/7 | 0.250 |  |
| $A_7$ | 13/7 | 7/19 | 19/7 | 19/7 | 31/7 | 7/25 | 1 | 7/13 | 0.121 |  |
| $A_8$ | 19/7 | 7/13 | 25/7 | 25/7 | 37/7 | 7/19 | 13/7 | 1 | 0.176 |  |

按照同样的方法，分别计算各二级指标的权重，结果见表 2-12。

表 2-12　　　　　　　　　　评价指标权重

| | | | |
|---|---|---|---|
| 大宗商品交易平台运行效率评价指标权重 | 平台质量（$A_1$）0.084 | 平台可靠性（$A_{11}$） | 0.564 |
| | | 平台功能性（$A_{12}$） | 0.263 |
| | | 平台可用性（$A_{13}$） | 0.118 |
| | | 平台可维护性（$A_{14}$） | 0.055 |
| | 信息质量（$A_2$）0.227 | 信息相关性（$A_{21}$） | 0.163 |
| | | 信息准确性（$A_{22}$） | 0.163 |
| | | 信息全面性（$A_{23}$） | 0.059 |
| | | 信息实时性（$A_{24}$） | 0.615 |
| | 服务水平（$A_3$）0.054 | 在线帮助（$A_{31}$） | 0.055 |
| | | 物流能力（$A_{32}$） | 0.564 |
| | | 管理制度（$A_{33}$） | 0.118 |
| | | 顾客信息反馈的便利性（$A_{34}$） | 0.263 |
| | 持续发展能力（$A_4$）0.056 | 创新能力（$A_{41}$） | 0.111 |
| | | 资金支持能力（$A_{42}$） | 0.778 |
| | | 人力资本（$A_{43}$） | 0.111 |
| | 用户满意度（$A_5$）0.032 | 客户通过平台的交易率（$A_{51}$） | 0.585 |
| | | 新增用户数（$A_{52}$） | 0.180 |
| | | 客户对平台反应速度的满意度（$A_{53}$） | 0.180 |
| | | 客户对平台的访问次数（$A_{54}$） | 0.055 |
| | 经济效益（$A_6$）0.250 | 资金周转率（$A_{61}$） | 0.102 |
| | | 市场占有增长率（$A_{62}$） | 0.062 |
| | | 库存资金降低率（$A_{63}$） | 0.102 |
| | | 销售增长率（$A_{64}$） | 0.148 |
| | | 利润增长率（$A_{65}$） | 0.586 |
| | 运营管理（$A_7$）0.121 | 激励机制的有效性（$A_{71}$） | 0.111 |
| | | 平台战略的完善情况（$A_{72}$） | 0.778 |
| | | 突发事件处理能力（$A_{73}$） | 0.111 |
| | 风险控制能力（$A_8$）0.176 | 交易的安全机制（$A_{81}$） | 0.059 |
| | | 客户信息的保密性（$A_{82}$） | 0.031 |
| | | 交易过程的保密性（$A_{83}$） | 0.031 |
| | | 价格波动风险（$A_{84}$） | 0.109 |
| | | 套期保值风险（$A_{85}$） | 0.109 |
| | | 质押物安全性（$A_{86}$） | 0.330 |
| | | 企业还款能力（$A_{87}$） | 0.330 |

根据构建的评价体系，我们对相关政府部门人员、平台运营人员、交

易商等进行走访，综合考虑他们的意见，我们认为，对大宗商品交易平台运作效率评价可以分为5个等级：效率优秀、效率良好、效率一般、效率较差和效率很差，在换算成百分制的情况下，具体分为：

90—100分：大宗商品交易平台运作效率优秀。交易平台使用的预期目标已经全面实现或者超过预定目标，同时，与交易平台建设成本相比，它的使用给大宗商品交易带来巨大的效益和影响。

80—90分：大宗商品交易平台运作效率良好。交易平台使用的预期目标大部分已经实现，同时，与交易平台建设成本相比，它的使用给大宗商品交易带来比较可观的效益和影响。

70—80分：大宗商品交易平台运作效率一般。交易平台使用预期目标只有一部分能实现，同时，与交易平台建设成本相比，它的使用给大宗商品交易带来一定的效益和影响。

60—70分：大宗商品交易平台运作效率较差。交易平台使用的预期目标基本没有实现，与交易平台建设成本相比，它的使用几乎不能给大宗商品交易带来效益和影响。

60分以下：大宗商品交易平台运作效率很差。交易平台使用的预期目标没有实现，与交易平台的建设成本相比，它将不得不停止继续使用。

## 第四节 主要结论

大宗商品交易平台是以市场需求为导向，以提高效率和效益为目标，以资源配置型平台企业为载体，以智慧供应链为核心，全面融合产业链、提升价值链、提高市场资源配置效率的新型社会生产流通组织形式和经济形态。大宗交易平台运行需要遵循一定的运行机制，并以运行效率提升为主要目标。实践表明，大宗商品交易带动了制造业和服务业的集聚发展，促进了商品、要素和服务市场的融合，提高了市场资源配置效率，在实现产业经济、区域经济和国民经济的可持续增长中具有重要作用。

# 第三章

## 大宗商品交易市场空间分布特征及区位选择
### ——以浙江为例

　　大宗商品交易市场是借助网络与电子商务搭建而成的，集服务大宗商品交易、市场信息、融资担保和仓储物流服务为一体的综合性市场，主要是为从事大宗商品生产、贸易和消费的企业提供公开、透明的交易平台，帮助交易商融资融货、降低贸易成本、增加贸易机会和加快资金流转（石晓梅等，2010）。我国是铁矿石、石油、铜等大宗原材料的需求大国，每年进出口额数量较大，但是，我国在国际大宗商品交易中没有相应的话语权，导致了我国大宗商品交易市场面临无法控制生产成本的风险。然而，目前关于大宗商品交易市场的研究处于起步阶段，其成果主要集中在交易市场的发展历程（刘莉，2015）、交易模式（白晓娟和王静，2014）、市场特征及风险分析（王冠凤，2015）、电子交易市场的本质及建设（王东亚，2012；李书彦，2014）、电子交易平台的风险控制（褚晓明和李彦萍，2013）等方面。已有研究多侧重于定性分析，采用定量分析的成果并不多见，而运用空间分析方法研究大宗商品交易市场的分布特征及区位选择的研究更是鲜见。

　　随着"一带一路"倡议在国内不断升温，为我国大宗商品交易市场不仅带来了新的发展机遇，更是带来了来自国际市场的挑战。浙江省处于中国海岸线的黄金中点位置，作为我国沿海经济带与长江经济带的交会点，同时拥有成为亚太地区航运枢纽的独特区位优势，具有建设大宗商品交易平台的天然优势。自2011年浙江省海洋经济示范区建设上升为国家战略以来，由于国家政策的倾斜，浙江省正全力打造国家级大宗商品储运、交易中心，促使其大宗商品贸易得到了快速发展。但是，大宗商品交易市场空间分布结构的不合理容易造成彼此之间的激烈竞争，阻碍交易市场的健康发展。

本章以浙江省为研究区域,以地级市为研究单元,运用最邻近指数、地理集中指数、不平衡指数等空间分析方法,拟分析浙江省主要大宗商品交易市场的空间分布特征,试图探究影响大宗商品交易市场区位选择的可能性指标因素并进行回归分析,以期优化大宗商品交易市场的空间结构,为浙江省乃至我国大宗商品交易市场的持续健康发展提供决策建议。

## 第一节 研究方法与数据来源

### 一 研究区概况

浙江省处于中国海岸线的黄金中点位置,位居长三角南翼的经济中心,作为我国沿海经济带与长江经济带的交会点,同时拥有成为亚太地区航运枢纽的独特区位优势。浙江省拥有11个地级市,以优越的地理优势与现货市场为基础,截至2014年年底,浙江省主要拥有七大交易区,成立各类商品交易市场近5000家,大宗商品交易市场的分布格局呈现出以宁波和舟山为两大交易中心,嘉兴、台州和温州等为一批储运配送基地的特点。随着经济的发展,大宗商品交易市场的数量呈逐年上升趋势,辐射范围也逐步扩大,逐步发展成为我国重要的大宗商品贸易和物流中心,在国内大宗商品交易市场中占据重要地位。这为探讨浙江省大宗商品交易市场集聚特征及规律提供了可能性。

### 二 研究方法

(一) 最邻近指数

最邻近指数是反映点状要素在地理空间上邻近程度的指标,是实际最邻近距离和理论最邻近距离的比值,其计算公式为:

$$R = \frac{\overline{r_1}}{r_E} = 2\sqrt{D} \tag{3.1}$$

式中,$r_E$是理论最邻近距离,$\overline{r_1}$是实际最邻近距离,$D$为点密度。根据最邻近指数可以判断点状要素在空间上分布的类型。R小于1,表示点状要素趋于凝聚分布;R等于1,表示点状要素随机分布;R大于1,表示点状要素趋于均匀分布。

## (二) 地理集中指数

地理集中指数是研究大宗商品交易市场集中程度的重要指标之一，其计算公式为：

$$G = 100 \times \sqrt{\sum_{i=1}^{n} \left(\frac{X_i}{T}\right)^2} \tag{3.2}$$

式中，$G$ 是大宗商品交易市场的地理集中指数，$T$ 是浙江省大宗商品交易市场总数，$X_i$ 是第 $i$ 个市大宗商品交易市场数量，$n$ 是浙江省市总数。其中，$G$ 取值在 0—100，$G$ 值越小，大宗商品交易市场分布越分散；$G$ 值越大，大宗商品交易市场分布越集中。

## (三) 不平衡指数

根据浙江省 11 个地级市各方面的差异，将浙江省分为浙北、浙东、浙南和浙西四大地理区域，利用不平衡指数探究大宗商品交易市场在不同区域内分布的均衡性，其计算公式为：

$$S = \frac{\sum_{i=1}^{n} Y_i - 50(n+1)}{100n - 50(n+1)} \tag{3.3}$$

式中，$S$ 是不平衡指数，$n$ 是地理区域个数，$Y_i$ 是各地理区域内某一个研究对象在总区域内所占比重经过从大到小排序后第 $i$ 位的累计百分比。$S$ 介于 0—1，$S$ 为 1，表示大宗商品交易市场全部集中在一个地理区域内；$S$ 为 0，表示大宗商品交易市场平均分布在每个地理区域内。

## (四) 回归分析模型

大宗商品交易市场的区位选择可以看作是空间单元内大宗商品交易市场的数量与影响要素的效用函数，研究因变量为大宗商品交易市场的数量，其观测值为离散的非负整数。参考国内学者的观点（毕秀晶等，2011；章文和黎夏，2014），可以假设浙江省大宗商品交易市场的分布服从泊松（Poisson）分布，使用泊松回归模型分析浙江省大宗商品交易市场区位选择的影响要素。

假设浙江省第 $i$ 个空间单元内大宗商品交易市场的数量 $y_i$ 服从参数为 $\lambda_i$ 的泊松分布，在研究地级市内观测到的大宗商品交易市场的数量为 $y_i$ 的概率为：

$$P(Y_i = y_i \mid X_i) = \frac{e^{-\lambda_i}\lambda_i^{y_i}}{y_i!} \tag{3.4}$$

$$\lambda_i = e^{\beta x_i} \quad i = 1, 2, 3, 4, \cdots \tag{3.5}$$

式中，$\lambda_i$ 是 $y_i$ 的估计参量，取值由解释变量 $x_i$ 决定；$\beta$ 是变量的回归系数向量。对参数 $\beta$ 进行广义线性模型中的最大似然估计：

$$L(\beta) = \sum_{i=1}^{n}\left[y_i\lambda_i - \lambda_i - \ln(y_i!)\right] \tag{3.6}$$

泊松回归模型成立的前提条件是因变量的条件均值和条件方差相等，即：

$$\text{var}(Y_i \mid X_i, \beta) = E(Y_i \mid X_i, \beta) = m(X_i, \beta) = \lambda_i \tag{3.7}$$

但是，在实际应用中，这个前提条件很难满足（吕卫国和陈雯，2009；张晓平和孙磊，2012），对于非独立事件的计数往往表现为条件均值小于条件方差，出现过度分散，不符合泊松回归模型。这样的模型需要用负二项回归模型来描述，负二项回归模型允许因变量条件方差与条件均值不相等（蒋天颖和史亚男，2015），其对数似然函数为：

$$L(\beta,\eta) = \sum_{i=1}^{n}\{y_i\ln(\eta^2\lambda) - (y_i + 1/\eta^2)\ln(1 + \eta^2\lambda_i) + \ln\Gamma(y_i + 1/\eta^2) - \ln(y_i!) - \ln\Gamma(1/\eta^2)\} \tag{3.8}$$

利用式（3.8）估计方程，得到 $Y_i$ 的估计值，利用式（3.9）作辅助回归，获得 $\alpha$ 回归系数并检验其显著性：

$$(y_i - \hat{y}_i)^2 - y_i = \alpha\hat{y}_i^2 + \tau \tag{3.9}$$

如果 $\alpha$ 系数大于0，回归模型不能满足式（3.7），则需利用负二项模型，即用式（3.8）来进行回归分析；反之，则可利用式（3.6）进行最大似然估计。

### 三 数据来源

本书所涉及的各大宗商品交易市场是通过浙江省人民政府网站和中国大宗商品交易服务网的公告整理得到的，截至2014年12月，综合整理浙江省人民政府公告与中国大宗商品交易服务网得到62家大宗商品交易市场的名称及其所属城市，以及影响浙江省大宗商品交易市场发展的影响因素。本书所用相关数据，指标通过浙江省人民政府网站、中国大宗商品交易服务网、《浙江统计年鉴（2014）》、浙江省各个地级市2013—2014年统计年鉴、统计信息网以及各地级市人民政府网站收集获取。

## 第二节 大宗商品交易市场空间分布特征

为了清晰地反映浙江省大宗商品交易市场的空间分布特征，本书根据浙江省大宗商品交易市场的详细数据，运用 ArcGIS 10.1 和 Excel 对数据进行处理，分析浙江省大宗商品交易市场空间分布状况，以及利用洛伦兹曲线分析浙江省大宗商品交易市场数量的分布特点。

### 一 空间分布特征

浙江省共有 11 个地级市，每个地级市都拥有不同数量的大宗商品交易市场，其分布情况如图 3-1 所示。

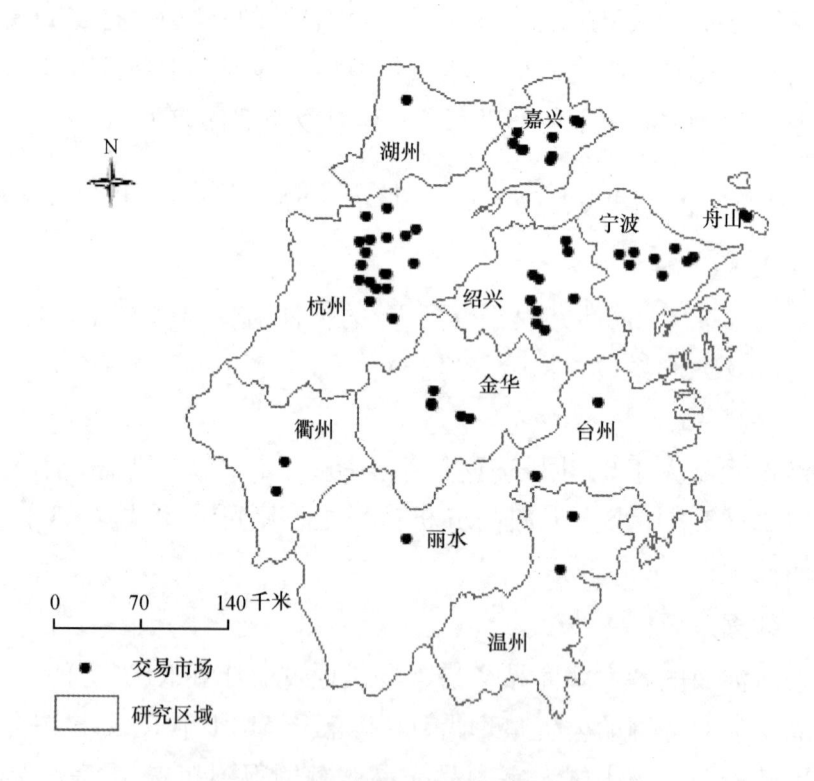

图 3-1 浙江省大宗商品交易市场分布

大宗商品交易市场的数量在浙江省不同城市间的分布有所不同，反映出浙江省各城市大宗商品交易市场发展的不均衡性。在浙江省 11 个地市中,大宗商品交易市场数量超过 10 的地区有 2 个,分别是杭州和嘉兴。大宗商品交易市场数量在 5—10 个的有金华、宁波和绍兴。衢州和舟山地区的大宗商品交易市场数量均在 2—4 个,丽水和湖州地区的大宗商品交易市场发展相对较慢,都只有 1 个大宗商品交易市场。

## 二 空间分布类型

大宗商品交易市场属于点状要素,其分布类型有均匀、随机和集聚三种分布类型。为研究浙江省大宗商品交易市场的分布类型,本章采用最邻近指数对其进行判别。利用 GIS 技术平台进行计算,得到浙江省大宗商品交易市场的实际最邻近距离和理论最邻近距离之比为 $R = 0.76 < 1$,因此,可推断出浙江省大宗商品交易市场的分布类型为集聚型,与上文研究其数量空间分布的不均衡性特点的结论相吻合。

## 三 空间分布均衡性

由于地理条件、历史文化和经济发展水平的差异,目前,浙江省大宗商品交易市场的发展水平存在明显的空间发展不平衡,各区域所拥有的大宗商品交易市场的数量有明显区别。

## 四 大宗商品交易市场分布的集中度分析

地理集中指数是分析大宗商品交易市场集中程度的重要指标。浙江省大宗商品交易市场总数 $T = 62$,地级市总数 $n = 11$,其对应的大宗商品交易市场的个数见表 3 - 1。

表 3 - 1　　　　　　浙江省大宗商品交易市场分布统计

| 城市 | 杭州 | 嘉兴 | 湖州 | 宁波 | 绍兴 | 舟山 | 温州 | 台州 | 丽水 | 金华 | 衢州 |
|---|---|---|---|---|---|---|---|---|---|---|---|
| 数量（个） | 18 | 11 | 1 | 8 | 9 | 3 | 3 | 1 | 1 | 5 | 2 |

根据地理集中指数的计算公式可得,浙江省大宗商品交易市场的地理集中指数 $G = 40.8040$。假设 62 个大宗商品交易市场平均分布在浙江省境内各个地级市,即每个地级市的大宗商品交易市场数目为 $62/11 \approx 5.6400$ 家的情况下地理集中指数 $G = 30.1700$,$40.8040$ 大于 $30.1700$,表明从市域尺度来看,大宗商品交易市场的分布相对集中。从表 3 - 1 可以看出,大宗

商品交易市场主要集中在杭州、宁波、嘉兴和绍兴地区,其他地区较少。

**五 大宗商品交易市场分布均衡度分析**

根据浙江省地理文化状况,将浙江省分为浙北、浙东、浙南和浙西四大地理区域,其中,浙北包括杭州、嘉兴和湖州;浙东包括宁波、绍兴和舟山;浙南包括温州、台州和丽水;浙西包括金华和衢州。统计表明,浙东北地区大宗商品交易市场明显高于浙西南地区。大宗商品交易市场在浙江省四大地理区域中的具体统计量见表3-2。

表3-2　　　　　　浙江省各区域大宗商品交易市场统计

| 区域 | 总数(个) | 比重(%) | 累计百分比(%) | 区域 | 总数(个) | 比重(%) | 累计百分比(%) |
| --- | --- | --- | --- | --- | --- | --- | --- |
| 浙北 | 30 | 48.3900 | 48.3900 | 浙西 | 7 | 11.2900 | 91.9400 |
| 浙东 | 20 | 32.2600 | 80.6500 | 浙南 | 5 | 8.0600 | 1.0000 |

不平衡指数主要是反映浙江省大宗商品交易市场在浙北、浙东、浙南和浙西这四个地理区域内分布的均衡程度,通过计算得到浙江省大宗商品交易市场在各区域分布的不平衡指数 $S=0.473$,表明大宗商品交易市场在浙江省的分布明显不均衡。根据做出的大宗商品交易市场在浙江省各地级市分布的洛伦兹曲线(见图3-2),可以发现,浙江省大宗商品交易市场主要分布在杭州、嘉兴、绍兴和宁波4个地级市,其大宗商品交易市场的数量超过了全省的70%。

结合表3-1、表3-2和图3-2可以看出,浙江省大宗商品交易市场数量的分布呈现如下特点:

(1)浙北地区拥有数量最多的大宗商品交易市场,占总数的48.39%,浙北区北邻上海,东南为杭州湾,南面与钱塘江相邻,浙江省会杭州市也在浙北区,该区拥有发展大宗商品交易市场的技术和资源基础,且其便捷的交通和发达的经济促进了大宗商品交易市场的快速发展。

(2)浙东地区大宗商品交易市场的数量仅次于浙北地区,占总数的32.26%,浙东地区位居长三角南翼,拥有世界大港宁波—舟山港,是我国最大的矿石、原油、液体化工产品的中转基地,也是华东地区煤炭、粮食等大宗商品主要的中转和储运基地,同时浙东地区北面是钱塘江,丰富

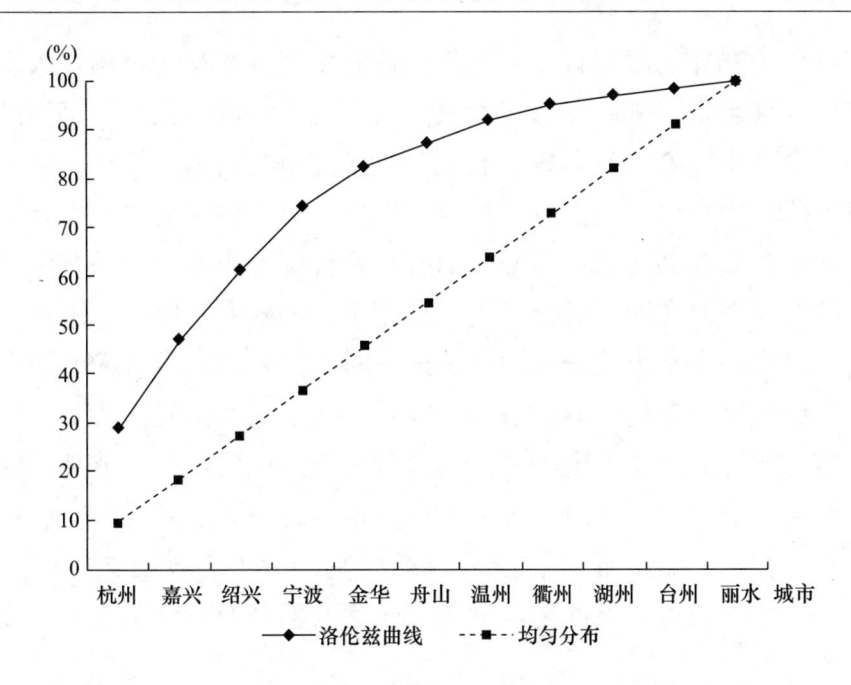

图 3-2　浙江省大宗商品交易市场分布空间洛伦兹曲线

的水资源加上特殊的地理优势，为浙东地区大宗商品交易市场的发展提供了良好的条件。

（3）浙西地区大宗商品交易市场的数量占总数的 11.29%，浙西地区以盆地为主，虽然拥有丰富的矿产资源，是我国重要的矿产基地，但是，由于当地经济发展水平以及区位通达性的限制，该地区大宗商品交易市场的发展与浙北和浙东地区有一定的差距，同时义乌小商品市场的发展也为大宗商品交易市场的发展起到了推动作用。

（4）浙南地区大宗商品交易市场的数量最少，占总数的 8.06%，相对于浙江的其他区域，浙南地区以山地为主，其区域重点发展的是旅游业，所以，该地区的大宗商品发展相对缓慢。

## 第三节　浙江省大宗商品交易市场区位选择

### 一　影响区位选择的因素分析

随着现代技术的发展，生产组织方式发生了剧烈变化，影响大宗商品交易市场区位选择的因素日益多元化。首先大宗商品交易市场从大宗商品批发市场发展起来，所以，影响大宗商品批发市场的因素对大宗商品交易市场同样会产生影响。杨丹萍、杨秀秀（2013）在浙江省大宗商品交易市场发展研究中指出，国内生产总值、港口、对外贸易、物流、仓储等因素对浙江省大宗商品交易市场分布都有一定程度的影响。此外，由于部分大宗商品交易需要在网上进行，受信息化水平的限制。因此，本章在探讨浙江省大宗商品交易市场分布的区位选择时，需要进行多方面的考虑。

大宗商品交易市场的分布格局一般基于当地的经济发展状况、交通状况以及地方政府的支持力度等方面的因素确定最优区位。本节结合区位理论、区域经济等相关理论，主要从区位因素（通达性）、经济因素（地方经济、对外贸易、城市等）和政策因素（基础设施、政策支持等）三个方面并结合数据的可获得性选取所研究模型的解释变量（见表3-3）。

表3-3　　　　　　　　　解释变量指标选取及说明

| 要素 | 解释变量 | 定义或解释 | 预期 |
| --- | --- | --- | --- |
| 区位因素 | port | 是否有港口 | + |
| 经济因素 | gdp | 国内生产总值 | + |
|  | infor | 信息化水平 | + |
|  | logis | 物流业产值 | + |
|  | trade | 进出口贸易总额 | + |
|  | city | 是否为一线城市 | + |
| 政策因素 | policy | 是否有地方政府支持 | + |
|  | wareh | 大宗商品计划仓储用地 | + |
|  | college | 人才引进（选取在校大学生人数为衡量指标） | + |

浙江省发展大宗商品交易主要依靠港口完成进出口贸易，所以，大宗商品交易市场所在城市是否有港口对大宗商品交易市场的发展具有重要影响。用port表示大宗商品交易市场是否为港口所在城市，如有则赋值为1，否则赋值为0，期望其回归系数为正。浙江省大宗商品交易市场的区位影响变量主要用所在城市是否有港口进行测量。

经济因素与大宗商品交易市场的发展关系密切，大宗商品交易市场的发展需要当地经济的支持和驱动。因此，本书选择 GDP、infor（信息化水平）、logis（物流业产值）、trade（进出口贸易总额）等经济变量检验其对浙江省各地级市大宗商品交易市场分布的影响，期望回归系数为正。此外，引入地级市是否达到国家一线城市作为城市地位的衡量指标，当大宗商品交易市场所在的地级市为一线城市时，会为该地的大宗商品的发展带来间接的好处。因此，达到一线城市的赋值为 1，否则为 0，期望回归系数为正。

结合浙江省大宗商品交易市场的发展状况，本书从三个方面考虑政府政策因素对大宗商品交易市场发展的影响。第一，大宗商品仓储用地。大宗商品交易市场的发展需要充足的仓储用地，以便于货物的存放，把 11 个地级市的仓储用地面积分为 5 个等级，一级仓储用地面积最多，赋值为 1；二级仓储用地面积次之，赋值为 2。以此类推，五级仓储用地面积最少，赋值为 5。第二，大宗商品所在市域的人才引进情况。以在校大学生人数为衡量指标，在校大学生人数在一定程度上反映了当地的人力资本，是政府对大宗商品交易市场发展的知识与人才溢出的间接政策性支持，与大宗商品仓储用地一样，把各市大学生人数分 5 个等级，一级人数最多，赋值为 1，五级人数最少，赋值为 5。第三，地方政府是否有专门的文件公告或者法律法规推动地区大宗商品交易市场的发展，若有赋值为 1，否则为 0，期望回归系数为正。

## 二 影响区位选择的回归分析

本书选取 2014 年浙江省 11 个地级市大宗商品交易市场数量为被解释变量，以地级市为研究单元，选取表 3-3 各因素的解释变量，有效样本数量为 62 个。在假设影响大宗商品交易市场分布的因素符合泊松分布的前提条件下，首先利用 Stata 软件对选取的影响大宗商品交易市场的各解释变量间的 Deviance 和 Pearson $\gamma^2$ 相关系数进行计算分析，结果表明，国内生产总值、信息化水平、物流业产值、在校大学生人数和城市等级之间存在较强的相关性。为消除解释变量间的多重相关性，需要采用负二项回归模型对大宗商品交易市场的影响因素进行分析。研究设定置信水平为 90%，将上述相关性较强的 5 个变量单独进行回归验证，得到浙江省大宗商品交易市场的负二项回归模型的结果（见表 3-4），表 3-4 中 α 系数均显著大于零，说明本书采用负二项回归模型估计的合理性。负二项回归模型估计结果如表 3-4 所示。

表 3-4　　大宗商品交易市场回归模型估计结果

|  | GDP<br>模型 1 | infor<br>模型 2 | logis<br>模型 3 | college<br>模型 4 | city<br>模型 5 |
| --- | --- | --- | --- | --- | --- |
| GDP | 0.1879*** | | | | |
| infor | | -0.0582 | | | |
| logis | | | 0.1159*** | | |
| college | | | | 0.1793 | |
| city | | | | | 0.3085 |
| trade | 1.0671*** | 1.2296*** | 1.3724*** | 1.0355** | 1.0357** |
| wareh | 0.1323* | 0.1072* | 0.1263* | 0.1344* | 0.1218* |
| port | 0.5685*** | 0.4510*** | 0.4073*** | 0.4772*** | 0.6698*** |
| policy | 0.8712** | 0.8768** | 0.8805** | 0.8363** | 0.9574** |
| -cons | 0.1585 | 0.2485 | 0.3248 | 0.2876 | 0.25876 |
| α | 0.5107 | 0.4530 | 0.5206 | 0.4904 | 0.5105 |
| LL | -201.6930 | -201.7610 | -202.7657 | -202.7420 | -200.7480 |
| LR | 19.71 | 19.57 | 19.56 | 19.61 | 19.60 |

注：*、**和***分别表示 10%、5% 和 1% 的显著性水平。

从浙江省大宗商品交易市场的回归结果可以看出，区位因素对浙江省大宗商品交易市场的分布都具有显著作用，城市内是否存在港口（port）的回归系数为正，值为 0.5685，通过了显著性检验，与期望相符，这说明浙江省大宗商品交易的完成对港口依赖性较强，当城市内有港口运输条件时，更有利于浙江省大宗商品交易市场的发展。

经济因素中，除信息化水平（infor）和城市等级（city）外，其他经济因素对浙江省大宗商品交易市场的影响都通过了显著性检验，且回归系数为正，与期望相符，这说明浙江省大宗商品交易市场的分布与该地区的信息化水平和城市等级的相关性较小，可能是因为大宗商品交易市场发展对信息技术要求不高，一般城市均可达到要求，同时地位较高的城市，其土地成本、交易成本等各项成本相应较高，所以，浙江省大宗商品交易市场的区位选择一般不考虑该地区的信息化水平和城市地位，其主要考虑的经济因素是 GDP、物流业发展产值（logis）和进出口贸易总额（trade）。

政策因素中的地方政府支持（policy）和大宗商品计划仓储用地（wareh）对浙江省各地市发展大宗商品交易市场具有显著影响，与预期结果相同，回归系数为正，这表明浙江省大宗商品交易市场通过优惠政策，以及为大宗商品交易市场提供仓储用地等方式，为交易市场的发展提供良好的服务和经营环境，对浙江省大宗商品交易市场的发展具有明显的促进作用。而城市内在校大学生人数（college）的回归系数没有通过显著性检验，可能是由于浙江省大宗商品交易市场的分布与人力资本没有太大的影响。

## 第四节 结论与讨论

本章选取浙江省大宗商品交易市场为研究对象，采取最邻近指数、地理集中度指数、不平衡指数和负二项回归模型等方法对浙江省大宗商品交易市场的空间分布特征及其区位选择的影响因素进行深入分析和探讨，研究表明：

（1）浙江省大宗商品交易市场空间分布呈现不均衡性和明显的聚集现象，主要分布在浙东北地区的杭州、嘉兴、宁波和绍兴 4 个城市，浙东北一带已成为辐射浙江省大宗商品交易市场的集聚中心。

（2）浙江省大宗商品交易市场的分布区位选择受到区位因素、经济因素和政策因素等多种因素影响。利用负二项回归模型分析发现，影响浙江省大宗商品交易市场分布的主要区位因素是市内是否有港口，经济因素是国内生产总值、物流业产值和进出口贸易总额，政策因素是地方政府支持力度和大宗商品计划仓储用地。对于大宗商品交易市场空间分布不合理的问题，过于集聚分布势必造成无序竞争，需完善市场化机制，指导大宗商品市场区位选择趋向分散和均衡分布，有效整合和优化浙江省大宗商品交易市场的空间分布结构，形成专业化服务区，促进浙江省大宗商品贸易的可持续健康发展。

由于本书研究样本数量有限，可能无法反映浙江省大宗商品交易市场空间分布的真实情况，以及国内外向型经济水平的提高，影响其分布的区位选择影响因素更复杂，在今后的研究中将做进一步探讨。

# 第四章

# 国际大宗商品期货价格与
# 我国农产品批发市场价格关系

## 第一节 引言

21世纪初，世界经济进入了新一轮的高速增长期，国际商品市场一片繁荣，随之大宗产品价格也一路上升，国际市场原油、农产品等的价格纷纷创造新的纪录。而2008年下半年国际金融危机的爆发给世界经济带来了"灾难"，并波及国际商品市场，国际大宗商品期货价格迅速回落，市场显现疲软。2009年第二季度，在世界经济复苏的影响下，国际大宗商品价格逐步回升，尤其是在全球流动性过剩、美元趋势性贬值等因素的带动下，大宗商品价格强劲反弹。2010年以来，虽然世界经济还未能完全走出国际金融危机的影响，欧债危机的爆发加剧了世界经济前景的不确定性，但商品市场涨价预期却大大加剧，国际大宗商品价格仍震荡上行，相对而言，全球资源性产品和重要农产品价格急剧攀升。

随着我国经济同世界经济的联系日益紧密，国内外商品市场的联系也不断加深。近年来，我国经济高速增长、城镇化工业化快速推进和人口膨胀都推动了对世界资源的需求，对外依存度急剧上升的状况凸显。在能源、原材料及部分农产品逐步转入高度依赖进口的贸易结构下，国际大宗商品价格的上涨迅速传导至国内商品市场的价格上来，冲击着物价，研究这种传导和冲击对宏观经济的发展具有重要意义。

目前，国内已有的关于国际大宗商品价格对国内经济影响的研究主要集中在国际大宗商品期货价格与国内消费者价格指数（CPI）之间的关系上，而对于下游市场价格关系的研究很少见。考察国际大宗商品期货市场和农产品市场可以发现，2005年以来，国际大宗商品期货市场价格与农产品批发市场价格（以下简称批发价格）具有同向的价格走势，批发价格也呈现出"上涨—急剧下滑—上扬"的过程。本书从这种趋势出发，试图研究国际大宗商品期货价格与批发价格之间的关系以及这种关系的传导途径。

## 第二节 文献回顾

一种规范的成熟期货品种，其价格能较好地反映现货市场的供求趋势，进而发现现货市场价格的变动并做出预警，早在1932年霍夫曼（Hoffman）就提出，期货市场的价格发现功能是指期货价格可以提前反映现货市场价格的未来变动走势。近年来，国内外的一些学者从不同视角论证了大宗商品期货价格的发现功能和对物价变动的预警作用，但大多主要是基于国际大宗商品期货总体指标来展开研究的。

亚当斯和伊奇诺（Adams and Ichino，1995）证明了大宗商品期货价格走势领先于工业品价格，但受到货币供应量的影响。Acharya（2008）通过研究商品期货价格指数与通货膨胀间的相关性论证了商品期货价格指数在宏观经济景气预测过程中的贡献和作用，后者还发现，通过生产价格传导的作用，国际初级产品价格上涨促使中国同期的通货膨胀率上涨。Bloach等（2006）研究发现，大宗商品期货价格与美元汇率的加权指数存在长期的均衡关系，并显著影响着国内物价。赵革和黄国华（2005）研究了国际市场商品价格指数与国内市场价格指数间的价格传导关系，对商品价格趋势预测和宏观经济的有效调控具有重要意义。蔡慧和华仁海（2007）的研究表明，在样本区间内存在商品期货价格指数和GDP指数的因果关系，并存在长期均衡关系，其先行时间达到两个月。张翼（2009）利用格兰杰因果检验分析了CRB与我国CPI、PPI、RPI的引导关系，发现CRB对RPI、PPI具有引导关系，但对CPI的引导关系未通过检验。肖争艳等（2009）的研究表明，国际大宗商品价格会显著影响我国CPI，价格传导机制具有滞后性。常青等（2010）的研究表明，国际商品期货价格指数对我国居民消费价格指数在8个月内存在因果关系，并可以通过国际商品期货价格指数对我国居民消费价格指数进行预测。王晓芳等（2011）基于小波多分辨和计量分析法研究了国际大宗商品期货价格对国内物价的传导机制和传导效应，结果显示，CRB影响CPI有直接方式和经过CCPI、PPI传导的间接方式，总体上看，CRB是预测CPI的可靠指标。

还有相当多的文献研究了大宗商品期货市场中的某类商品与宏观经济指标间的关系（Rapsomanikis and Sarris, 2006）。国内这方面的研究文献较少，张树忠等（2006）研究了我国农产品期货价格指数与CPI的关系，论证了我国农产品期货价格指数对CPI的先行指示作用。杨咸月（2006）通过检验并用VEC模型考察了国内期货铜市场与国际市场的互动关系。

梳理已有的文献发现，有关国际大宗商品期货价格与国内某种具体的商品市场价格的研究更为鲜见。本书着眼于以与PPI、CPI等指标考察的宏观经济相比较为微观市场——中国农产品批发市场，研究国际大宗商品期货价格与批发价格之间的关系，基于农业在中国经济发展中的重要地位，探讨在世界经济一体化浪潮席卷之下的国际大宗商品期货价格与批发价格之间的关系具有重要意义。

## 第三节 数据收集及预处理

国际上现有的反映期货价格的指标有很多，比较常见的有CRB指数、DJ—AIG指数、GSCI期货指数等。由于CRB指数包括核心商品的价格波动，总体上反映了世界主要商品价格的动态信息，并能在一定程度上揭示宏观经济的未来走向，被学者广泛应用于对国际大宗商品期货价格与CPI、PPI等波动关系的研究之中。本书借鉴先前的研究经验，以2005年1月至2011年9月的CRB指数为考察国际大宗商品期货价格变动的指标。国内也有一些反映期货市场价格波动的指标，如大连和上海商品期货交易所指数、青马期货价格指数（QMAI）等，各种指数统计标准不同，其反映的情况也各不相同，本书以农业部公布的2005年1月至2011年9月的农产品批发市场价格指数（文中定义为 AWPI，源自农业部网站）为农产品批发市场的价格指标。本书使用的消费者价格指数（CPI）源于国家统计局月度数据库。

为使分析结果更具客观性、稳定性和可靠性，本书在分析之前对各指标数据做了如下处理：

（1）2011 年 4 月以后的 CRB 指数是由 CRB 指数日度数据算术平均得来的，其计算公式为：$CRB_j = \dfrac{\sum CRB_{ij}}{\sum i}$（$CRB_{ij}$ 为第 j 月第 i 日的 CRB 指数，i 表示计数日）。

（2）CRB 指数是以 1967 年为基期的环比指数，相对于同比指数而言，后者更能反映价格的变动，因此，将环比 CRB 指数换算成上年同月为 100 的同比指数，所用的换算公式为：$CRB = \dfrac{\sum CRB_{jk}}{\sum CRB_{j,k-1}}$（$CRB_{kj}$ 为第 k 年第 j 月的 CRB 指数，k、j 均为大于 1 的整数），农产品批发价格指数和 CPI 均取公布的同比指数。

（3）利用 Eviews 软件中的 census 12x 方法对各指标序列进行季节调整，以剔除季节变动要素和不规则要素的影响；将调整后的值取自然对数，分别记为 lnCRB、lnAWPI 和 lnCPI，以获得更加平滑的指数值。本书实证分析部分都是基于 Eviews 7.0 软件进行的。

## 第四节 基于视图传导关系的理论分析

根据预处理的数据绘制农产品批发市场价格指数（lnAWPI）与国际大宗商品期货价格指数（lnCRB）和居民消费价格指数（lnCPI）的走势图，直观地考察它们之间的关系。从图 4 - 1 可以看出，lnCRB 和 lnCPI 的波动趋势总体上与 lnAWPI 一致，不同的是波幅的大小。

图 4 - 1 中 lnCRB 除在 2008 年 6 月至 2009 年年底近一年半的时间出现剧烈的下降和上升外，样本期内都较平缓，即使这样，lnAWPI 在 2008 年年初至 2009 年年初也出现了较大的波动，且在整个样本期内lnCRB的

波动都要先于 lnAWPI。同样，lnCPI 的波动也先于 lnAWPI 的波动，区别在于 lnCPI 波动较为平缓。因此可以认为，国际大宗商品价格波动引起批发价格的波动，并且其波动以某种形式（直接或者间接地）冲击或影响着批发价格。

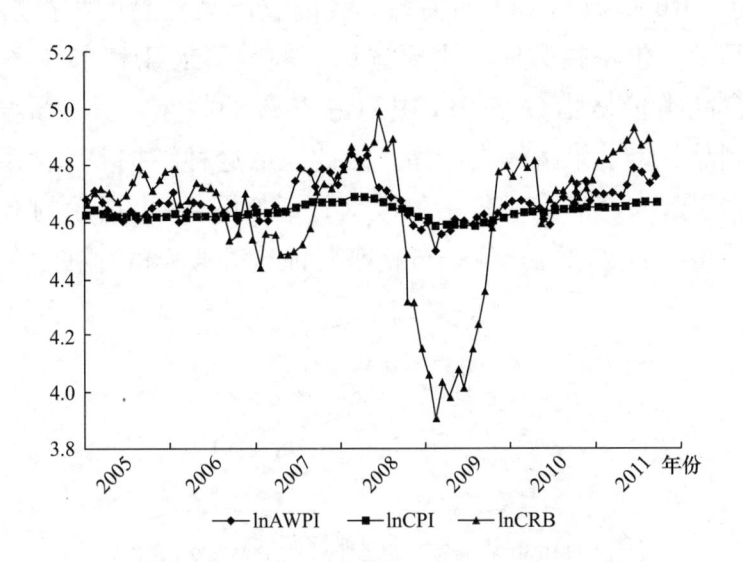

图 4-1　lnAWPI、lnCPI 和 lnCRB 走势

基于上述考察结果，本书假设国际大宗商品期货价格影响批发价格的路径可用图 4-2 来表示：阶段Ⅰ表示一次完成（直接形式），这种影响可能是由国内批发市场主体的价格预期引起的。2008 年下半年国际金融危机达到高潮，世界经济发展缓慢，部分地区经济衰退，国际商品市场一片疲软（月均 CRB 指数不到 10%），国内经济也出现放缓的迹象，市场主体对低迷的经济形势的担忧导致了对商品市场前景的悲观预期，价格预期随之下降。作为整个商品市场体系的一部分，农产品批发市场也不例外。2009 年 6 月以来，各国经济刺激计划和政策不断出台，推动世界经济回暖，国际大宗商品期货价格出现罕见的强劲反弹，其中，食品、农产品等的价格不断走高，CRB 指数上升了约 24%。2010 年，受世界经济复苏和美元走势的影响，大宗商品价格继续上涨，但欧债危机的爆发给国际商品市场主体的信心带来重创，各类主要大宗商品价格基本上呈现出先涨后跌波动的倒"V"形轨迹。2011 年上半年，国际大宗商品价格"领涨"

的走势在很大程度上符合人们对世界经济的良好预期。同时，国内经济走出经济危机旋涡，农产品、能源资源市场的稳步发展，增加了农产品批发商的价格预期。阶段Ⅱ和阶段Ⅲ表示间接途径，认为国际大宗商品价格会通过CPI进行传导。有关CRB指数对CPI传导的研究已然丰富，从不同视角证明了CRB指数与CPI的关系。我国农产品贸易的种类繁多，但在编制农产品批发价格指数时，主要选用了粮食、果蔬和水（畜）产品等样本，而食品类价格指数在CPI中约占30%的权重，其中涵盖了粮食、肉禽及其制品、蛋、果蔬等农产品。因此，从这种结构关系来看，CPI的波动必然会引起农产品批发价格的波动，正如图4-1所示的CPI领跑农产品批发价格，后文将通过实证分析来验证这种假设的存在性和正确性。

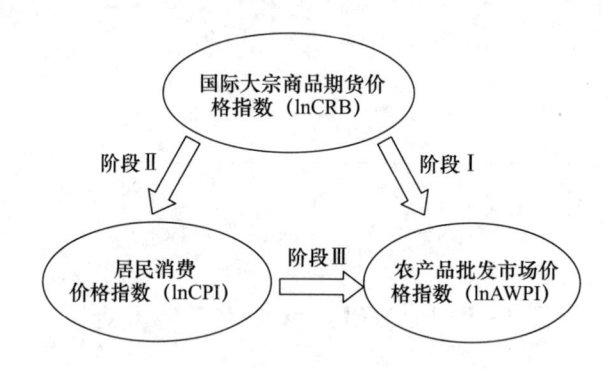

图4-2 假设的三阶段波动传导链

## 第五节 实证与结果

### 一 互动关系检验

为检验上文基于直接观察而做出的假设的存在性、正确性和可靠性，下文将采用约翰森（Johansen）协整理论探讨三者间是否存在长期的协整关系，并在此基础上做格兰杰因果关系检验。

（一）约翰森协整检验

首先采用ADF单位根检验法对三变量作平稳性检验（见表4-1）。结果表明，lnAWPI、lnCPI和lnCRB均为一阶单整时间序列，原序列不平稳，但各一阶差分是平稳序列。

## 第四章 国际大宗商品期货价格与我国农产品批发市场价格关系

表4-1 变量的 ADF 平稳性检验

| 变量 | (C, T, K) | ADF 值 | 1%的显著性 | 5%的显著性 | 结果 |
|---|---|---|---|---|---|
| lnAWPI | (0, 0, 2) | 0.3383 | -2.5949 | -1.945 | I(1)** |
| ΔlnAWPI | (0, 0, 2) | -4.8568 | -2.5953 | -1.9451 | I(0)** |
| lnCPI | (C, 0, 3) | -2.4838 | -3.5178 | -2.8996 | I(1)** |
| ΔlnCPI | (0, 0, 2) | -2.9021 | -2.5953 | -1.9451 | I(0)** |
| lnCRB | (C, 0, 2) | -2.5239 | -3.5167 | -2.8991 | I(1)** |
| ΔlnCRB | (0, 0, 2) | -3.7424 | -2.5953 | -1.9451 | I(0)** |

注：①ΔlnAWPI 表示变量 lnAWPI 的一阶差分，其他同义；②(C, T, K) 表示（常数项，时间趋势项，滞后期数）；③I(0)** 表示原序列在1%的显著性水平下是平稳序列；I(1)** 表示一阶差分序列在1%的显著性水平下是平稳序列，即原序列一阶单整。

经过观察多次变动滞后期所得的 AIC 和 SC 值发现，当滞后期为12时，AIC 和 SC 值最小，表明取滞后12期做约翰森协整检验的结果更好（见表4-2）。迹统计量和最大特征根均大于5%的显著性水平临界值，拒绝原假设，根据协整关系的定义，lnAWPI、lnCRB 和 lnCPI 之间存在长期的协整关系。因此得出为国际大宗商品期货价格与农产品批发价格之间存在长期的协整关系。协整方程为：

$$\begin{pmatrix} \ln AWPI \\ \ln CPI \end{pmatrix} = \begin{pmatrix} 0.0303 \\ 0.0327 \end{pmatrix} \ln CRB + \begin{pmatrix} 4.5321 \\ 4.4856 \end{pmatrix}$$

表4-2 协整关系检验

| (1) 迹统计量检验 ||||| 
|---|---|---|---|---|
| 协整向量原假设 | 特征根 | 迹统计量 | 5%的显著性临界值 | P 值 |
| 没有** | 0.3354 | 57.7572 | 29.7971 | 0.0000 |
| 至少有一个** | 0.2502 | 29.5669 | 15.4947 | 0.0002 |
| 至少有两个** | 0.1312 | 9.7009 | 3.8415 | 0.0018 |
| (2) 最大特征根检验 ||||| 
| 协整向量原假设 | 特征根 | 最大特征根 | 5%的显著性临界值 | P 值 |
| 没有** | 0.3354 | 28.1903 | 21.1316 | 0.0043 |
| 至少有一个** | 0.2502 | 19.866 | 14.2646 | 0.0059 |
| 至少有两个** | 0.1312 | 9.7009 | 3.8415 | 0.0018 |

从长期来看，CRB指数每正向波动1%，AWPI就会随之上升约0.03个百分点，并且可以看出这种波动是由CRB指数直接作用于AWPI的结果。上文阶段Ⅰ的传导关系得到验证。同理，阶段Ⅲ可由后一个方程验证。再来看下面的估计结果：

lnAWPI = 1.6638LNCPI − 0.0242LNCRB

AWPI受到CRB和CPI共同作用，而是否有阶段Ⅱ→阶段Ⅲ的传导关系还需要进一步的论证。

（二）格兰杰因果关系检验

为进一步验证传导关系假设，并研究这些变量间更深层的关系，下文对lnAWPI、lnCRB和lnCPI做格兰杰因果关系检验（见表4−3）。

表4−3　　　　　　　　　格兰杰因果关系检验

| 原假设/P值/滞后期 | | 1 | 2 | 3 | 4 | 5 | 6 |
|---|---|---|---|---|---|---|---|
| Ⅰ | lnAWPI? lnCRB | 0.2280 | 0.1673 | 0.0566 | 0.1339 | 0.2219 | 0.2607 |
| | lnCRB? lnAWPI | 0.2418 | 0.0314** | 0.0778 | 0.0909 | 0.0365** | 0.0713 |
| Ⅱ↓Ⅲ | lnCRB? lnCPI | 0.0519 | 0.0115** | 0.0097** | 0.0038** | 0.0035** | 0.0005** |
| | lnCPI? lnCRB | 0.7759 | 0.9570 | 0.0018** | 0.0042** | 0.0305** | 0.0362** |
| | lnAWPI? lnCPI | 0.1012 | 0.4909 | 0.0656 | 0.1007 | 0.1572 | 0.0916 |
| | lnCPI? lnAWPI | 0.2833 | 0.3045 | 0.0298** | 0.0090** | 0.0204** | 0.0109** |
| 原假设/P值/滞后期 | | 7 | 8 | 9 | 10 | 11 | 12 |
| Ⅰ | lnAWPI? lnCRB | 0.0696 | 0.0087** | 0.0199** | 0.0145** | 0.0022** | 0.0065** |
| | lnCRB? lnAWPI | 0.0171** | 0.0220** | 0.0753 | 0.0941 | 0.0021** | 0.0027** |
| Ⅱ↓Ⅲ | lnCRB? lnCPI | 2E−05** | 7E−05** | 1E−05** | 3E−05** | 1E−06** | 4E−05** |
| | lnCPI? lnCRB | 0.0036** | 0.0128** | 0.0079** | 0.0009** | 0.0002** | 0.0018** |
| | lnAWPI? lnCPI | 0.1448 | 0.0520** | 0.0019** | 0.0018** | 0.0201** | 0.0203** |
| | lnCPI? lnAWPI | 0.0234** | 0.0329** | 0.0211** | 0.0152** | 0.0051** | 0.0021** |

注："?"表示"不引导"；**表示在5%的显著性水平下通过检验，显著拒绝原假设。

从表4−3可以看出，在不同的滞后期内三变量间的因果关系不同：首先看阶段Ⅰ中lnAWPI与lnCRB的关系。在短期内，两者并没有显著的相互引导关系，随着滞后期的延长（5—8期），lnCRB引导lnAWPI的现象逐渐显现，在 11—12 期更为明显；lnAWPI 对 lnCRB 的引导关系则体现在中长期尤其是长期（9—12 期）。表明国际大宗商品价格对批发价格的影响主要集中在中长期，并且批发价格会反过来影响国际大宗商品价格的走势，这与前文两者具有长期协整关系的结论是一致的。在一些不确定因素的影响下，国内外市场间的信息传递存在时滞进而导致人们对信息反应迟钝，根据经济形势做出的价格预期也会稍显滞后，最终使国际大宗商品价格与批发价格的相互影响在长期中表现得更为明显。

其次看阶段 II 中 lnCRB 与 lnCPI 的关系。滞后 2—12 期中，lnCRB 与 lnCPI 具有显著的相互引导关系，这一点与已有的研究成果相一致。国际大宗商品价格直接或间接（通过 PPI 等）地对居民消费价格产生影响，刺激着国内输入型通货膨胀。

再次看阶段 III 中 lnCPI 与 lnAWPI 的关系。表 4-3 的结果表明，两者在短期不存在相互间的引导关系，尽管在中期（3—7 期）也只存在 lnCPI 对 lnAWPI 较弱的单向引导，随着滞后期的延长（8—12 期）两者相互引导关系出现并愈加明显。这主要源于国内市场因素的影响，农产品批发市场流动性在短期较为充裕，通货膨胀并不能有效地传导至农产品价格；随着通货膨胀的持续，物价大幅度上升，进而冲击到与生活密切相关的农产品市场，农产品价格上扬，这也解释了在通货膨胀时期人们对农产品价格变动敏感性高于其他行业或商品的原因；通货膨胀在长期进一步加剧，农产品价格进而批发价格与通货膨胀呈"螺旋式"的交织关系，通货膨胀加剧了批发价格的通货膨胀，批发价格反过来又作用于大宗商品价格，进而刺激通货膨胀。

综上分析可知，本书关于 lnCRB、lnCPI 对 lnAWPI 的三阶段传导链的假设成立，即阶段 I：lnCRB→lnAWPI，阶段 II→III：lnCRB→lnCPI→lnAWPI。

### 二 波动关系检验

lnAWPI、lnCRB 和 lnCPI 之间存在长期的协整关系，然而，一些不确定因素却使长期均衡关系总是围绕着均衡点波动（偏离），而波动又会被长期均衡修正以回到新的均衡点，正如农产品生产市场中收敛的蛛网模型所显示的那样。为考察三变量之间的短期与长期关系及对波动修正的程度，下文将建立向量误差修正模型（VEC）。

(一) 向量误差修正 (VEC) 模型

(1) 模型设定：$\Delta Y_t = \alpha ecm_{t-1} + A_1\Delta Y_{t-1} + A_2\Delta Y_{t-2} + \cdots + A_p\Delta Y_{t-p} + \varepsilon_t$。$\Delta Y_t = \begin{pmatrix} \Delta(\ln AWPI)_t \\ \Delta(\ln CRB)_t \\ \Delta(\ln CPI)_t \end{pmatrix}$ 是一阶差分矩阵；$ecm_{t-1} = \begin{pmatrix} ecm_{1,t-1} \\ ecm_{2,t-1} \end{pmatrix} = \beta Y_{t-1}$，$Y_{t-1} = \begin{pmatrix} (\ln AWPI)_{t-1} \\ (\ln CRB)_{t-1} \\ (\ln CPI)_{t-1} \end{pmatrix}$，β 是协整向量矩阵；α 是调整参数矩阵，反映了模型把长期偏离调整到均衡状态的速度和程度；$A_p$ 是系数矩阵，反映各变量的短期波动对被解释变量的影响程度（p = 1，2，⋯）。$\varepsilon_t$ 是白噪声矩阵。实证中，滞后期 p 由 AIC 和 SC 信息准则给出，$AIC = -\frac{2l}{T} + \frac{2n}{T}$，$SC = -\frac{2l}{T} + \frac{n\ln T}{T}$，$n = k(d + pk)$，$l = -\frac{Tk}{2}(1 + \ln 2\pi) - \frac{T}{2}\ln\left|\sum_j\right|$。n 是被估计的参数的总数，k 是内生变量个数，T 是样本长度，d 是外生变量个数，p 的选择应使 AIC 和 SC 的取值越小越好。

(2) 实证分析。根据经验数据和 AIC、SC 准则，确定 VEC 的滞后期为滞后 12 期，建立 VEC 模型，估计结果如下（根据分析的需要只列出两个方程）：

$ecm_{1,t-1} = (\ln AWPI)_{t-1} - 0.0303(\ln CRB)_{t-1} - 4.532$

$ecm_{2,t-1} = (\ln CPI)_{t-1} - 0.0327(\ln CRB)_{t-1} - 4.4856$

$\Delta(\ln AWPI) = -1.0904 ecm_{t-1} + 1.8403 ecm_{t-2} + \sum M\Delta(\ln AWPI)_{t-r} + 0.1103\Delta(\ln CRB)_{t-1} + \cdots + 0.0897\Delta(\ln CRB)_{t-11} - 2.6277\Delta(\ln CPI)_{t-1} + \cdots - 0.8744\Delta(\ln CPI)_{t-11} - 0.0017$

$\Delta(\ln CRB) = -0.0200 ecm_{t-1} + 4.6563 ecm_{t-2} + 1.927\Delta(\ln AWPI)_{t-1} + \cdots + 0.5465\Delta(\ln AWPI)_{t-11} + \sum N\Delta(\ln CRE)_{t-r} - 1.8234\Delta(\ln CPI)_{t-1} + \cdots + 1.5541\Delta(\ln CPI)_{t-11} - 0.0069$

式中，M、N 分别表示 $\Delta(\ln AWPI)_{t-r}$、$\Delta(\ln CRB)_{t-r}$ 的系数矩阵，$r \in [1, 11]$。

结果表明：①样本期间，lnAWPI 与 lnCRB、lnCPI 与 lnCRB 之间存在

长期均衡关系，再一次验证了先前的判断。②短期内，lnAWPI 受到自身、lnCRB 和 lnCPI 波动的三重影响，同样，lnCRB 也受到自身和 lnAWPI、lnCPI 波动的冲击。随着滞后期的延长，lnAWPI 对自身和 lnCRB 的影响总体上呈减弱的趋势，lnCRB 对自身和 lnAWPI 的影响也在减弱，这与长期不同。③$ecm_{1,t-1}$ 的系数为负值，说明短期内误差项对批发价格和国际大宗商品价格进行反方向修正，使长期波动恢复均衡，这种均衡状态还会反复波动直至形成新均衡。$ecm_{2,t-1}$ 的系数为正值，说明短期内误差项对国际大宗商品价格和居民消费价格进行正向调整，使长期波动恢复到新的均衡，显然，后者的修正力度较前者大。

（二）波动影响效应的动态分析

脉冲响应函数能够反映内生变量的冲击给其他变量现值和未来值所带来的影响，本书基于 VEC 模型使用脉冲响应函数进一步分析 lnCRB、lnCPI 和 lnAWPI 三者之间的动态关系，结果如下：

首先，考察批发价格对国际大宗商品价格单位冲击的响应（见图 4-3）。给 lnCRB 一单位正的冲击，从第 1 期开始到第 3 期，对批发价格的波动就有一个正的影响，在第 2 期初达到最大，从第 3 期末开始下降并由正转负，一直持续到第 11 期结束，第 12 期开始转正，在 0 值附近浮动，与 VEC 模型分析结果一致。研究表明，短期内大宗商品价格的冲击对批发价格产生正的影响，在长期这种影响转为负的，并出现近似于周期性的波动。当今中国的经济与世界经济逐渐融合，国内农产品市场与国际市场联系更加密切，同样会受到国外经济波动的影响；同时也说明国内对国际市场的价格预期随经济形势的波动而波动。

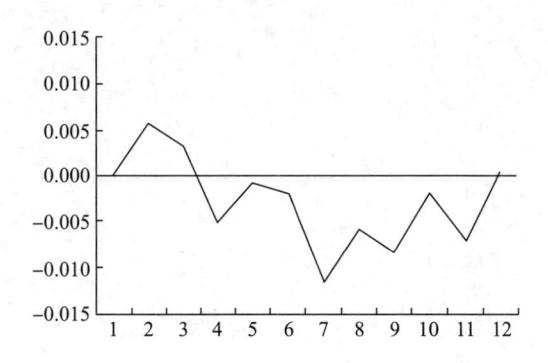

图 4-3 lnWPI 对 lnCRB 的冲击脉冲响应

其次，考察居民消费价格对大宗商品价格冲击的响应（见图 4-4）。给 lnCRB 一单位正的冲击，从第 1 期至第 6 期，对居民消费价格的波动有一个正的影响，并在第 3 期达到最大值后下降；之后这种影响就由正转负，在 0 值附近震荡，在第 11 期出现较大的负影响。国际大宗商品价格对居民消费价格负的影响持续约半年，反映了前者与国内消费紧密的联系。长期以来，我国经济保持较快平稳的增长，国内消费增加，对国际市场的依赖有所缓解。因此，后 6 期冲击的影响在 0 值附近震荡。

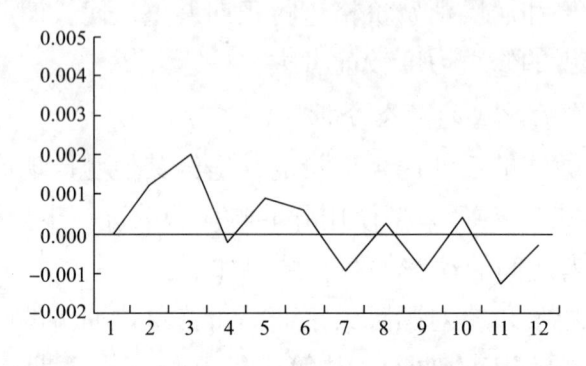

**图 4-4 lnCPI 对 lnCRB 的冲击脉冲响应**

最后，考察批发价格对居民消费价格冲击的响应（见图 4-5）。给居民消费价格一单位正的冲击，前 5 期，对批发价格的影响趋于 0，略有浮动。但从第 6 期开始到最后一期，对批发价格有一个正的影响且影响幅度较大，第 11 期以后呈急剧上升趋势。长期以来，国内的物价水平一直保持在高企状态，通货膨胀较为突出，商品市场受到冲击，农产品批发市场也不例外。

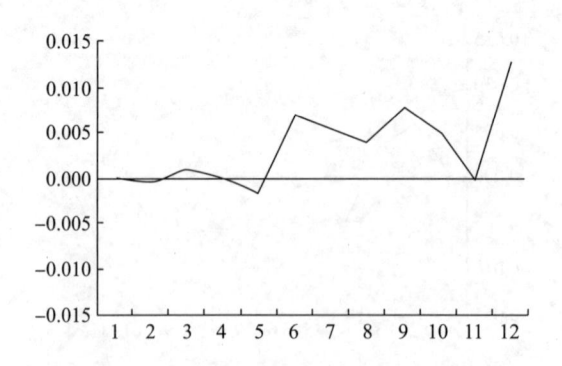

**图 4-5 lnWPI 对 lnCPI 的冲击脉冲响应**

## 第六节 结论及政策启示

通过协整理论分析和格兰杰因果关系检验发现，国际大宗商品期货价格对我国农产品批发市场价格存在直接或间接（以国内 CPI 为经济媒介）的引导关系，并在长期中（滞后 11—12 期）表现得更为明显，说明国际大宗商品期货价格的波动传导至国内农产品批发市场的过程中存在时滞，信息传递渠道阻塞和市场信息不对称可能是引起时滞问题的关键，这还有待进一步的论证。另外，国际大宗商品期货价格与我国农产品批发市场价格之间存在长期的均衡关系，但这种均衡会受到一些不确定因素的冲击而发生偏离，并在短期中得到修正形成新的均衡状态。

根据分析结果可以得出以下政策性启示：

第一，在世界经济一体化不断深入和国内外经济联系日益紧密的背景下，在建设、发展和完善我国农产品批发市场的过程中，政策制定和执行部门要充分认识到国际大宗商品期货市场（指标）对国内市场的预警和指示作用，根据世界经济形势的变化，对国内市场做出预见性微调，保证"外乱内稳"。

第二，国际大宗商品期货价格波动在真正传导至国内农产品批发市场的过程中存在时滞，这就为农产品批发政策的调整留下了充裕的时间和契机，政府决策部门可以利用这一时间间隔做出应对措施，减轻国外经济对内的冲击。如政府根据对国外经济形势的观察，做出准确的估计，并对国内市场主体发出经济变动的信号，这样，一方面使经济主体可以据此做出预见性调整，从而有效地应对由经济形势变化而引起的不利影响，减少损失甚至从中获得收益；另一方面也有利于他们对经济政策和市场信息的研读，增强对政府的信任和市场信心，使之不会在经济"恶化"时乱了阵脚，更有利于国内经济的稳定。

# 第五章

# 大宗商品金融化对我国农产品贸易条件的影响

## 第一节 引言

2008年，由美国次贷危机引发的金融危机蔓延全球。为了刺激经济，世界各国纷纷采取了较为宽松的货币政策，致使全球流动性过剩，大量资金流入大宗商品市场，商品期货和期权投资规模急剧增长。在市场供需没有发生重大变化的情况下，包括农产品在内的大宗商品价格在短期内暴涨暴跌，呈现出明显的金融化现象。在此背景下，大宗商品的价格不仅反映了商品市场基本供需的变化，也反映了大量货币资本频繁的投机行为，其波动更加剧烈，对经济发展、国际贸易的影响也更为错综复杂。中国作为世界上最大的农产品生产和消费国，农产品进出口规模持续上升，占世界农产品贸易的比重不断提高。2012年，我国农产品进出口总额为1757.7亿美元，同比增长12.9%。其中，出口632.9亿美元，同比增长4.2%；进口1124.8亿美元，同比增长18.6%。在某些品种上，中国已经具有举足轻重的作用。以大豆为例，中国目前已经占全球大豆进口的50%以上。在我国农产品进出口规模日益增加的情况下，国际大宗商品价格波动势必对我国农产品的贸易条件产生较大的影响。因此，对大宗商品金融化与中国农产品贸易条件之间的关系进行深入研究，具有较强的现实意义。

商品金融化问题由来已久。虽然很多学者在研究过程中使用"商品金融化"或者"大宗商品金融化"这样的表述，但对于商品金融化却一直没有严格的定义。有的文献把金融机构涌入商品期货市场的现象称为商品期货市场的"金融化"(Domanski, Heath, 2007), 这仅仅是关注到金融资本对期货市场的影响, 而并没有涉及商品贸易领域。从实体经济角度来看, 金融化是指各类经济主体日益通过金融途径而非贸易和商品生产途径获取利润的积累模式, 这种现象明显改变人们的经济行为, 并影响实体经济, 加速或阻碍实体经济活动的发展 (Greta R. Krippner, 2005)。由于具有标准化、可交易、易储存并且具有广泛的使用价值, 金融资本参与大宗商品交易的动机非常强烈。在经济全球化与金融化的带动下, 大宗商品的价格走势不仅仅是现货的供求关系所能够决定的, 其更多的是反映出金融商品的特点 (史晨昱, 2011)。特别是近年来国际大宗商品市场表现出明显的金融化特征, 其主要原因包括商品指数交易者和对冲基金等机构投资者的进入、全球宽松的货币政策及新兴市场国家经济的快速增长等, 其后果是大宗商品市场与金融市场间价格波动的跨市场传染与放大、商品价格影响因素的复杂化对期货市场价格发现和套期保值功能的干扰等 (张雪莹、刘洪武, 2012)。在农产品领域, 尤其是粮食与石油、矿产资源等其他大宗商品一样越来越具有金融化趋势, 粮食衍生品市场价格的急剧波动是其主要表现 (李援亚, 2012)。

从微观来看, 国际大宗商品价格的剧烈波动对企业的贸易和生产带来了很大的影响, 加剧了企业的市场风险。但是, 从宏观来看, 大宗商品价格波动对我国大宗商品贸易条件的影响如何? 多数研究都认为, 国际大宗商品产品价格波动对中国贸易条件的影响较为显著 (乔宝华、黄坤, 2010; 刘喜和, 2012)。从变动方向来看, 国际大宗商品价格波动与我国出口形势的变动具有一定程度的一致性, 特别是 2000 年后, 我国出口形势受国际大宗商品价格的影响变得较为明显 (中国人民银行重庆营管部课题组、杨育宏、胡资骏, 2009)。从反映贸易利益的贸易条件指数来看, 国际大宗商品价格波动是影响我国价格贸易条件异常波动的原因之一, 但是, 相对于国内通货膨胀、人民币汇率变化以及国内市场产出缺口等因素来说, 大宗商品价格对我国价格贸易条件的影响并不是很大, 呈现一定的负相关; 而国际大宗商品价格对我国收入贸易条件的影响始终处于负向冲击状态, 影响较为显著 (刘喜和, 2012)。

综上所述, 大宗商品金融化已经从一种经济现象逐渐进入理论研究范畴, 已有不少文献研究了大宗商品金融化对宏观经济和我国贸易条件的影响。但是，这些研究要么是立足于大宗商品金融化，研究其产生的根源及影响；要么是研究大宗商品贸易条件的变化趋势及影响的主要因素，鲜有文献把两者综合起来，有针对性地研究大宗商品金融化对我国大宗商品尤其是农产品贸易条件的影响。本书将从理论上分析大宗商品金融化条件下国际农产品市场的运行机理，在此基础上进行实证研究，检验大宗商品金融化背景下 CRB 食品价格指数与我国农产品贸易条件之间的关系。

## 第二节　大宗商品金融化背景下国际农产品市场运行机制

### 一　交易主体金融化

传统的国际农产品市场中的交易对象主要由生产链条上的生产者（农户）、农产品贸易商、农产品加工企业、农产品零售企业和农产品消费者构成（见图 5-1）。生产主体是分散的农户或农场主，一般情况下，农户的产品由贸易商收购并且缺乏议价能力，也基本不参与期货市场的套期保值；而农场主的生产集约化、规模化程度较高，可将生产的农产品直接出售给制造商，从而具有一定的议价能力，在美国、加拿大、澳大利亚等发达国家，农场主普遍具有参与期货套期保值的条件与动机。贸易商在

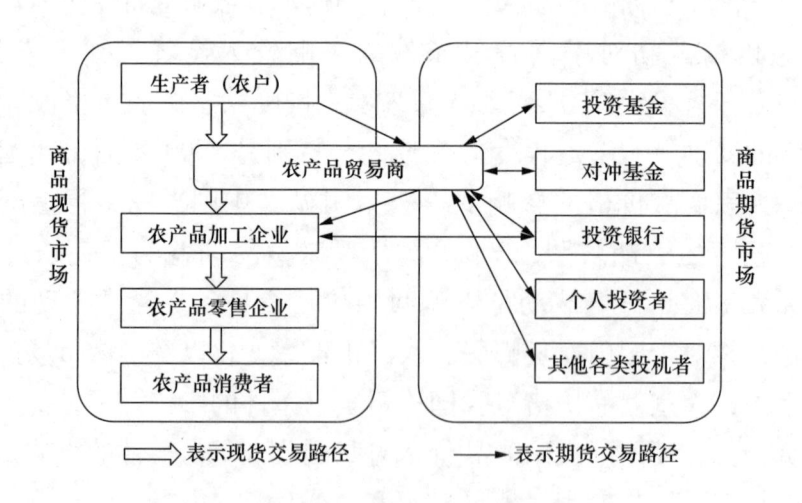

图 5-1　国际大宗商品交易主体及买卖方向

传统的国际农产品市场体系中主要依靠收购与转售的价差获利，然而，在农产品市场信息日益透明的情况下，价差空间不断被压缩，传统的盈利模式难以为继，迫使贸易商不断扩大贸易规模；规模的扩大进一步增大了价格波动的风险，因此，贸易商通过参与期货、期权市场，一方面套期保值降低风险；另一方面也可以套取价差，获得额外利润。

近年来，随着期货及其衍生品市场的不断发展，特别是伴随着全球流动性过剩，大量的投资银行、投资基金、对冲基金、个人投资者等开始涌入大宗商品交易市场，参与期货交易的目的从套期保值转移价格风险逐渐转向套取价差的交易行为，农产品交易已从商品贸易行为转变为金融投资行为。联合国贸易与发展会议（UNCTAD）发布的一份报告指出，目前，随着大宗商品金融化趋势的发展，金融投机行为已经成为大宗商品尤其是能源和金属类大宗商品价格剧烈波动的重要原因，金融投资者在大宗商品市场的参与比例已经从20世纪90年代的不足25%上升到目前的85%。

## 二 价格形成金融化

在传统的国际农产品市场上，生产者参与期货市场较少，因此，期货市场价格波动对生产者的价格预期并没有明显影响；从贸易商或加工商角度来看，在进行现货贸易的同时，通过参与期货市场进行套期保值来转移季节性变化带来的价格风险，但是，期货市场主要是为实物商品交易和生产服务。同时，由于农产品都有大量的库存和再生产，如果没有气候异常等灾害气候，其供需变化不大，因此，价格的波动并不会很大，投机的空间不大。总体来看，在传统的国际农产品市场格局下，农产品价格主要受生产供给、物流仓储、消费需求等产业链的实际因素决定，价格走势比较平稳。但是，随着投机资金不断涌入农产品期货市场，货币资本放大了国际农产品价格的波动幅度，最终导致农产品的商品属性不断弱化，金融属性则日益增强，美元贬值、流动性泛滥和通货膨胀预期导致的投机因素成为左右大宗商品价格的重要力量。根据徐清军（2011）的测算，资金流动性对商品价格指数的贡献率超过20%，实际产业需求的贡献率约为10%，美元汇率变动的贡献率约为5%，金融属性对大宗商品的价格上涨贡献率远大于商品属性，已经成为国际大宗商品金融化的重要推手。

总体来说，在大宗商品金融化背景下，农产品市场的定价机制由传统的定价方式走向金融化定价。商品期货市场是一个集中、公开、统一以及高度市场化、自由竞争的产物，是作为垄断的对立面出现的，是解决交易双方信息不对称的最好工具。全球大宗商品通过成熟的期货市场来定价，就不存在谁垄断定价权问题，其产生价格能够最大限度地反映全社会对大宗商品的价格预期以及真实的市场供求关系。因此，目前对大多数大宗农产品来说，期货市场是形成基准价格的中心，许多国际大宗农产品价格主要是参考期货市场价格来制定的。

## 第三节 我国月度农产品贸易条件变动测算

### 一 测算方法及数据选取

贸易条件指数（Terms of trade，TOT）是衡量一个国家或地区在一定时期内的出口盈利能力和贸易利益的重要指标。根据不同的衡量角度，常用的有价格贸易条件（Net Barter Terms of Trade，NBTT）、收入贸易条件（Income Terms of Trade，ITT）和要素贸易条件（Factorial Terms of Trade，FTT）。限于数据获取以及本书研究的目的，只测算前两种，并且重点分析价格贸易条件的变化。

价格贸易条件（NBTT）是指商品的出口价格指数与进口价格指数之比，反映单位出口商品能够换回进口商品的数量，属于一个"效率"指标。其计算公式为：

$$NBTT = \frac{P_X}{P_M} \times 100\% \tag{5.1}$$

式中，$P_X$、$P_M$ 表示一定时期内的出口价格指数和进口价格指数。一般认为，当 NBTT > 1 时，表示贸易条件改善；当 NBTT < 1 时，表明一国的贸易条件恶化；当 NBTT = 1 时，表明贸易条件无变化。

收入贸易条件指数所衡量的是一国在进出口贸易中能够获取的利益（收益）总量的变化情况，其计算公式为：

$$ITT = \frac{P_X}{P_M} \times Q_X \tag{5.2}$$

式中，$Q_X$ 表示物量指数。一般认为，当 ITT > 1 时，表明一国的贸易条件趋于改善；ITT<1时，表明一国的贸易条件恶化；当ITT=1时，表明贸易条件无变化。

根据经验判断，大宗商品金融化趋势是在2008年国际金融危机后开始加剧，为了准确地反映这一变化，我们选取跨越2008年的月度数据计算贸易条件的变化。由于商务部从2005年2月开始统计和公布农产品进出口的月度价格指数，所以，本书采取商务部公布的2005年2月至2012年12月的月度进出口价格指数进行测算，为了便于比较分析，价格指数、出口数量指数统一转化为以2005年为基期计算。

从图5-2不难看出，2005—2012年，我国农产品月度进出口价格指数及CRB食品价格指数变动趋势具有明显的阶段性：2008年之前，三个指数的走势基本一致，并且呈现逐渐上升态势；2008年下半年开始，我国农产品的进出口贸易价格指数跟随CRB食品价格指数加速上涨，涨至高点又疯狂下跌，价格呈现剧烈波动态势；经过2009年的调整，2010年又开始新一轮上涨；而2011年、2012年呈现高位震荡趋势。结合国际经贸形势不难判断，2008年的国际金融危机和此后所采取的量化宽松的货币政策对大宗商品市场产生了很大的冲击。以2008年为"分水岭"，大宗商品进入了金融化阶段，其主要特征就是大宗商品价格指数受到流动性泛滥的影响，呈现剧烈波动的态势。

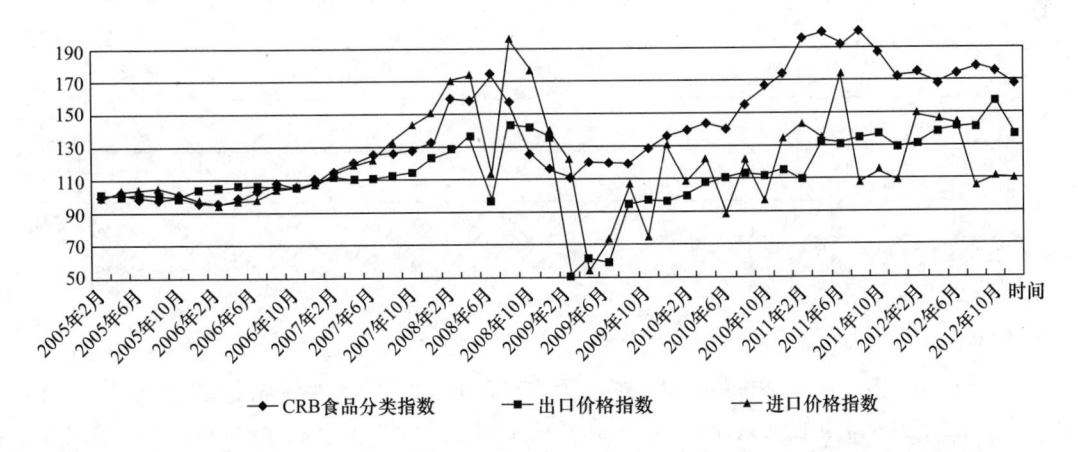

**图5-2 2005—2012年我国农产品月度进出口价格指数及CRB食品分类指数变动**

资料来源：根据商务部网站（http://wms.mofcom.gov.cn/）和历年《中国月度进出口统计报告》（农产品）数据计算。

## 二 我国农产品贸易条件指数

从我国贸易条件的变动情况来看,2008年上半年之前,我国农产品月度价格贸易条件指数和收入贸易条件指数都呈现不断下降态势;从2008年下半年开始,两个贸易条件指数均逐步回升到2005年的水平,并且围绕这一水平呈现上下波动,波动的频率明显大于2008年之前。结合图5-2,我们不难发现,无论是我国的进出口价格指数还是价格贸易条件变化均以2008年中期为转折点,呈现出不同的特征:在2008年6月之前,各类价格指数和贸易条件指数均呈稳态规律性变化;在2008年6月之后,各类价格指数呈现剧烈震荡的金融化特征,贸易条件指数也随之震荡加剧。由图5-2和图5-3可知,我们不妨大胆得出一个乐观的结论:在大宗农产品金融化背景下,我国的农产品贸易条件趋于好转(这与很多学者的观点截然相反)。有关这方面的原因,我们不妨结合后面的定量分析做深入分析。

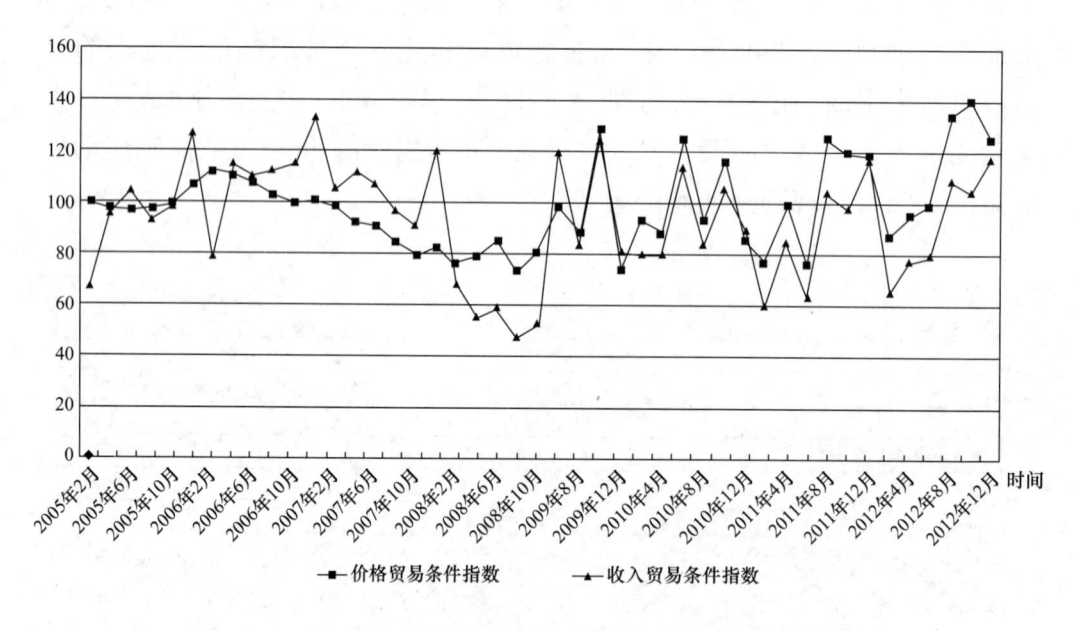

**图5-3 2005—2012年我国农产品月度贸易条件指数变动**

资料来源:根据国家商务部网站(http://wms.mofcom.gov.cn/)和历年《中国月度进出口统计报告》(农产品)数据计算。

## 第四节 实证检验

### 一 变量的选取及 ADF 检验

从前面的分析中可以看出,我国农产品贸易条件变化以及 CRB 食品价格指数均以 2008 年中期为转折点,根据图形观察,我们不妨以 2008 年 6 月为分界点,分别对两个时间段进行实证检验,然后进行对比分析。此外,影响农产品贸易条件的因素还包括人民币对美元汇率的因素。但是,根据肖林(2012)、苏明政(2011)等的研究,在大宗商品金融化背景下,汇率的波动与大宗商品价格高度相关,因此,CRB 食品价格指数已经包含汇率变动因素,为了避免多重共线性,我们去掉该变量。本节选取 CRB 食品价格指数作为解释变量,价格贸易条件 NBTT 和收入贸易条件 ITT 为被解释变量,分别进行实证分析,检验 CRB 食品价格指数对农产品价格贸易条件和收入贸易条件的影响。为了避免异方差,分别对各变量取自然对数。2005 年 2 月至 2008 年 6 月的变量分别用 $\ln CRB_1$、$\ln NBTT_1$、$\ln ITT_1$ 表示;2008 年 7 月至 2012 年 12 月的变量分别用 $\ln CRB_2$、$\ln NBTT_2$、$\ln ITT_2$ 表示。对各时间序列变量进行 ADF 检验,发现各变量都是非平稳变量,但是,其一阶差分都是平稳的(在 5% 的显著性水平下),检验结果如表 5-1 所示。

表 5-1  各变量的 ADF 检验

| 时间段 | 变量 | 检验形式 (C, T, K) | ADF 检验统计值 | 5% 的临界值 | 结论 |
| --- | --- | --- | --- | --- | --- |
| 2005 年 2 月至 2008 年 6 月 | $\Delta\ln CRB_1$ | (C, 0, 1) | -7.468904 | -2.938987 | 平稳 |
| | $\Delta\ln NBTT_1$ | (C, 0, 1) | -5.782742 | -2.938987 | 平稳 |
| | $\Delta\ln ITT_1$ | (C, 0, 1) | -9.990028 | -2.938987 | 平稳 |
| 2008 年 7 月至 2012 年 12 月 | $\Delta\ln CRB_2$ | (C, 0, 1) | -5.899076 | -2.918778 | 平稳 |
| | $\Delta\ln NBTT_2$ | (C, 0, 1) | -3.635971 | -2.918778 | 平稳 |
| | $\Delta\ln ITT_2$ | (C, 0, 1) | -6.144319 | -2.917650 | 平稳 |

注:表中 ADF 检验采用 Eviews 7.2 软件计算,检验形式(C, T, K)分别表示 ADF 检验包含常数项、时间趋势和滞后项;$\Delta$ 表示变量的一阶差分。

## 二 协整检验

因为各变量都是非平稳变量,且都是一阶单整,因此,采用恩格尔—格兰杰(Engle – Granger)两步法对序列进行协整检验,排除伪回归现象。首先以2005年2月至2008年6月时间段的 $\ln NBTT_1$ 为被解释变量,以 $\ln CRB_1$ 为解释变量进行回归,结果如下:

$$\ln NBTT_1 = 7.598086 - 0.623269\ln CRB_1 + \mu$$
$$(31.13370)(-12.83170) \qquad (5.3)$$

$R^2 = 0.808487$,调整的 $R^2 = 0.803587$,$F = 164.6526$,F 值统计显著。

对回归残差 $\mu$ 进行检验,发现 $\mu$ 是平稳的,说明 $\ln NBTT_1$ 和 $\ln CRB_1$ 存在长期的协整关系。

采用同样的方法,以2005年2月至2008年6月时间段的 $\ln ITT_1$ 为被解释变量,以 $\ln CRB_1$ 为解释变量进行回归,结果如下:

$$\ln ITT_1 = 5.347681 - 0.712643\ln CRB_1 + \mu$$
$$(10.16685)(-4.071716) \qquad (5.4)$$

$R^2 = 0.298295$,调整的 $R^2 = 0.280302$,$F = 16.57887$,根据各项参数,拟合程度不好。对回归残差 $\mu$ 进行检验,发现 $\mu$ 是不平稳的,说明 $\ln ITT_1$ 和 $\ln CRB_1$ 不存在协整关系。

此外,分别以2008年7月至2012年12月时间段的 $\ln NBTT_2$、$\ln ITT_2$ 为被解释变量,以 $\ln CRB_2$ 为解释变量进行回归,均不存在协整关系。

## 三 格兰杰因果检验

从前面分析,可以判断 $\ln CRB_1$ 和 $\ln NBTT_1$ 之间存在长期协整关系,进行格兰杰因果检验,发现 $\ln CRB_1$ 和 $\ln NBTT_1$ 存在因果关系(见表5 – 2),国际大宗商品价格波动能够引起我国大宗农产品的价格贸易条件变化。

表5 – 2　　　　　　　　格兰杰因果检验结果

| 零假设 | 样本量 | t 统计量 | P 值 |
| --- | --- | --- | --- |
| $\ln CRB_1$ 不是格兰杰的 $\ln NBTT_1$ 原因 | 40 | 3.48784 | 0.0698 |
| $\ln NBTT_1$ 不是格兰杰的 $\ln CRB_1$ 原因 | | 0.12429 | 0.7264 |

注:表中格兰杰因果检验采用 Eviews 7.2 软件。

## 第五节 结果分析及结论

**一 2008 年国际金融危机前，国际农产品期货价格上涨造成我国农产品贸易条件恶化**

在 2001—2007 年美国次贷危机爆发之前，全球经济迎来一个强劲的增长周期。本轮周期是以中国、印度等新兴国家为主导的全球性普遍增长，对能源、粮食等资源消耗较大，造成包括粮食在内的资源供求失衡。期货市场发挥价格发现功能，对市场预期做出反应，表现为以 CRB 指数为代表的全球大宗商品价格快速上涨。而我国由于农产品价格形成机制的不完全市场化，现货贸易价格变化滞后于期货市场，导致出口价格指数上涨与进口价格指数之间存在"剪刀差"，从而造成价格贸易条件指数不断恶化。以我国粮食出口为例，我国的粮食出口一直由国有粮食进出口公司垄断经营，粮食进出口数量由国家计划严格控制，再加上出口关税的影响，导致我国粮食出口价格背离国际价格的"剪刀差"。这个"剪刀差"的内容，一是市场垄断经营；二是出口关税；三是期货现货的背离。国际大宗农产品价格上涨的速度越快，"剪刀差"就越大，价格贸易条件就越恶化。

实证研究显示，在 2008 年 6 月之前，CRB 食品原料价格指数与我国农产品价格贸易条件存在较为稳定的反向变动关系（如图 5-4 中的（a）所示），即 CRB 食品原材料价格指数每上升 1%，我国的农产品价格贸易条件指数就会降低约 0.62%。

**二 2008 年后大宗商品金融化加速，打破了我国农产品价格形成机制，从而促进贸易条件优化**

2008 年之后，国际金融危机引发的货币流动性泛滥推动大宗商品的价格剧烈波动，大宗商品金融化达到前所未有的高度。大宗商品金融化带来的负面影响主要体现在价格暴涨暴跌，并通过成本传递导致制造业等下游产业的贸易条件恶化。但是，我国的农产品贸易条件却逐步好转，并基本稳定在一定的水平，即使上下波动频繁但也不会再持续恶化。研究认为，价格波动是市场博弈的结果，没有波动的价格才需要担忧。始于

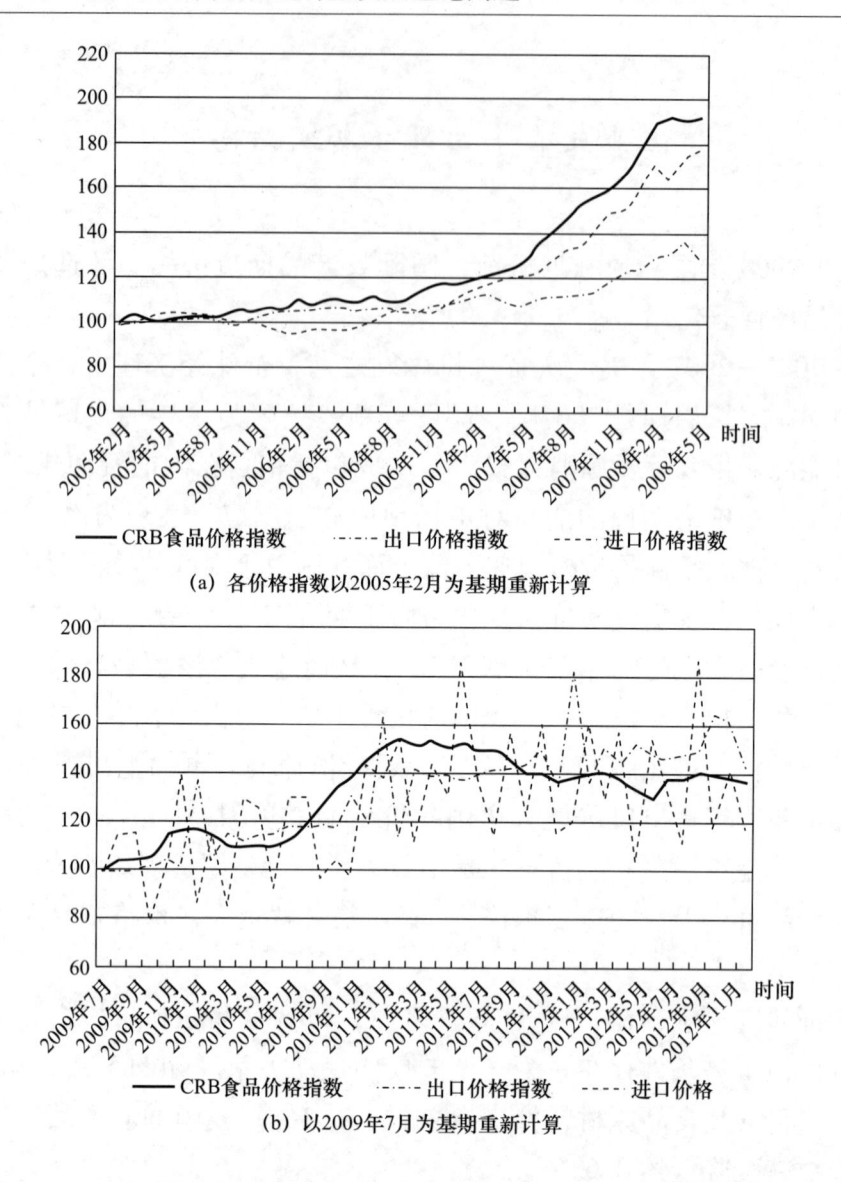

(a) 各价格指数以2005年2月为基期重新计算

(b) 以2009年7月为基期重新计算

**图 5-4  2008 年前后我国农产品进出口价格与 CRB 食品价格指数比较**

资料来源：国家商务部网站：《中国月度进出口统计报告—农产品》，http://wms.mofcom.gov.cn/。

2008 年的全球流动性过剩，在推动期货市场投机盛行、价格剧烈波动的同时，也使全球大宗商品的价格体系逐步一体化，各大期货交易所，包括我国的郑州商品交易所、大连商品交易所等上市的大宗农产品价格与全球其他交易市场的价格相互影响，趋于统一。同时，国内参与大宗商品交易的主体也大大增加，期货市场价格的发现功能得到充分发挥，打破了传统的定价机制,最终导致国内市场价格与国际接轨,消除了"剪刀差",贸易条件得到优化。如图 5-4 中的(b)所示,在大宗商品金融化背景下,商品价格也实现金融化,我国的农产品进出口商品价格指数与国际期货价格指数交互影响,打破了国内原有的产供销体系和不合理的定价机制,实现国内国际价格的对接,消除了价格"剪刀差",使贸易条件得到优化。

**三 大宗商品金融化有助于完善我国农产品价格形成机制,我国应抓住机遇发展农产品期货市场**

与纽约、芝加哥等成熟的大宗农产品期货市场相比,由于政策法规约束、期货品种上市机制不顺等原因,我国期货市场交易规模偏小、交易活跃的品种较少。此外,我国目前还没有农产品期权交易,市场结构极不合理,与我国作为世界农产品生产大国、消费大国和贸易大国地位不相匹配。因此,要充分认识到大宗商品金融化趋势的不可逆转,认清农产品金融市场发展的趋势和方向以及对我国的重要意义,逐步形成以商品现货市场为塔基、远期等基础金融产品市场为塔身、期货市场加上衍生品市场为塔尖的农产品定价机制。在我国金融市场开放的背景下,逐步实现我国农产品期货市场与国际市场的接轨,把我国建设成为区域乃至世界具有影响力的大宗农产品价格中心。

# 第六章

# 贸易便利化对中国大宗农产品贸易的影响

## 第一节 问题提出

2013年9月，习近平主席在哈萨克斯坦纳扎尔巴耶夫大学发表演讲，首次提出共同建设"丝绸之路经济带""21世纪海上丝绸之路"倡议，受到了沿线各国的积极响应。历史上，丝绸之路是起始于古都长安（今陕西西安）的一条古代陆路商贸通道，途经陇山、河西走廊，过玉门关，横跨新疆，沿帕米尔高原通过中亚、西亚和北非，最终到达欧洲。在历史演变中，它已经成为一条连通东方与西方之间经济、政治、文化的重要主干道。

新"丝绸之路"则是一种合作的理念和倡议，沿用古代丝绸之路的地理范围并加以扩充，涵盖人口30亿，是欧亚大陆之间经济、文化交流的大通道，是一种大范围、多层次、多文化、互利共赢的区域经济合作新模式。以沿线国家中心城市为节点，以区域内商品、服务、资本、人员自由流动为动力，为各地区的发展提供了良好的合作契机，必将带来欧亚各国经贸合作繁荣，也为我国对外贸易发展带来新机遇（程云洁，2014）。

近年来，传统关税贸易壁垒的影响力逐渐被削弱，国家和地区间的商贸往来随之逐步加强。然而，由于各国的通关程序、政策倾向、基础建设等存在太多差异，使国际贸易畅通仍然存在很多阻碍。亚洲发展银行的报告（2008）也声称，因贸易便利化水平低而造成的交易成本占国际贸易额的1%—15%。"贸易的非效率"作为一种隐形的市场准入壁垒日益受到国际上的普遍关注（李豫新，2014）。特别是在2008年国际金融危机后，新贸易保护主义对世界各国，尤其是对出口依赖性较强的发展中国家产生了巨大的不利影响，世界各国都在关注通过贸易便利化促进贸易的发展（孙林，2013）。因此，推进贸易便利化水平，消除壁垒障碍，降低贸易成本已成为各国和地区的普遍共识和迫切需求。

本章基于2008—2013年丝绸之路经济带沿线的58个国家的贸易数据，将通过引力模型研究贸易便利化水平对中国大宗农产品贸易的影响，希望能回答以下几个问题：

（1）丝绸之路经济带沿线国家的贸易便利化水平如何？

（2）丝绸之路经济带贸易便利化是否影响到中国大宗农产品的进出口？

（3）如果贸易便利化对中国大宗农产品的进出口会产生什么影响，影响程度有多大？哪些因素起到了作用？

通过对以上问题的研究，旨在为中国大宗农产品的出口贸易发展指明了方向。

## 第二节 文献回顾

目前，国际上还没有关于贸易便利化的标准定义。APEC在研究报告中将其定义为："对阻碍、延迟跨境货物流动或增加其流动成本的海关及其他行政手续的简化及理顺。"海关总署尹利群对此的解释是：通过简化程序、增强透明、统一标准、完善规范、减少限制等一系列的措施，降低国际贸易活动中的交易成本，从而促进货物、服务的自由流通。简言之，就是简化货物在国际贸易过程中所涉及的各种程序，从而提高贸易政策透明度和降低贸易成本（尹利群，2009）。

在现有的国内外文献中，研究贸易便利化的方法主要有以下三种：

### 一 基于引力模型的研究方法在实证分析中运用最为广泛

威尔逊（Wilson，2003）利用引力模型单独估计港口设施、电子商务、规制环境和海关环境4个指标与贸易额的关系，以得出单个因素对贸易的影响。他的研究方法最具代表性，后来的学者基本以此为基础进行学术研究。彼得·沃尔肯霍斯特（Peter Walkenhorst，2004）将因海关程序产生的成本划分为直接成本和间接成本，贸易便利化的主要作用就是降低海关产生的这种交易成本，其结论是海关手续越烦琐，跨境交易的成本越高。Ben Shepherd（2009）在东南亚国家贸易状况分析报告中，用海港建设、空港建设、服务发展、关口管理来衡量贸易便利化水平。结果表明，运输基础设施、信息和通信技术等指标对东南亚国家的贸易流量影响比较大。对于这些国家来说，优化贸易便利化对贸易增长的影响甚至比关税还要大，其中加强港口基础设施建设、降低收费标准、普及网络使用等，可以明显增加贸易往来。Felipe 和 Kumar（2012）将物流绩效指标（Logistics Performance Index，LPI）加入引力模型，通过 LPI 来衡量贸易便利化水平改善对中亚国家的贸易影响程度，研究发现，在部分国家地区，贸易便利化改善对区域内贸易最高影响程度可达 100%。

在国内，贸易便利化也是学者关注的焦点。孙林（2013）基于引力模型研究了贸易便利化对中国与东盟国家大宗农产品出口的影响，发现东盟大部分国家贸易环境仍存在诸多不便因素，提高海关效率、提升港口质量等级、减少贸易壁垒流行程度、增加互联网普及率都对大宗农产品出口具有显著影响。李豫新（2013）发现，贸易便利化水平提升对新疆的边境贸易流量具有明显的推动作用，其中，运输成本成为严重阻碍新疆与周边国家发展边境贸易的重要因素。张晓静（2015）对经济带分区域进行模型回归，发现贸易便利化水平对国际贸易流量的影响程度远远大于关税减免的影响。

## 二 基于可计算一般均衡模型的测算方法也是比较常见的

赫特尔（Hertel，2001）使用可计算一般均衡模型（CGE）对海关效率、政策环境、电子商务等指标进行量化，认为统一标准能促进国家和地区间的双边贸易。APEC（2002）利用该模型测算出 APEC 内部国家和地区之间的交易成本每下降 5%，能使 APEC 的整体 GDP 上升 0.9%。经济合作与发展组织（OCED）在 2003 年的报告中也采用了 CGE 模型，报告指出，贸易交易成本应该由直接成本和间接成本组成，从而调查单个经济体优化贸易便利化水平对贸易增长的影响。其研究发现，当便利化水平上升时，大部分地区的出口增长要大于进口增长。弗朗科伊斯（Francois，2005）以 CGE 模型为基础，测算了交易成本对经济的影响，发现如果交易费用下降 1.5%，全球年收入将增加 720 亿美元，且发展中国家将获得大部分收益。

### 三 基于调查研究的分析

世界银行在研究东南亚贸易的报告中采用两个维度来衡量贸易便利化，即硬件设施（有形的基础设施，如公路、港口、公路、电信等）和软件设施（无形指标，如政策透明度、海关管理、贸易环境等）。分析结果表明，对东南亚发展中国家来说，基础设施建设对出口增长的影响最大。但是，用于提高边境管理和降低运输成本的投入要远低于基础设施建设的投入，所以，前者对发展中国家来说更有吸引力（孙林，2011）。

随着"一带一路"倡议的提出，更多专家关注中国与其他国家和地区的双边贸易，但是，对中国大宗农产品进出口贸易的研究还不够丰富、深入，对贸易有定性研究，缺乏计量分析。大多数学者只是将中国与中亚五国或某几个地区的农业经济进行简单的数据比较分析，也有比较中国与其他国家大宗农产品贸易方面的互补性、竞争性；而涉及具体大宗农产品贸易，一般都会选择某一单一品种（大豆、玉米等）或大宗农产品的交易。将沿线58个国家的大宗农产品出口情况放在一起研究，并将2008—2013年这6年的相关数据进行比较和实证分析，探究大宗农产品进出口总额的影响因素的研究目前仍是空白。

## 第三节 经济带沿线国家的贸易便利化水平现状

### 一 测评体系构建

在前人研究的基础上，综合国内外对贸易便利化的内涵诠释，研究借鉴威尔逊（2003）对贸易便利化水平测算体系的构建思想，结合大部分国家的大宗农产品贸易特点，选取了以下4个一级指标、13个二级指标（见表6-1），对我国及经济带沿线贸易伙伴国共58个国家的便利化水平进行测算。

（1）海关效率（ECC）：该指标用来衡量海关环境对进出口贸易的影响。该指标分数越高，说明商品的交易成本越低，越有利于便利贸易。

（2）基础设施（ITC）：该指标可以衡量一国陆路、海洋、航空的运输能力以及工作效率，该指标得分越高说明口岸工作效率越高。

表 6-1　　　　　　　　　贸易便利化测评指标体系

| 一级指标 | 二级指标 | 指标含义 | 取值范围 |
| --- | --- | --- | --- |
| 海关效率<br>（ECC） | 清关效率 | 一国的商检效率、通关时长等 | 1—7（1=效率低，7=效率高） |
| | 海关手续负担 | 一国规范商品出入境的手续烦琐程度 | 1—7（1=缓慢烦琐，7=高效简洁） |
| | 贸易壁垒 | 一国贸易壁垒是否盛行，是否削弱了进口商品的竞争力 | 1—7（1=壁垒盛行，7=零贸易壁垒） |
| 基础设施<br>（ITC） | 公路基础设施 | 一国的公路基础设施建设和交通情况 | 1—7（1=极差，7=极好） |
| | 铁路基础设施 | 一国的铁路基础设施建设和交通情况 | 1—7（1=极差，7=极好） |
| | 海港基础设施 | 一国的海港基础设施建设和海上运输能力 | 1—7（1=极差，7=极好） |
| | 空港基础设施 | 一国的机场基础设施建设和航空运输能力 | 1—7（1=极差，7=极好） |
| 制度环境<br>（ISE） | 政府公信度 | 一国在民间和非营利组织评级上的信用程度 | 1—7（1=信任度极低，7=备受信任） |
| | 司法独立性 | 一国的司法部门是否独立审判、是否公正公平 | 1—7（1=受极大制约，7=非常公正） |
| | 纠纷解决效率 | 一国政府解决法规冲突、商贸纠纷的效率 | 1—7（1=效率极低，7=效率极高） |
| | 廉洁程度 | 全球商人、学者、机构对各国政府腐败程度的评价 | 0—10（0=最腐败，10=最清廉） |
| 电子商务<br>（EC） | 互联网使用人数 | 一国是否拥有完善的信息基础建设 | 0—100（0=无人使用，100=全面普及） |
| | 新技术的易获得程度 | 新技术在国内能否被广泛获得和应用 | 1—7（1=新技术不互通，7=广泛交流） |

（3）制度环境（ISE）：该指标衡量的是一国政府的规范性、透明度，是否能为国际贸易提供优良的政治环境。

（4）电子商务（EC）：该指标衡量的是一国是否具备良好的通信基础。互联网越普及、电子商务运用越广泛，说明商品贸易的便利程度越高。

## 二 规范化处理

本书选取的13个指标评分来源于世界经济论坛发布的《全球竞争力报告》(2008—2014),其中,清廉程度取自透明国际发布的《全球清廉指数报告》(2008—2013)。

本书在数据整理过程中发现部分数据缺失。国际贸易流量经常会有零值的情况,忽略或删除零值样本将导致丧失重要信息,从而导致严重的问题(Eichengreen,1998)。对此,前人的处理方法一般有三种:一是直接删除贸易零值的样本;二是使用一些简单的数据转化,比如,在贸易流量零值加上一个很小的值(比如0.01);三是沿用前一年的数值(孙林,2013;黄伟新,2014)。本书的做法是:对于个别缺失数据,一律沿用前一年的评分;若没有前一年分数,则以指标的最低值代替。

由于指标的测评标准和来源有所不同,需要对原始数据进行指数化处理,使其变成可比数据,从而方便直接比较(单君兰,2012;张晓倩,2015;张晓静,2015):

$$Y_i = X_i / X_i^{\max} \tag{6.1}$$

假设 $X_i$ 为二级指标 i 的原始数据,$X_i^{\max}$ 表示指标 i 能取到的最大值,$Y_i$ 就是指标 i 的标准化后的数据,取值范围为 [0, 1],其中,最高水平为1,最低不一定为0。这样便可得到每个国家各个指标的真实水平。

随后,根据式(6.2)计算二级指标的简单平均数,得到一级指标的分数:

$$Z_j = \sum Y_i / n \tag{6.2}$$

式中,$Z_j(j=1,2,3,4)$ 为一级指标值,$Y_i$ 为该级指标下的二级指标值,$n$ 为该级指标下的二级指标个数(沈铭辉,2009)。

四项指标对促进贸易的作用有大有小,但因为研究的国别和贸易对象不同,其他专家学者的思路和做法存在主观意愿,无法直接借鉴,故研究对一级指标均赋予25%的权重(韩东,2014;张晓静,2015),最终可得到各国的贸易便利化水平:

$$TFL = \sum (0.25 \times Z_j) \tag{6.3}$$

## 三 测算结果分析

研究根据式(6.3)计算出58个国家的加权贸易便利化水平值,结果如表6-2所示（表6-2罗列了22个主要贸易伙伴国，取3个年份方便比较；其中，中国的贸易额是指丝绸之路沿线国家对中国出口的大宗农产品总量，而丝绸之路沿线国家的贸易额是指中国对该区域国家出口的大宗农产品额度。

表6-2　　2008—2013年丝绸之路经济带主要国家贸易便利化水平

| 层次 | 地域 | 主要地区 | 2008年 TFL | 2008年 贸易额 | 2010年 TFL | 2010年 贸易额 | 2013年 TFL | 2013年 贸易额 |
|---|---|---|---|---|---|---|---|---|
| | | 中国 | 0.55 | 50410326314 | 0.59 | 61015243509 | 0.60 | 100792673250 |
| 核心区 | 中亚经济带（中亚五国） | 哈萨克斯坦 | 0.43 | 131155935 | 0.48 | 136021619 | 0.53 | 232134409 |
| | | 吉尔吉斯斯坦 | 0.33 | 91616800 | 0.35 | 125944854 | 0.39 | 127029740 |
| | | 塔吉克斯坦 | 0.38 | 9286008 | 0.43 | 13089308 | 0.44 | 14790169 |
| | | 土库曼斯坦 | 0.15 | 6098712 | 0.15 | 5926711 | 0.16 | 9886349 |
| | | 乌兹别克斯坦 | 0.14 | 40469728 | 0.16 | 32795609 | 0.18 | 69527667 |
| 重要区 | 环中亚经济带（中亚、俄罗斯、印度、巴基斯坦、西亚） | 俄罗斯 | 0.44 | 1320690865 | 0.46 | 1444108164 | 0.53 | 1982324934 |
| | | 印度 | 0.52 | 183345311 | 0.52 | 287247157 | 0.52 | 376141501 |
| | | 巴基斯坦 | 0.45 | 131956217 | 0.47 | 268605917 | 0.48 | 216431368 |
| | | 土耳其 | 0.54 | 137347649 | 0.57 | 151533359 | 0.59 | 156854469 |
| | | 沙特阿拉伯 | 0.62 | 179147860 | 0.71 | 227067701 | 0.68 | 266669037 |
| | | 黎巴嫩 | 0.45 | 66028404 | 0.52 | 66948247 | 0.51 | 64505968 |
| 拓展区 | 亚欧经济带（环中亚、欧盟、北欧、北非） | 丹麦 | 0.89 | 125162538 | 0.88 | 118035083 | 0.82 | 138219637 |
| | | 德国 | 0.85 | 1589603207 | 0.83 | 1691960697 | 0.81 | 1885432866 |
| | | 芬兰 | 0.89 | 15007322 | 0.89 | 20294911 | 0.90 | 22188016 |
| | | 荷兰 | 0.87 | 946786632 | 0.88 | 1024229450 | 0.88 | 1165357436 |
| | | 英国 | 0.77 | 694754008 | 0.81 | 794950447 | 0.82 | 1029209011 |
| | | 挪威 | 0.81 | 38700897 | 0.81 | 61106075 | 0.83 | 78246350 |
| | | 瑞士 | 0.85 | 23771506 | 0.85 | 30289526 | 0.83 | 37272545 |
| | | 埃及 | 0.52 | 133844819 | 0.53 | 159258509 | 0.51 | 263186989 |
| | | 摩洛哥 | 0.54 | 146958589 | 0.58 | 204413197 | 0.62 | 259576181 |

在参考文献中，学者一般将贸易便利化水平（TFL）的评分分为四个

等级：0.8 分以上为非常便利；0.7—0.8 为比较便利；0.6—0.7 为一般便利；0.6 以下为不便利（单君兰，2012；张晓倩，2015），本书借鉴这一分级思路。从表 6-2 可以看出，丝绸之路经济带沿线国家之间的贸易便利化水平差距非常明显。以 2013 年为例，芬兰的得分最高，为 0.9；中国为 0.6，刚达到便利化水平值的合格线，与非常便利的国家相比，还存在很大的差距；土库曼斯坦得分最低，为 0.16，便利化程度最弱，严重阻碍了经济的发展（中国与土库曼斯坦的大宗农产品贸易额也是最少的）。

纵观 2008—2013 年，环中亚经济带的大部分国家的得分均低于沿线国家的平均值（0.61），尤其以中亚五国得分最低，在海关效率、基础设施、制度环境和电子商务四个方面远低于欧洲发达国家。由此可知，当前经济带沿线国家的便利化水平呈现"两边高、中间低"的特点。

为了更直观地看出贸易便利化水平对一国商品贸易的影响，本书分别从三个区段各选取两个国家作为代表，如图 6-1 所示。除个别年份外，

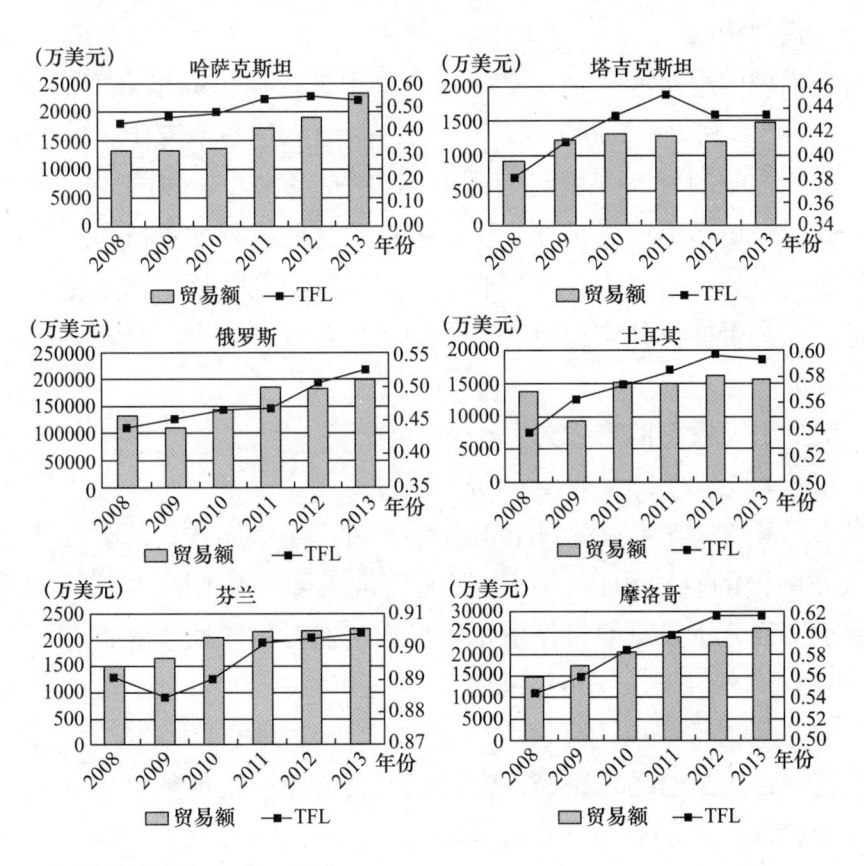

图 6-1　2008—2013 年 6 个代表国的贸易便利化水平与贸易额的关系

6个代表国的总体趋势均满足"贸易便利化水平的优化可以促进国际贸易"的论断（不排除贸易流量受其他因素影响的可能，如经济危机、政权更替等）：2008—2013年，哈萨克斯坦的TFL值从0.43上升到0.53，涨幅为23.3%，贸易额随之从1.31亿美元增至2.32亿美元。以发展趋势来看，2008—2013年，环中亚经济带国家的TFL提高幅度总体高于欧洲发达国家，如塔吉克斯坦从0.38上涨到0.44，涨幅15.8%；俄罗斯从0.44上涨到0.53，涨幅20%；而发达国家如丹麦、德国，TFL值不升反降，经济带沿线国家的便利化水平差距呈现缩小态势。

## 第四节 经济带沿线国家贸易便利化水平对中国大宗农产品出口的影响

### 一 模型构建

引力模型的思想源自物理学中的万有引力定律，最早由丁伯根（Tinbergen，1962）和Poyhonon（1963）引入到国际贸易研究中，其研究结果发现，两国之间的贸易规模与两国的GDP成正比，与两国之间的距离成反比。此后，更多的变量被加入引力模型，这些解释变量既包括可以定量度量的变量，如人口规模、人均收入、关税等，也包括无法定量度量的虚拟变量，如是否拥有共同边界、是否同属一个经济组织、是否有共同的宗教信仰等。

一般的引力模型的形式为：

$$M_{ij} = a_0 Y_i^{a_1} Y_j^{a_2} D_{ij}^{a_3} A_{ij}^{a_4} \tag{6.4}$$

式中，$M_{ij}$为$t$年$i$国对$j$国的贸易额，$Y_i$、$Y_j$为$i$国、$j$国的$t$年GDP，$D_{ij}$为$i$、$j$两国的直线距离，$A_{ij}$为其他促进或阻碍两国贸易往来的因素。为了便于实证分析，一般将该模型转换成自然对数线性形式：

$$\ln M_{ij} = a_0 + a_1 \ln Y_i + a_2 \ln Y_j + a_3 \ln D_{ij} + a_4 \ln A_{ij} + \varepsilon_{ij} \tag{6.5}$$

式中，$a_0$为常数项，$a_1$、$a_2$、$a_3$、$a_4$为变量系数，$\varepsilon_{ij}$为误差项。

研究探讨的是丝绸之路经济带背景下贸易便利化水平对中国大宗农产品出口的影响，故在基本引力模型基础上，不仅引入人口规模、经济开放程度和便利化四项指标解释变量，也加入经济带贸易伙伴国是否与中国具有共同边界和是否加入共同的经济组织两类虚拟变量。鉴于本书选取 2008—2013 年丝绸之路经济带 58 个贸易伙伴国的面板数据进行回归分析。构建研究的回归方程如下：

$$\ln EXP_{ijt} = \beta_0 + \beta_1 \ln GDP_{jt} + \beta_2 \ln POP_{jt} + \beta_3 \ln DIST_{ij} + \beta_4 BOR_{ij} + \beta_5 OPEN_{jt} + \beta_6 WTO_{ijt} + \beta_7 SCO_{ijt} + \beta_8 CAREC_{ijt} + \beta_9 TFL_{jt} + \mu_{ij} \tag{6.6}$$

由于出口额、GDP、人口、两国直线距离的绝对值都太大，会造成回归结果误差偏大，故对该四项取对数。$EXP_{ijt}$ 表示 $t$ 年中国对 $j$ 国的大宗农产品进出口总额；$GDP_{jt}$ 表示 $t$ 年 $j$ 国的国内生产总值；$POP_{jt}$ 为 $t$ 年 $j$ 国的人口规模；$DIST_{ij}$ 表示 $j$ 国首都与中国首都北京之间的距离；$BOR_{ij}$ 为虚拟变量，表示丝绸之路经济带贸易伙伴国是否与中国具有共同边界，如果与中国接壤取值为 1，否则为 0；$OPEN_{jt}$ 表示 $t$ 年 $j$ 国经济开放程度，以商品进出口贸易总额占 GDP 比重来衡量；考虑到世界贸易组织（WTO）、上海合作组织（SCO）、中亚区域经济合作组织（CAREC）等国际性组织对大宗农产品贸易具有重要影响，研究将经济带贸易伙伴国是否加入上述组织作为解释变量，如果 $t$ 年该国加入某一组织则取 1，否则为 0；$TFL_{jt}$ 表示 $t$ 年 $j$ 国的贸易便利化水平值；$\beta_0$ 为常数项，$\beta_k$（$k=1$，2，…，9）为解释变量的回归系数；$u_{ij}$ 为随机误差项。模型中的解释变量的含义及符号预测见表 6-3。

表 6-3　　　　　　解释变量的含义、符号预测与解释说明

| 变量 | 含义 | 符号 | 理论说明 |
| --- | --- | --- | --- |
| $GDP_{jt}$ | $t$ 年进口国 $j$ 国的名义国内生产总值 | + | 反映 $j$ 国对国际市场的需求量，$j$ 国经济总量越大，潜在进口需求可能越大 |
| $POP_{jt}$ | $t$ 年 $j$ 国的人口规模 | 未知 | 一方面 $j$ 国人口越多，国内分工越完善，国际贸易需求越小；另一方面人口越多，消费需求越高，国际贸易增加 |
| $DIST_{ij}$ | $i$ 国和 $j$ 国之间的物理直线距离 | - | 反映贸易的运输成本，距离越远，运输成本越高，是阻碍贸易的重要因素 |
| $BOR_{ij}$ | 虚拟变量，$i$ 国是否与 $j$ 国接壤，如果接壤取值为 1，否则为 0 | + | 当贸易双方拥有共同的边界时，贸易成本将大幅度下降，故双边贸易流量会明显增加 |
| $OPEN_{jt}$ | $t$ 年 $j$ 国的经济开放程度 | + | 一国的经济开放程度越高，国际贸易需求越大 |

续表

| 变量 | 含义 | 符号 | 理论说明 |
|---|---|---|---|
| $WTO_{ijt}$ | 虚拟变量，t年i国、j国是否同为世界贸易组织成员 | + | 当两国处于同一个经济组织时，能享有一定的优惠政策，使贸易成本减少，促进贸易发展 |
| $SCO_{ijt}$ | 虚拟变量，t年i国、j国是否同为SCO组织成员 | + | 当两国处于同一个经济组织时，能享有一定的优惠政策，使贸易成本减少，促进贸易发展 |
| $CAREC_{ijt}$ | 虚拟变量，t年i国、j国是否同为CAREC组织成员 | + | 当两国处于同一个经济组织时，能享有一定的优惠政策，使贸易成本减少，促进贸易发展 |
| $TFL_{jt}$ | t年j国的贸易便利化水平值 | + | 进口国j国的贸易便利化水平越高，两国进行贸易的成本越低，有助于增加贸易往来 |

贸易便利化的各项指标对中国大宗农产品出口有着不同程度的影响，为了直观地看出不同因素可能产生的影响，提出针对性政策，研究分别将海关效率、基础设施、制度环境和电子商务四个一级指标作为贸易便利化水平（TFL）的替代变量，从而得到以下四个计量回归方程：

$$\ln EXP_{ijt} = \beta_0 + \beta_1 \ln GDP_{jt} + \beta_2 \ln POP_{jt} + \beta_3 \ln DIST_{ij} + \beta_4 BOR_{ij} + \beta_5 OPEN_{jt} + \beta_6 WTO_{ijt} + \beta_7 SCO_{ijt} + \beta_8 CAREC_{ijt} + \beta_9 ECC_{jt} + \mu_{ij} \quad (6.7)$$

$$\ln EXP_{ijt} = \beta_0 + \beta_1 \ln GDP_{jt} + \beta_2 \ln POP_{jt} + \beta_3 \ln DIST_{ij} + \beta_4 BOR_{ij} + \beta_5 OPEN_{jt} + \beta_6 WTO_{ijt} + \beta_7 SCO_{ijt} + \beta_8 CAREC_{ijt} + \beta_9 ICT_{jt} + \mu_{ij} \quad (6.8)$$

$$\ln EXP_{ijt} = \beta_0 + \beta_1 \ln GDP_{jt} + \beta_2 \ln POP_{jt} + \beta_3 \ln DIST_{ij} + \beta_4 BOR_{ij} + \beta_5 OPEN_{jt} + \beta_6 WTO_{ijt} + \beta_7 SCO_{ijt} + \beta_8 CAREC_{ijt} + \beta_9 ISE_{jt} + \mu_{ij} \quad (6.9)$$

$$\ln EXP_{ijt} = \beta_0 + \beta_1 \ln GDP_{jt} + \beta_2 \ln POP_{jt} + \beta_3 \ln DIST_{ij} + \beta_4 BOR_{ij} + \beta_5 OPEN_{jt} + \beta_6 WTO_{ijt} + \beta_7 SCO_{ijt} + \beta_8 CAREC_{ijt} + \beta_9 EC_{jt} + \mu_{ij} \quad (6.10)$$

## 二　数据来源及说明

本书使用的国内生产总值（GDP）、人口规模（POP）、总进出口量来自世界银行（World Bank）数据库；中国与别国的大宗农产品双边贸易额（EXP）来自联合国UNCOMTRADE数据库（HS2002编码）；各国的贸易便利化二级指标均来自世界经济论坛发布的《全球竞争力报告》，其中，清廉程度取自透明国际发布的《全球清廉指数报告》；中国与各国首都之间的距离，取自印度尼西亚巴厘岛网站（http：//www.indo.com）的"距离测算器"。加入的经济组织情况来源于各组织的官方网站。各变量的描述性统计如表 6-4 所示。

表 6-4　　　　　　　　模型各变量的描述性统计

| 变量 | 均值 | 标准差 | 最大值 | 最小值 | 样本数量 |
| --- | --- | --- | --- | --- | --- |
| $EXP_{ijt}$（亿美元） | 1.95 | 3.53 | 19.82 | 0.003 | 348 |
| $GDP_{jt}$（亿美元） | 4528.35 | 7515.17 | 37521.10 | 30.27 | 348 |
| $POP_{jt}$（万人） | 5248.15 | 17684.82 | 132465.50 | 31.74 | 348 |
| $DIST_{ij}$（千米） | 7154.96 | 1869.09 | 11911.00 | 3278.00 | 58 |
| $OPEN_{jt}$ | 0.79 | 0.35 | 1.80 | 0.27 | 348 |
| $TFL_{jt}$ | 0.63 | 0.14 | 0.87 | 0.14 | 348 |
| $ECC_{jt}$ | 0.61 | 0.16 | 0.92 | 0.14 | 348 |
| $ICT_{jt}$ | 0.59 | 0.20 | 0.98 | 0.16 | 348 |
| $ISE_{jt}$ | 0.65 | 0.20 | 0.95 | 0.08 | 348 |
| $EC_{jt}$ | 0.62 | 0.17 | 0.90 | 0.14 | 348 |

注：表中的贸易便利化指标均为指数化处理后数据。

表 6-4 给出了 58 个国家的描述性统计分析结果，从表 6-4 中各指标的均值、标准差、最大值和最小值可以看出，丝绸之路经济带沿线各国在经济实力、市场规模、人口规模、市场开放程度、贸易便利化水平方面均存在极大的差异。这些数据意味着中国如果想扩大贸易量，尽可能拓展和利用丝绸之路经济带这个极具潜力的庞大的市场，就必须依靠各国贸易便利化水平的提高，才能抵消运输成本带来的阻碍作用。

### 三　实证结果与分析

（一）整体回归分析

本章运用 Stata 12.0 软件对模型（6.6）分别采用混合回归、固定效应和随机效应方法进行回归分析，时间跨度为 6 年，属于平衡面板数据。同时，对混合回归和固定效应的回归结果进行 F 检验，Prob > F 无限接近 0，表示拒绝原假设，说明固定效应方法优于混合回归方法；对固定效应和随机效应的回归结果进行 Hausman 检验即 H 检验，其结果 Prob > $\chi^2$ 远大于 0，表示接受原假设，说明随机效应方法优于固定效应方法。因此，最终选择随机效应模型来分析贸易便利化水平对中国大宗农产品出口的影响。表 6-5 为整体的估测结果。

表 6-5　　　　　　　　　　总体回归结果

| 变量 | OLS (1) | 国定效应 FE (2) | 随机效应 RE (3) |
| --- | --- | --- | --- |
| $lnGDP_{jt}$ | 0.1292 | 0.6946*** | 0.5407*** |
| $lnPOP_{jt}$ | 0.8697*** | 0.6324 | 0.5549*** |
| $lnDIST_{ij}$ | -0.5913 | -0.3725* | -0.3422* |
| $BOR_{ij}$ | 0.5808 | 0 | 0.4762 |
| $OPEN_{jt}$ | 0.4860 | 0.5598*** | 0.6512*** |
| $WTO_{ijt}$ | -0.2827 | 0.0357 | 0.0713 |
| $SCO_{ijt}$ | -0.1908* | 0 | -0.6585 |
| $CAREC_{ijt}$ | 0.5334 | 0 | 0.6787* |
| $TFL_{jt}$ | 1.1557* | 0.7180* | 0.8726** |
| constant | 4.9989 | -11.5862 | -2.7320 |
| $R^2$ | 0.6428 | 0.0939 | 0.6116 |
| F 检验 | | 113.94 (P=0.0000) | |
| H 检验 | | 0.40 (P=0.8203) | |

注：***、**和*分别表示1%、5%和10%的显著性水平。

由表6-5可知，丝绸之路经济带沿线国家的贸易便利化水平对中国大宗农产品出口影响的回归方程的拟合结构如下：

$$lnEXP_{ijt} = -2.732 + 0.541lnGDP_{jt} + 0.555lnPOP_{jt} - 0.342lnDIST_{ij} + 0.651OPEN_{jt} + 0.679CAREC_{ijt} + 0.873TFL_{jt} \quad (6.11)$$

从变量的回归系数看，贸易便利化对中国大宗农产品出口的影响最大，其回归系数为0.873，说明经济带沿线国家的便利化水平每提高1%，中国大宗农产品出口贸易额将增长0.873%；其次是对中国大宗农产品出口产生影响的是进口国的市场开放度，市场开放度每提高1%，中国大宗农产品出口将增长0.651%；最后是进口国的人口规模和国内生产总额，进口国的人口每增长1%，中国大宗农产品出口额将增长0.555%；进口国国内生产总额每增长1%，中国大宗农产品出口额将增长0.541%。中国与经济带沿线贸易伙伴国的直线距离与中国大宗农产品出口额呈现负相关关系，两国距离每增加1%，中国大宗农产品出口额将下降 0.342%，即交易成本会因为直线距离过长而增加，从而抑制了中国大宗农产品的出口。几个虚拟变量对中国大宗农产品出口的影响也比较大，若两国的接壤程度增加1%，就能促进大宗农产品出口额上升 0.476 个百分点。是否同为某经济组织成员这三个变量中，仅中亚区域经济合作组织（CAREC）这个变量通过了显著性检验，并且上海合作组织（SCO）这个变量的系数无论用何种方法回归，均为负数，与预测符号相反，说明加强 CAREC 机制的作用对中国大宗农产品出口具有积极影响。

（二）分项指标回归分析

为了确切地得到贸易便利化的分级指标对中国大宗农产品出口的具体影响，研究参照总模型（Ⅵ）的估算，选择最优的随机效应方法，对方程（6.7）至方程（6.10）分别进行回归，得到如表 6-6 所示的四个方程回归结果。

表 6-6　贸易便利化一级指标对中国大宗农产品贸易出口的影响回归结果

| 方程 | 回归方程 | F 值 | H 检验 |
| --- | --- | --- | --- |
| 6.7 | $\ln EXP_{ijt} = -2.933 + 0.552\ln GDP_{jt} + 0.549\ln POP_{jt} - 0.338\ln DIST_{ij} + 0.601 OPEN_{jt} + 0.793 ECC_{jt}$ | 112.82 | 1.06 (P = 0.5893) |
| 6.8 | $\ln EXP_{ijt} = -2.496 + 0.560\ln GDP_{jt} + 0.534\ln POP_{jt} - 0.356\ln DIST_{ij} + 0.583 OPEN_{jt} + 0.587 CAREC_{ijt} + 0.766 ICT_{jt}$ | 113.53 | 1.13 (P = 0.5684) |
| 6.9 | $\ln EXP_{ijt} = -1.403 + 0.610\ln GDP_{jt} + 0.458\ln POP_{jt} - 0.428\ln DIST_{ij} + 0.536 OPEN_{jt} - 0.896 ISE_{jt}$ | 115.25 | 0.90 (P = 0.6371) |
| 6.10 | $\ln EXP_{ijt} = -2.032 + 0.469\ln GDP_{jt} + 0.596\ln POP_{jt} - 0.322\ln DIST_{ij} + 0.555 OPEN_{jt} + 0.691 CAREC_{ijt} + 0.901 EC_{jt}$ | 116.18 | 0.27 (P = 0.8720) |

注：表中方程的所有参数都满足至少10%的显著性水平。

由此可以发现，贸易便利化的各项指标对大宗农产品出口的影响程度大小不一，以电子商务的影响最大，随后依次为海关效率、基础设施建设，制度环境的回归系数为负数。电子商务水平每提高1%，中国大宗农产品出口贸易额将增长 0.901%；海关效率每提高1%，中国大宗农产品出口总额增长 0.793%；基础设施建设程度每提高1%，中国大宗农产品出口贸易额增长0.766%。上述回归结果表明,中国在与经济带沿线贸易伙伴国在优化贸易便利化水平过程中,可以优先关注电子商务的广泛普及程度,同时加强海关总体效率、提高基础设施建设,从而促进双边的大宗农产品贸易。

## 第五节 主要结论与政策建议

### 一 主要结论

本章参考国际上广泛使用的四项一级指标作为贸易便利化的评判标准,对丝绸之路经济带沿线国家的贸易便利化水平及其对中国大宗农产品贸易出口的影响进行实证分析,得出以下结论:

(1) 目前丝绸之路经济带沿线国家的贸易便利化水平整体上呈现"两边高、中间低"的特点,环中亚经济带的大部分国家的得分均低于沿线国家的平均值 (0.61),尤其以中亚五国得分最低,各项指标都远远弱于欧洲发达国家。

(2) 贸易便利化水平对中国大宗农产品出口的影响比较显著。贸易伙伴国的便利化水平提高1%,中国对其出口的大宗农产品贸易额将增加0.873%。且便利化的各项指标对大宗农产品出口的影响程度有大有小,其中,以电子商务的影响最大,随后依次为海关效率、基础设施建设,制度环境对贸易产生消极影响。

(3) 经济带沿线贸易伙伴国的GDP、人口规模及市场开放程度均对中国大宗农产品出口具有积极影响;是否同为中亚区域经济合作组织(CAREC)成员对中国大宗农产品出口具有显著影响;若两国接壤,也能微弱地影响大宗农产品出口贸易。两国的物理直线距离则对大宗农产品出口起到了阻碍作用。

### 二 政策建议

"丝绸之路经济带"涉及的人口规模庞大,市场规模和潜力也是巨大的,因此,在"丝绸之路经济带"建设的背景下探讨利用沿线国家的农业资源和市场,提升中国与沿线国家的农业合作水平,具有重要的现实意义(宋双双,2014)。研究结果表明,经济带沿线国家的贸易便利化水平得到优化能够明显促进中国大宗农产品的出口,说明如果各国致力于提高国内贸易便利化水平的各项指标,必将促进中国大宗农产品的出口贸易,拉动双边经济发展。

基于实证分析结果,在共建"丝绸之路经济带"背景下,中国通过改善贸易便利化水平,来实现扩大大宗农产品的出口贸易的目标,可以采取以下措施:

(1) 用大国姿态和积极态度,加快推进丝绸之路经济带多方合作的谈判进程,率先施行优化措施,比如简化通关手续、缩短清关时间、建立完善的信息平台等,同时,还应在国际多方会谈上争取话语权和规则制定权。

(2) 贯彻落实"高铁外交"策略,积极参与和推动丝绸之路经济带沿线国家的基础设施建设,用中国技术和中国制造赢得伙伴国的尊重及信赖,促进互惠互利协议的签订。

(3) 促进与贸易伙伴国的人员交流、学习和培训,加强双边在电子商务、信息技术、农业技术上的交流和共享。

(4) 发挥经济组织的作用,尤其是中亚区域经济合作组织,建立合作机制,加强与各国政府、商界、学术界的合作与交流,共同提高丝绸之路经济带沿线国家的贸易便利化水平。

# 第 七 章

## 中国对丝绸之路经济带沿线国家农产品出口贸易决定因素分析

### 第一节 引言

近几十年来，中国农产品出口主要集中于少数国家和地区，出口增长的实现空间十分有限。面对当前形势，中国需要主动开拓新兴市场，确保实现中国农产品出口的平稳增长。随着"一带一路"倡议稳步推进，中国与丝绸之路经济带沿线国家贸易合作不断加深。这也为中国农产品出口贸易发展提供了绝好的机会。因此，研究中国对丝绸之路经济带沿线国家农产品出口贸易状况及其决定因素有着重要的意义。

国内学者对丝绸之路经济带沿线国家的空间范畴的界定方面的文献比较多（刘迪，2014；胡鞍钢，2014）。关于丝绸之路经济带的界定比较一致的观点是将中国和中亚五国划分为丝绸之路经济带建设的首要（重点、核心）区域（环节），在此基础上，逐步向南亚、西亚（中东）、中东欧直至西欧、北非延伸。本书将研究丝绸之路经济带沿线覆盖的58个国家。目前，有关中国对丝绸之路经济带沿线国家农产品贸易方面的研究文献极少。但是，国内外现有关于农产品贸易潜力方面的研究文献却比较丰富。丁伯根（1962）和Poyhomen（1963）最早将引力模型应用到两国之间的国际贸易分析，此后不断得到拓展，并主要运用于测算贸易潜力。国内运用贸易引力模型主要集中于中国对外贸易中的影响因素以及贸易潜力的评估，并涉及农产品、大宗商品等多个部门（盛斌等、廖明中，2004；孙林，2008；马建蕾、秦富，2012；汤碧，2012；宋海英，2013）。陈晓艳（2014）研究了丝绸之路经济带沿线背景下新疆边境贸易的发展情况。韩永辉等（2014）分析了中国与西亚国家贸易的有利因素和不利因素，并提出了加强中国和西亚国家贸易合作的政策建议。马天平（2015）分析了在"一带一路"倡议下，新疆的对外贸易发展潜力巨大。但是，在构建丝绸之路经济带沿线背景下，专门针对中国与丝绸之路经济带沿线国家农产品出口情况的实证研究文献少见。因此，本书尝试以丝绸之路经济带沿线国家研究范畴，借鉴引力模型，研究中国对丝绸之路经济带沿线国家的农产品出口贸易的影响因素，进一步探讨提升中国对丝绸之路经济带沿线国家农产品出口贸易潜力。

## 第二节 中国对丝绸之路经济带沿线国家农产品出口贸易状况

2000—2013年，中国对丝绸之路经济带沿线国家的农产品出口额从2000年的274亿美元，增长到2013年的850亿美元，增加了3.1倍，年均增长率达8.4%。其中，2008—2009年和2011—2012年中国对其出口额显著下降，这可能是由于2008年国际金融危机和2012年欧洲主权债务危机导致丝绸之路经济带沿线国家消费水平下降，进口农产品减少的缘故。总体而言，中国对丝绸之路经济带沿线国家农产品出口数额呈增长趋势。但是，中国农产品在丝绸之路经济带沿线国家农产品进口总额中所占比重变化不大，基本维持在10%左右的水平。如图7-1所示。

从中国对丝绸之路经济带沿线各国的农产品出口贸易额来看，以2013年为例，中国农产品出口额最高的地区是欧盟28国（67.2亿美元，其中，又以德国20.5亿美元最高），其次是俄罗斯（16.9亿美元），最后是黑山（190万美元）和英国。所有样本国家中，以中国对拉脱维亚和阿富汗出口的农产品占该国农产品进口市场比重最高，分别为6.8%和6.3%，但也仅为8.4亿美元和1.5亿美元。根据中国农产品出口到丝绸之路经济带各国依据总额排序，在排名前10国中，有8国属于欧洲，仅

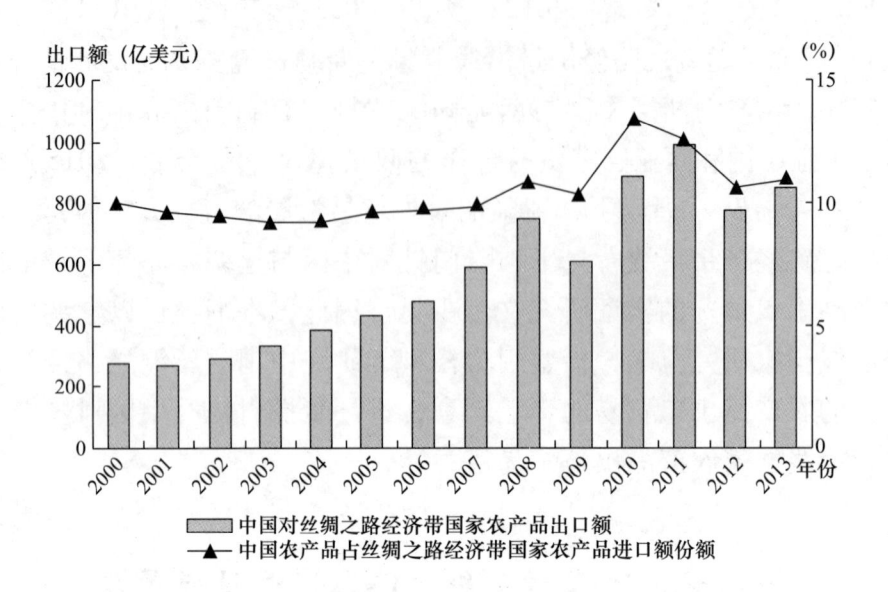

图 7-1 中国对丝绸之路经济带沿线国家农产品出口贸易状况

2 国属于环中亚；在前 20 国中，有 13 国属于欧洲，6 国属于环中亚，仅 1 国属于中亚。由此可知，中国对丝绸之路经济带沿线国家的农产品出口市场仍具有较大的扩展空间。

从丝绸之路经济带沿线国家产品需求结构来看，第一类农产品（食物及活动物）和第三类农产品（非食用原料）在中国对丝绸之路经济带沿线 58 个国家农产品出口总额中所占比重相对较大，尤其是第一类农产品占中国对这 58 个国家农产品出口总额的比重自 2000 年以来一直高于 60% 且保持上升趋势，这与长期以来我国在劳动密集型产品生产方面具有比较优势有关。第二类农产品（饮料及烟类）和第四类农产品（矿物燃料、润滑油及相关原料）在我国对这 58 个国家农产品出口总额中所占比重很小，而且第二类农产品自 2004 年以来到 2008 年在中国对丝绸之路经济带沿线国家农产品出口总额中所占比重不断下降，这与近年来我国此类农产品在中亚市场、欧盟市场和西亚市场等竞争优势逐渐弱化、竞争力不断下降以及出口结构无法适应这些市场的进口需求有关。

## 第三节 中国对丝绸之路经济带沿线国家农产品出口决定因素分析

### 一 模型及变量

引力模型最早由丁伯根（1962）和 Poyhonon（1963）引入到国际贸易领域，他们研究发现：两国之间的贸易规模与两国 GDP 成正比，与两国距离成反比。针对农产品贸易的研究，众多学者也同样运用引力模型，并加入更多的解释变量，这些解释变量既包括可以定量度量的变量，如农业增加值和经济开放程度等，也包括无法定量度量的虚拟变量如是否拥有共同边界、是否同属一个经济组织和是否使用同一种语言等。本书探讨中国对丝绸之路经济带沿线国家农产品出口贸易影响因素，在基于引力模型基础上，不仅引入农业增加值、人均 GDP 差异和经济开放程度等解释变量，也加入丝绸之路经济带沿线国家是否与中国具有共同边界和是否加入某一经济组织等虚拟变量。鉴于本书选取 2000—2013 年丝绸之路经济带沿线国家的面板数据进行回归分析，构建本书研究的回归方程如下：

$$\ln T_{ij} = \beta_0 + \beta_1 \ln GDP_j + \beta_2 \ln POP_j + \beta_3 \ln DIS_{ij} + \beta_4 \ln DG_{ij} + \beta_5 \ln OPEN_j + \beta_6 \ln AGR_j + \beta_7 BOR_{ij} + \beta_8 DEV_j + \beta_{10} PTA_{ij} + U_{ij} \tag{7.1}$$

式中，所有的连续变量都取对数，用 ln 来表示。因变量 $T_{ij}$ 为 $i$ 国对 $j$ 国的农产品出口额；$GDP_j$ 为丝绸之路经济带沿线国家的国内生产总值；$POP_j$ 为丝绸之路经济带沿线国家的人口规模；$DIS_{ij}$ 表示中国和丝绸之路经济带沿线国家之间的实际距离，按照地表距离计算；$DG_{ij}$ 表示中国和丝绸之路经济带沿线国家之间的人均 GDP 差异；$AGR_j$ 表示丝绸之路经济带沿线国家农业增加值占其 GDP 比重；$BOR_{ij}$ 为虚拟变量，表示中国与丝绸之路经济带沿线国家是否具有共同边界，如果两国接壤取值为 1，否则为 0；$OPEN_j$ 表示丝绸之路经济带沿线国家经济开放程度，以商品进出口贸易额占 GDP 比重衡量；$DEV_j$ 表示丝绸之路经济带沿线国家是否为发达国家，如果是发达国家则取值为 1，否则为 0。考虑到丝绸之路经济带沿线上世界贸易组织（WTO）、经济合作与发展组织（OECD）、上海合作组织（SCO）、经济合作组织（ECO）、欧亚经济共同体（EAEC）、中亚区域经济合作组织（CAREC）等国际性组织在促进成员农产品贸易改善的作用，从而这些国际性组织会对中国农产品出口具有重要影响。因此，本书将丝绸之路经济带沿线国家是否加入上述经济组织作为解释变量，如果该国加入某一组织取值为1，否则为0。另外，共同语言虽然是农产品贸易的一个重要的影响因素，但是，由于中国与丝绸之路经济带沿线的这些国家都没有共同的官方语言，故引力模型中没有加入是否有相同的官方语言这一解释变量。

表7-1　　　　　　　解释变量的含义、理论预测和说明

| 变量 | 含义 | 预期符号 | 理论说明 |
|---|---|---|---|
| $GDP_j$ | 进口国 j 的名义国内生产总值 | + | 反映 j 国对国际市场的需求量，j 国经济总量越大，潜在进口需求可能越大 |
| $POP_j$ | j 国的人口规模 | − | 一个国家人口越多，该国国内就越有可能具备完整的生产结构，从而进口额越小 |
| $DIS_{ij}$ | i 国和 j 国之间的实际距离 | − | 反映了贸易的运输成本，距离越远，运输成本越高，从而成为阻碍贸易的重要因素 |
| $DG_{ij}$ | 两国人均 GDP 之差的绝对值 | + | 资源禀赋所决定的农产品贸易，应该以产业间贸易为主。国家经济发展水平差别越大，贸易量越大 |
| $OPEN_j$ | j 国的经济开放程度 | + | 各国经济开放程度越高，进口额越大 |
| $AGR_j$ | j 国农业增加值占其国民生产总值比重 | + | 一国 GDP 中农业产出所占比重越大，其发生农产品贸易的可能性越大 |
| $BOR_{ij}$ | 虚拟变量，i 国是否与 j 国接壤，如果接壤取值为1，否则为0 | + | 当贸易双方拥有共同的边界时，贸易成本将大幅度下降，双边贸易流量因而会明显增加 |
| $DEV_j$ | 虚拟变量，j 国是否为发达国家，如果是取值为1，否则为0 | + | 当进口国为发达国家时，其经济总量越大，潜在进口需求越大 |
| $PTA_{ij}$ | 虚拟变量，当两国属于相同的贸易集团时取1，否则取0 | + | 当两国均属于某个贸易集团时，由于优惠贸易安排，相应双边贸易流量将会上升 |

注：本书中考虑的贸易集团分别有 WTO（世贸组织）、SCO（上海合作组织）、CIS（独联体）、OECD（经济合作与发展组织）、ECO（经济合作组织）、EAEC（欧亚经济共同体）和 CAREC（中亚区域经济合作组织）。

## 二 数据来源及说明

本书使用的各国年度国内生产总值（GDP）、人口规模（POP）、经济开放程度（OPEN）和农业增加值（AGR）来自世界银行发展指数（World Bank Development Indicators）数据库。农产品出口额数据来自UN-COMTRADE数据库。中国与各国首都之间距离的数据来自http://www.indo.com/distance/index.html。中国与各国是否相邻及丝绸之路经济带沿线国家是否为发达国家等数据来自CEPII官方网站。各变量的描述性统计如表7-2所示。

表7-2　各变量的描述性统计

| 变量 | 均值 | 标准差 | 最大值 | 最小值 | 样本数量 |
| --- | --- | --- | --- | --- | --- |
| $T_{ij}$（千美元） | 164480.3 | 313717.1 | 2170546 | 33.66 | 728 |
| $GDP_j$（千美元） | 3.63e+11 | 6.81e+11 | 3.80e+12 | 8.60e+08 | 727 |
| $POP_j$ | 4.82e+07 | 1.59e+08 | 1.30e+09 | 381363 | 728 |
| $DIS_{ij}$（千米） | 7026.30 | 2208.70 | 15515.50 | 3025.66 | 728 |
| $DG_{ij}$ | 3.42 | 3.59 | 15.53 | 0.00 | 727 |
| $OPEN_j$ | 76.53 | 34.12 | 180.38 | 18.64 | 726 |
| $AGR_j$ | 8.12 | 8.37 | 38.47 | 0.09 | 716 |
| $BOR_{ij}$ | 0.13 | 0.34 | 1 | 0 | 728 |
| $DEV_j$ | 0.38 | 0.49 | 1 | 0 | 728 |
| SCO | 0.10 | 0.30 | 1 | 0 | 728 |
| CIS | 0.27 | 0.44 | 1 | 0 | 728 |
| OECD | 0.29 | 0.45 | 1 | 0 | 728 |
| WTO | 0.81 | 0.39 | 1 | 0 | 728 |
| EAEC | 0.13 | 0.34 | 1 | 0 | 728 |
| CAREC | 0.15 | 0.36 | 1 | 0 | 728 |

## 第四节 实证结果及讨论

### 一 实证估测

本书采用非平衡面板数据,时间跨度为 14 年。运用软件 Stata 12.0 对式 (7.1) 分别采用混合回归方法、固定效应方法和随机效应方法进行回归,同时对固定效应方法和随机效应方法的回归结果进行 H 检验,表明应选择固定效应方法。对混合回归方法和固定效应方法的回归结果进行 F 检验,表明应选择固定效应方法。因此,研究中国对丝绸之路经济带沿线国家农产品出口贸易影响因素使用固定效应模型。表 7-3 为总体估测结果。

表 7-3　　　　　　　　　　总体回归结果

| 变量 | OLS (1) | 固定效应 FE (2) | 随机效应 RE (3) |
| --- | --- | --- | --- |
| $lnGDP_j$ | 1.032*** <br> (0.068) | 1.443*** <br> (0.056) | 1.477*** <br> (0.055) |
| $lnPOP_j$ | 0.1637*** <br> (0.074) | -0.617*** <br> (0.197) | -0.197** <br> (0.096) |
| $lnDIST_{ij}$ | -0.239 <br> (0.159) | | -1.077** <br> (0.471) |
| $lnDG_{ij}$ | 0.017 <br> (0.024) | -0.044** <br> (0.019) | (-0.047** <br> (0.019) |
| $lnOPEN_j$ | 0.762*** <br> (0.112) | 0.769*** <br> (0.119) | 0.745*** <br> (0.116) |
| $lnAGR_j$ | -0.248*** <br> (0.077) | -0.242* <br> (0.126) | 0.083 <br> (0.102) |
| OECD | -0.085 <br> (0.143) | | -0.703* <br> (0.4111) |
| $DEV_j$ | -0.813*** <br> (0.139) | | -1.039** <br> (0.414) |

第七章 中国对丝绸之路经济带沿线国家农产品出口贸易决定因素分析 ·95·

续表

| 变量 | OLS (1) | 国定效应 FE (2) | 随机效应 RE (3) |
|---|---|---|---|
| constant | -19.336*** <br> (1.725) | -18.678*** <br> (3.372) | -16.687*** <br> (4.621) |
| 样本数量 | 715 | 715 | 715 |
| $R^2$ | 0.749 | 0.748 | 0.744 |
| F 检验 | 54.73（P=0.0000） | | |
| H 检验 | | | 23.95（P=0.0023） |

注：***、**和*分别表示1%、5%和10%的显著性水平。

参照总量层次上引力模型的估算，可以进一步对各农产品种类进行检验，与总量分析相比存在两个区别：一个是用各农产品种类的出口额代替总出口额，其他解释变量保持不变；另一个是总量层次上样本中包含的这58个国家中有很多国家并没有从中国进口所有类别的农产品，比如第四类（4类）农产品只有34个国家从中国进口，样本量少了很多。表7-4中固定效应回归结果显示，不同种类农产品出口额同样受进口国的经济规模、人口规模和经济开放程度的影响。表中随机效应表明，不同种类农产品出口额还受优惠贸易安排等虚拟变量的影响，比如第一类（0类）农产品出口额受进口国是否属于经济合作与发展组织的影响，只是不同种类产品在影响程度上（模型各变量的系数）存在一些差别而已。估测结果与总体估测结论基本一致。

表7-4 分产品估测结果

| | 变量 | 0类 | 1类 | 3类 | 4类 |
|---|---|---|---|---|---|
| 固定效应结果 | $\ln GDP_j$ | 1.363*** <br> (0.079) | 0.645*** <br> (0.208) | 1.551*** <br> (0.104) | 2.189*** <br> (0.239) |
| | $\ln POP_j$ | -1.269*** <br> (0.274) | 1.382* <br> (0.771) | -0.357* <br> (0.358) | 1.804** <br> (0.842) |
| | $\ln DG_{ij}$ | -0.039 <br> (0.027) | -0.122* <br> (0.067) | 0.037 <br> (0.035) | -0.083 <br> (0.068) |

续表

| | 变量 | 0 类 | 1 类 | 3 类 | 4 类 |
|---|---|---|---|---|---|
| 固定效应结果 | $lnOPEN_j$ | 0.431** (0.206) | 0.843* (0.488) | 0.843*** (0.269) | 2.233*** (0.569) |
| | $lnAGR_j$ | -0.735*** (0.174) | -0.022 (0.411) | -0.063 (0.232) | 0.466 (0.463) |
| | constant | 8.713*** (3.047) | -37.317*** (13.402) | -27.883*** (6.192) | -92.346*** (14.469) |
| | 样本量 | 727 | 547 | 706 | 420 |
| | $R^2$ | 0.249 | 0.212 | 0.480 | 0.466 |
| 随机效应结果 | OECD | -2.657*** (0.799) | | | |
| | CIS | | 1.606* (0.889) | | |
| | WTO | | | -0.531** (0.284) | |
| | constant | 8.713*** (3.047) | -37.317*** (13.402) | -27.883*** (6.192) | -92.346*** (14.469) |
| | 样本量 | 727 | 547 | 706 | 420 |
| | $R^2$ | | | | |

注：***、**、*分别表示1%、5%、10%的显著性水平。

## 二 主要估测结果

从地理位置来看，丝绸之路经济带沿线横跨整个欧亚大陆，将中亚、西亚、东欧、西欧一起囊括并延伸至北非，通过测量中国首都北京与丝绸之路经济带沿线国家首都之间的距离可以看出，中国与各国之间的平均距离达7004.12公里。其中，中国与孟加拉国距离最近，只有3025.66公里，而与马耳他最远，达15515.5公里，是孟加拉国的5倍多。可见，中国与丝绸之路经济带沿线上各国之间的距离相差很大。对于储存、运输和销售等都受自然环境影响很大的农产品而言，运输距离的长短对中国农产品的出口会产生重要影响。此外，由于使用固定效应虚拟变量被剔除，所以，为了考察地理距离、是否有共同边界、是不是发达国家和是否属于某个经济组织等对中国农产品出口丝绸之路经济带沿线国家的影响，可以利用随机效应来估计模型 RE（3）中各虚拟变量的系数，如表7-3 所示。根据随机效应 RE（3）结果可知，代表中国与丝绸之路经济带沿线各国距离变量的系数为 -1.077，并在5%的显著性水平下显著。这说明中国与丝绸之路经济带沿线各国相距遥远对中国农产品的出口起到很大的阻碍作用。代表丝绸之路经济带沿线各国是否为发达国家的虚拟变量系数为 -1.039，并在5%的显著性水平下显著。符号与预期不符，原因可能在于，在丝绸之路经济带沿线发达国家中，也有发展程度的不同，比如欧盟国家大部分属于发达国家，并且发达程度很高，而沙特阿拉伯和以色列等中东国家，即使同为发达国家但处在第二个层次，故回归结果与预期出现偏差。代表丝绸之路经济带沿线国家是否加入经济合作与发展组织的变量系数为 -0.703。这表明，丝绸之路经济带沿线国家加入该组织阻碍了中国对其农产品的出口，这可能是因为这些国家如德国、法国、以色列和土耳其等加入经济合作与发展组织后，关税配额、食品的技术质量安全标准等关税和非关税壁垒的提高以及贸易转移效应对中国农产品的出口产生了明显冲击。

除代表农业增加值变量的系数符号与使用固定效应的结果相反并且不显著外，代表丝绸之路经济带沿线各国国内生产总值、人口规模、人均GDP差异和经济开放程度变量的系数符号和显著性程度都与使用固定效应得出的结果相接近。其主要估测结果为：

（一）中国对丝绸之路经济带沿线国家农产品出口符合林德假说

表7-3中代表林德变量的系数为 -0.044，并在5%的显著性水平下显著，反映了林德提出的两个国家发展水平越接近，相互间经济来往越频繁，意味着中国与丝绸之路经济带沿线国家发展水平的差异会阻碍中国对其农产品的出口。

（二）经济规模、人口规模对中国农产品出口丝绸之路经济带沿线国家产生重要影响

代表丝绸之路经济带沿线国家国内生产总值的变量 $GDP_j$ 和人口规模的变量 $POP_j$ 的符号与理论预期相一致（见表7-3），而且均达到1%的显著性水平，系数分别为 1.443 和 -0.617。这表明，丝绸之路经济带沿

线国家国内生产总值每增加1%，中国对这些国家的农产品出口额增加1.443%；丝绸之路经济带沿线国家的人口规模每增加1%，中国对其农产品出口额反而会减少0.617%。可见，丝绸之路经济带沿线各国的经济规模对中国农产品的出口具有促进作用，而各国的人口规模对中国农产品的出口具有阻碍作用。

（三）丝绸之路经济带沿线国家农业增加值比重越高反而不利于中国对其农产品的出口

除国内生产总值这一变量外，国内生产总值中农业产出所占比重也会在很大程度上影响一国农产品的进出口贸易，并且更能从行业细分角度解释和说明对农产品双边贸易的影响。表7-3中模型（1）中回归结果显示，代表丝绸之路经济带沿线国家农业增加值的变量系数为-0.248，并在10%的显著性水平下显著。这表明，丝绸之路经济带沿线国家农业产出占GDP比重每增加1%，中国对其农产品出口额减少0.248%。这与理论预期不符，可能是因为一国农业增加值所占比重越大，其国内农产品贸易越发达，对国外农产品的依赖性越低，从而进口的农产品越少。

（四）丝绸之路经济带沿线国家经济开放程度越高，中国对其农产品出口贸易越大

回归结果显示（见表7-3），代表丝绸之路经济带沿线国家经济开放程度的变量系数为0.769，并在1%的显著性水平下显著。这表明，丝绸之路经济带沿线国家经济开放程度每增加1%，中国对其农产品出口额增加0.769%，符合理论预期，因为一国经济开放程度越高，其对贸易的依存度越高，所以，其从中国进口农产品的可能性越大。

## 第五节　主要结论及启示

近年来，中国与丝绸之路经济带沿线国家农产品出口贸易发展迅速，2000—2013年，中国对丝绸之路经济带沿线国家的农产品出口额增加了3.1倍，年均增长率达8.4%。从市场分布来看，中国对丝绸之路经济带沿线国家的农产品出口市场主要集中于欧洲国家，中国对丝绸之路经济带沿线国家农产品出口的品种主要集中于水果及蔬菜、纺织纤维及其废料、

鱼、甲壳及软体类动物及制品和未另列明的动物及植物原料等劳动密集型产品。虽然目前中国对丝绸之路经济带沿线国家农产品出口总额较低,但是,从发展趋势看,仍然有较高的拓展空间和发展潜力。

地理距离、经济发展水平、人口规模、开放程度、政策和制度等是影响中国对丝绸之路经济带沿线国家农产品出口贸易的重要因素。基于引力模型的实证研究表明,中国对丝绸之路经济带沿线国家农产品出口贸易符合林德假设,即中国与丝绸之路经济带沿线国家的人均GDP水平越接近,相互间经济来往越频繁。丝绸之路经济带沿线国家的经济规模和经济开放程度对中国出口农产品贸易具有促进作用,并且经济规模对农产品出口贸易的影响要大于经济开放程度对农产品出口贸易的影响。而地理距离和农业增加值则不利于中国对丝绸之路经济带沿线国家农产品出口贸易的扩大。丝绸之路经济带沿线国家加入区域性合作组织等会阻碍中国对其农产品的出口。

考虑到中国对丝绸之路经济带沿线国家农产品出口贸易的区域不平衡性、主要产品和主要市场相对集中的现状,今后中国对丝绸之路经济带沿线国家农产品出口贸易方略是:一方面,以中国为主导,广泛开展中国与丝绸之路经济带沿线国家贸易合作,做好相互间贸易标准等方面的协调,稳定亚欧经济带沿线的德国、荷兰和环中亚经济带沿线的印度、巴基斯坦、俄罗斯等重点市场;另一方面,挖掘中国对丝绸之路经济带沿线国家农产品出口贸易潜力。加强对中亚经济带沿线的中亚五国等农产品贸易市场的开拓,保持中国农产品出口贸易的持续增长。

# 第八章

## "一带一路"背景下中国与中亚五国主要农产品贸易潜力

### 第一节 研究背景

2013年9—10月，国家主席习近平提出了共建"丝绸之路经济带"和"21世纪海上丝绸之路"两个构想，简称为"一带一路"倡议。中亚经济带是这条经济大走廊上的核心区域，中亚五国是我国通向西方国家的必经之地，更是中国实施西部大开发战略的重要合作伙伴。在"一带一路"倡议背景下，近年来，随着经贸合作关系的不断加强，中国与中亚五国的双边农产品贸易快速发展，开展中国与中亚五国农产品贸易潜力方面的研究尤为重要。

"一带一路"倡议提出后，许多的学者纷纷开始对中国与中亚五国的经贸合作前景展开研究。关于中国与中亚五国农产品贸易研究的文献相当匮乏，但有许多关于区域贸易合作组织方面的研究文献，比如《上海五国——抗拒美洲对亚洲的影响》（Bates Gill，2000）、《上海合作组织——地区安全与经济进步》（Gudrun Wacker，2005）、《论美国的中亚战略与上海合作组织》（2002）、《上海合作组织与中亚交通运输》（阿卜杜拉·哈希莫夫，2004）等。同时，对贸易潜力方面的研究文献，比如，Christos Papazoglou（2007）利用引力模型的研究方法对希腊的贸易潜力进行了分析。Enrique Martínez - Galán（2008）研究认为，基于引力模型所估计的贸易潜力的结果是无效的，并提出了一个基于Poisson Pseudo最大似然估计的正确方法。Prabir De（2010）通过在传统的引力模型中增加变量建立扩展的引力模型来估计印度的贸易潜力且以确定贸易补救措施的重要性。Geetha Ravishankar 和 Marie M. Stack（2014）提出了引力模型的规范，区分了传统的引力方程和随机前沿引力方程，并用随机前沿引力模型实证估测得出了东欧国家潜在贸易的效率值。除运用引力模型来研究贸易潜力外，也有一些学者采用统计指数来分析衡量贸易潜力，M. Bruna Zolin Bernadette Andreosso – O'Callaghan（2013）利用标准贸易差、出口增长率和出口覆盖率等统计指标来分析韩国—欧盟自由贸易区将会给双边农业和农产品贸易带来积极的影响。

自国家主席习近平在 2013 年 9—10 月提出"一带一路"倡议后，中国学者便开始对这一倡议进行探讨分析，而处于核心区的中亚五国更是学者笔下的焦点，从研究内容来看，主要有以下两个方面的研究：

第一，关于中国与中亚五国经贸合作方面的研究。吴宏伟（2011）指出，近年来，中国与中亚五国双边贸易发展迅速，中国与中亚五国贸易额占中亚五国对外贸易额的比重分别都有不同程度的提高。王志远（2011）运用资源禀赋理论分析，认为中国与中亚五国由于各自所具备的资源禀赋具有互补性，而互补性决定了中国与中亚五国之间的贸易具有巨大的潜力。陈俭（2012）提出，为了进一步推动双边经贸合作向前发展，需要携手合作加强基础设施建设。

第二，关于中国新疆与中亚五国的经贸合作方面的研究。玉素甫·阿布来提（2011）指出，中国新疆具有开发中亚、西亚、南亚、俄罗斯和欧洲市场的巨大潜力，将来中国在世界经济格局中的地位及作用将日益显现。朱金鹤、崔登峰（2010）通过对 1999—2008 年中国新疆与中亚五国对外贸易进行实证分析，得出新疆与中亚五国对外贸易存在一定障碍。为了进一步推动新疆与中亚五国的经贸合作，杜晓鹏（2013）就国家层面、新疆层面和企业层面提出了一系列的政策建议。

随着"一带一路"倡议的提出以及渐渐认识到中亚五国是丝绸之路经济带的核心区之后，国内学者就开始对这个倡议背景下中国和中亚五国在各领域的发展现状以及在如何展开合作与发展等问题展开了较为充分的研究；国外学者对双边贸易潜力研究的方法为国内学者和笔者提供了许多的借鉴和参考。但较多的学者都将重点放在中国与中亚五国经贸合作的研究上,而较少关注到农产品贸易这一重要领域,还有较多的学者将研究对象放在中国新疆与中亚五国之间的经贸合作上,而没有把整个中国放进去研究,基于以上两方面的不足,本章将把中国与中亚五国之间的农产品贸易作为研究重点。

## 第二节 中国与中亚五国农产品贸易现状及贸易结构分析

### 一 双边农产品贸易现状分析

随着中国和中亚五国政治及经贸合作的不断加强,双边的农产品贸易规模在不断地扩大。从图 8-1 可以看出,2000—2013 年,中国对中亚五国的农产品进出口总额虽有波动,但整体上呈上升趋势,2000 年中国对中亚五国农产品进出口总额仅为 1.01 亿美元,而经过 13 年后,双边农产品进出口总额达到了 11.66 亿美元,增长了 11 倍。在此期间,中国对中亚五国农产品出口额一直处于稳定的增长状态,从 2000 年的 0.29 亿美元增长到 2013 年的 4.57 亿美元,增长了 15.76 倍。与此同时,中国从中亚五国进口农产品则呈现一定的波动,2009 年处于较低水平。这可能与当时的经济危机有关。除 2009 年之外的多数年份的进口值都超过 4 亿美元。2010 年、2012 年超过 8 亿美元。

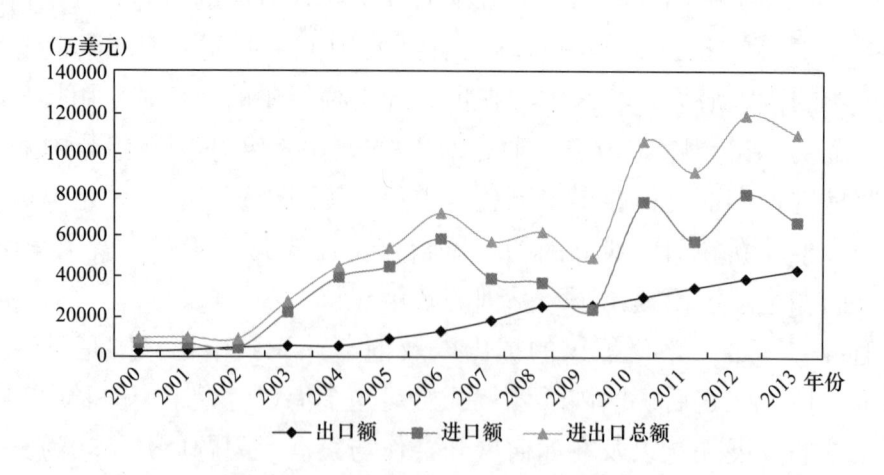

图 8-1 2000—2013 年中国和中亚五国双边农产品贸易状况

资料来源:根据 UN COMTRADE(联合国商品贸易数据库)整理计算得到。

## 二 双边农产品贸易结构分析

中国对中亚五国出口的农产品主要是肉类和肉类制品、茶叶类、水果蔬菜和杂类食品,这四类农产品分别占中国对中亚五国农产品出口总额的33%、26%、16%和13%。中国从中亚五国进口农产品主要是纺织纤维、未加工材料、谷物及其制品和水果蔬菜,这四类农产品分别占中国从中亚五国农产品进口总额的82%、10%、4%和2%。中亚五国由于其所拥有丰富的土地资源而在粮食和棉花等这类土地密集型产品上具有出口比较优势,而中国在加工食品等劳动和资本密集型产品上具有出口比较优势,正是由于各国拥有不同的比较优势,所以,中国与中亚五国的农产品贸易存在着很强的贸易互补性。

## 第三节 中国与中亚五国主要农产品贸易潜力实证分析

### 一 数据及模型

本书选择中国与中亚五国进行贸易的四类主要农产品即纺织纤维、水果蔬菜、肉类和肉类制品以及未加工材料作为研究对象,这四类农产品的进出口总额已经占中国与中亚五国双边农产品进出口总额的91.48%。本书所采用的数据是面板数据,时间跨度为1995—2013年,横截面是中亚五个国家:哈萨克斯坦、吉尔吉斯斯坦、塔吉克斯坦、土库曼斯坦、乌兹别克斯坦。根据本书的研究目的,在标准国际贸易引力模型的基础上,通过引入新的解释变量得到以下扩展的引力模型方程:

$$\ln x_{ijt} = \alpha_0 + \alpha_1 \ln gdp_{it} + \alpha_2 \ln gdp_{jt} + \alpha_3 \ln gdpper_{it} + \alpha_4 \ln gdpper_{jt} - \alpha_5 \ln dist_{ij} + \alpha_6 \ln agro_{it} + \alpha_7 \ln agro_{jt} + \alpha_8 \ln rw_{it} + \alpha_9 \ln rw_{jt} + \alpha_{10} \ln openness_{it} + \alpha_{11} \ln openness_{jt} + \alpha_{12} sco_{ijt} + \alpha_{13} wto_{ijt} + \alpha_{14} contig_{ij} + \mu_{ij} \quad (8.1)$$

式中,$\ln x_{ijt}$ 表示 $t$ 时期 $i$ 国对 $j$ 国的某类农产品进出口总额的自然对数,而本书研究的被解释变量分别是中国对中亚五国纺织纤维、水果蔬菜、肉类和肉类制品以及未加工材料的进出口总额;$\ln gdp_{it}$($\ln gdp_{jt}$)表示 $t$ 时期 $i$($j$)国的国内生产总值的自然对数;$\ln gdpper_{jt}$($\ln gdpper_{jt}$)表示 $t$ 时期 $i$($j$)国的人均 GDP 的自然对数;$\ln dist_{ij}$ 表示 $i$ 国和 $j$ 国的首都之间的实际距离的自然对数；$lnagro_{it}$（$lnagro_{jt}$）表示 $i$（$j$）国在 $t$ 时期农业产出增加值占 GDP 比重的自然对数；$lnrw_{it}$（$lnrw_{jt}$）表示 $t$ 时期 $i$（$j$）国铁路总长度的自然对数；$lnopenness_{it}$（$lnopenness_{jt}$）表示 $t$ 时期 $i$（$j$）国商品贸易额占 GDP 比重的自然对数，反映了一国对贸易依赖程度的大小；$sco_{ijt}$ 是虚拟变量，若 $t$ 时期 $i$ 国与 $j$ 国同属于上海合作组织则取 1，否则取 0；$wto_{ijt}$ 是虚拟变量，若 $t$ 时期 $i$ 国与 $j$ 国同属于世界贸易组织则取 1，否则取 0；$contig_{ijt}$ 是虚拟变量，若 $i$ 国与 $j$ 国拥有共同边界则取 1，否则取 0。$a_1$—$a_{14}$ 是 $x_{ijt}$ 对 GDP、人均 GDP、距离、一国农业产出增加值占 GDP 比重、一国铁路总长度、一国商品贸易额占 GDP 比重，以及 SCO、WTO、共同边界这三个虚拟变量的弹性；$\mu_{ij}$ 是误差项。

## 二　实证估测

### （一）总体估测

本书首先对四类农产品总体进行面板数据的混合模型检验、固定效应模型检验和随机效应模型检验，使用 Stata 11.0 软件进行检验，三个模型检验估计结果出来后，就需要通过 H 检验来判断最后应该采用哪一个模型检验，由于总体的 H 检验结果中 P 值为 0.0918＞0.01，故接受原假设，认为应该使用随机效应模型是最有效率的，总体的随机效应模型的回归结果如表 8-1 所示。

我们可以看到估计结果还是比较理想，j 国的 gdp 与 i 国的人均 gdp 分别在 10% 和 1% 的显著性水平下显著，对双边贸易额起着促进作用；距离变量在 1% 的显著性水平下显著，当距离增加 1%，双边贸易额就会减少 11.62%；i 国铁路总长度这一变量在 5% 的显著性水平下显著，说明中国应加大基础交通设施建设；i 国和 j 国的对外开放程度分别在 1% 和 10% 的显著性水平下显著且系数符号为正，说明中国与中亚五国都应该加快对外开放程度从而促进双边的农产品贸易；共同边界这个变量在 1% 的显著性水平下显著，上海合作组织这一变量与被解释变量显著负相关，说明上海合作组织对中国与中亚五国之间的农产品贸易尚未起到积极的促进作用，今后应该充分发挥上海合作组织在中国与中亚五国贸易中的作用。

表 8-1　　　　　　　　四类主要农产品总体回归结果

| 变量 | | 变量 | |
|---|---|---|---|
| C 常数项 | 473.1*** <br> (2.61) | $lnrw_{it}$ | 10.31** <br> (2.37) |
| $lngdp_{it}$ | -44.15*** <br> (-2.87) | $lnrw_{jt}$ | 0.0134 <br> (0.61) |
| $lngdp_{jt}$ | 0.504* <br> (1.74) | $lnopenness_{it}$ | 2.458*** <br> (4.69) |
| $lngdpper_{it}$ | 46.88*** <br> (3.02) | $lnopenness_{jt}$ | 0.623* <br> (1.82) |
| $lngdpper_{jt}$ | -0.808*** <br> (-2.92) | $scoi_{jt}$ | -0.532* <br> (-1.77) |
| $lndist_{ij}$ | -11.62*** <br> (-7.20) | $wtoi_{jt}$ | 0.146 <br> (0.48) |
| $lnagro_{it}$ | 2.276 <br> (1.03) | $contig_{ij}$ | 3.156*** <br> (6.91) |
| $lnagro_{jt}$ | -0.285 <br> (-0.77) | | |
| 样本数量 | | 95 | |
| $R^2$ | | 0.7461 | |
| Wald | | 626.74 | |

注：* 表示显著性水平为 10%，** 表示显著性水平为 5%，*** 表示显著性水平为 1%；括号内为对应解释变量的 t 统计量。

(二) 分类农产品估测结果

本书对四类农产品分别进行面板数据的混合模型检验、固定效应模型检验和随机效应模型检验，最终通过 H 检验确定纺织纤维这类农产品应该采用固定效应模型检验，而其余三类农产品采用随机效应模型检验最为合适。在模型检验中，由于若干年份没有贸易的往来而缺失贸易数据，则本书采用遇 0 取 0.025 的方法 (Kalbasi, 2004)，使模型检验能够顺利进行。使用 Stata 11.0 软件，剔除与经济理论不相符的变量和 t 值最小的变量，得到以下回归结果 (见表 8-2)。

表 8-2　　　　　　　　　　　　分产品估测结果

| | 肉类和肉类制品 | 水果蔬菜 | 纺织纤维 | 未加工材料 |
|---|---|---|---|---|
| C 常数项 | -358.3<br>(-1.37) | 92.24**<br>(2.24) | -87.79<br>(-1.11) | 26.39<br>(0.84) |
| $lngdp_{it}$ | 1.527<br>(0.91) | | | 1.019*<br>(1.96) |
| $lngdp_{jt}$ | | 0.374<br>(0.62) | 0.920**<br>(2.56) | -1.676***<br>(-2.81) |
| $lngdpper_{it}$ | | 2.374***<br>(3.17) | 2.078***<br>(4.08) | |
| $lngdpper_{jt}$ | 0.176<br>(0.32) | 1.485***<br>(2.80) | -1.402***<br>(-3.94) | 0.952<br>(1.45) |
| $lndist_{ij}$ | -6.914<br>(-1.12) | -16.29***<br>(-3.83) | -9.824***<br>(-4.16) | -1.417<br>(-0.41) |
| $lnagro_{it}$ | 18.40**<br>(2.43) | 2.919<br>(1.43) | 8.704***<br>(4.01) | |
| $lnagro_{jt}$ | | 1.728**<br>(2.25) | | -3.253***<br>(-3.31) |
| $lnrw_{it}$ | 27.64<br>(1.21) | 0.374<br>(0.62) | 10.93*<br>(1.66) | |
| $lnrw_{jt}$ | 0.292***<br>(2.87) | | | 0.118**<br>(2.06) |
| $lnopenness_{it}$ | 5.112*<br>(1.92) | | 4.433***<br>(5.77) | 1.722<br>(1.43) |
| $lnopenness_{jt}$ | 2.433<br>(1.61) | | | -2.334**<br>(-2.54) |
| $scoi_{jt}$ | 1.993<br>(1.49) | | -0.981**<br>(-2.29) | 0.875<br>(1.15) |
| $wtoi_{jt}$ | 3.745***<br>(3.12) | 1.340*<br>(1.71) | -1.059**<br>(-2.21) | |
| $contig_{ij}$ | 1.252<br>(0.85) | 0.259<br>(0.22) | -2.700***<br>(-4.45) | -3.554***<br>(-3.38) |

续表

|  | 肉类和肉类制品 | 水果蔬菜 | 纺织纤维 | 未加工材料 |
| --- | --- | --- | --- | --- |
| $R^2$ | 0.3136 | 0.7024 | 0.3723 | 0.6207 |
| Wald | 101.43 | 470.98 | 250.06 | 238.95 |

注：*表示显著性水平为10%，**表示显著性水平为5%，***表示显著性水平为1%；括号内为对应解释变量的 t 统计量。

（1）中国与中亚五国在肉类和肉类制品的回归结果表明，i 国的农业增加值占 GDP 比重和贸易开放度分别在5%和10%的显著性水平下显著，同时 j 国的铁路总长度对这类农产品双边贸易的促进作用非常明显；上海合作组织的作用不明显，但世界贸易组织的作用非常明显，因此，中国与中亚五国今后应该充分发挥上海合作组织的促进作用。

（2）中国与中亚五国在水果蔬菜类的回归结果表明，i 国与 j 国的人均 GDP 都在1%的显著性水平下显著，j 国的农业产出增加值占 GDP 比重这一变量在5%的显著性水平下显著，距离对这类农产品的阻碍作用是非常明显的，世界贸易组织对水果蔬菜的双边贸易额的促进作用比较明显，但铁路总长度这一变量的作用不够明显。

（3）中国与中亚五国在纺织纤维类的回归结果表明，j 国的国内生产总值和 i 国的人均国内生产总值分别在5%和1%的显著性水平下显著；距离变量的系数为 -9.824，同时在1%的显著性水平下显著；i 国的贸易开放程度在1%的显著性水平下显著；上海合作组织和世界贸易组织的作用比较明显，但系数符号都与经济预期不相符，说明中国与中亚五国今后双边的贸易发展过程中需要下更多功夫。

（4）中国与中亚五国在未加工材料类的回归结果表明，i 国的 GDP 和 j 国的铁路总长度的这两个变量是显著的，而 j 国的 GDP、农业产出增加值占 GDP 比重和贸易开放度作用较明显，但其系数符号均与经济预期不相符，这可能是因为中亚五国现在主要还是与一些独联体国家之间进行贸易往来，因此，目前就未加工材料类而言，中国与中亚五国的贸易潜力提升机会有限。

（三）贸易潜力测算

依据上述引力回归模型，可以预测中国与中亚五国的贸易量。为了能够简单明了地显示中国与中亚五国之间的实际农产品贸易额与其模型预测值的关系,采用实际贸易额 T 与模型预测贸易额 T′的比值 T/T′。如果比值小于 1,表示实际贸易额小于理论贸易额,称为贸易不足;如果比值大于 1,表示实际贸易额大于理论贸易额,称为贸易过度。为此,我们计算出 1995—2013 年中国对中亚五国主要农产品总体贸易潜力值,如表 8-3 所示。

表 8-3　　中国与中亚五国主要农产品贸易潜力(1995—2013)

| 年份 | 哈萨克斯坦 | 吉尔吉斯斯坦 | 塔吉克斯坦 | 土库曼斯坦 | 乌兹别克斯坦 |
|---|---|---|---|---|---|
| 1995 | 2.40 | 3.44 | 1.71 | 0.52 | 0.64 |
| 1996 | 0.92 | 0.66 | 0.76 | 0.31 | 0.74 |
| 1997 | 1.51 | 1.13 | 1.57 | 0.72 | 1.48 |
| 1998 | 1.53 | 1.12 | 4.68 | 1.77 | 0.73 |
| 1999 | 1.14 | 0.56 | 1.44 | 1.66 | 0.64 |
| 2000 | 1.29 | 0.66 | 1.42 | 1.21 | 0.42 |
| 2001 | 1.20 | 1.01 | 1.59 | 1.01 | 0.30 |
| 2002 | 0.87 | 0.69 | 0.76 | 0.87 | 0.72 |
| 2003 | 1.37 | 0.74 | 6.48 | 1.11 | 2.19 |
| 2004 | 0.73 | 0.56 | 0.99 | 1.27 | 2.09 |
| 2005 | 0.83 | 1.15 | 0.90 | 1.47 | 2.18 |
| 2006 | 0.91 | 1.34 | 0.89 | 0.67 | 2.25 |
| 2007 | 0.64 | 1.17 | 0.18 | 1.06 | 1.05 |
| 2008 | 1.27 | 1.85 | 0.37 | 1.89 | 1.25 |
| 2009 | 1.29 | 1.64 | 0.44 | 2.45 | 0.78 |
| 2010 | 0.84 | 1.31 | 0.87 | 2.22 | 1.72 |
| 2011 | 0.84 | 0.93 | 0.51 | 1.02 | 1.01 |
| 2012 | 0.95 | 0.96 | 1.36 | 0.90 | 1.51 |
| 2013 | 1.43 | 1.06 | 1.20 | 0.93 | 1.29 |

从表 8-3 可以看出,中国与中亚五国各国之间的贸易潜力值多数年份接近 1,表明中国与中亚五国主要农产品贸易潜力比较适度。但从 2002 年之后,中国对哈萨克斯坦和塔吉克斯坦的主要农产品贸易潜力值多数年份小于 1,表现为贸易不足。由此可见,在"一带一路"倡议背景下,推动中国与中亚五国之间的农产品贸易发展时,我们应该将主要农产品潜力

提升注意力集中到哈萨克斯坦和塔吉克斯坦两国上。

进一步通过分产品和分国别就中国对中亚五国农产品贸易潜力（见表8-4）计算分析发现：

表8-4　　中国与中亚五国分类农产品贸易潜力（1995—2013）

| 国家 | 种类 | 1995年 | 1997年 | 1999年 | 2001年 | 2003年 | 2005年 | 2007年 | 2009年 | 2011年 | 2013年 |
|---|---|---|---|---|---|---|---|---|---|---|---|
| 哈萨克斯坦 | 肉类和制品 | 3.20 | 3.69 | 16.09 | 1.39 | 0.08 | 5.33 | 4.01 | 2.89 | 1.24 | 2.77 |
|  | 水果蔬菜 | 0.63 | 0.29 | 2.19 | 4.68 | 2.01 | 1.99 | 0.94 | 0.75 | 0.27 | 0.19 |
|  | 纺织纤维 | 1.24 | 0.85 | 0.45 | 0.97 | 0.87 | 0.26 | 0.25 | 0.44 | 0.26 | 0.14 |
|  | 未加工材料 | 0.75 | 0.99 | 2.99 | 10.73 | 0.57 | 0.34 | 0.78 | 1.02 | 0.85 | 4.07 |
| 吉尔吉斯斯坦 | 肉类和制品 | 33.17 | 12.06 |  | 1.20 |  | 1.63 | 2.14 | 13.18 | 6.80 | 7.28 |
|  | 水果蔬菜 | 0.47 | 0.44 | 0.80 | 0.75 | 0.82 | 4.50 | 2.32 | 1.43 | 0.59 | 0.34 |
|  | 纺织纤维 | 1.69 | 0.65 | 0.25 | 1.92 | 0.88 | 0.38 | 0.36 | 0.40 | 0.14 | 0.11 |
|  | 未加工材料 | 26.58 | 38.51 | 0.29 | 0.02 | 17.50 | 3.26 | 1.86 | 0.61 | 1.63 | 2.04 |
| 塔吉克斯坦 | 肉类和制品 |  |  |  |  | 232.14 |  | 0.47 | 29.01 | 20.13 | 2.68 |
|  | 水果蔬菜 |  | 8.87 |  |  | 5.23 | 0.53 | 2.23 | 2.38 | 1.76 | 0.26 |
|  | 纺织纤维 | 0.86 | 0.83 | 0.55 | 1.09 | 3.19 | 0.33 | 0.06 | 0.10 | 0.06 | 0.96 |
|  | 未加工材料 |  |  |  | 23.36 | 8.10 | 0.46 | 0.85 | 0.37 | 1.28 | 4.42 |
| 土库曼斯坦 | 肉类和制品 |  |  |  |  | 191.35 |  | 0.47 | 29.01 | 20.13 | 2.68 |
|  | 水果蔬菜 |  | 0.84 |  | 9.61 | 4.49 |  | 0.89 | 6.28 | 4.72 | 2.08 |
|  | 纺织纤维 | 0.56 | 0.46 | 0.12 | 0.30 | 0.37 | 0.45 | 0.52 | 1.07 | 0.76 | 0.40 |
|  | 未加工材料 | 0.23 | 2.18 | 12.04 | 1.78 | 1.48 | 0.89 | 1.81 | 0.53 | 0.42 | 0.67 |
| 乌兹别克斯坦 | 肉类和制品 |  |  |  |  | 12.43 | 2.68 | 72.22 | 3.52 |  |  |
|  | 水果蔬菜 | 11.30 | 2.32 | 1.09 | 0.29 | 0.08 | 0.40 | 1.86 | 1.05 | 1.84 | 0.85 |
|  | 纺织纤维 | 0.17 | 0.54 | 0.18 | 0.05 | 0.26 | 0.46 | 0.89 | 0.79 | 1.39 | 0.79 |
|  | 未加工材料 | 9.14 | 0.83 | 2.71 | 1.33 | 0.39 | 0.78 | 0.62 | 0.59 | 0.75 | 2.50 |

（1）中国与中亚五国在肉类和肉类制品上的贸易已经过度，并没有太多的潜力可以挖掘。

（2）对中国与中亚五国在水果蔬菜类产品的贸易而言，中国与塔吉克斯坦和土库曼斯坦的贸易已经过度，但与哈萨克斯坦、吉尔吉斯斯坦和乌兹别克斯坦则表现为贸易不足。因此，对这三个国家，在水果蔬菜上还有很大的提升空间。

（3）中国与中亚五国在纺织纤维上的贸易则明显不足。在纺织纤维贸易方面，中国与中亚五国的贸易潜力提升空间极大。这也是今后中国与中亚五国农产品贸易拓展的主要品种。

（4）对中国与中亚五国在未加工材料类别上的贸易而言，除与乌兹别克斯坦表现为贸易不足之外，与另外四国的贸易潜力值变化较大。因此，有关此类产品的贸易潜力的提升也主要是以乌兹别克斯坦为主。

## 第四节 结论与政策建议

通过以上实证分析，可以得出以下三个主要结论：

第一，近年来，随着区域经济合作的深化和我国与中亚五国经贸合作的日益频繁，双边农产品贸易规模呈现扩大趋势。

第二，中国对中亚五个国家出口的农产品结构分布相对比较广泛，但是，中国从中亚五国各国进口的农产品结构则相对比较单一，主要集中在棉花等纺织类原材料品种。

第三，通过对四类主要农产品总体和分类农产品的贸易潜力值测算，发现中国与哈萨克斯坦和塔吉克斯坦在这四类主要农产品总体贸易上仍然存在贸易不足，可供挖掘的潜力是巨大的，而对于分类别农产品的贸易来说，应根据具体情况，采用相适应的贸易对策。

针对以上研究结论，本书认为，中国应该积极采取以下措施：

第一，创新中国与中亚五国的合作模式，共同建设"一带一路"，逐步形成区域合作，积极推进中国中亚自由贸易区的建立，从而通过消除关税壁垒及非关税壁垒达到加快双边农产品贸易的发展。

第二，充分依据双边比较优势来开展农产品贸易，适度增加中亚五国具有比较优势的农产品进口；扩大中国相对具有比较优势的农产品出口。

第三，在挖掘中国与中亚五国双边农产品贸易潜力时，中国应针对不同的国家寻找不同的着力点，因为存在贸易不足的农产品种类在五个国家里是不尽相同的。

第四，中国应该充分发挥上海合作组织在双边农产品贸易方面的促进作用，在此框架下，积极开展双边农业经贸合作，不断提升中国对中亚五国主要农产品贸易潜力。

# 第 九 章

# 物流企业空间格局演化特征研究

物流业作为经济领域中的一个重要服务配套产业，是经济发展中不可缺少的环节。随着经济的快速、持续、稳定发展和物流市场需求的日益增长，中国物流产业发展迅速，涌现了一批按照现代物流理念打造的优秀物流企业。自2005年以来，中国物流与采购联合会依据国家标准《物流企业分类与评估指标》首次认定了第一批26家A级物流企业，《物流企业分类与评估指标》这一标准已得到物流业界的广泛认可。十几年来，评估和打造A级物流企业这一模式有效地推进了中国物流标准化建设和健康发展（王成金，2014）。浙江省作为长江三角洲地区的主要商贸地区，是中国对外经济内引外联的结合点，所具有的地位和作用是不可忽视的。浙江省仓储、运输业务对外辐射全世界200多个国家和地区，对内辐射全国各省、市、自治区，铁路、水路、航空运输在全国占有举足轻重的地位。近年来，浙江省全社会的现代物流理念已初步树立，物流设施建设有序推进，物流市场体系逐步形成，物流企业呈现出了蓬勃发展的良好态势。

国内外学者对现代物流业、物流网络结构与区域发展、城市空间结构耦合关系等方面进行了大量研究（Hesse and Rodrigue，2004；Song and Lee，2012；韩增林和郭建科，2006），其中，物流企业空间结构及影响因素的研究是学者的研究热点；从研究尺度上看，有关物流企业的空间布局及其演化特征的研究主要集中于国家（韩增林等，2001；王成金，2008；王成金和张梦天，2014）、区域（沈玉芳等，2011）和城市尺度（曹卫东，2011；千庆兰等，2011；蒋天颖和史亚男，2015），探究省域尺度的物流企业空间结构的探讨还鲜有涉及。可见，当前多数学者着眼于城市物流产业的空间格局研究，对A级物流企业时空格局的研究甚是少见。

基于经济地理学视角,研究 A 级物流企业呈现的发展趋势、空间上呈现的分布格局、物流企业时空分布格局变化、形成蕴含的内在规律和机制,可以为掌握 A 级物流企业整体发展动向态势,并为及时调整和优化物流企业空间布局,推进区域物流业的长远发展提供可操作性的理论依据和实践指导。本书以浙江省为例,采用国家《物流企业分类与评估指标》公布的二十批 A 级物流企业数据,基于 ArcGIS 10.0 平台和 CrimeStats 3.3 软件从时间和空间视角分别分析浙江省 A 级物流企业时间序列动态演化特征、单一尺度集聚特征及多尺度空间格局特征。

## 第一节 数据来源与研究方法

### 一 数据来源

本章以中国物流与采购联合会依据国家标准《物流企业分类与评估指标》认定的 A 级物流企业为样本,选取 2005—2015 年浙江省评估与认定的 A 级物流企业,总计分为二十批评选,第一批 5 家,第二十批 48 家,累计 599 家 A 级物流企业。

### 二 研究方法

本书拟采用地理学研究中用于解决点空间格局特征与演化趋势的最临近指数、Ripley's K 函数、最近距离层次分析法,借助 ArcGIS 10.0 和 CrimeStats 3.3 软件,对浙江省 A 级物流企业的时空格局特征进行定量分析和地图可视化表达。

(一) 最邻近指数

最邻近指数是反映点状要素在地理空间上邻近程度的指标,是实际最邻近距离和理论最邻近距离的比值(王劲峰等,2010),其计算公式为:

$$R = \frac{\overline{r_1}}{r_E} = 2\sqrt{D} \tag{9.1}$$

式中,$r_E$ 是理论最邻近距离,$\overline{r_1}$ 是实际最邻近距离,$D$ 为点密度。根据最邻近指数可以判断点状要素在空间上分布的类型。R 小于 1,表示点状要素趋于凝聚分布；R 等于 1，表示点状要素随机分布；R 大于 1，表示点状要素趋于均匀分布。

(二) Ripley's K 函数分析法

Ripley's K 函数是分析点要素多尺度空间格局的重要研究方法，Ripley's K 函数公式如下：

$$K(r) = \frac{A}{n^2} \sum_{i=1}^{n} \sum_{j=1}^{n} I_r(u_{ij}) \quad (i \neq j) \quad (9.2)$$

式中，$A$ 是研究区域面积；$n$ 为点的数量；$r$ 表示空间尺度；$u_{ij}$ 为点 $i$ 和点 $j$ 之间的距离；当 $u_{ij} \leq r$ 时，$I_r(u_{ij}) = 1$，当 $u_{ij} > r$ 时，$I_r(u_{ij}) = 0$。为了更好地解释实际空间格局，提出了 L 函数代替 K 函数（王帅等，2015），由此可得：

$$L(r) = \sqrt{K(r)/\pi} - r \quad (9.3)$$

当 L(r) > 0 时，表示 r 服从聚集分布；当 L(r) = 0 时，表示服从随机分布；当 L(r) < 0 时，表示 r 服从均匀分布。用蒙特卡洛（Monte Carlo）拟合检验计算上、下包迹线，即置信区间。假设个体是随机分布的，用随机模型拟合一组点的坐标值，对每一尺度 r 计算 L(r)，这样反复模拟直至达到事先确定的次数，我们把 L(r) 的最大值和最小值定义为上、下包迹线的坐标值。再用实际个体分布的点图计算得到真实的 L(r) 值，若值落在上、下包迹线之间，则服从随机分布；若值小于下包迹线，则呈显著均匀分布；若值在上包迹线以上，则显著聚集分布。最大聚集强度处于偏离置信区间最远处，L(r) 函数的最大值对应的空间尺度即为典型的特征空间聚集尺度（Haase，1995）。

(三) 最近距离层次分析法

利用最近距离层次分析技术（Nearest Neighbor Hierarchy, NNH）对浙江省 A 级物流企业进行热点区探测。该方法通过逐级类推的方式依次得到一阶热点区、二阶热点区以及更高阶热点区。本书在 Crime Stats3.3 软件支持下设置随机最近距离为初始距离，各阶聚类的最少点数设定为 10 个，在零假设下，调用蒙特卡洛法随机进行 100 次统计学全局集聚性检验，最终获取各阶热点聚集区。

## 第二节 物流企业时间序列演化特征

### 一 发展阶段变化明显

通过对2005—2015年浙江省A级物流企业数量的统计可以看出，2005—2007年，物流企业总数量没有明显增加，A级物流企业处于评估与认定的初步发展阶段，物流企业实力还比较弱，专业化程度不足，大多数企业仍达不到评估标准。2007—2011年为A级物流企业的发展与成长时期：A级物流企业快速成长，其影响力不断扩大，市场认可度逐步提高；逐步成为市场选择物流供应商的条件，成为物流企业投融资的砝码，得到了政府、市场和物流企业的热烈响应；物流企业的评估工作扩展到更大范围和领域内，政府部门和各企业开始重视物流企业的标准化建设；不断学习和引进先进的发展理念及技术进行重新整顿、改造，积极利用现代物流业市场发展的机遇，涌现了一批优势明显、业绩突出的物流企业；积极应对国际金融危机的机遇和挑战，物流企业朝专业化、创新化方向发展。2011—2015年步入成熟阶段：物流企业开始遵循"下降—增长—下降"的循环波动变化趋势，A级物流企业增加不明显，经历前面六年的发展和评估认定，A级物流企业的队伍不断壮大；中国经济发展对物流业发展提出了更高的要求，政府和市场引导物流企业做强做大；提高产业集中度和综合竞争力，逐渐打造出一批具有发展特色和优质服务质量的"升级版"A级企业，所以，在数量上有所控制。

### 二 等级发展不平衡

虽然总体物流企业数量呈现不断增加的态势，但各等级企业之间发展存在严重的不平衡现象。从不同类型的A级物流企业来看，3A和2A企业增长势头迅猛，独占鳌头，其数量占总体的70%以上，是浙江省A级物流企业的主体部分。5A和1A企业数量增长不明显，时有时无，4A企业处于两者之间，波动不止。从发展的阶段来看，初期阶段和成长阶段缺少1A级企业，2010年才出现4家A级企业，2007年开始出现第一家5A级企业，从2009年开始每年均有5A级。这是因为，市场和企业自身的要求导致两者数量稀少，2A所占比重稳中有升有降；3A则一直处于核心地位，所占比重比较稳定；4A 与 2A 所占比重互相补充。总之，浙江省 A 级物流企业内部结构属于典型的"中间重，两头轻"发展态势，等级发展不平衡。究其原因，可能是因为政府政策、市场需求、社会行业组织和企业等互相作用，企业形成"冲刺 5A，争取 4A，力保 3A，稳住 2A，不做 1A"的理念，为企业提升市场的认可度和形成金字招牌。

## 第三节 物流企业空间格局演化特征

### 一 总体空间分布特征

基于地理空间可视化原理，将 A 级物流企业看成是宏观尺度上的点状要素，借助 ArcGIS 10.0 软件导入形成浙江省 A 级物流企业点格局分布图，如图 9-1 所示。从图 9-1 可以看出，浙江省 A 级物流企业呈现明显的东北部密集、西南部稀疏的分布特征。这主要是因为东北部地区靠近东部沿海，区位优越，对外联系紧密，位于以上海为重心的长三角城市群，经济高度发达，人口密度大，市场需求旺盛，交通可达性高；浙西浙南地区以丘陵、山地为主，交通不便，受长三角城市群辐射小，城市、人口分布较分散，经济发展相对落后，物流业发展大受限制。

### 二 最邻近指数

基于 ArcGIS 10.0 软件，在分析模式下对各等级物流企业进行平均最近邻距离分析，得到最邻近指数及其显著性检验结果（见表 9-1）。由表 9-1 可知，浙江省所有 A 级物流企业的集聚分布强度依次为：总体＞3A＞4A＞2A＞5A＞1A，其中，总体、3A、4A 和 2A 级企业在空间上呈现显著集聚分布格局，各企业之间空间距离较小，成群分布。主要分布于杭州、宁波、温州、金华、嘉兴、湖州、绍兴等地级市，其中杭州、宁波一带尤为密集。这主要是因为这些地市经济发展水平相对较高，交通网络完善，物流需求旺盛，对外联系频繁，物流企业纷纷落户，成为浙江省物流企业的中坚力量。1A 级企业和 5A 级企业数量均较少，前者在空间上呈现均匀分布趋势，后者则呈现随机分布趋势，各企业之间相距很远，分布零散。

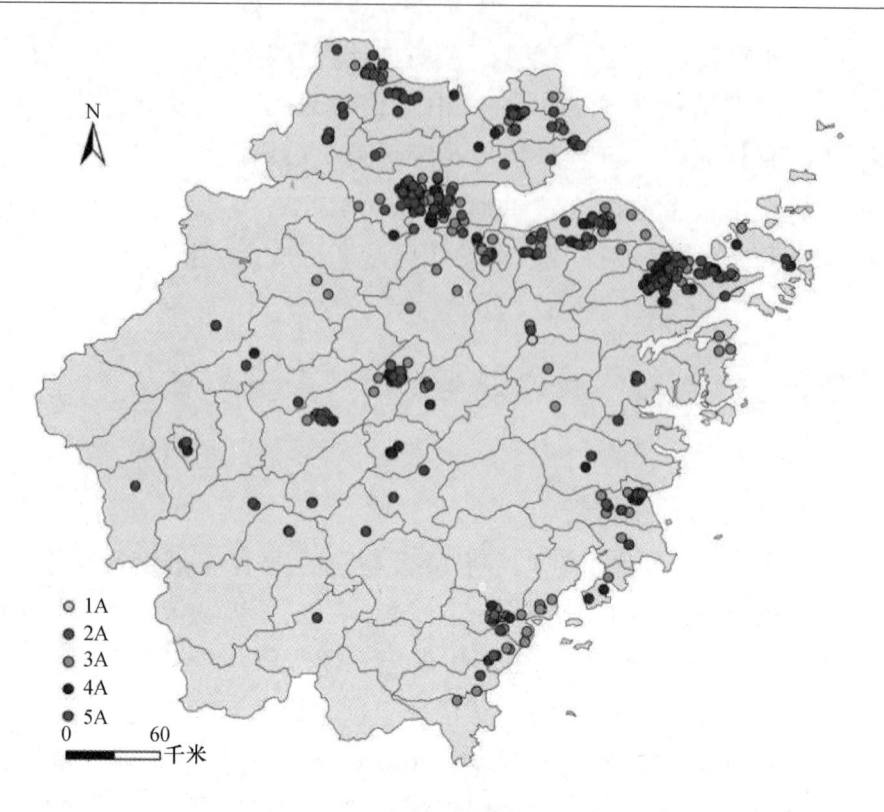

图 9-1　浙江省 A 级物流企业空间分布情况

表 9-1　　　　浙江省 A 级物流企业空间聚集性分析

| A 级物流企业 | 数量 | 平均观测距离 | 预期平均距离 | 最近邻比率 | Z 得分 | p 值 | 分布类型 |
|---|---|---|---|---|---|---|---|
| 1A | 15 | 0.3063 | 0.2713 | 1.1289 | 0.9226 | 0.3562 | 均匀分布 |
| 2A | 170 | 0.0650 | 0.1170 | 0.5551 | -10.6296 | 0.0000 | 显著集聚 |
| 3A | 320 | 0.0287 | 0.0797 | 0.3608 | -22.2126 | 0.0000 | 显著集聚 |
| 4A | 85 | 0.0620 | 0.1307 | 0.4747 | -10.1491 | 0.0000 | 显著集聚 |
| 5A | 9 | 0.1880 | 0.2128 | 0.8836 | -0.8031 | 0.4219 | 集聚—随机 |
| 总体 | 599 | 0.0198 | 0.0620 | 0.3193 | -32.7130 | 0.0000 | 显著集聚 |

### 三　多尺度集聚特征

借助 CrimeStats 3.3 软件的 Ripley's K 函数并根据蒙特卡洛模拟检验，得到 A 级物流企业多尺度下空间分布格局（见图 9-2）。从图 9-2 可以看出，浙江省 A 级物流企业总体在空间不同尺度上均服从集聚分布，特征

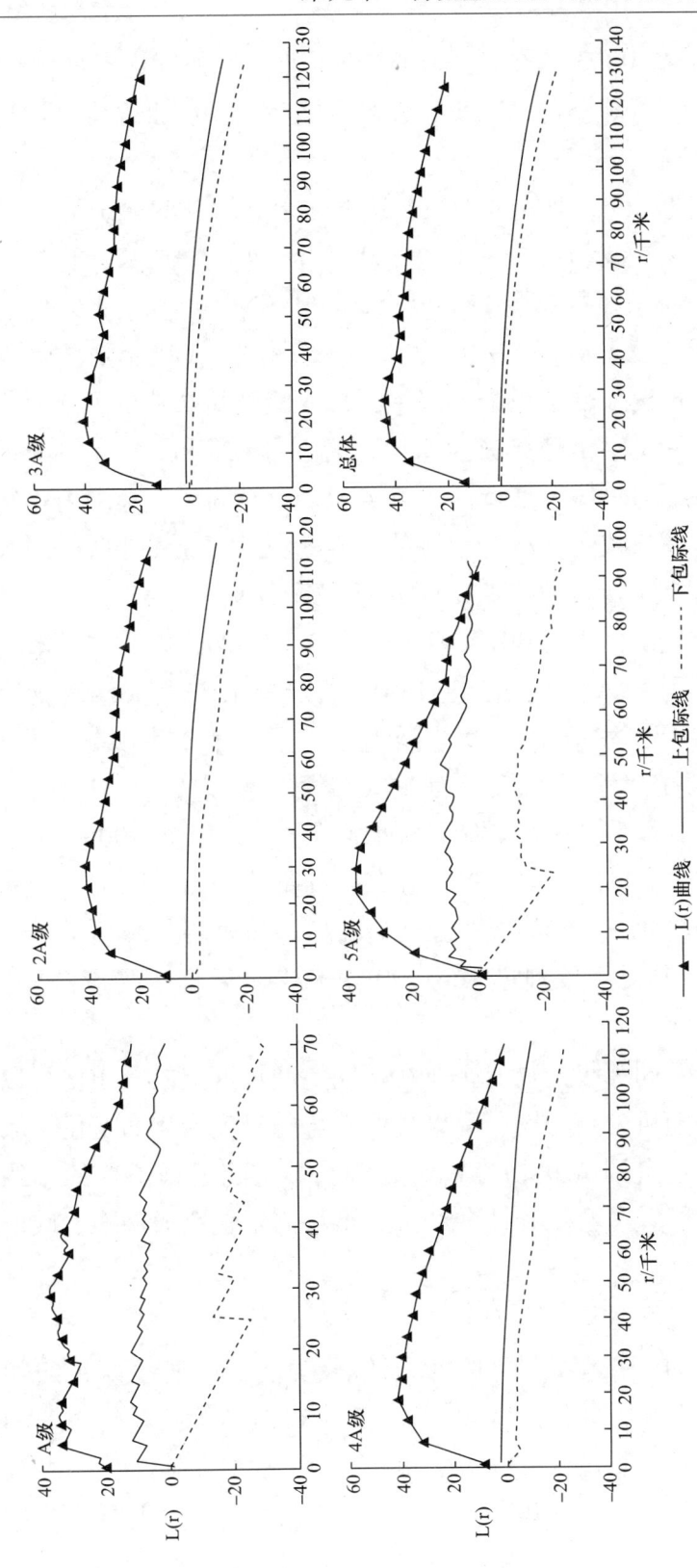

图 9-2 浙江省 A 级物流企业的 Ripley's L (r) 函数分析

尺度为30千米，在0—30千米范围内物流企业集聚强度逐渐增强，在30千米处达到最大集聚规模2827.35平方米，随后L(r)曲线缓慢接近包迹线，集聚程度逐渐变弱。

A级物流企业L(r)曲线虽均在包迹线之上，服从集聚分布，但其曲线值时升时降，反复波动，在8千米、11千米、19千米、23千米、29千米、38千米附近形成了极微弱的集聚峰，其中在29千米处L(r)值达到最大，最大集聚规模2642.08平方千米，这是因为1A级企业数量少，不同的空间尺度下集聚强度不稳定。2A级和3A级物流企业的L(r)曲线与浙江省的L(r)曲线变化趋势极为相似，说明2A级和3A级物流企业空间多尺度集聚特征与总体集聚特征比较类似，在空间尺度范围内集聚强度先快速增强而后逐渐减弱，离开包迹线的速率远大于趋近包迹线的速率，从Ripley's L函数计算表中提取空间特征尺度分别为31千米、18千米，对应的最大集聚规模分别为3019.07平方千米、1017.88平方千米，两者集聚程度不相上下。4A级物流企业L(r)曲线相比2A和3A级物流企业则比较圆滑，在18—30千米尺度范围内形成了一个不太明显的集聚峰，在19千米处达到最大集聚强度，其最大集聚规模是1134.11平方千米，随后集聚强度明显下降。5A级物流企业则在0—2千米和90—93千米范围内L(r)值小于上包迹线服从随机分布，其集聚分布区间为3—89千米范围，其中在16—31千米范围内出现了明显的集聚峰，峰顶L(r)值为23千米，形成了最大集聚规模1661.90千米，之后集聚强度急剧降低，逐渐趋向随机分布。

综上可知，不同等级的物流企业在不同空间尺度上的分布格局以集聚分布形态为主，随机分布为辅，集聚程度趋势随尺度变化而变化，服从集聚分布的稳定性也受到A级物流企业数量及其空间地理位置的制约，而企业数量和地理位置又会受到社会经济、市场需求、交通网络、政府政策等因素影响。

**四 集聚热点区探测**

运用CrimeStats 3.3中最近邻空间系统聚类法探测浙江省A级物流企业空间分布的热点区，并借助ArcGIS 10.0平台对各等级物流企业的热点区进行可视化显示（见图9-3）。由图9-3可知，浙江省所有A级物流企业在空间上出现2个一阶热点区和17个二阶热点区，主要分在浙北一

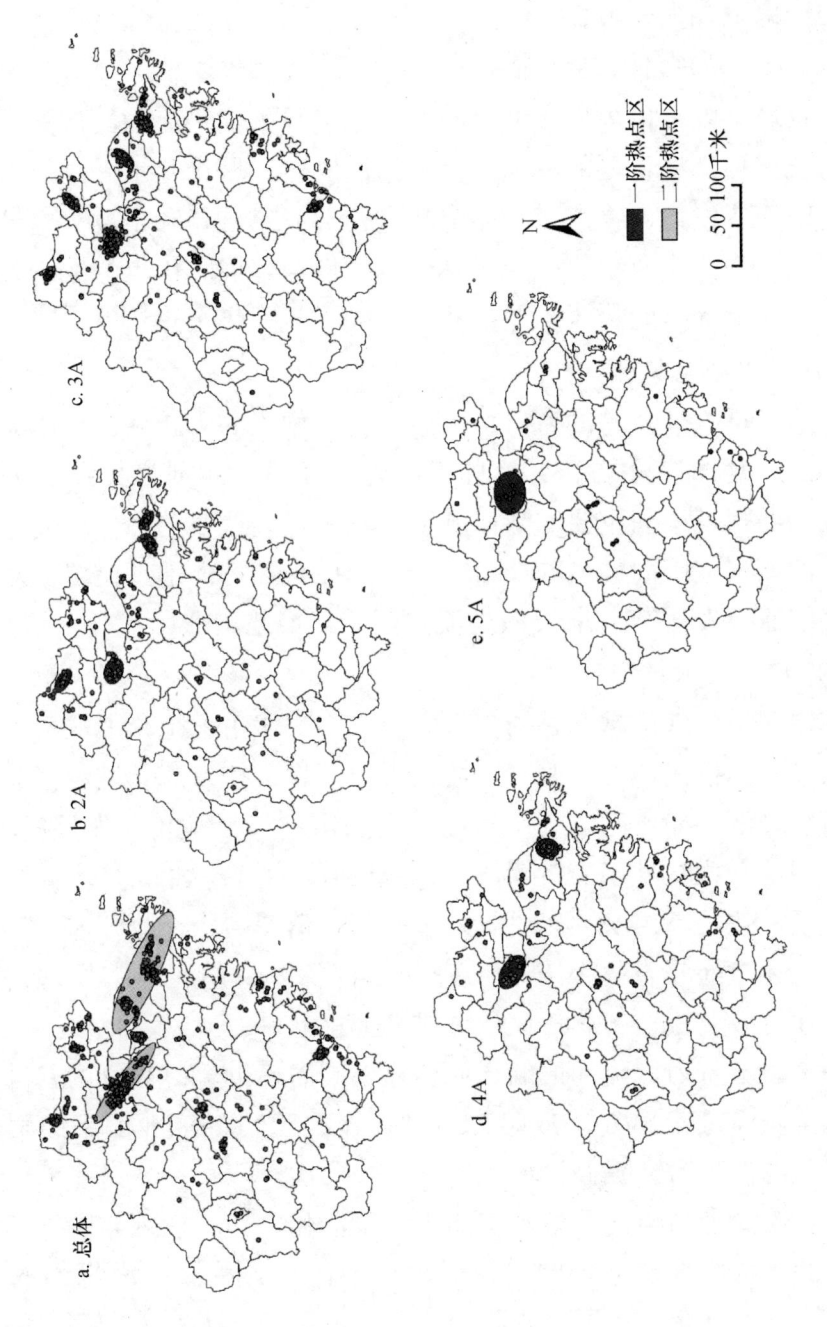

第九章 物流企业空间格局演化特征研究 ·119·

图 9-3 浙江省 A 级物流企业热点区探测

带，除由于1A级企业数量较少难以形成热点区外，其他等级企业从低到高分别形成了4个、9个、2个、1个热点区，A级物流企业空间的分布主要集中于以下几大地带：

（一）长三角经济发达地带

长三角城市圈是世界六大城市圈之一，也是中国最大的经济圈，浙北地区作为长三角经济重要的一翼，社会经济发达，城市化水平高，人口密集，物流服务业发达，物流市场需求旺盛，形成以杭州和宁波为主导城市群，吸引大量物流企业纷纷落户，其优越的社会环境和优惠的政府政策培育了一批又一批优秀的物流企业，从而形成了空间集聚热点效应。

（二）沿海港口城市

沿海地带是对外贸易的窗口，承接国内外物流的中转站，形成大大小小的各类港口是国内外物流、信息流、资金流等多元网络集结的关键节点。宁波和温州是中国重要的港口城市，均有得天独厚的深水良港，温州是一座因商而兴、因商而名的城市，宁波则拥有独特的地理位置，对外贸易频繁，物流业发达，也是A级物流企业的集聚地。

（三）内陆交通枢纽地带

金华市区位条件优越，是浙江省中西部中心城市，也是浙江省重要的交通和信息交流枢纽地带，改革开放以来，一直坚持发展县域经济、民营经济、商贸经济，如今已成为中国的工业强市和市场大市，发展潜力大。义乌市是中国最大的小商品市场，是重要的国际贸易窗口，外贸经济发达，企业规模效益高，城乡居民收入水平高，消费需求十分旺盛。

基于上述对浙江省A级物流企业热点区探测分析，本书发现，浙江省物流企业有效对接"一带一路"主要表现为以下三个方面：

其一，引导省内低附加值的产业转移，同时借助境外投资的基础和优势，实施了企业"走出去"战略，通过合作共建境外产业园、经贸合作区等国际化经济平台，提高区域开放型经济层次。

其二，沿海港口与内陆地区交通进一步深化合作，以创建国家海铁联运综合试验区为载体、完善的海铁联运运输体系为手段，优化了A级物流企业由长江经济带、中西部内陆地区，拓展至内陆无水港空间布局。

其三，深入贯彻"互联网+"的发展理念，形成了统一的"公共物流信息平台"，连接与浙江省物流企业相关的口岸信息处理及其他行业托管部门的网络资源。

## 第四节 结论与启示

基于 2005—2015 年浙江省 A 级物流企业时空数据，本书采用 ArcGIS 10.0 和 CrimeStats 3.3 软件，从时间和空间视角模拟分析了浙江省 A 级物流企业空间格局特征，得出以下结论：

（1）从时间演化序列演化特征分析，浙江省 A 级物流企业在时间序列上分为起步阶段、成长阶段和成熟阶段，各等级企业发展不平衡。

（2）鉴于浙江省 A 级物流企业发展的不均衡性，本书分析了浙江省 A 级物流企业的空间格局特征，主要表现为 A 级物流企业呈现明显的东北部密集、西南部稀疏的分布趋势，最近邻指数表明浙江省 A 级物流企业的空间分布集聚强度依次为：总体 >3A >4A >2A >5A >1A。

（3）多尺度研究表明，不同等级的物流企业在不同空间尺度上的分布格局以集聚分布形态为主、随机分布为辅，集聚程度趋势随尺度变化而变化。

（4）热点探测分析表明 A 级物流企业区位导向为长三角南翼经济发达区、沿海港口城市和内陆交通枢纽三大地带。

揭示浙江省 A 级物流企业时空特征，能给进一步发展浙江省乃至全国沿海经济发达省份物流业若干实践启示。

（1）加大政府对物流企业的扶持力度。物流行业作为现代服务业的支柱产业，物流市场体系完善，离不开顶层设计。政府应积极发展引导作用，制定相应的扶持政策，促进物流市场机制完善，加快社会物流资源的整合和优化配置，在土地利用、投资、税收政策等方面给予 A 级物流企业，特别是重点物流企业和重点物流项目支持。

（2）提升交通网络通达度。在物流活动中，交通便利性、运输成本高低与区域交通环境密切相关，交通条件直接影响物流企业的空间布局，良好的通达性有利于物流企业拓展客户群和物流市场，便于物流活动的运输线路组织，提高企业的物流组织效率。基于 A 级物流企业的分布现状，应提升港航物流服务水平，完善大宗商品中转运输体系，培育江海联运航运服务基地，从而构建经济交通通道，提升都市区对外辐射能力，引导和提升不同类型的 A 级物流企业转型升级。

（3）优化区域产业结构。沿海经济发达省份的经济结构外向度高，区域物流和国际物流发展活跃，由于其块状经济的特色发展，区内 A 级物流企业多集中分布在以杭州、宁波为核心的东北部地区，因此，增强区域产业结构的递推效应，政府采取适度的产业倾斜和地区倾斜相结合的政策，以促进地区合理的分工格局和地区产业结构的形成，有效地引导物流产业的转移和承接，提升物流产业发展地区的结构优化升级。

（4）扩大物流市场需求规模。沿海经济发达省份应以物流产业集群发展为手段，调整物流行业准入机制，通过市场并购、建立联盟、产业联动等方式推进小散物流企业规模的改革，建立大规模、综合化的物流企业，并不断优化产业结构，整合各方资源，形成上下游产业链，将物流产业嵌入商贸、制造业价值链，形成物流产业集群，扩大物流市场的需求。

# 第 十 章

## 港口物流产业空间格局及区位选择

近年来,物流设施空间分布及其区位选择成为交通地理学研究的热点(Hesse, M., Rodrigue, J. P., 2004; Aljohani, K., 2016; Sakai, T., Kawamura, K., Hyodo, T., 2017)。20世纪90年代以来,国内学者在借鉴和学习国外研究的基础上开始物流地理学研究(阿布都伟力·买合普拉、杨德刚,2012),但大都集中在宏观尺度研究,如区域物流业发展与空间组织研究(韩增林、王成金、尤飞,2002;王成金,2008;王成金、张梦天,2014)和城市物流园区的规划布局研究(牛慧恩、陈璟,2001;韩增林、李亚军、王利,2003;王新哲、王颖,2005;惠英、舒慧琴,2008)。近年来,随着企业位置信息可获得性的提高,从中微观角度对城市内部物流企业的空间格局及演变特征的研究开始丰富(曹卫东,2011;沈玉芳、王能洲、马仁峰等,2011;蒋天颖、史亚男,2014;千庆兰、陈颖彪、李雁等,2011)。

随着全球经济进一步深化和国际贸易日益发展,航运业快速发展,海运集装箱运输已成为世界经济的大动脉,港口作为国际物流网络重要节点的作用得到重视(Pettit, S. J., Beresford, A. K. C., 2009)。我国沿海城市以港口物流为主导的现代物流业发展迅速,国内关于城市内部港口物流企业空间分布特征及演化规律的研究也开始出现。陈再齐等(2010)发现,广州港口服务业具有明显的临江分布特征,在外港区和城市CBD集聚的趋势明显,但研究没有具体分析港口物流企业的空间分布特征。曹卫东(2012)发现,上海港航企业以中心城区为核心圈层分布、沿黄浦江集聚明显,但无船承运企业的空间布局相对分散。梁双波等(2013)对1995—2009年上海港口物流企业的演化分析发现,虽然中心城区仍是港口物流企业集聚的主要区域,但郊区企业所占比重不断上升,已经出现郊区化的特征。总体来看，目前对沿海城市内部港口物流企业空间分布特征的研究还很少，且现有研究都没有进一步探讨港口物流企业区位选择的影响因素。本书以宁波市为案例进行研究，是对现有实证研究的一个补充。

宁波作为我国东南沿海著名的港口城市，2016 年，宁波舟山港集装箱吞吐量达 2156 万标箱，蝉联全球第四大集装箱港口；货物吞吐量突破 9 亿吨，成为全球首个"9 亿吨大港"。目前，宁波全市共有物流相关企业近 1 万家，从业人员超过 22 万，实现产业增加值近 1000 亿元。宁波物流产业体系逐步完善，基本形成以港口物流为龙头，制造业物流、城乡配送物流、航空物流、专业物流等为配套的发展格局，港口物流业发展具有一定的典型性和代表性。本书以宁波为例，利用宁波市港口物流企业位置信息数据，对港口物流产业的空间分布特征及影响企业区位选择的因素进行分析，明确不同类型港口物流企业的区位特征差异，旨在加强沿海城市港口物流企业区位分析的案例研究，同时为完善物流产业发展规划提供科学依据。

## 第一节 研究方法与数据来源

### 一 研究方法

（一）核密度估计

核密度分析法用于观察要素在其周围邻域中的密度变化，结合 GIS 制图处理，可以在二维地理空间内生成等值线密度的平滑图像，可以据此判断企业的空间分布热点和扩散态势。其一般形式为：

$$\hat{\lambda}h(p) = \sum_{i=1}^{n} \frac{1}{h^2} k\left(\frac{p - p_i}{h}\right) \tag{10.1}$$

式中，$\lambda h(p)$ 为 $p$ 点密度值；$k$ 为权重函数；$(p - p_i)$ 是点 $p$ 到位置 $p_i$ 距离；$h$ 为带宽即搜索半径，其值的选择会影响密度估计的平滑程度。

（二）冷热点分析

热点分析可探测事件在空间分布的非随机性，计算出事件发生高频率的热点区域。在研究宁波市港口物流企业空间特征时，采用空间热点探测分析港口物流企业在空间上的聚集区域。其计算公式为：

$$G_i^*(d) = \frac{\sum_{j=1}^{n} w_{ij}(d) x_j}{\sum_{j=1}^{n} x_j} \quad (10.2)$$

对其进行标准化处理，式（10.2）转化为：

$$Z[G_i^*(d)] = \frac{G_i^*(d) - E[G_i^*(d)]}{\sqrt{\text{Var}[G_i^*(d)]}} \quad (10.3)$$

式中，$E[G_i^*(d)]$、$\text{Var}[G_i^*(d)]$表示$G_i^*(d)$的数学期望和方差。得到的$Z[G_i^*(d)]$值显著，且为正，表明在研究期内街道（乡镇）i 及其周围地区港口物流企业数量多，属于高值空间集聚区域，也就是热点区；反之，$Z[G_i^*(d)]$值显著，并为负，表明在研究期间内街道（乡镇）i 及其周围地区港口物流企业数量少，属于低值空间集聚区域，也就是冷点区。

（三）泊松回归模型

通过对宁波市域进行1千米×1千米网格划分，本书以落入网格内的港口物流企业数量为因变量，以影响要素为自变量构建企业区位选择因素分析模型。对于表示数量的因变量，取值范围较小，且为非负整数值，在统计上称为计数变量，可构建基于泊松分布的回归模型（吕卫国、陈雯，2009；袁丰、魏也华、陈雯等，2010；张晓平、孙磊，2012）。

假设第 i 个空间单元内观测到的企业数 $Y_i$ 服从参数为 $\lambda_i$ 的泊松分布，则某一空间单元内观测到的企业数为 $y_i$ 的概率为：

$$P(Y_i = y_i | x_i) = \frac{\lambda_i^{y_i}}{y_i!} e^{-\lambda_i} \quad (y_i = 0, 1, 2, \cdots) \quad (10.4)$$

$$\lambda_i = e^{\beta X_i} \quad (10.5)$$

式中，$x_i$ 是可能影响企业区位选择的因素，$\lambda_i$ 取决于解释变量 $x_i$，$\beta$ 是变量的回归系数向量，其极大似然估计量可通过如下对数似然函数得到：

$$L(\beta) = \sum_{i=1}^{n} [y_i \ln \lambda_i - \lambda_i - \ln(y_i!)] \quad (10.6)$$

泊松回归模型的一个关键假定是因变量的条件均值和条件方差相等，且等于 $\lambda_i$。但是，这个假设在实际应用中很难满足，如果条件均值小于条件方差，即样本中出现过度分散的问题，将导致泊松回归模型结果出现偏差，需要对泊松回归模型进行修正。负二项分布模型允许因变量的方差超过平均值。通常采用负二项回归模型代替得到β的准极大似然估计（周蕾、杨山、王曙光，2016）。

### 二 数据来源

研究范围涉及宁波市市辖11个县市区。宁波港口物流企业名单及地址来自宁波港口物流信息平台（http：//gkwl.nbu.edu.cn/），并结合中国港口网物流企业数据库（http：//www.chinaports.com/company/）进行补充调整，共收集2135家企业数据（企业注册资本均在100万元以上），企业注册资本及成立时间数据来自启信宝（http：//www.qixin.com/）。经济社会发展数据均来自《宁波统计年鉴（2016）》，地价数据来源于宁波市公布的基准地价。

## 第二节 港口物流企业总体分布特征

### 一 总体呈现向心集聚性，圈层分布格局明显

将宁波市分为核心区、外围区和郊区三个地域层次，结合表10-1可以看出，宁波市港口物流企业主要分布在核心区，即宁波老三区，2016年，港口物流企业有1181家，占全市的55.32%，集中分布趋势明显；外围区港口物流企业数量为825家，占全市的38.64%，其中，北仑区由于临港优势，企业分布较多，有587家，占27.50%；郊区包括一区两市两县，有港口物流企业129家，占6.04%，呈现从中心城区到郊区递减的趋势（见图10-1）。

表10-1 宁波市港口物流企业区域分布情况

| 年份 | | 2000 | 2005 | 2010 | 2016 |
| --- | --- | --- | --- | --- | --- |
| 核心区 | 数量（家） | 24 | 196 | 609 | 1181 |
| | 比重（%） | 30.00 | 47.23 | 53.70 | 55.32 |
| 外围区 | 数量（家） | 54 | 213 | 496 | 825 |
| | 比重（%） | 67.50 | 51.33 | 43.74 | 38.64 |
| 郊区 | 数量（家） | 2 | 6 | 29 | 129 |
| | 比重（%） | 2.50 | 1.44 | 2.56 | 6.04 |

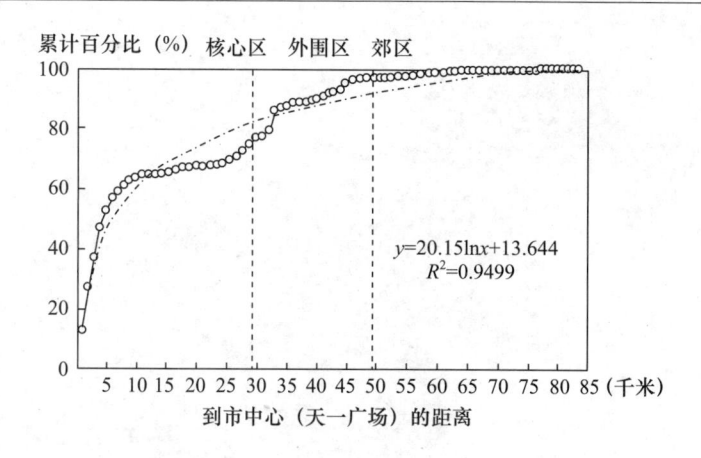

图 10-1　基于距城市中心距离的港口物流企业数量空间分布变化

## 二　以中心商务区为主的单中心集聚格局明显，临港工业区次一级集聚中心形成

以街道为单位分析宁波港口物流企业的空间分布情况，发现三江口片区（如江厦街道、百丈街道、东柳街道等）企业分布密度较高，这一地区也是宁波传统商业活动集中区域（见图 10-2）。进一步运用核密度分析对宁波港口物流企业进行空间集聚分析，得到港口物流企业聚集区分布图（见图 10-3），发现港口物流企业布局呈现显著的单中心结构，中心商务区是物流企业集聚的主要区域，但临港工业区有成为另一个集聚中心的潜力。具体分析，发现一级集聚区位于中心区内三区交界地带，是宁波港口物流企业集聚的核心地带，这一地区也是宁波传统的城市中心区域；二级集聚区基本上沿一级集聚区向外扩散，大致在宁波环城南路、环城北路、环城西路和世纪大道围绕范围，属于现在城市中心区域；除这两个显著的集聚区外，在北仑区靠宁波港地区也形成了低等级的企业集聚区，这主要得益于宁波市政府规划建设的宁波经济技术开发区现代国际物流园，园区距离宁波港集装箱码头和大榭集装箱码头均为 6 千米，交通便利，港口物流企业集中分布在该区域。未来得益于梅山保税港区的政策优惠，港口物流企业可能会进一步在这一地区集聚。

## 三　中心持续集聚和向外蔓延扩散趋势并存

2005 年之前，宁波港口物流企业主要分布在市区范围，周边县市企业分布较少，中心商务区和临港工业区作为企业主要聚集区已经形成。2005 年

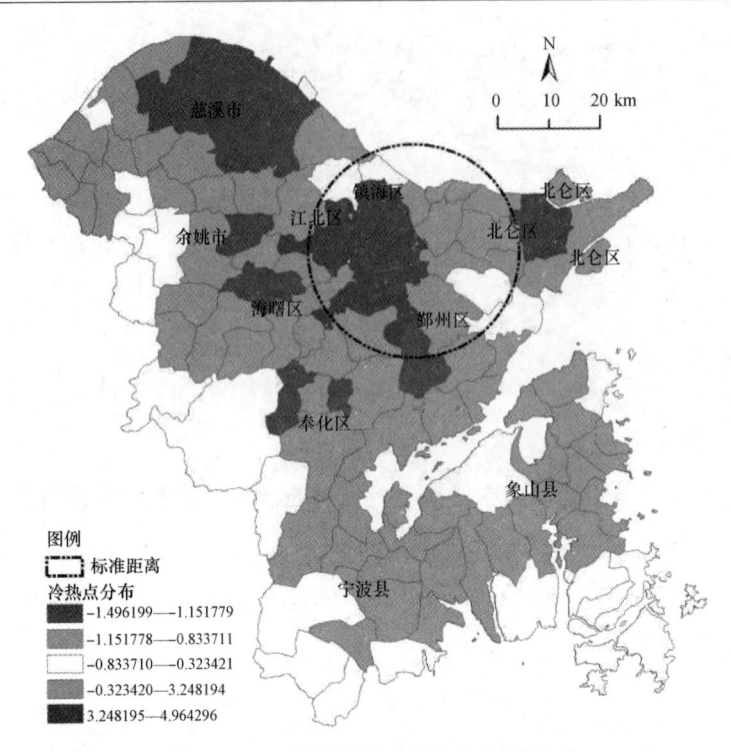

图 10-2 宁波港口物流企业冷热点

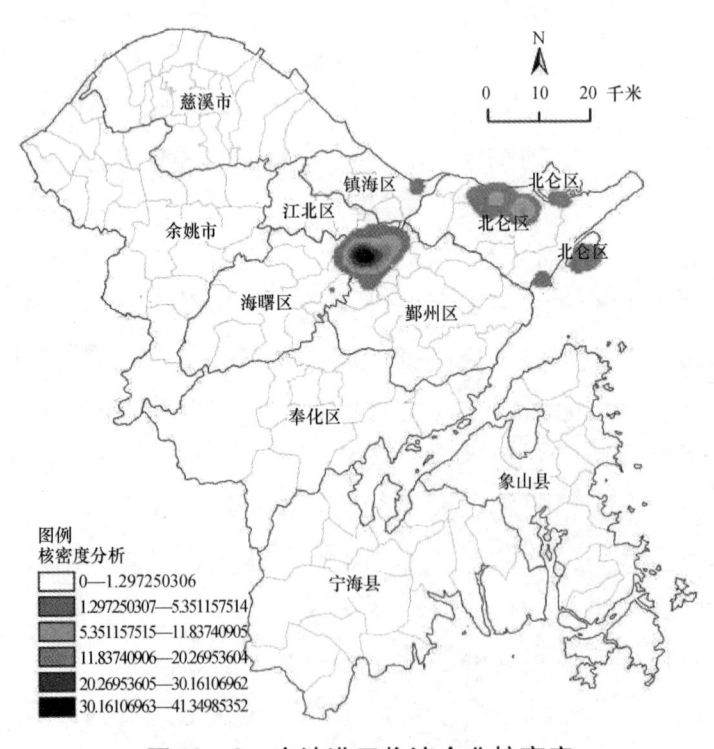

图 10-3 宁波港口物流企业核密度

之后，港口物流企业的分布表现出在中心商务区和临港工业区持续集聚和沿主干道路向外围区域蔓延扩散两大趋势。总体上看，宁波港口物流企业空间分布集聚性增强，中心商务区和临港工业区集聚企业不断增多，但是，2010年以后集聚性下降（见表10-2）。结合标准椭圆面积变化，发现2016年港口物流企业标准差椭圆面积相比2010年增加（见图10-4），由2010年的766.49平方千米增加到2016年的1114.73平方千米，意味着港口物流企业分布重心的集聚程度减弱，整体有着偏离城市中心区扩散的趋向，出现郊区化。未来随着慈溪市综合物流园区的建设，宁波北部区域会形成新的集聚热点。

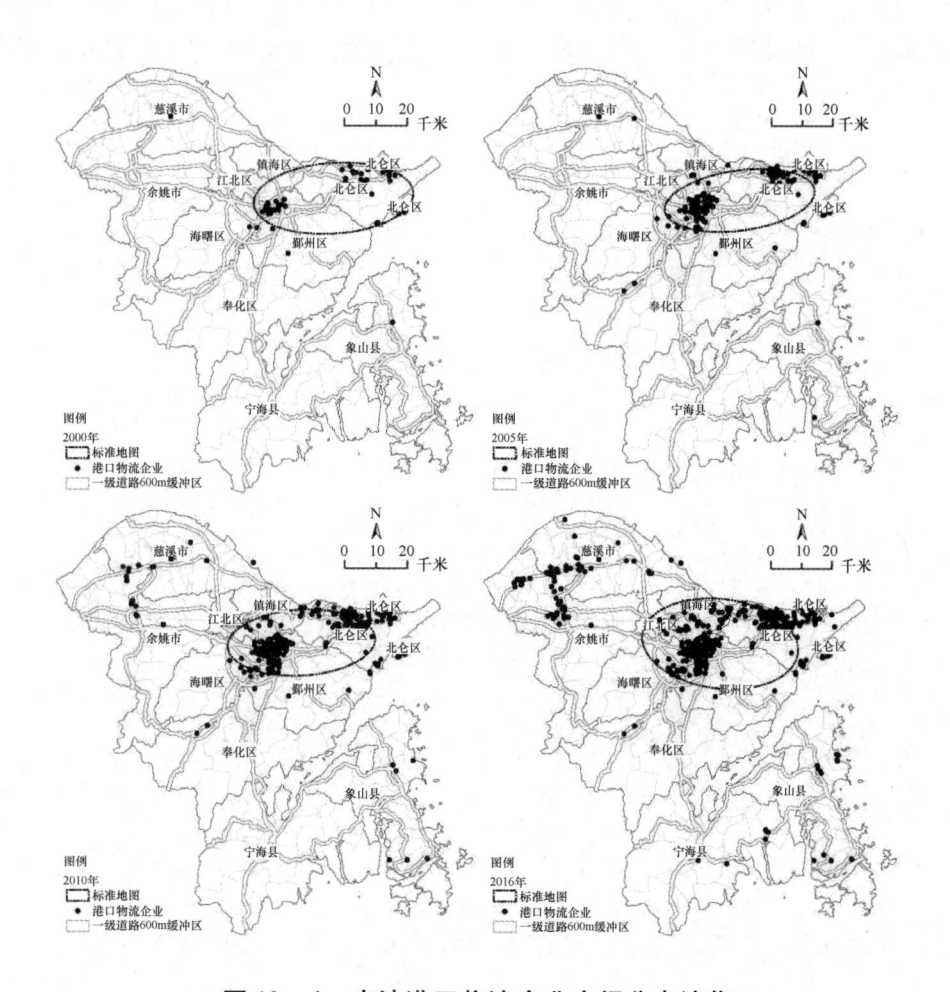

图10-4 宁波港口物流企业空间分布演化

表 10-2　　　　　　宁波市港口物流企业集聚程度变化

| 年份 | 2000 | 2005 | 2010 | 2016 |
| --- | --- | --- | --- | --- |
| 全局莫兰指数 | 0.1107 | 0.2689 | 0.2964 | 0.2295 |
| p 值 | 0.2580 | 0.0000 | 0.0000 | 0.0000 |
| 集聚性 | 弱集聚 | 强集聚 | 强集聚 | 强集聚 |

### 四　不同类型港口物流企业的空间分布特征有明显差异

把宁波港口物流企业划分成货代型、仓储型、运输型和综合型港口物流企业。从不同类型企业的空间分布上可以明显看出（见图 10-5），货代型物流企业因其不需要直接从事货物运输或仓储服务，属于中介服务性

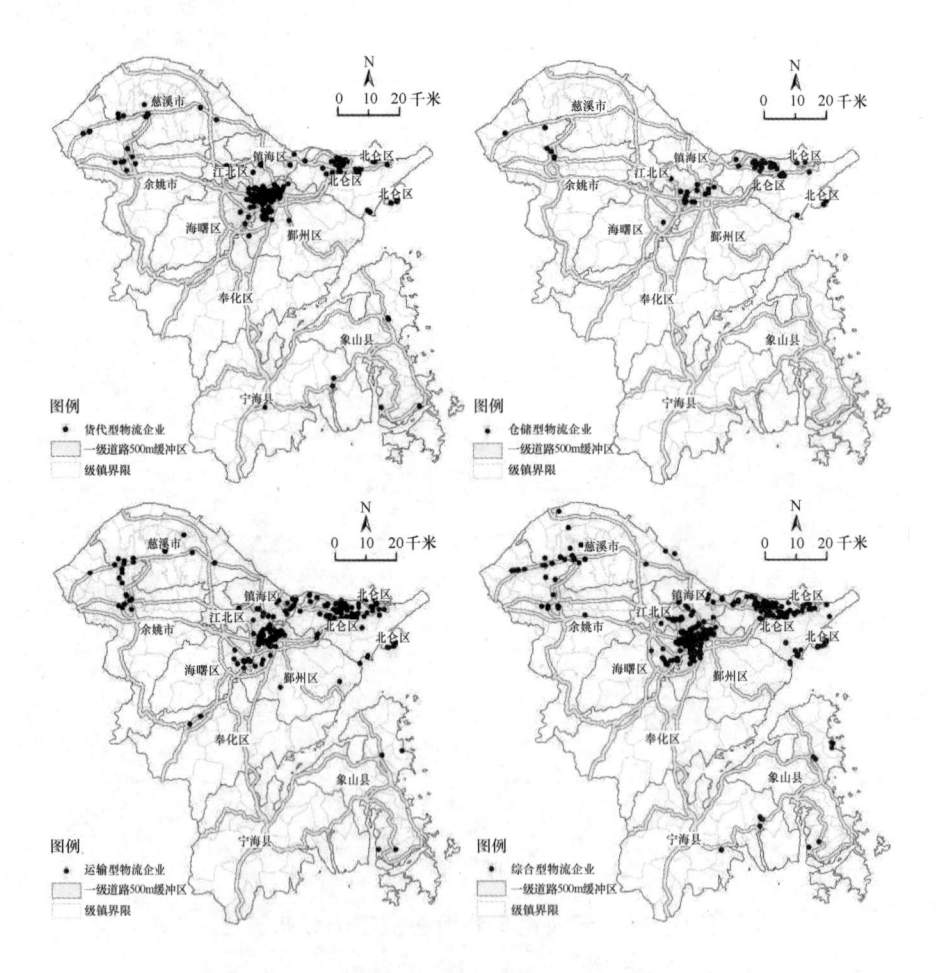

图 10-5　不同类型港口物流企业空间分布

质的企业，因此，主要分布在中心商务区，集聚有587家企业，占全部货代型物流企业的82.56%。仓储型物流企业因为需要临时仓储，部分具有保税业务，同时又要方便转运，主要是临港分布，集中在北仑区。运输型物流企业因业务主要是承担陆路集装箱运输，分布具有明显的交通指向，在一级道路500米缓冲区内有165家企业，占全部运输型物流企业的47.14%，对道路通达性的要求较高。同时，还表现出明显的运输目的地指向性。综合型物流企业是承担两项及以上主要业务的企业，如在承担国际货运代理业务的同时，还承接陆路运输业务，这类企业在市区内部明显集聚在中心商务区和临港工业区，在外围地区则沿主干道路分布趋势明显。

## 第三节 港口物流企业区位选择的影响因素

### 一 影响因素选择

影响物流企业区位决策的因素有很多。Verhetsel等（2013）论述了土地价格、港口、高速公路出入口、物流园区、货运场站对物流企业区位选择的影响。千庆兰等（2011）认为，区位和交通因素、政策和规划因素、地区经济实力和地价等都会对物流企业区位选择产生影响。梁双波等（2013）认为，港口功能演变、区位通达性、商务支撑条件以及城市规划及发展政策等因素的综合作用决定了港口物流企业的空间格局。基于前人的研究，选择政策因素、土地价格、城乡差异、经济潜力、工业结构和交通便利6个影响因素，综合分析其对宁波港口物流企业区位选择的影响，具体解释变量及定义见表10-3。

政策因素（policy）：政府政策对物流企业区位选择的影响主要是通过规划建设开发区和特色物流园区等引导港口物流企业空间布局。本书选择目前宁波市已建成的开发区和物流园区（包括宁波保税区、宁波梅山保税港区、宁波出口加工区、宁波经济技术开发区、宁波空港物流园区、宁波镇海大宗货物海铁联运物流枢纽港、慈溪出口加工区、余姚经济开发区和宁波大榭开发区）作为政策影响区域。

土地价格（landprice）：企业经营需要考虑用地成本和房屋租金，为了减少企业经营成本,企业会倾向选择地价相对较低的区域。根据宁波市公布的城市土地定级和基准地价图,把宁波市土地价格划分为三类,其中一类价格最高,三类价格最低。

表 10-3　　　　　　　　解释变量指标选取及说明

| 解释变量 | 定义与解释 |
| --- | --- |
| policy | 是否在政策范围区内,是为1,否则为0 |
| landprice | 按照地价划分为三个等级,分别赋值为1、2、3 |
| region | 核心区为1,外围区为2,郊区为3 |
| port | 靠近港口为1,否则为0 |
| lnpergdp | 网格所在区域人均 GDP(取对数) |
| indu | 第二产业增加值占 GDP 比重(%) |
| density | 高速公路与等级公路路网密度 |

城乡差异(region):城区和郊区由于经济发展程度、交通等基础设施建设方面存在差异,预期城乡差异与港口物流企业网点密度之间也存在相关关系,将核心区、外围区和郊区作为虚拟变量引入模型。考虑到城乡差异因素和土地价格因素在影响机制上可能产生的重复性,在模型中需要进行共线性检验。

港口因素(port):考虑到港口物流企业和港口的关系,引入企业是否靠近港口变量。

经济潜力(lnpergdp):一个地区企业的发展必然受区域经济发达程度的影响,利用地区人均 GDP 数据(取对数)表征区内经济发展潜力。

工业结构(indu):考虑到港口物流企业主要服务工业企业的性质,区域内工业结构水平和港口物流企业的集聚水平存在相关性。以第二产业增加值占地区 GDP 的比重表示区域工业结构水平。

交通便利(density):物流企业的分布表现出明显的交通依赖性,良好的交通通达性可以降低企业的交通运输成本。采用网格内的路网密度表征该区域的交通便利性。

为了尽可能使一个网格中有一个企业分布,采用1千米×1千米对宁波市进行网格划分。以落入网格内的港口物流企业数量为因变量,以区位影响要素为自变量构建企业区位影响因素分析模型。

## 二 结果分析

模型有效样本共计312个，对解释变量进行相关性检验，发现土地价格（landprice）与城乡差异（region）之间具有较高的相关性，为消除多重共线性影响，将变量分别引入回归模型进行估计。利用Stata执行泊松回归分析，因拟合优度检验中得到泊松回归模型的结果不满足变量均值与方差相等的假设，故进一步用负二项回归模型对泊松回归模型进行修正。计算结果如表10-4所示。

表10-4 港口物流企业区位选择回归模型估计结果

| 变量 | 模型1 | 模型2 |
| --- | --- | --- |
| policy | 0.2401** | 0.2248** |
| landprice | -0.6432*** |  |
| region |  | -0.4091** |
| port | 0.1664** | 0.1974** |
| lnpergdp | 0.8904*** | 0.9634*** |
| indu | 0.4301** | 0.4360** |
| density | 0.1791 | 0.1813 |
| _cons | 7.2023** | 8.0619** |
| Pseudo $R^2$ | 0.5738 | 0.5361 |

注：用*、**、***分别表示在10%、5%和1%的显著性水平下显著。

在两个模型中，政策因素都表现出了显著的正相关，说明政府通过划定各类政策区对港口物流企业的区位选择有明显的引导作用。政策因素对物流企业区位选择的直接影响是通过物流中心的规划定位、发展政策、税收、土地等外部效应引导物流企业的区位选择。2015年，宁波市城市总体规划提出"一核两翼、两带三湾"的空间发展格局，其中，明确"中心区"宁波市区和"北翼"包括余姚市、慈溪市和杭州湾新区等地重点发展商贸物流，建设现代物流基地。2015年宁波市区和慈溪、余姚两市共有788家港口物流企业，占全部港口物流企业的98.99%，符合规划提出的重点发展物流产业的发展定位。另外，"十二五"期间，宁波市出台了《宁波市"十二五"物流业发展规划》，规划布局九大综合物流园区，其中，梅山保税港区物流园区、镇海大宗货物海铁联运物流枢纽港、宁波经济技术开发区现代国际物流园的规划建设，对引导宁波港口物流企业集聚发展具有显著影响。

分别引入土地价格和城乡差异因素，发现两者都表现出显著相关性。考虑到设置虚拟变量时把地价分为三级，按从高到低顺序分别设置为1、2、3；同时把核心区、外围区和郊区分别设置为1、2、3，两类因素的负相关性可以理解为港口物流企业倾向于选择在地价较低的地区布局，这类地区往往就是郊区。但是，对比宁波港口物流企业分布发现，其在中心城区集聚分布的态势明显，这是因为大部分货代型物流企业和部分综合型物流企业因其所需办公面积较小，土地租金对其影响不太明显。特别是货代型物流企业，其在中心商务区布局可以更好地享受良好的设施资源，集聚性更明显，其他城市的研究也证实了这点（陈再齐等，2010；曹卫东，2012）。但是，具有仓储业务的物流企业，由于占地面积较大，会随着城市的拓展逐渐向城市边缘地价较低的地区迁移。港口对港口物流企业的区位选择也表现正向影响，说明港口物流企业倾向于在邻近港口布局。

经济潜力和工业结构因素都表现显著的正向影响，说明区域经济环境和工业结构都会对港口物流企业区位选择产生影响。一方面，物流业是一种典型的需求导向型产业，外部经济发展环境直接影响物流业务需求；另一方面，物流业作为融合运输、仓储、货运代理和信息等行业的生产性服务业，与制造业联系最为紧密，物流业与制造业在空间上的协同集聚趋势也日益明显。港口物流业作为一类依托港口中转运输的物流业，其发展程度也与地区经济和工业结构水平具有明显相关性。

交通便利没有表现出显著相关性。本书认为，这是由于宁波市交通基础设施相对完善，在每个1千米×1千米网格内的路网密度相差不大，导致相关性分析不显著，但这并不否认交通便利性对物流企业区位选择的影响。从一级道路500米缓冲区与宁波港口物流企业分布关系来看，港口物流企业还是倾向于靠近主要交通干道布局。但以后随着城市交通网络的进一步完善以及交通运输费用的进一步下降，是否靠近道路、是否靠近港口，对物流企业区位选择的影响会明显降低，而地价因素会进一步促使物流企业向郊区迁移。

## 第四节 结论与建议

本书对宁波市港口物流产业的空间分布特征进行研究,并进一步探索港口物流产业区位选择的影响因素,得到以下结论:

第一,宁波市港口物流产业呈现向心集聚性,企业空间分布呈现从核心区、外围区到郊区递减的趋势,圈层分布格局明显。中心商务区和临港工业区是港口物流企业集聚的热点区域。结合时间变化来看,港口物流企业集聚特征明显但整体集聚程度下降,表现出在中心商务区和临港工业区持续集聚和沿主干道路向外围区域蔓延扩散并存的趋势。

第二,根据港口物流产业职能特征,划分成货代型、仓储型、运输型和综合型四个类型,发现不同类型港口物流企业的区位选择有明显差异。货代型物流企业主要分布在中心商务区,享受服务业集聚产生的效益;仓储型物流企业为方便转运、仓储,主要为临港分布;运输型物流企业主要是承担陆路集装箱运输,区位选择具有交通依附性;综合型物流企业兼具两项及以上主营业务,在市区内部明显集聚在中心商务区和临港工业区,在外围地区则沿主干道路分布趋势明显。

第三,从宁波港口物流产业空间分布的影响因素来看,政策因素、土地价格、城乡差异、经济潜力和工业结构都不同程度地影响港口物流企业的区位分布,而交通便利则没有表现出显著相关性,这主要是由于目前宁波市路网建设相对完善,在1千米×1千米网格内的路网密度相差不大,导致统计分析不显著。

根据上述研究结论,提出以下政策建议:

(1) 加强顶层设计,制定港口物流产业发展规划,完善物流园区布局,实现功能错位发展,以园区建设推动区域物流资源整合,提升地区物流集约化水平。引导具有仓储、运输、保税、国际采购、区域配送等业务的物流企业向港口工业区域集聚,加强主营货代、船代、物流金融等国际物流企业向城市中心商务区集聚,优化港口物流产业功能布局,提升集聚功能。

(2) 发挥沿海经济发达城市港航运优势、保税区政策优势和临港产业集群优势，深化区港一体的物流运作优势，形成港口物流与临港产业优势融合的港口综合型物流园区，在土地价格、投资政策、税收减免等方面向园区内港口物流企业倾斜，着力培育港口物流龙头企业，打造成为功能前沿、总部集聚、联动紧密的物流贸易一体化运作平台。

（3）继续优化交通路网等基础设施，完善功能配套服务，地方政府要重视基础设施建设中信息化和人工智能应用程度。提高行业应用智慧物流网络及物联网与互联网融合水平，引进高端港口物流人才，构建线上和线下结合的港口腹地及中转物流需求的通道网络。

# 第十一章

# 大宗物流企业空间格局演化及影响因素

## 第一节 引言

物流业是融合仓储业、运输业、信息业、货代业等多种行业的复合型服务产业，是我国国民经济的重要组成部分，在转变经济增长方式、促进产业结构升级、提升国民经济竞争力方面发挥着越来越重要的作用。企业是物流业发展的基础，是物流服务、市场行为的主体，随着企业地位的日益突出，大宗物流企业逐渐成为国内外学者研究现代物流业的重要视角。

大宗物流企业的空间布局及区位选择是影响物流业健康发展的重要因素，在这方面国内外已有大量成果。Hong 和 Chin（2007）认为，市场规模、交通基础设施、劳动者素质是吸引外商投资大宗物流企业区位选择的因素。Hesse（2004）研究发现，郊区以其廉价的土地租金、联系城市中心和远程物流的优势成为大宗物流企业优先选择的区位。国内学者韩增林（2007）、王成金（2008）从宏观环境角度分析了影响我国大宗物流企业区位选择的因素。一部分学者从实证统计角度研究城市大宗物流企业的区位选择：莫星（2010）、曾小永（2010）、梁双波（2013）等利用数理统计和 GIS 空间分析方法分别研究广州、上海运输型大宗物流企业、仓储型大宗物流企业、港口大宗物流企业的空间分布及其形成机制。曹卫东、千庆兰（2011）分析了城市大宗物流企业空间分布格局，前者利用样方分析法、空间自相关以及热点分析法研究了苏州市大宗物流企业的区位分布特征，后者则主要对广州市大宗物流企业进行了研究。

宁波是浙江省经济最为发达的城市之一，是我国东南沿海最为重要的港口城市，具有港口优势和区域经济优势，物流业的发展举足轻重。2011年3月，国务院公布的《物流业调整和振兴规划》将宁波确立为长三角物流区域的三大中心之一和全国性物流节点城市。宁波市工商局的统计信息显示，截至2013年年底，全市大宗物流企业将近7000家，从业人员达到15.58万人，产值高达309亿元。宁波市大宗物流企业在取得长足发展的同时，也存在一定问题，如企业规模普遍偏小、分布不集中、竞争力偏弱，这些问题严重制约着宁波市物流业的发展。基于此，本书以宁波市为例，以宁波市街道为研究单元分析大宗物流企业的空间分布特征，并利用负二项回归模型研究影响宁波市大宗物流企业区位选择的因素，试图为宁波市乃至全国沿海发达城市大宗物流业的健康快速发展提供决策基础。

## 第二节　大宗物流企业空间分布特征

本书将宁波市分为中心城区、郊区和县级市三个地域层次，具体划分情况及区县行政单元的大宗物流企业分布特征见表11-1。从表11-1可以看出，宁波市大宗物流企业主要分布在郊区，并且位于郊区的企业比重不断增大。2014年，中心城区分布了18.23%的大宗物流企业，低于2004年的27.88%，企业总数量为533家；2004年，郊区大宗物流企业数量为325家，占46.23%，这个比重在2009年、2014年为53.13%、57.48%，郊区化特征显现。其中，北仑区大宗物流企业数量除2004年以外始终位于首位，在2014年更高达957家，远远高于其他区县。

利用ArcGIS 10.2软件对2004年、2009年和2014年宁波市大宗物流企业的街道数据进行分析，并比较大宗物流企业在距离城市中心（天一广场）20千米、30千米的圈层分布情况，可以更好地得到大宗物流企业的分布和集聚情况。

在ArcGIS 10.2软件中，按照自然间断点分级法将2004年、2009年和2014年各个街道的大宗物流企业数量分为5个级别，如图11-1所示。

表11-1　　　　　　　　宁波市大宗物流企业分布概况

| | 地区 | 2004年 | 2009年 | 2014年 |
|---|---|---|---|---|
| 中心城区 | 海曙区 | 15 | 47 | 65 |
| | 江北区 | 149 | 286 | 368 |
| | 江东区 | 32 | 71 | 100 |
| 郊区 | 鄞州区 | 105 | 230 | 381 |
| | 镇海区 | 90 | 202 | 342 |
| | 北仑区 | 130 | 492 | 957 |
| 县级市 | 奉化市 | 16 | 41 | 62 |
| | 慈溪市 | 79 | 174 | 300 |
| | 余姚市 | 37 | 89 | 149 |
| | 象山县 | 14 | 44 | 113 |
| | 宁海县 | 36 | 63 | 86 |

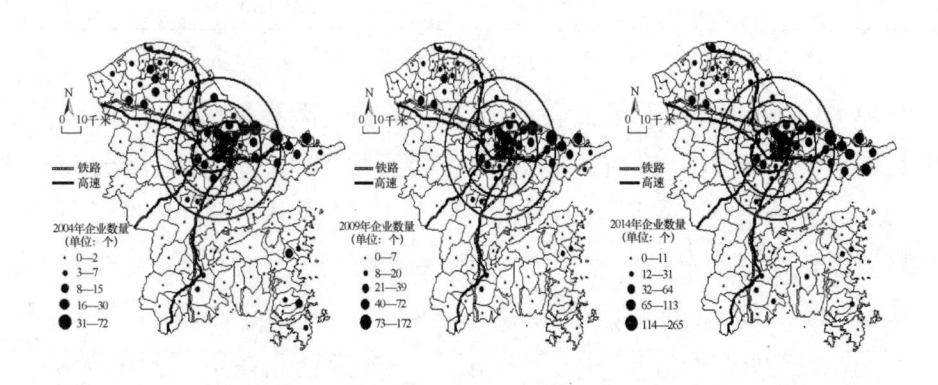

图11-1　宁波大宗物流企业空间分布格局

大宗物流企业的街道区位分布具有城区高度集中、县级市零星分布的特征。大宗物流企业的空间布局从宁波市范围来看，呈现出"两心一轴"的格局。大量的大宗物流企业集中于中心的江北区和北仑区，构成一个大的集聚中心；在慈溪市和余姚市则形成一个小的集聚中心；宁波市北部地区大宗物流企业沿着高速公路与铁路呈现轴线分布，其他地区则零散分布，没有形成集聚中心。

## 一　全局自相关分析

2004年、2009年和2014年大宗物流企业全局空间自相关指数和集聚强度指数（见表 11-2）。2004 年、2009 年和 2014 年莫兰指数的 Z 检验值都为正且显著，说明相似的观测值趋于空间集聚，也就是说，大宗物流企业数量高的街道与数量高的街道相邻，数量低的街道与数量低的街道相邻。从表 11-2 中可以看到，大宗物流企业数量分布的全局空间自相关指数表现出上升的趋势，说明大宗物流企业集聚的态势不断增强。

表 11-2　　　　　　　宁波市大宗物流企业全局自相关指数

| 年份 | 2004 | 2009 | 2014 |
| --- | --- | --- | --- |
| 莫兰指数 | 0.232611 | 0.267198 | 0.270039 |
| E (I) | -0.006494 | -0.006494 | -0.006494 |
| Z (I) | 5.233713 | 5.966876 | 5.903788 |
| G (d) | 0.064847 | 0.068185 | 0.063954 |
| E (d) | 0.031336 | 0.031336 | 0.031336 |
| Z (d) | 4.983356 | 5.310750 | 5.028725 |

与莫兰指数只能发现正关联或者负关联的空间集聚模式相比，集聚强度指数能够进一步地分析街道单元属于低值集聚还是高值集聚分布模式。Z(d) 在 1% 的置信区间内显著，三个时间段内 Z(d) 的最小值为 4.983365，值为正且较大，表明宁波市大宗物流企业存在较强的空间集聚性。从 G(d) 和 E(d) 的测算结果看，2004 年、2009 年和 2014 年 G(d) 均大于 E(d)，说明在研究期间内宁波市大宗物流企业在空间上的分布是围绕着几个高强度的集聚中心展开的；具体分析可知 2004—2009 年 G(d) 和 E(d) 的差别逐渐增大，同时 Z(d) 的值也表现出了上升的趋势，表明在这个时间段内高值集聚的趋势增强；2009—2014 年 G(d) 和 E(d) 越来越接近，Z(d) 的值也表现出了下降的趋势，表明此段时间内高值和低值的集聚中心减少。

## 二　热点区空间演化分析

Getis-Ord General G 值仅能表明宁波大宗物流企业空间集聚是高聚类分布，不能表明其高低值集聚的具体分布情况。各个街道大宗物流企业的 Getis-Ord $Gi^*$ 值，将其空间化，利用詹金斯（Jenkins）自然间断点分级法将 2004 年、2009 年和 2014 年的 $Gi^*$ 值分为 5 个等级，$Gi^*$ 值较高的街道代表宁波大宗物流企业集聚分布的热点地区，$Gi^*$值较低的街道代表宁波大宗物流企业集聚分布的冷点地区，生成的大宗物流企业分布的热点图，见图11-2。

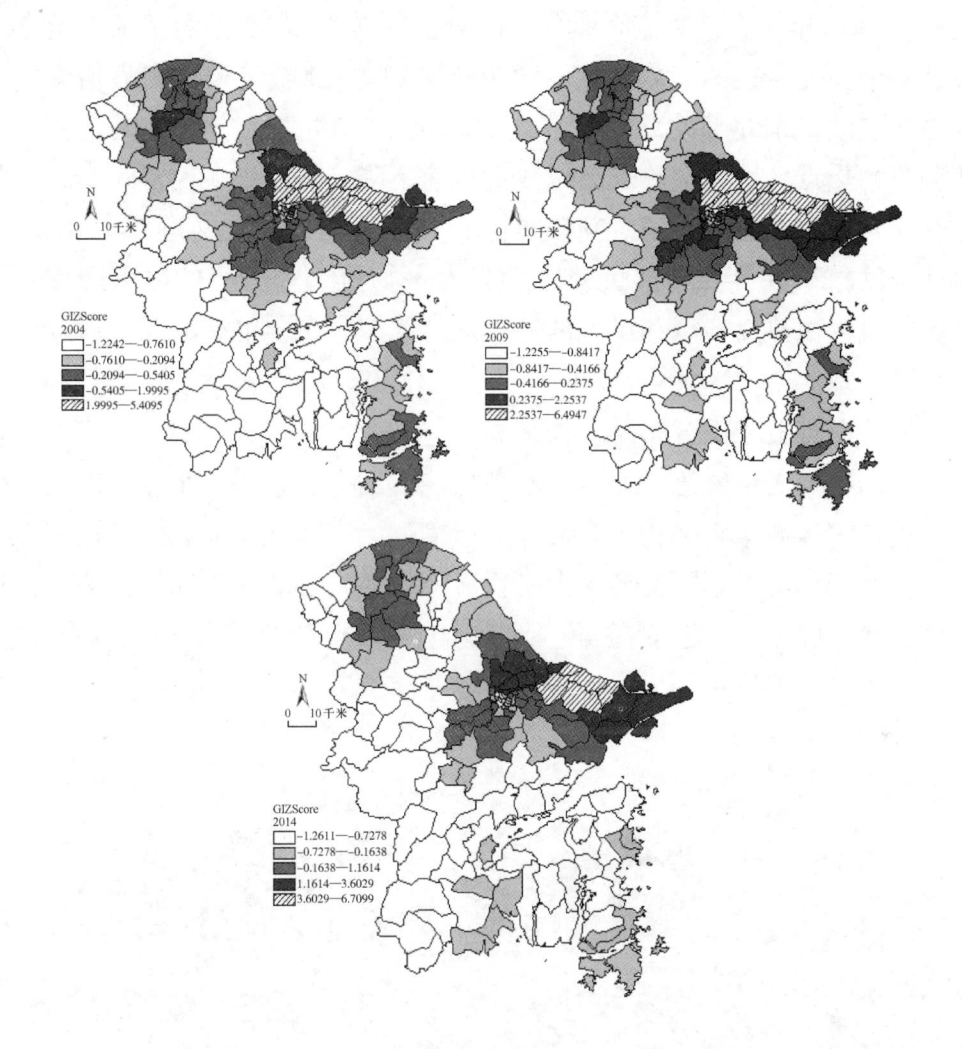

**图11-2 2004年、2009年、2014年宁波分街道大宗物流企业热点演化**

由图11-2可知，总体而言，2004—2014年宁波市大宗物流企业的$Gi^*$值分布表现出"北部大于南部、东部大于西部"的趋势，热点区域、次热点区域由南向北沿海呈现带状分布，表明在研究期间内宁波市大宗物流企业集聚的热点区域集中在东北部地区，西南部则主要是集聚的冷点区域；热点区域面积逐渐减少，热点集聚区位置也发生变化。具体而言，

2004年，热点区有江北区的庄桥街道、孔浦街道、文教街道、白沙街道、甬江街道；北仑区的戚家山街道、新碶街道、霞浦街道、大碶街道、小港街道；镇海区的骆驼街道、蛟川街道、庄市街道、招宝山街道，共14条街道。2009年，大宗物流企业分布的热点区域在2004年的基础之上又增添了一个：北仑区的大榭街道，次热点区域与2004年相比明显增多，均集中在宁波市东北部的北仑、江北等地区。2014年，宁波市大宗物流企业分布的热点区域与次热点区域数量急速下降，热点区域仅有5个，且集中在北仑区的戚家山街道、新碶街道、霞浦街道、大碶街道和小港街道。由此可见，2014年，宁波市郊区成为大宗物流企业分布的热点区域，中心城区成为次热点区域和温点区域，这与前文集聚强度指数先升后降的发展趋势一致。

### 三 分行业空间分布及增长格局

本书根据大宗物流企业主要服务功能，结合大宗物流企业的定义和分类方法，将宁波市大宗物流企业分为运输型大宗物流企业和非运输型大宗物流企业两大类。不同类型的大宗物流企业的主要职能不同，影响区位选择的因素也存在一定的差异，导致其空间分布及增长格局不同，见图11-3和图11-4。

(a) 非运输型企业空间分布　　(b) 运输型企业空间分布

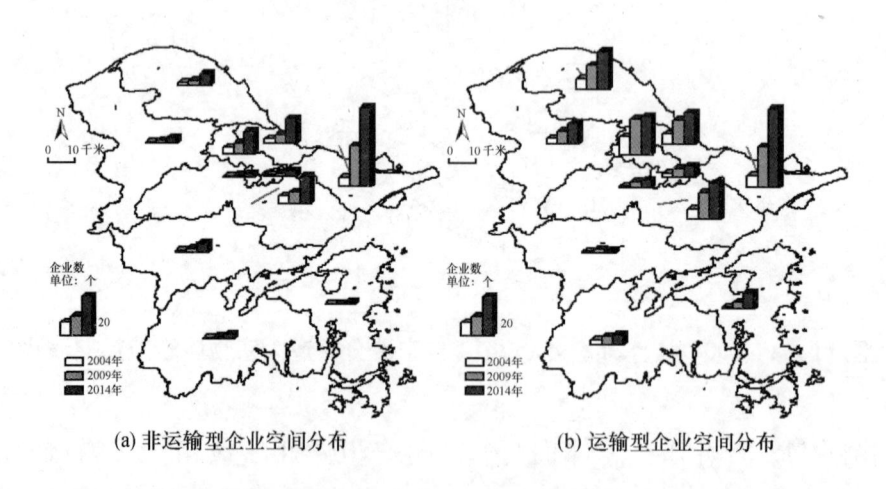

**图11-3　2004年、2009年和2014年不同类型大宗物流企业空间分布**

在研究期间内，位于北仑区的非运输型大宗物流企业数量最多，集聚效应不断增强。2004年，位于北仑区的非运输型大宗物流企业所占比重

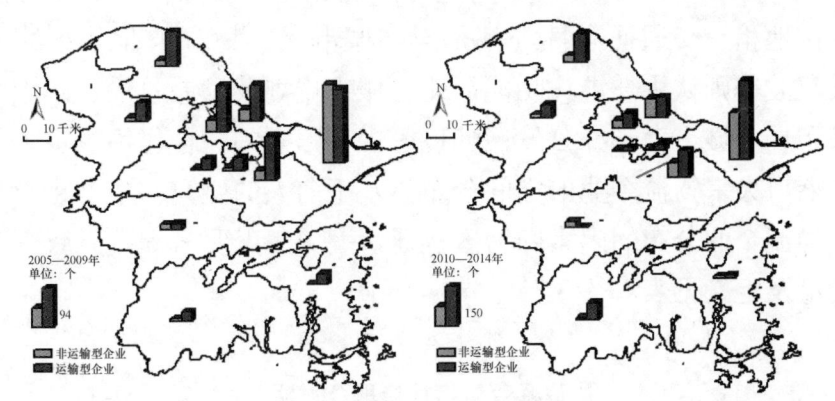

(a) 2005—2009年不同类型大宗物流企业增长　(b) 2010—2014年不同类型大宗物流企业增长

**图 11-4　2004—2014 年不同类型大宗物流企业增长格局**

为 26.07%，到 2009 年、2014 年这个比重变为 45.83%、41.06%，除象山和余姚两个地区以外，海曙、江北、鄞州等地非运输型大宗物流企业所占比重均减少。象山、余姚非运输型大宗物流企业所占比重最高，为 1.13%、2.53%，所占比重很小，不能对集聚效应产生影响。因此可以说，宁波市非运输型大宗物流企业形成了以北仑区为中心的集聚发展布局。与非运输型大宗物流企业一样，运输型大宗物流企业也表现出以北仑区为中心的集聚发展趋势，但集聚态势并不十分明显。2004 年，运输型大宗物流企业最大的地区是江北区，2009 年、2014 年变为北仑区，所占比重分别为 22.56%、20.64%、27.36%。与不同类型大宗物流企业空间分布格局相似，图 11-4 显示，出 2005—2009 年、2010—2014 年不同类型大宗物流企业的增长格局。2005—2009 年，除北仑区以外运输型大宗物流企业的增长数量要高于非运输型大宗物流企业；2010—2014 年，北仑区运输型大宗物流企业增长数量高于非运输型大宗物流企业，这也表明运输型大宗物流企业表现出以北仑区为中心的集聚发展趋势。

## 第三节　大宗物流企业空间格局影响因素

影响大宗物流企业区位决策的因素有很多。曹卫东在城市大宗物流企业区位分布的空间格局及其演化中提出，物流设施建设、传统物流市场分布、区位地租、交通便利性等都是影响城市大宗物流企业分布的主要因素；梁双波等则认为，港口功能演化、城市规划及发展政策、区域综合交通网络布局、城市商务办公发展环境等多种因素的综合作用决定了上海大都市区港口大宗物流企业的空间分布。基于前人的研究，本书将影响宁波市大宗物流企业分布的因素归为区位通达度、集聚要素和政府政策，具体解释变量及定义见表 11-3。

表 11-3　　　　　　　　解释变量指标选取及说明

| 要素 | 解释变量 | 定义与解释 | 预期 |
| --- | --- | --- | --- |
| 区位通达度 | port | 是否与沿海码头接壤 | + |
|  | airp | 到宁波栎社机场的距离 | - |
|  | rail | 到宁波火车南站的距离 | - |
|  | station | 到宁波客运中心的距离 | + |
|  | cent | 到市中心的距离 | - |
|  | expr | 是否有高速公路经过 | + |
|  | hub | 是否有货运枢纽中心 | + |
| 集聚要素 | firm | 是否有宁波 50 强的制造企业 | + |
|  | price | 工业用途土地租金 | - |
| 政府政策 | lpark | 有无物流园区 | + |
|  | land | 是否有政府规划的物流仓储用地 | + |

区位通达度是进行物流运输的基础，是吸引大宗物流企业分布的主要因素，预期区位通达度好的地区能够吸引更多的大宗物流企业。是否有高速公路通过是区位通达度的重要指标之一，有高速公路经过的街道的对外关联度高，用 expr 表示，有高速公路经过的街道赋值为 1，否则赋值为 0；机场、火车站、客运中心以及港口是进行货物运输的重要节点，本书选取各街道、城镇的中心点到宁波栎社机场的距离（arip）、宁波火车南站的距离（rail）、客运中心的距离（station）、是否与沿海码头接壤（port）等变量验证其对大宗物流企业区位选择的影响作用。此外，货运枢纽是城市物流运输网络的重要组成部分，货物的发放、中转换装、到达、运输工具的改变等都是在货运中心中进行，鉴于货运枢纽的重要作

用,本书引入 hub 变量,有货物枢纽中心的街道赋值为 1,否则为 0。

作为生产性服务业之一的物流业与制造业的关系密切,大宗物流企业的服务对象主要是制造企业,可以说大宗物流企业的发展离不开制造企业的支持和驱动。因此,本书选取了 firm 变量,检验制造企业分布对宁波市大宗物流企业区位选择的影响,如果街道或乡镇内存在宁波市制造业 50 强的企业赋值为 1,否则为 0,期望其回归系数为正数。对于大宗物流企业,用地成本是其经营成本的重要组成部分。在利润最大、成本最小的动机驱动之下,工业用地价格水平的高低是大宗物流企业考虑区位选择的重要因素。本书用 price 表示这一因素,根据宁波地区工业用地价格行情划分,将宁波市土地价格划分为 9 个等级,九级土地最便宜,赋值为 1;八级土地次之,赋值为 2,以此类推,一级土地最贵,赋值为 9。

结合作为研究区域的宁波市的特点,本书从两个方面考虑政府政策对大宗物流企业空间分布的影响。一是物流园区的建设对大宗物流企业区位选择的影响作用。物流园区的集约、信息交换、多式联运、配送加工、集中仓储、停车场、辅助等功能对宁波市大宗物流企业有很强的吸引作用。引入变量有无物流园区 lpark,具有物流园区赋值为 1,否则为 0。二是考虑物流仓储用地对宁波大宗物流企业区位选择的影响,引入政府规划的物流仓储用地 land,根据宁波市政府城市规划情况对其进行赋值,有政府规划的物流仓储用地的地区赋值为 1,否则为 0。

本书选择 2014 年各街道大宗物流企业数量为被解释变量,选取表 11-3 中因素为解释变量,有效样本数量为 155 个,包括研究区域内的 66 个街道、78 个镇、11 个乡。首先对解释变量的相关性进行验证,发现到机场的距离、到宁波火车南站的距离、到宁波客运中心的距离、工业用途土地租金、到市中心的距离、有无政府规定的物流仓储用地以及是否有货运枢纽中心之间存在很强的相关性,为了消除多重共线性的问题,将上述变量单独引进模型进行验证。表 11-4 和表 11-5 分别列出了大宗物流企业、运输型大宗物流企业、非运输型大宗物流企业的负二项回归模型的结果,$\alpha$ 系数均显著不为零,这表明本书选用负二项回归模型估计的合理性。

表11-4　　　2014年大宗物流企业回归模型估计结果

| 变量 | 全部企业 ||||||||
|---|---|---|---|---|---|---|---|
|  | 模型1 | 模型2 | 模型3 | 模型4 | 模型5 | 模型6 | 模型7 |
| hub | 0.7755* |  |  |  |  |  |  |
| airp |  | -0.4179*** |  |  |  |  |  |
| rail |  |  | -0.5281*** |  |  |  |  |
| station |  |  |  | -0.4854*** |  |  |  |
| price |  |  |  |  | 0.2685*** |  |  |
| cent |  |  |  |  |  | -0.8316*** |  |
| land |  |  |  |  |  |  | 1.2205*** |
| expr | 0.0091 | 0.0038 | -0.04496 | -0.0527 | 0.0795 | 0.03160 | 0.0196 |
| lpark | 1.0689* | 1.1714* | 1.0780* | 1.0844* | 1.1700** | 1.0001* | 0.7517 |
| port | 0.9250*** | 1.4253*** | 1.4707*** | 1.4653*** | 1.5832*** | 1.4606*** | 0.7066** |
| firm | 0.6872*** | 0.8030*** | 0.7516*** | 0.7401*** | 0.5730*** | 0.6481*** | 0.5005** |
| -cons | 2.3562*** | 2.8153*** | 2.9629*** | 2.9024*** | 1.0193*** | 2.8226*** | 2.3576*** |
| α | 1.3150 | 1.2343 | 1.1542 | 1.1823 | 1.0948 | 1.2054 | 1.2596 |
| LL | -571.8606 | -566.85184 | -561.8029 | -563.6170 | -557.0168 | -565.0605 | -568.6870 |
| LR | 51.59 | 61.61 | 71.71 | 68.08 | 81.28 | 65.19 | 57.97 |

注：*表示10%的显著性水平，**表示5%的显著性水平，***表示1%的显著性水平。

表11-5　　　2014年不同类型大宗物流企业回归模型估计结果

| 变量 | 运输型企业 | 非运输型企业 |
|---|---|---|
| hub | [0.8097*] | [0.6380] |
| airp | -0.3923*** | -0.4882*** |
| rail | [-0.4902***] | [-0.6300***] |
| station | [-0.4416***] | [-0.6087***] |
| price | [0.2544***] | [0.2489***] |
| cent | [-0.7964***] | [-0.9499***] |
| land | [1.3861***] | [0.9388*] |
| expr | 0.0539 | -0.1947 |
| lpark | 1.3038*** | 0.9260 |

续表

| 变量 | 运输型企业 | 非运输型企业 |
| --- | --- | --- |
| port | 1.1516*** | 1.9647*** |
| firm | 0.8885*** | 0.5801** |
| -cons | 2.4314*** | 1.7003*** |
| alpha | 1.4040 | 1.4851 |
| LL | -512.5205 | -386.8823 |
| LR | 48.68 | 62.24 |

注：*表示10%的显著性水平，**表示5%的显著性水平，***表示1%的显著性水平。

表11-4是对全部样本进行负二项回归分析的结果，除expr以外，所有的解释变量都是高度显著的，解释变量系数符号也与研究假设的预期相符。高速公路对宁波大宗物流企业区位选择没有显著影响的原因可能是高速公路是全封闭性质，其本身是否通过某一地区，对该地区的发展并没有实际的意义，也不会对大宗物流企业区位选择产生显著影响。区位通达度是影响大宗物流企业区位选择的主要因素，airp、rail、station、cent的回归系数均为负，说明到机场的距离、到宁波火车南站的距离、到宁波客运中心的距离、到市中心的距离越近，通达度越高，企业分布的概率越大。区位通达度中的port的回归系数最高，即沿海码头对宁波市大宗物流企业的吸引作用最强，这表明对宁波市来说港口构成物流链上的重要部分，港口的建设为物流的发展创造了有利条件。

集聚要素的相关变量都通过了显著性检验，工业用途土地租金的回归系数为正，表明租金越高的地区吸引的大宗物流企业越多，这与预期相反，似乎不符合企业追求成本最低的准则。但是，也说明了区位通达度对大宗物流企业的吸引作用远高于其他因素，因为到市中心、火车站、客运中心的距离越近，通达性越好的地区，租金越高，这也是price与airp、rail、cent等变量之间具有较高共线性的原因；制造业是大宗物流企业的主要服务对象，我国物流业务总量的70%以上是由制造业创造的，因此，区域内是否有宁波市制造业50强企业对大宗物流企业区位选择有正向的影响。

模型的结果也表明政府政策对宁波市大宗物流企业的空间分布有显著的影响。lpark、land的系数显著且为正，表明物流园区通过税收、人才引进、信息共享等优惠政策，为大宗物流企业的发展提供了良好的专业服务和基础设施。

表11-5为影响不同类型的大宗物流企业区位选择的因素的回归结果。因为变量到机场的距离、到宁波火车南站的距离、到宁波客运中心的距离、工业用途土地租金、到市中心的距离、有无政府规定的物流仓储用地以及是否有货运枢纽中心之间存在很强的相关性，这些变量不能归纳到同一个回归方程中，因此，表11-5仅列出了包含airp这一个变量的完整的估计结果，其余6个变量仅列出回归系数及其显著性程度，用"[ ]"表示。从表11-5的结果可以看出，运输型大宗物流企业和非运输型大宗物流企业在区位选择上存在一些明显的差异。

对于两类大宗物流企业来说，代表区位通达度的airp、rail、station、cent都显著，并且回归系数为负，说明区位通达度对所有类型的大宗物流企业均具有强烈的吸引作用。进一步分析可以发现，区位通达度对非运输型大宗物流企业的分布影响作用要高于运输型大宗物流企业。非运输型大宗物流企业主要包括仓储型大宗物流企业和提供综合服务的大宗物流企业，其中提供综合服务的大宗物流企业主要依托港口、火车站、客运中心等交通枢纽为其他大宗物流企业提供信息平台、配套服务等；而仓储型大宗物流企业主要依托大型交易市场，对区位通达度的要求也很高。hub、lpark对非运输型大宗物流企业的影响作用不显著，对运输型大宗物流企业的作用显著，究其原因，hub、lpark是货物的主要集散地，对提供运输、配送等活动的运输型大宗物流企业的需求量大，对其分布产生吸引作用。研究还发现，有无宁波制造业50强企业、有无政府规划的物流仓储用地对两种类型的大宗物流企业的影响作用显著，并且对运输型大宗物流企业的影响高于非运输型大宗物流企业。

## 第四节 研究结论

课题组利用宁波市工商局注册登记信息，以宁波市街道行政区域为分析单元，分析了宁波市大宗物流企业及运输型大宗物流企业、非运输型大宗物流企业的空间分布特征，采用负二项回归模型探讨了影响其区位选择的因素，主要得到以下结论：

第一，随着大宗物流企业数量的迅速增加，宁波市大宗物流企业的区位选择表现出"两心一轴"的空间分布格局，中部地区以北仑区尤其是新碶街道和霞浦街道为集聚中心，北部地区以阳明街道为小的集聚中心，总体来说，宁波市大宗物流企业集中在中部北仑、鄞州、江东地区。宁波市非运输型大宗物流企业已形成了以北仑区为中心的集聚发展布局，运输型大宗物流企业的集聚中心正逐渐显现。

第二，空间演化方面，宁波市出现高值集聚和低值集聚现象，热点区主要集中在宁波东部沿海地区，冷点区主要集中在宁波市南部地区。虽然宁波市大宗物流企业空间分布的热点区域数量减少，但是，热点区域更加集中。2004年热点区域集中在北仑、江北和镇海三个区域，2014年热点区域则都在北仑地区，北仑区成为宁波市大宗物流企业发展的中心地区。

第三，驱动机理方面，区位通达度显著影响宁波市大宗物流企业的空间分布。到机场、火车站、市中心的距离越近，吸引的大宗物流企业数量越多，通达性对大宗物流企业的吸引作用超过了较低工业用地土地租金对大宗物流企业的吸引所用，研究还发现，有无宁波市50强制造业企业、有无物流园区、有无政府规划的物流仓储用地等对大宗物流企业的区位选择产生一定的影响。对不同类型的大宗物流企业，同一因素的影响程度存在差异。通达性对非运输型大宗物流企业的影响要高于运输型大宗物流企业，有无物流园区和有无货运中心对非运输型大宗物流企业没有显著影响。

当前，随着物流业的进一步发展，政府应充分发挥市场经济体制下的规划作用，通过合理配置物流业基础设施，引导企业在车站、机场、码头、物流园区等物流节点分布，形成有利于企业发展的物流网络结构。不同类型的大宗物流企业对通达性、土地等要求不同，在选址时，首先考虑的因素也有一定的差异。

非运输型大宗物流企业在选址时更加注重交通通达性的影响，但在中心城区工业用途土地日益紧张的条件下，可以在中心城区连接外部区域的主干道附近布局；运输型大宗物流企业在选址时要接近其服务对象，如大型工业区、商业区、物流园区等，以便缩短运距，降低运输产生的费用。

总之，只有按照物流业发展需要，综合考虑各种因素，合理控制大宗物流企业的空间布局，才能使沿海发达城市物流业真正有序快速发展。

# 第 二 篇

## 大宗商品流通行业发展实证测度

# 第十二章

# 大宗商品流通行业景气指数构建理论与方法

## 第一节 景气指数理论梳理

### 一 国外的景气指数研究工作

景气的研究方法是国外首先开始研究和应用的。经济景气分析方法的起源可以追溯到19世纪末期。早在1888年巴黎统计学大会上就出现了以不同色彩评价经济状态的论文,但早期的类似研究只作为一种新颖的经济状态描述方法,普遍缺乏定量测度,真正有组织的大规模系统研究实际上是在20世纪初开始的。

1903年,英国政府内出现了"国家波动图",用来描述宏观经济波动。但是,经济学界公认的"经济晴雨计"模式是从美国开始的。1905年,美国巴布森统计公司在其刊物上发表了关于美国宏观经济状态的第一个经济活动指数,这是该公司的投资者和企业家进行商情变动观察与分析工作的一部分。

1911年,专门从事经济监察的美国布鲁克迈尔经济研究所,也编制了涉及股票市场、一般商品市场和货币等景气指数。但是,对后来影响较大的还是哈佛指数。

哈佛指数是由经验丰富的哈佛大学教授伯恩斯领导下的研究小组于20世纪初编制的。1917年,哈佛大学设立了经济调查委员会,广泛收集美国的历史数据,在新方法基础上,从1919年起在《经济统计评价》杂志上定期发布"美国一般商情指数"即哈佛指数,这组指数选择了17项经济指标，共分为三组：A 组主要是与股票市场有关的指标，其平均值构成的曲线称为投机曲线；B 组主要是与商品市场有关的指标，其曲线称为商情曲线；C 组主要是与金融市场有关的指标，其曲线称为货币曲线。通过这三条曲线的变化来判断景气变化并预测其转折点。哈佛指数曲线曾成功地提前数月预测出 1919 年的经济繁荣和 1920 年的急骤下降，并在 1920 年的危机期间，准确地预测出 1922 年 2 月的经济复苏。但是，运用哈佛指数对 1929 年从美国华尔街金融市场股票暴跌开始的经济大危机的预测就完全失败了。哈佛指数因此就结束了它的历史使命。

20 世纪 30 年代中期，经济预测预警系统再度兴起，到 50 年代不断改进、发展并开始进入实际运用时期。1937 年，美国经济研究所在密契尔和伯恩斯的领导下，详细研究了近 500 项经济指标，利用时差变动关系，选择了 21 项指标构成超前指数。他们还详尽系统地研究了一系列涉及景气监测方法的问题，如循环波动的分离、趋势调整、平滑技术等，并指出，经济波动是在宏观经济部门间逐步扩散的过程。

自 20 世纪 60 年代起，景气监测系统方法逐步走向成熟，其中的主要原因之一是这项工作从民间机构研究走向官方实际运用。1961 年，美国商务部正式在其刊物《经济循环发展》上逐月发表以数据和图表两种形式提供宏观景气动向的信号。研究机构与政府机关进行合作使研究向前迅速发展。

自 20 世纪 70 年代末期，景气预警系统已日趋成熟，但是，在信息识别和基础理论研究方面仍在不断发展。这一方法虽在争论中被认为是"无理论的方法"，但是，由于在宏观经济波动方面，特别是在短期波动分析研究中不可取代的地位，而在全球范围内广泛应用。

1979 年，美国经济研究局与哥伦比亚大学国际经济循环研究中心合作，建立了美国、加拿大、法国、英国、德国、意大利和日本 7 国为基础的国际经济指标系统。此外，一些国际性组织和地区性组织也开展了景气预警的研究分析工作。如经合组织就进行了景气预警系统的研究，并对合成指数中振幅平均化等方面提出了改进措施。日本组织了南亚和东亚部分国家参加的项目。到 80 年代中期，印度尼西亚、马来西亚、菲律宾、泰国、韩国、印度、新加坡等国家，都将景气预警纳入其宏观经济管理政策的决策支持系统中。

实践证明，景气预警方法和计量经济学方法是预测经济周期波动的两种有效方法，最初它们被认为是相互对立的，后来认为是相互补充的。前者是政府部门利用统计数据的测算，向公众发布经济前景的指导性信息；后者是通过按经济理论建立的结构性模型的互联关系推测出经济发展的可能值或区间值。目前，人们越来越注重两种方法的结合应用。

## 二 国内景气指数相关应用

景气分析在中国的传播和发展是从20世纪80年代开始的。1988年，国家信息中心申请了有关中国景气分析的国家社会科学基金课题，开始组织人力投入宏观经济景气分析的研究开发，并于1988年10月首次发表了我国经济预警信号系统。在对全国宏观水平研究经验的基础上，1991年年初，在国家经济信息系统试点推广。2000年以后，国内许多研究机构，如吉林大学经济管理学院、中国经济体制改革研究所、国家统计局统计科学研究所、国家信息中心，以及一些地区和部门的研究机构，开始对这个问题进行全面、系统的研究，并取得一批可喜的成果。下面我们选取这些研究机构研制的具有代表性和影响较大的三个景气指数进行简介。

### （一）中国经济景气动向指数

由国家信息中心编制的中国经济景气动向指数，称景气动向指数，又称"中经"指数。目前，该指数包括"中经"扩散指数和"中经"合成指数两个系列，每个系列分别由先行指数、一致指数和滞后指数三类组成。

扩散指数反映不同时点上升与下降指标的比例，如果低于，则表示构成指数的经济指标中有半数以上的出现下降；反之则表示经济活动上升。当曲线从上向下穿越线时，表示经济运行已经越过景气的峰，开始进入收缩阶段；反之，曲线从下向上穿越线时，则表示经济景气由谷开始回升。

合成指数用来反映景气变动的方向和幅度，对经济景气局面进行判断。通常配合扩散指数应用，对经济进行合理的分析。"中经"指数的先行指数为钢产量、水泥产量、化肥产量、有色金属产量、国家银行企业存款和国家银行短期贷款余额，出口商品总值。一致指数为工业总产值、社会消费品零售总额、银行工资性现金支出、预算内工业销售收入、狭义货币和基建投资额。滞后指数为财政预算支出全国商品零售物价指标、海关进出口总额和国家银行商业贷款。

### （二）中国房地产开发业景气指数

中国房地产开发业景气指数简称"国房景气指数"，是反映全国房地产业发展景气状况的综合指数。由国家统计局 1997 年研制建立，并于该年底正式对外公布。它是根据经济周期波动理论和景气指数原理，采用合成指数的计算方法，从房地产业发展必须同时具备土地、资金和市场需要三个基本条件出发，选择 8 个具有代表性的统计指标进行分类指标测算，然后，对 8 个分类指数进行加权平均得到总体指数，以此为基础，再以 1995 年 3 月为基期对比计算出用百分制表示的指数体系。8 个分类指数分别是土地出让收入分类指数、本年完成开发土地面积分类指数、房地产开发投资分类指数、本年资金来源分类指数、商品房销售价格分类指数、新开工面积分类指数、房屋竣工面积分类指数和空置面积分类指数。

（三）企业景气指数

由于景气指数在经济运行中指示作用的功能，不但宏观经济领域出现了景气指数，而且微观经济单位正在逐渐建立和形成景气指数。国家统计局企业调查队系统于 1998 年开始建立企业景气调查制度。企业景气调查又称为经济周期调查，它是以企业和企业家为调查对象，通过对部分企业和企业家实行定期的问卷调查，对宏观经济形势和企业生产经营状况做出判断与预期，据以编制企业景气指数，进而反映、预测经济发展变动趋势的一种统计调查方法。其主要内容包括企业概况、宏观经济景气状况判断、企业生产经营状况判断和企业生产经营问题判断等。我国企业景气调查及观测是在全国大、中、小型各类企业中采用抽样调查的方法进行的。调查领域包括工业、建筑业、交通运输业、仓储和邮电通信业、批发和零售贸易业、餐饮业、房地产业和社会服务业等。景气调查的频度有月度也有季度，但一般为季度，即每季度进行一次，每年四次，属定期调查。从调查的结果和实效性来看，这一调查基本符合我国宏观经济运行和企业生产经营的现状及未来发展变化的趋势，因而得到了各级党政领导的高度重视和充分肯定，并将其结果作为自己判断经济形势、预期未来发展变化的主要依据，在宏观经济决策中发挥了重要作用。景气调查方法既能对现状进行判断，也能对将来进行预测；既能对整个宏观经济景气动向进行判断，也能对经济活动的某个方面或某个行业进行判断。由于景气调查方法是通过微观经济活动来把握宏观经济的动向，所以，它既可以为政府进行宏观调控提供一个很好的依据，又有利于企业正确把握市场、金融、物价及投资等方面的动向。

## 第二节 景气指数测度指标选取原则与方法

浙江省大宗商品流通考察的是在大宗商品生产到大宗商品作为产品原材料进入企业中间所经历过的过程。流通企业主要是大宗商品生产加工行业、大宗商品物流企业、大宗商品信息服务企业以及大宗商品交易企业。由于大宗商品流通企业经营的大宗商品价格变化不单单受国内经济形势变化，通常还会受到国际经济形势、国际商品供需以及贸易环境变化的影响。因此，在构建大宗商品流通企业流通指数时，不仅需要从企业发展角度去构建一系列指标，同时也要考虑大宗商品的市场行情，结合大宗商品供需状况，从而更好地设计出符合大宗商品流通企业发展的指数，为政府政策建议、企业发展等做出有价值的判断。

### 一　评价指标选取原则

由于景气指数测度具有动态性与系统性，合理地选取景气指数测度指标就显得尤为关键。影响大宗商品流通企业发展的要素是多层次、多维度的，要能科学全面、准确、客观地反映出大宗商品流通企业的真实水平，构建大宗商品流通行业景气指数体系应遵循以下原则：

（一）科学性原则

评价指标的内容和含义应建立在创新理论基础上，科学地选取评价指标，采用科学合理的评价方法，确保评价结果的客观、公正、准确及合理，保证其科学性和权威性。应能准确地反映一个区域的大宗商品流通行业能力的真实情况和发展变化趋势，有利于区域间的比较。

（二）系统性原则

大宗商品流通行业是多层次、多角度的系统工程，行业景气评价指标体系应该能够真实地反映出大宗商品流通行业的各个侧面，以及全面系统地反映大宗商品流通行业的完整过程。指标间既相互独立又相互关联，形成一个共同的有机整体，力求能综合反映大宗商品流通行业景气指数，同时又形成整体与局部的统一、长期与短期的结合。

（三）可操作性原则

力求数据的可操作性，指标数据要方便获取，数据尽可能可以量化，定量指标要保证数据的真实、有效并可计算。另外，测评方法要易于掌握，以减少测评负担。

（四）可比性原则

大宗商品流通行业景气指标应该有可比性。在选择指标时，必须明确每个统计指标的统计含义、适用范围、统计口径等，并尽量标准化，以保证指标的可比性，从而可以动态地反映大宗商品流通行业在不同的发展阶段中的创新能力和变化趋势，便于做出相应的决策。

（五）动态性原则

大宗商品流通行业随着时间推移、企业内外环境的变化而发展变化，这就需要对相应的指标进行修改和补充，不断地丰富和完善指数指标体系，达到动态监测的目的。

（六）定性和定量相结合原则

大宗商品流通行业景气指数的表现是多样化的，不仅包含经济方面的可计量的定量指标，还有反映其特性及经验性的定性指标。在构建指标时，应做到定性与定量指标相结合，能量化的尽量量化，不能量化的以定性表现，使整个体系更真实可靠。

二　评价指标的选取

结合一般企业指数的构成和大宗商品的自身特色，将大宗商品流通行业景气指数分为信心指数、市场指数、成本指数、创新指数和融资指数五个一级指标。

首先，作为一个企业指数，其核心的是其产品市场情况，而大宗商品流通行业的产品市场情况一方面是由国内的经济状况决定的，另一方面是由大宗商品自身行情决定的。因此，将由国际经济状况决定的流通企业发展状况作为信心指数，通过一系列的具体指标进行核算，而将由大宗商品自身行情决定的流通企业发展状况作为市场指数，通过大宗商品的供需、价格、进出口情况等指标进行核算。

其次，作为大宗商品流通企业，往往商品的流通周期较长、固定资产投资较大、人工成本较高等情况决定了需要从成本角度考虑大宗商品流通企业的成本变化情况，从而深入地了解企业的发展状况。

再次，随着互联网经济的不断深入，互联网在生活中使用越来越深入,同时大宗商品自身的金融属性也在不断增强。网联网创新模式和金融创新模式的引进也会影响大宗商品流通企业的进程,因此需要考虑企业创新给企业所带来的发展。

最后,由于大宗商品流通企业往往是资金密集型企业,短期资金周转量较大,因此,融资能力和融资成本也是大宗商品流通企业发展的重要指标之一。

### 三 数据收集与预处理

(一)数据收集

大宗商品流通行业景气指数具体指标共计38个。其中,属于事实性指标数据16个,待调查指标数据22个。为此,采用了数据库查找和问卷调查两种方式同时进行,以获取大宗商品流通行业景气指数所需要的数据。

事实性数据来源方面,全国工业增加值数据和生产者价格指数数据来源于国家统计局统计公报和《中国统计年鉴》,中国PMI数据来源于物流与采购联合会发布的数据。各地级市经济增加值、产业结构和规模以上企业数量数据来源于《浙江统计年鉴》,其中,经济增加值数据是当年产值减去上一年度产值计算得来的。商品期货交易量数据采用中国证监会统计的上海、郑州和大连三家商品期货交易数据加总,生意社大宗商品荣枯指数来自生意社官方网站。大宗商品价格指数中,货币基金商品价格指数来源于国际货币基金组织网站,高盛商品价格指数来源于Wind数据库。世界知名港口库存数据来源于Wind数据库,企业库存数据主要参考联合国粮农数据库、世界钢铁协会年报、BP世界能源报告、CIA协会发布的库存数据。大宗商品流通行业年报主要参考申万商品研究报告。

待调查指标22个,通过建立调查问卷,展开实地调查的方式进行了指标调查,问卷除涉及22个主要指标外,还通过重复调查、变相调查等方式加强调查结果的真实性和可靠性。问卷共设计主要问题48个,其中,单项选择37个(包含量表题20个),多项选择3个,主观性问题8个。本书共向甬商所、网盛大宗商品交易公司、寿光集团浙江分公司、维科浙江公司、中国石化销售有限公司浙江绍兴石油分公司、余姚塑料城、舟山大宗商品交易公司、杭州繁盛物流有限公司、杭州万成物流有限公司、宁波港东南物流公司、杭钢集团有限公司、杭金衢石油发展公司、绍兴诸暨海量集团公司等289家大宗商品流通企业发放问卷1000份,收回有效问卷954份,有效率达95.4%,具体情况见表12-1。

表12-1　　　　　　浙江省11个地级市问卷调查分布情况

| 地区 | 杭州 | 宁波 | 嘉兴 | 绍兴 | 湖州 | 舟山 |
|---|---|---|---|---|---|---|
| 物流企业 | 43 | 58 | 42 | 34 | 17 | 10 |
| 贸易企业 | 43 | 63 | 44 | 30 | 18 | 10 |
| 金融企业 | 44 | 59 | 44 | 36 | 15 | 10 |
| 问卷合计 | 130 | 180 | 130 | 100 | 50 | 30 |
| 有效问卷 | 126 | 177 | 128 | 92 | 44 | 30 |
| 问卷有效率(%) | 96.9 | 98.3 | 98.5 | 92.0 | 88.0 | 100.0 |
| 地区 | 温州 | 金华 | 衢州 | 台州 | 丽水 | 浙江省 |
| 物流企业 | 33 | 32 | 17 | 27 | 16 | 329 |
| 贸易企业 | 35 | 34 | 16 | 28 | 17 | 338 |
| 金融企业 | 32 | 34 | 17 | 25 | 17 | 333 |
| 问卷合计 | 100 | 100 | 50 | 80 | 50 | 1000 |
| 有效问卷 | 97 | 88 | 48 | 78 | 47 | 954 |
| 问卷有效率(%) | 97.0 | 88.0 | 96.0 | 97.5 | 94.0 | 95.4 |

通过问卷统计和分析,计算出总体指数得分情况。

(二) 指标评判

工业增加值指数,以全球经济增加值或者3%的高者为衡量基准,基准分为0分;每增加1%,增加10分;每下降1%,减去10分,得到工业增加值得分情况。2015年全球经济增长值为2.4%,因此,采用3%计算,得出中国经济增加值得分为35分。

生产者价格指数,反映了生产者对于价格的议价能力和经济通货膨胀状况,太高或者太低对于生产者都是不利的。总体来说,PPI为正说明大宗商品在走强,PPI为负则意味着大宗商品面临调整。因此,每变化1个百分点计10分。

PMI监测指数,是反映经济变化的先导因素。PMI指数50为荣枯分水线。当PMI大于50时,说明经济在发展;当PMI小于50时,说明经济在衰退。由于PMI只有分月统计情况,全年数据采用加总的方式求出。当PMI数值不等于50时,采用(PMI数值-50)×10的方式计分,等于50时计零分。

浙江省各地的工业增加值指数,由于《浙江统计年鉴》只统计工业总产值,因此,采用2015年《中国统计年鉴》中的工业产值数据减去2014年的工业产值,得到工业增加值数据。工业增加值占比情况,计入统计数据中。

各地的产业结构采用工业经济比重除以地区总产值的方式求出,然后根据年度变化情况进行统计,得到百分比的变化情况。

大宗商品荣枯指数,采用生意社网站发布的大宗商品荣枯数据,其发布的荣枯指数数值在-1—1。全年数据采用加总的方式求出。

期货交易所商品交易量数据反映了大宗商品的活跃程度,采用上海期货交易所[(当月交易量-上月交易量)/上月交易量]的比重算出其增长和下降情况。

## 第三节 景气指数测度指标体系构建及权重确定

### 一 指标体系及权重确定

(一)一级指标及权重确定

结合一般企业指数的构成和大宗商品的自身特色,将大宗商品流通企业指数分为五个一级指标,分别是信心指数、市场指数、成本指数、创新指数和融资指数。如何选取指标权重是个非常重要的问题,权重不同,指数测算结果会有很大差别。为使测算结果贴近实际,本节采用主成分分析法,通过SPSS软件实现。首先,将原有指标标准化;其次,计算各指标之间的相关矩阵、矩阵特征根及特征向量;最后,将特征根从大到小排列,并分别计算出其对应的主成分。

通过德尔菲法,专家认为,市场指数在大宗商品中的比重应为最高,因为市场行情的好坏直接决定了行业链条上公司的发展。在市场行情较好的情况下，大宗商品流通企业通过原有的库存产品升值、经手环节产品升值获得的是超额收益；而在行情下跌的情况下，企业的库存在贬值的同时，也会经历高价买入低价卖出的尴尬局面，导致企业利润大幅下降。因此，市场因素是最为重要的，它在指数构成中的占比也应该是最高的。其次是大宗商品流通企业的成本，由于大宗商品流通企业主要是以资本密集型企业为主，成本控制是企业能否生存的制胜法宝。最后是信心指数、融资指数和创新指数。计算结果见表12-2。

表12-2 浙江省规模以上大宗商品流通企业发展一级指标

| | 指数名称 | 占比（%） |
| --- | --- | --- |
| 大宗商品流通行业景气指数构成 | 信心指数 | 20 |
| | 市场指数 | 30 |
| | 成本指数 | 25 |
| | 创新指数 | 10 |
| | 融资指数 | 15 |

（二）二级指标及权重确定

二级指标的构建，主要是对一级指标的细化和分解，从而将一级指标逐步分解至可以度量的层面。同时确定二级指标的权重，使其能够较为准确地反映一级指标的变化情况。

对信心指数，将其分成国家信心层面、地区信心层面和行业信心层面，也就是国家的宏观经济环境、地区经济环境和大宗商品流通行业的状况。对于宏观经济环境指标，主要从全国工业增加值、生产者价格指数和中国采购经理人指数（PMI）三个方面进行度量。其次是浙江省各地级市经济环境，主要从各地级市经济增加值、规模以上企业数量和地区产业结构三方面进行衡量。而行业信心层面主要考虑的是企业对大宗商品关注的热度，这主要从期货交易所期货商品交易量和生意社大宗商品荣枯指数方面进行度量。具体指标总计8个。计算结果见表12-3。

表 12-3　　　　　　　　　　信心指数指标分解

| 一级指标 | 二级指标 | 权重（%） | 具体指标 | 权重（%） |
| --- | --- | --- | --- | --- |
| 信心指数 | 宏观经济环境 | 30 | 全国工业增加值 | 10 |
| | | | 生产者价格指数 | 10 |
| | | | 中国采购经理人指数（PMI） | 10 |
| | 浙江省各地级市经济环境 | 40 | 各地级市经济增加值 | 20 |
| | | | 规模以上企业数量 | 10 |
| | | | 地区产业结构 | 10 |
| | 大宗商品关注的热度 | 30 | 生意社大宗商品荣枯指数 | 10 |
| | | | 期货交易所商品期货交易量 | 20 |

对于市场指数，将其分成大宗商品价格指数、库存指数和行业市场预测指数三类。大宗商品价格的指标主要从大宗商品指数变化方面考察，主要考察国际货币基金组织的大宗商品价格指数变化情况、高盛大宗商品价格指数和中国商品价格监测指数。大宗商品的库存状况主要从大宗商品知名港口库存量、大宗商品流通企业库存量以及大宗商品的产销缺口变化等方面考虑。而行业的市场前景状况则主要从专家意见、申万研究等方面进行测度。因为价格因素是大宗商品行情变化的最主要因素，因此给予价格因素的权重最大，达到50%，库存状况和市场前景状况分别占市场指数的25%。具体指标总计8个。计算结果见表12-4。

表 12-4　　　　　　　　　　市场指数指标分解

| 一级指标 | 二级指标 | 权重（%） | 具体指标 | 权重（%） |
| --- | --- | --- | --- | --- |
| 市场指数 | 大宗商品价格指数 | 50 | 国际基金组织价格指数 | 20 |
| | | | 高盛商品指数 | 15 |
| | | | 中国商品价格监测指数 | 15 |
| | 库存指数 | 25 | 国内主要港口库存量 | 7 |
| | | | 大宗商品流通企业存库量 | 8 |
| | | | 大宗商品产销缺口 | 10 |
| | 行业市场预测指数 | 25 | 行业专家预测 | 10 |
| | | | 申万商品研究报告 | 15 |

对于成本指数,主要从大宗商品流通企业的人工成本、原材料及仓储成本、厂房租金成本、企业净利润等方面进行分解。首先是人工成本,包括普通工人人均月工资支出和工资外人工支出两方面;其次是原材料及仓储成本,主要考虑原材料价格和仓储及损耗成本;再次是厂房租金成本,由于大宗商品流通企业往往需要一定的厂房或者仓库进行商品储存,因此,厂房租金或者周边地价在大宗商品流通企业成本中也占据了重要位置即租金占成本比重;最后是企业净利润,可以从整体上对于大宗商品流通企业的成本收入比有个整体的认识,分为净利润增长变化和净利润占收入百分比变化。具体指标总计8个。计算结果见表12-5。

表 12-5　　　　　　　　　　成本指数指标分解

| 一级指标 | 二级指标 | 权重（%） | 具体指标 | 权重（%） |
| --- | --- | --- | --- | --- |
| 成本指数 | 人工成本 | 20 | 普通工人人均月工资 | 15 |
|  |  |  | 工资外支出 | 5 |
|  | 原材料及仓储成本 | 30 | 原材料价格 | 10 |
|  |  |  | 仓储及损耗成本 | 20 |
|  | 厂房租金成本 | 30 | 厂房租金或者周边地价 | 20 |
|  |  |  | 租金占成本比重 | 10 |
|  | 企业净利润 | 20 | 净利润增长变化 | 10 |
|  |  |  | 净利润占收入百分比变化 | 10 |

创新指数主要分成人才招聘难度、企业业务多元化程度和专利状况三个方面。在人才招聘难度方面,分为普通工人招聘状况和管理层及高级技工招聘状况两个方面;在业务多元化程度方面,分为主营业务占收入比重、多元化业务增长情况以及待开展业务投入状况进行分解;在专利状况方面,主要从专利数量或新型业务开展情况、专利增长情况方面分解。具体指标总计7个。计算结果见表12-6。

融资是大宗商品流通企业生产中较为重要的一项活动,大部分大宗商品流通企业衰落或被并购都是由于资金链出现了问题。融资指数分为资金紧张度、融资难度和资金借贷综合成本三个指标进行考量,其中,资金紧张度主要从企业流动比例和企业利息保障倍数两个方面来考察;融资难度从信用贷款取得难易变化程度和抵押贷款取得难易程度进行主观评价,除此之外,贷款到期时长也是度量融资难度的重要指标;资金借贷综合资金成本主要从银行贷款综合资金成本和民间融资综合资金成本两方面进行考察。具体指标总计7个。计算结果见表12-7。

表12-6　　　　　　　　　　创新指数指标分解

| 一级指标 | 二级指标 | 权重（%） | 具体指标 | 权重（%） |
| --- | --- | --- | --- | --- |
| 创新指数 | 人才招聘难度 | 30 | 普通工人招聘状况 | 15 |
| | | | 管理及高级技工招聘状况 | 15 |
| | 业务多元化程度 | 40 | 多元化业务增长情况 | 20 |
| | | | 主营业务占收入比重 | 10 |
| | | | 待开展业务投入状况 | 10 |
| | 专利状况 | 30 | 专利数量或新型业务开展情况 | 20 |
| | | | 专利增长情况 | 10 |

表12-7　　　　　　　　　　融资指数指标分解

| 一级指标 | 二级指标 | 权重（%） | 具体指标 | 权重（%） |
| --- | --- | --- | --- | --- |
| 融资指数 | 资金紧张度 | 30 | 企业流动比例 | 15 |
| | | | 企业利息保障倍数 | 15 |
| | 融资难度 | 30 | 信用贷款取得难易程度 | 10 |
| | | | 抵押贷款取得难易程度 | 10 |
| | | | 贷款到期时长 | 10 |
| | 资金借贷综合成本 | 40 | 银行融资综合资金成本 | 20 |
| | | | 民间融资综合资金成本 | 20 |

根据上述大宗商品流通行业景气指数测度一级指标及信心指数、市场指数、成本指数、创新指数和融资指数5个二级指标的对应权重,本书将其汇总,如表12-8所示。

表12-8　　　　　大宗商品流通行业景气指数指标体系评价

| 一级指标 | 二级指标 | 三级指标 | 权重（%） |
| --- | --- | --- | --- |
| 信心指数 | 宏观经济环境 | 全国工业增加值 | 10 |
| | | 生产者价格指数 | 10 |
| | | 中国采购经理人指数（PMI） | 10 |

续表

| 一级指标 | 二级指标 | 三级指标 | 权重（%） |
| --- | --- | --- | --- |
| 信心指数 | 浙江省各地级市经济环境 | 各地级市经济增加值 | 20 |
| | | 规模以上企业数量 | 10 |
| | | 地区产业结构 | 10 |
| | 大宗商品关注的热度 | 生意社大宗商品荣枯指数 | 10 |
| | | 期货交易所大宗商品交易量 | 20 |
| 市场指数 | 大宗商品价格指数变化 | 国际基金组织价格指数 | 20 |
| | | 高盛商品指数 | 15 |
| | | 中国商品价格监测指数 | 15 |
| | 库存指数 | 国际主要港口库存量 | 7 |
| | | 大宗商品流通企业存库量 | 8 |
| | | 大宗商品产销缺口 | 10 |
| | 行业市场预测指数 | 行业专家预测 | 10 |
| | | 申万商品研究报告 | 15 |
| 成本指数 | 人工成本 | 普通工人人均月工资 | 15 |
| | | 工资外支出 | 5 |
| | 原材料及仓储成本 | 原材料价格 | 10 |
| | | 仓储及损耗成本 | 20 |
| | 厂房租金成本 | 厂房租金或者周边地价 | 20 |
| | | 租金占成本比重 | 10 |
| | 企业净利润 | 净利润增长变化 | 10 |
| | | 净利润占收入百分比变化 | 10 |
| 创新指数 | 人才招聘难度 | 普通工人招聘状况 | 15 |
| | | 管理及高级技工招聘状况 | 15 |
| | 业务多元化程度 | 多元化业务增长情况 | 20 |
| | | 主营业务占收入比重 | 10 |
| | | 待开展业务投入状况 | 10 |
| | 专利状况 | 专利数量或新型业务开展情况 | 20 |
| | | 专利增长状况 | 10 |
| 融资指数 | 资金紧张度 | 企业流动紧张度 | 15 |
| | | 企业利息保障倍数 | 15 |

续表

| 一级指标 | 二级指标 | 三级指标 | 权重（%） |
| --- | --- | --- | --- |
| 融资指数 | 融资难度 | 信用贷款取得难易难度 | 10 |
| | | 抵押贷款取得难易程度 | 10 |
| | | 贷款到款时长 | 10 |
| | 资金借贷综合成本 | 银行融资综合资金成本 | 20 |
| | | 民间融资综合资金成本 | 20 |

## 二 综合指数评价模型

根据指标体系特征，采用综合评价模型：

$$S_i = \sum_{j=1}^{m} F_j X_{ij} \ (i=1, 2, \cdots, n)$$

式中，$S_i$ 是第 $i$ 个地区大宗商品景气综合指标，景气指数取值范围在 0—200，以 100 为临界值，指数在 100 以上，反映景气状况趋于上升或改善；低于 100，反映景气状况趋于下降或衰退；等于 100，反映景气状况变化不大。$F_j$ 为第 $j$ 个指标因子的权重，$\sum_{j=1}^{m} F_j = 1$，$F_j$ 数值越大说明权重越大，此指标的影响越大；$X_{ij}$ 为第 $i$ 个地区第 $j$ 个指标；$m$ 为指标数目，$n$ 是地区数。

# 第十三章

# 浙江省大宗商品流通行业景气指数测度

## 第一节 2015年浙江省大宗商品流通行业景气指数

通过构建大宗商品流通行业景气指数，并对浙江省11个地级市2015年大宗商品流通企业进行测度分析。表13-1显示的是2015年基于调查数据的浙江省11个地级市大宗商品流通行业景气指数计算结果。图13-1更直观地反映了2015年浙江省11个地级市大宗商品流通行业景气指数排名情况。

表13-1 2015年浙江省11个地级市大宗商品流通行业景气指数排名

| 城市 | 指数 | 排名 | 城市 | 指数 | 排名 |
| --- | --- | --- | --- | --- | --- |
| 杭州 | 124.5 | 1 | 绍兴 | 100.85 | 7 |
| 宁波 | 114.1 | 2 | 衢州 | 96.55 | 8 |
| 舟山 | 112.5 | 3 | 湖州 | 93.3 | 9 |
| 嘉兴 | 109.1 | 4 | 台州 | 87.75 | 10 |
| 金华 | 105.85 | 5 | 丽水 | 82 | 11 |
| 温州 | 103.8 | 6 | 全省平均指数 | 102.75 | |

本书将大宗商品流通行业分为物流行业、贸易行业和金融行业，进而在表13-1排名基础上，对浙江省11个地级市进一步行业划分，更深入分析各地级市分行业景气指数情况，详见表13-2和图13-1。

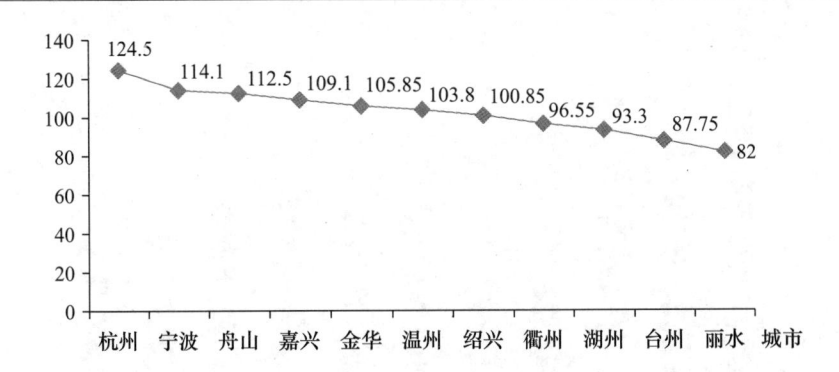

```
          140
              124.5
          120      114.1
                         112.5
                                109.1
          100                         105.85
                                             103.8
                                                   100.85
           80                                            96.55
                                                               93.3
                                                                     87.75
           60                                                              82
           40
           20
            0
              杭州  宁波  舟山  嘉兴  金华  温州  绍兴  衢州  湖州  台州  丽水  城市
```

**图 13 – 1　2015 年浙江省 11 个地级市大宗商品流通行业景气指数排名**

表 13 – 2　　　　2015 年浙江省 11 个地级市分行业景气指数排名

| 城市 | 物流行业 指数 | 排名 | 贸易行业 指数 | 排名 | 金融行业 指数 | 排名 |
|---|---|---|---|---|---|---|
| 杭州 | 121.45 | 1 | 123.65 | 1 | 128.4 | 1 |
| 宁波 | 115.01 | 4 | 112.6 | 4 | 115.43 | 2 |
| 舟山 | 118.02 | 2 | 113.8 | 3 | 105.6 | 3 |
| 嘉兴 | 116.45 | 3 | 110.3 | 5 | 99.45 | 4 |
| 金华 | 98.5 | 8 | 118.76 | 2 | 98.89 | 5 |
| 温州 | 110.48 | 5 | 109.45 | 6 | 92.12 | 6 |
| 绍兴 | 108.2 | 6 | 103.5 | 7 | 90.89 | 7 |
| 衢州 | 98.65 | 7 | 102.24 | 8 | 87.4 | 8 |
| 湖州 | 96.4 | 9 | 95.34 | 9 | 86.9 | 9 |
| 台州 | 94.3 | 10 | 85.3 | 10 | 83.56 | 10 |
| 丽水 | 85.32 | 11 | 80.79 | 11 | 82.3 | 11 |
| 全省平均指数 | 105.71 | | 105.07 | | 97.358 | |

从图 13 – 1 可以看出，浙江省 11 个地级市 2015 年大宗商品流通行业景气指数差异并不大，都处于景气区间。从表 13 – 2 可以看出，浙江省 11 个地级市中，第一梯度：杭州、宁波和舟山大宗商品流通行业处于相对安全的较强景气区间；第二梯度：绍兴、金华、温州和绍兴处于弱安全的微景气区间；第三梯度：衢州、湖州、台州和丽水处于经营风险较强的不景气区间。结果显示，2015 年浙江省 11 个地级市中小企业比较景气指数

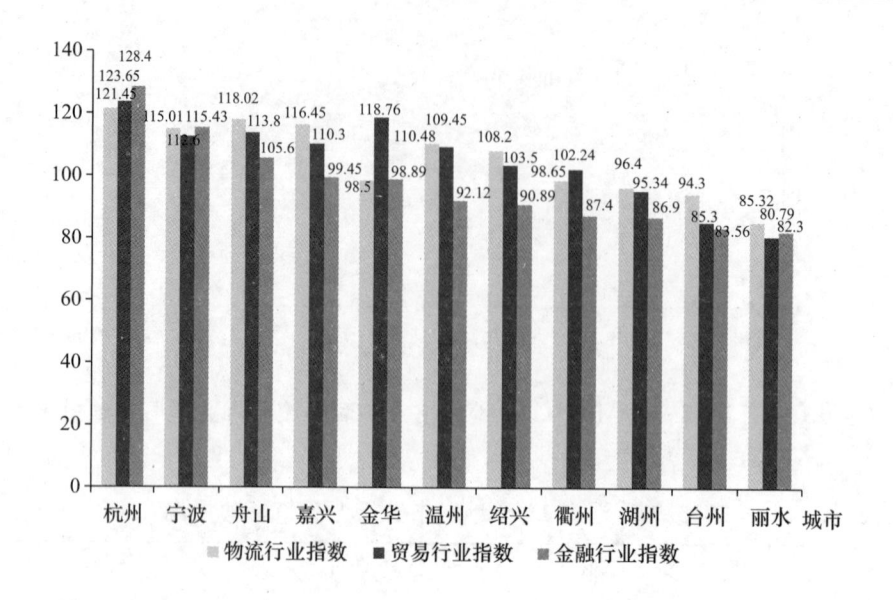

图 13-2　2015 年浙江省 11 个地级市分行业景气指数排名

平均为 102.75。其中，杭州市最高，其指数为 124.45。其次是舟山市，指数为 118.02。宁波、嘉兴、温州、绍兴的大宗商品流通行业景气指数均在 100 以上，综合经营状况总体稳步提升，企业家信心逐步加强。2015 年，浙江省大宗商品流通企业整体呈现以下几个特点。

**一　2015 年大宗商品流通企业受市场冲击较大，较多企业呈现亏损情形**

世界大宗商品从 2011 年开始正式下行，迄今为止，已经有 4 年之久。2015 年，较多大宗商品流通企业已经深感进入了大宗商品"寒冬"。2015 年 6 月开始，从原油、黄金、铜到棉花、糖、铜、锡等商品价格持续下跌，围绕大宗商品的避险情绪越来越浓。更令人担忧的是，随着美联储加息脚步的临近，强势美元或成为压垮商品价格的最后一根稻草。在美元升至 12 年新高之际，以美元计价的大宗商品近来已经屡现疲态。

随着大宗商品价格的持续低位，大宗商品流通行业也在不断地整合。在国际方面，嘉能已经向力拓提出过收购协议，2016 年进一步提出收购协议。在国内方面，上海宝钢与武汉钢铁集团已经重组合并。行业亏损和整合是行业发展的大势。浙江省大宗商品流通企业主要是中小型企业，甚至是规模以下企业，在市场寒冬的情况下，更需要加大市场整合，才能使企业安全过冬。

## 二 2015年浙江内陆地区企业受市场价格冲击较大

在印象中，沿海城市大宗商品流通企业较多，尤其是大宗商品贸易企业众多，对外贸易依存度较大，但是，在调查部分浙江省大宗商品流通企业后，对比调查企业发现，内陆地区大宗商品流通企业受到市场影响更大，大宗商品流通企业亏损情况更为严重。一方面，位于内陆地区的大宗商品流通企业往往库存量相对较大，导致在原材料价格下跌时，大宗商品流通企业手中存货的价格也在不断下跌。浙江省沿海经济发达，企业库存周转率高于浙西地级市，浙西地级市也由于采购成本较高，从而使自身库存量较大，因此形成了较大的亏损。另一方面，东部沿海大宗商品流通企业平均规模也大于浙西企业，大型企业可以通过上海期货市场或者是宁波、舟山的现货市场进行价格锁定，从而降低企业风险，而小型企业则无法做到这一点。从受市场冲击的地市来看，丽水、台州、衢州和金华受市场影响最大，主要是由于其居于内陆，同时企业规模不足。

## 三 2015年大宗商品加工企业发展状况不理想

从大宗商品流通企业的内部来看，加工企业受到的市场冲击最大，其次是商贸和物流企业，金融服务企业和信息咨询企业受到的市场冲击最小。在调查中我们发现，大宗商品流通企业的平均存货周转天数是60天左右，而黑色金属冶炼企业的平均存货周转天数为80天左右，有色金属冶炼企业平均存货周转天数为50天左右。平均存货周转率在较大程度上影响了大宗商品流通企业的企业利润。以此类推，大宗商品商贸和物流企业往往不持有存货或者持有存货时间较短，所受的冲击仅仅为销售或服务情况不达标。金融服务企业和信息咨询企业则保持着相对稳定的营业收入，不会随着大宗商品价格的大幅变动而变动。

## 第二节 2016年浙江省大宗商品流通行业景气指数

表13-3显示的是2016年基于调查数据的浙江省11个地级市大宗商品流通行业景气指数计算结果。图13-3更直观地反映了浙江省11个地级市行业景气指数排名。表13-4和图13-4直观地展示了2016年浙江

省11个地级市大宗物流行业、贸易行业、金融行业的分项排名情况。研究可以发现，2016年浙江省11个地级市大宗商品流通行业景气指数有如下特点：

**表13-3 2016年浙江省11个地级市大宗商品流通行业景气指数排名**

| 城市 | 指数 | 排名 | 城市 | 指数 | 排名 |
|---|---|---|---|---|---|
| 舟山 | 132.75 | 1 | 衢州 | 104.85 | 7 |
| 宁波 | 126.5 | 2 | 湖州 | 102.4 | 8 |
| 杭州 | 125.9 | 3 | 温州 | 98.2 | 9 |
| 嘉兴 | 112.3 | 4 | 台州 | 88.15 | 10 |
| 金华 | 114.3 | 5 | 丽水 | 70.55 | 11 |
| 绍兴 | 112.3 | 6 | 全省平均指数 | 108.0182 | |

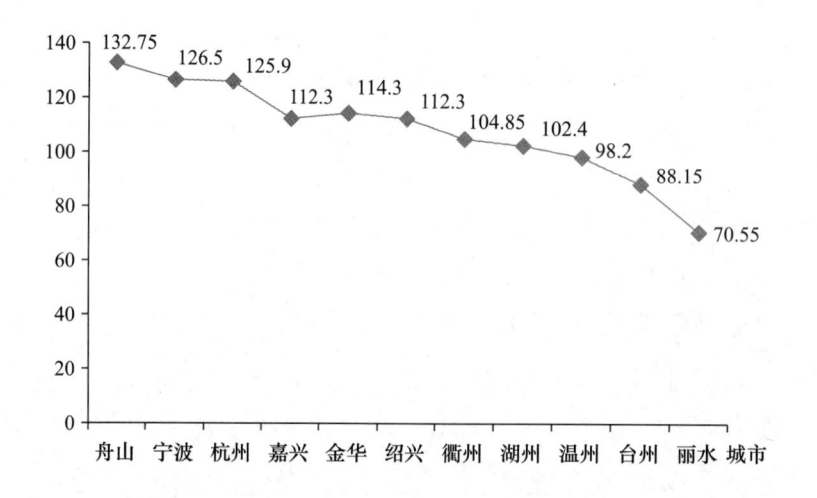

**图13-3 2016年浙江省11个地级市大宗商品流通行业景气指数排名**

**表13-4 2016年浙江省11个地级市分行业景气指数排名**

| 城市 | 物流行业 指数 | 物流行业 排名 | 贸易行业 指数 | 贸易行业 排名 | 金融行业 指数 | 金融行业 排名 |
|---|---|---|---|---|---|---|
| 舟山 | 137.12 | 1 | 135.34 | 1 | 125.76 | 2 |
| 宁波 | 126.34 | 2 | 128.35 | 3 | 124.86 | 3 |

续表

| 城市 | 物流行业 指数 | 物流行业 排名 | 贸易行业 指数 | 贸易行业 排名 | 金融行业 指数 | 金融行业 排名 |
|---|---|---|---|---|---|---|
| 杭州 | 120.97 | 4 | 125.98 | 4 | 130.64 | 1 |
| 嘉兴 | 125.63 | 3 | 113.5 | 6 | 97.43 | 7 |
| 金华 | 116.78 | 5 | 128.58 | 2 | 96.67 | 8 |
| 绍兴 | 115.7 | 6 | 119.92 | 5 | 100.76 | 4 |
| 衢州 | 110.5 | 7 | 106.39 | 7 | 97.8 | 6 |
| 湖州 | 102.17 | 9 | 105.35 | 8 | 99.8 | 5 |
| 温州 | 103.7 | 8 | 100.56 | 9 | 90.47 | 9 |
| 台州 | 96.18 | 10 | 87.9 | 10 | 80.49 | 10 |
| 丽水 | 70.87 | 11 | 70.48 | 11 | 70.37 | 11 |
| 全省平均指数 | 111.4509 | | 111.1227 | | 101.3682 | |

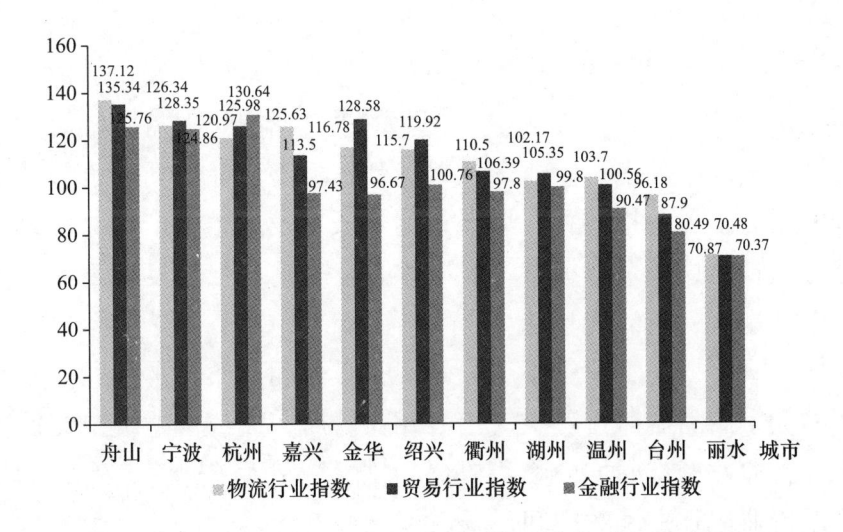

**图13-4　2016年浙江省11个地级市分行业景气指数排名**

## 一　层次分明

2016年浙江省大宗商品流通行业景气指数为108.02，舟山、宁波和杭州3市的大宗商品流通行业景气指数为第一层次；嘉兴、金华、绍兴和衢州4市为第二层次；第三层次包括湖州、温州、台州和丽水4市。

## 二　差距拉大

第一层次平均指数远远超过第二层次和第三层次的指数水平，其中，行业景气指数最高的舟山市和最低的丽水市之间相差 1.8 倍以上，表明浙江区域内的大宗商品流通行业发展很不平衡。

第一层次中，舟山近年大力发展海洋经济，发展潜力很大，尤其是舟山自贸区的成立，使舟山大宗商品流通行业景气指数大幅度上升。其中，作为计划单列市的宁波市，工业发展基础良好，经济外向度较高，引进消化先进技术的能力较强，现代制造业在浙江省内占有重要地位；作为省会城市的杭州，凭借得天独厚的地理、人才和技术资源优势，着力发展电子、电商行业，显示出了强大的现代制造的综合实力。

第二层次中，衢州以化工、钢材、水泥等传统工业或素材产业为主，容易受市场供需波动的影响；嘉兴、台州等大部分地级市的中小企业多从事劳动密集型产业，面对资金缺乏、成本攀升的压力，景气指数相对偏低。

第三层次中，温州的实体经济虽然近年来出现较大衰退，但发挥资本集约型经济的效率优势，工业中小企业的景气指数仍保持了较高水平；台州等大部分地级市的中小企业多从事劳动密集型产业，面对资金缺乏、成本攀升的压力，景气指数相对偏低；丽水长期发展生态产业，但目前效果尚未充分显现。这 3 个地级市工业中小企业较前两层次发展不足，但在政策引导下，也有一定的成长趋势。

总体来看，浙江工业中小企业景气指数区间分布不平衡，特别是欠发达地区的大宗商品流通行业景气指数相对滞后，大部分地级市在促进大宗商品流通行业发展方面均面临着机遇和挑战。从发展趋势来看，浙江大宗商品流通行业成长发展的空间还很大。

## 第三节　浙江省大宗商品流通行业景气指数比较

表 13-5 和表 13-6 直观地展示了 2015 年和 2016 年浙江省 11 个地级市大宗商品流通行业景气指数比较情况。研究可以发现，与 2015 年相比，宁波、嘉兴、金华、台州、丽水的排名不变；舟山位次上升两位，绍

兴、衢州、湖州位次上升一位；杭州位次下降两位，温州位次下降三位。各地级市市区大宗商品流通行业景气指数实现了较快增长，其中，增长最快的是舟山，增速为18.00%；其次是绍兴增速为11.35%；宁波增速为10.87%。温州和丽水大宗商品流通行业景气指数下降。

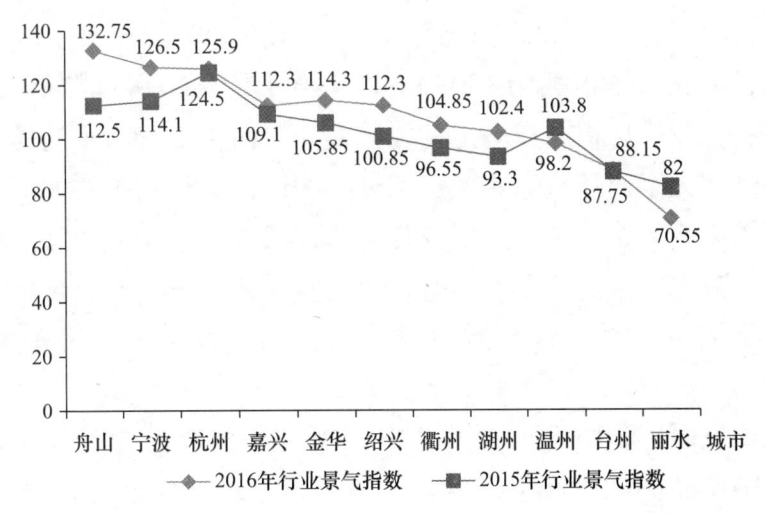

表13-5　　　　2015—2016年浙江省11个地级市大宗商品流通行业景气指数比较

| 城市 | 2016年 行业景气指数 | 排名 | 2015年 行业景气指数 | 排名 | 指数增速（%） |
| --- | --- | --- | --- | --- | --- |
| 舟山 | 132.75 | 1 | 112.5 | 3 | 18.00 |
| 宁波 | 126.5 | 2 | 114.1 | 2 | 10.87 |
| 杭州 | 125.9 | 3 | 124.5 | 1 | 1.12 |
| 嘉兴 | 112.3 | 4 | 109.1 | 4 | 2.93 |
| 金华 | 114.3 | 5 | 105.85 | 5 | 7.98 |
| 绍兴 | 112.3 | 6 | 100.85 | 7 | 11.35 |
| 衢州 | 104.85 | 7 | 96.55 | 8 | 8.60 |
| 湖州 | 102.4 | 8 | 93.3 | 9 | 9.75 |
| 温州 | 98.2 | 9 | 103.8 | 6 | -5.39 |
| 台州 | 88.15 | 10 | 87.75 | 10 | 0.46 |
| 丽水 | 70.55 | 11 | 82 | 11 | -13.96 |
| 全省平均指数 | 108.02 | | 102.75 | | 5.12 |

图13-5　2015—2016年浙江省11个地级市大宗商品流通行业景气指数比较

# 第十四章

# 浙江省杭州市、宁波市和舟山市大宗商品流通行业景气指数测度

由前面章节的研究可知,按地级市分类,杭州市、宁波市和舟山市大宗商品流通景气状况属于浙江省第一层次,接下来对以上三个城市进行进一步比较分析。

## 第一节 杭州市大宗商品流通行业景气指数

杭州是浙江省省会,也是浙江省最主要的交通枢纽和工业集聚地。在大宗商品流通产业发展方面,杭州市大宗商品指数中信心指数达到120,显著高于浙江省平均水平,这主要得益于杭州市2015年以来基础设施的完善和区位优势的显现,杭州市近年来经济水平保持着高速稳定的发展,产业结构不断优化。

2015年,由于全年大宗商品价格持续低位徘徊,导致了市场景气度严重不足,因此市场指数为150。主要是由于杭州市房价在2015年开始逐步回暖,企业厂房租金有一定的提升,同时由于工资水平的提升,对于劳动密集型的大宗商品流通企业也有较大的冲击。杭州市的大宗商品流通企业主要以物流、交易和信息服务为支撑,从总量来看,大宗商品流通企业数量有所减少,但是,企业创新方面仍然保持着一定的增长,第四方物流模式的运用以及供应链金融的完善为大宗商品流通企业增添了创新活力。

在融资方面,2015年,杭州市有两家物流企业借壳上市成功,大大增强了大宗商品的融资能力。此外,由于国家近两年实行的货币宽松政策,因此,大宗商品流通企业总体负债水平相对合理,在调查的企业中也

没有出现过高的负债或是过高的借贷利息支出。得益于杭州市大数据和云计算产业的快速发展,以及金融化水平的提升。本书认为,杭州市未来大宗商品流通企业的发展会呈现结构化的调整,以大宗商品粗加工和大宗商品制造为主的制造业将会进一步减少,而以信息化为抓手的大宗商品信息服务业和交易业则会进一步增加,物流产业则保持较为稳定的态势。

2016年,杭州市大宗商品流通行业景气指数为125.9,增速为1.12%。信心指数、市场指数、创新指数、融资指数均有小幅度上涨,而成本指数下降。详见表14-1和图14-1。

表14-1  2015—2016年杭州市大宗商品流通行业景气指数构成情况

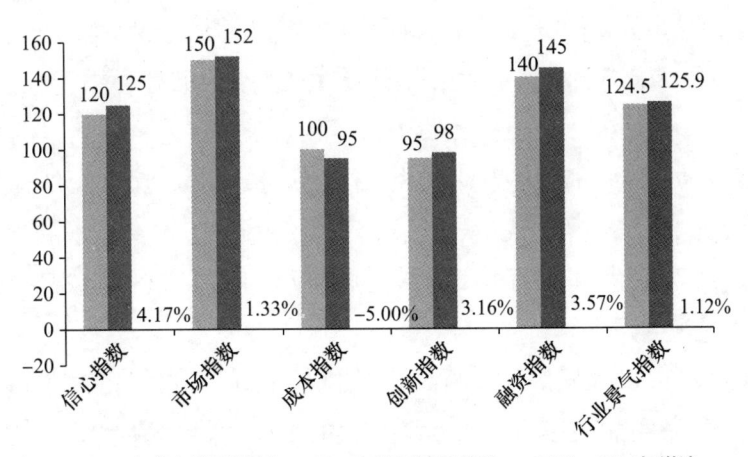

| 年份<br>指数名称 | 权重(%) | 2015<br>指标计算结果 | 2016<br>指标计算结果 | 增速(%) |
| --- | --- | --- | --- | --- |
| 信心指数 | 20 | 120 | 125 | 4.17 |
| 市场指数 | 30 | 150 | 152 | 1.33 |
| 成本指数 | 25 | 100 | 95 | -5.00 |
| 创新指数 | 10 | 95 | 98 | 3.16 |
| 融资指数 | 15 | 140 | 145 | 3.57 |
| 行业景气指数 | — | 124.5 | 125.9 | 1.12 |

图14-1  2015—2016年杭州市大宗商品流通行业景气指数构成情况

## 第二节　宁波市大宗商品流通行业景气指数

宁波市是浙江省第二大城市，也是著名的港口城市。宁波市工业经济主要以加工制造业为主，大宗商品作为工业制造业的主要原料，在宁波市的经济发展中也占据着重要的位置。在2015年大宗商品价格低谷徘徊，虽然降低了宁波市工业企业的生产成本，但是由于经济环境较差，整体工业市场行情依然不景气，在此状况下大宗商品流通企业经营活动更加困难。

2015年，宁波市大宗商品指数综合计算结果是114.1，其中，信心指数为115，相对于杭州市偏低，其中，主要原因可能是宁波市的经济转型速度和质量相较于杭州市仍有一定的差距，2015年宁波市实现工业增加值3460.9亿元，比2014年增长4.4%。其中，规模以上工业企业实现增加值2575.4亿元，增长3.8%，而杭州市实现工业增加值3497.92亿元，增长5.5%，其中，规模以上工业增加值2903.30亿元，增长5.4%。成本指数为96，一方面表现在工业企业厂房租金的价格上涨，宁波市地产价格在2015年全年呈现小幅上涨，但涨幅不及杭州市；另一方面表现在人工价格的上涨，宁波市由于地处沿海，经济腹地不如上海、杭州、苏州等城市宽广，因此，对于劳动力吸引程度随着工资的上升而逐步下降，人工短缺和工人工资的上涨在一定程度上阻碍了宁波市大宗商品流通企业的发展。从创新指数来看，宁波市的创新指数为83，主要表现在现货市场的创新，2015年，宁波市现货市场格局稳定，宁波市大宗商品交易所推出两种现货产品，同时，宁波市跨境物流园区发展进一步强化。融资指数为120，表明大宗商品流通企业融资相对便捷，融资成本有所下降，这主要得益于较为宽松的货币政策，在宽松的政策环境下，大宗商品流通企业一般以固定资产或者商品存货进行抵押借款，借款可得性较高，同时借款利息相较于往年有所下降。

从整体来看，宁波市大宗商品指数比杭州市偏低，主要是因为宁波为临港城市，大宗商品贸易是宁波市对外贸易的重要组成部分，因此，大宗商品总体价格下降在一定程度上导致了宁波市整体贸易额的下降。而且随着经济转型和市场升级，原先进口的煤、铁资源数量也呈现下降趋势，随着经济的发展，这一趋势还将持续。

2016年，宁波市大宗商品流通行业景气指数为126.5，增速为10.87%。信心指数、市场指数、创新指数、融资指数均有大幅度上涨，而成本指数下降。详见表14-2和图14-2。

表14-2 2015—2016年宁波市大宗商品流通行业景气指数构成情况

| 年份<br>指数名称 | 权重（%） | 2015<br>指标计算结果 | 2016<br>指标计算结果 | 增速（%） |
|---|---|---|---|---|
| 信心指数 | 20 | 115 | 130 | 13.04 |
| 市场指数 | 30 | 136 | 155 | 13.97 |
| 成本指数 | 25 | 96 | 88 | -8.33 |
| 创新指数 | 10 | 83 | 95 | 14.46 |
| 融资指数 | 15 | 120 | 150 | 25.00 |
| 行业景气指数 | — | 114.1 | 126.5 | 10.87 |

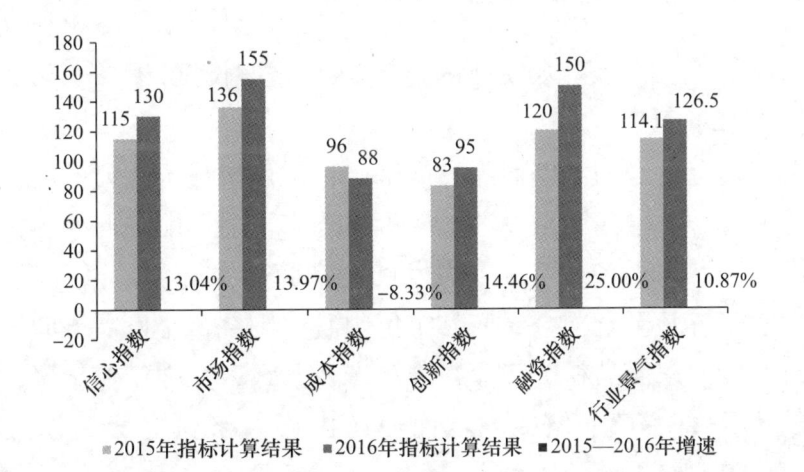

图14-2 2015—2016年宁波市大宗商品流通行业景气指数构成情况

## 第三节 舟山市大宗商品流通行业景气指数

舟山市是浙江省最东边的地区，是著名的海岛城市。舟山市经济的外向型程度较高，因此，在2015年受到的冲击也最大。2015年，舟山市大宗商品流通行业景气指数为112.5。其中信心指数为113，主要是由于舟山市经济结构较为单一，规模以上工业企业中，船舶修造产值占据了半壁江山；其次是石油化工，而其他产业产值均较为薄弱。由于贸易环境恶化以及石油价格的下跌，调查企业均不看好2016年船舶行业和石油化工行业。由于钢材和原油价格的大幅下跌，市场指数也呈现大幅下降，为130。

从成本情况来看，2015年，铁矿石价格低位徘徊，给造船企业带来了不小的契机，但是，由于市场行情不明朗，企业存货仍有积压。因此，原材料价格下跌并没有很好地改善企业经营状况。同时，舟山市由于地处海岛，土地资源相对较少，因此，厂房租金和地价也较高，从而影响了整体的成本状况，综合评定成本指数为100。在创新方面，舟山市正在积极申报舟山自贸区，同时，开始着手建立舟山现货交易所与金属与石油化工产品现货交易，但是，企业大多业务单一，风险性较大。因此创新指数为82。在融资方面，由于市场整体环境宽松、整体融资环境向好，且舟山市公司多为来料加工企业，资金需求量相对较低，综合评定舟山市融资指数为118。

2016年，舟山信心指数为148，比2015年增长30.97%。市场指数为159，增速为22.31%。

舟山市具有良好的大宗商品发展基础，洋山港作为重要的阴极铜和铁矿石中转港口，对中国乃至亚洲金属价格均有重要影响。此外，舟山市港湾条件优良，岛屿众多，可以大力发展大宗商品中转贸易以及现货市场，有望成为浙江省乃至全国金属产品定价中心。围绕这个发展方向，舟山市应该大力发展大宗商品相关产业，推动产业升级，加强产业集聚，形成较为完善的大宗商品产业链条，从而使舟山市经济又好又快发展。详见表14-3和图14-3。

表14-3 2015—2016年舟山市大宗商品流通行业景气指数构成情况

| 年份<br>指数名称 | 权重（%） | 2015<br>指标计算结果 | 2016<br>指标计算结果 | 增速（%） |
| --- | --- | --- | --- | --- |
| 信心指数 | 20 | 113 | 148 | 30.97 |
| 市场指数 | 30 | 130 | 159 | 22.31 |
| 成本指数 | 25 | 100 | 85 | -15.00 |

第十四章　浙江省杭州市、宁波市和舟山市……行业景气指数测度 ·181·

续表

| 年份<br>指数名称 | 权重（%） | 2015<br>指标计算结果 | 2016<br>指标计算结果 | 增速（%） |
|---|---|---|---|---|
| 创新指数 | 10 | 82 | 105 | 28.05 |
| 融资指数 | 15 | 118 | 158 | 33.90 |
| 行业景气指数 | — | 112.5 | 132.75 | 18.00 |

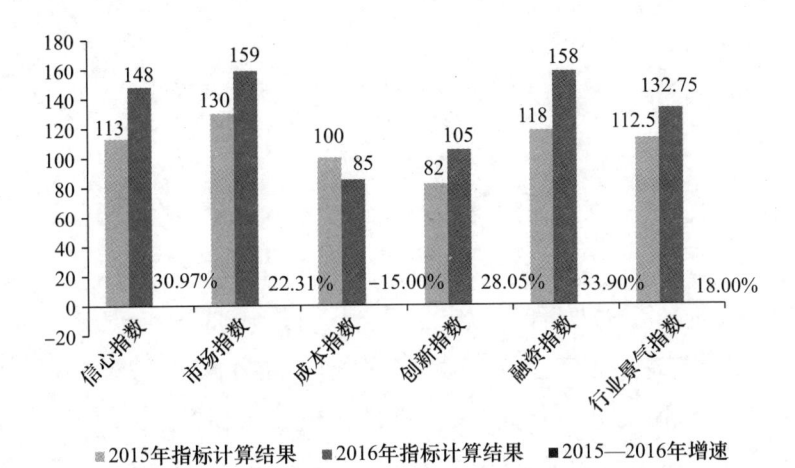

图 14-3　2015—2016 年舟山市大宗商品流通行业景气指数构成情况

# 第十五章

# 浙江省大宗商品流通行业发展实证案例

## 第一节 宁波大宗商品交易所有限公司交易模式创新发展

宁波大宗商品交易所有限公司（以下简称甬商所）是由宁波市人民政府批准，并经中国证监会（国务院部际联席会议）备案的综合性现货商品交易所。甬商所成立于2011年8月，由宁波开发投资集团有限公司、宁波市国际贸易投资发展有限公司和宁波港集团有限公司三家国有企业共同出资组建，注册资本为2亿元人民币。2012年9月，国家发改委发文公布了国家电子商务试点项目名单，宁波大宗商品交易所有限公司是唯一一家以大宗商品电子交易、金融服务为重点的试点项目。试点的主要内容是以建设大宗商品电子交易、金融服务、客户关系管理系统，为企业开展金属、化工、能源、矿产品、稀土、农林产品等品种的大宗商品现货电子交易提供服务为主。试点项目将通过大宗商品交易模式创新以及金融服务创新来完善整个电子交易服务体系，为广大交易商提供更为高效、快捷、安全的服务。目前，甬商所日均结算量已经突破2亿元，初步形成了集交易、物流、信息、金融等功能于一体的综合性现货交易服务体系。

甬商所以"稳健、创新、分享"为核心价值理念，以建设成为安全、公平、高效、具有国际影响力的综合性现货商品交易所为长期战略目标，利用电子商务平台，创新互联网时代大宗商品贸易、供应链、投资的新模式，实现了"互联网+商品+金融"一体化服务，提高流通效率，降低流通成本，助推传统产业和国民经济转型升级。

## 一 甬商所交易模式创新路径

（一）探索现货递延交易模式，开启大宗商品智慧贸易时代

现货递延交易是指交易商通过交易所电子交易系统进行交易商品的买入或卖出申报，由电子交易系统配对成交后自动生成电子交易合同，经交收申报配对，确定交收日期履行合同的交易方式。基于对专业市场运营机理、互联网技术和电子商务的深刻理解，甬商所推出了集竞价交易、商城挂牌交易、中远期交易功能和优点于一体的现货递延交易模式，在金属、能源、化工等大宗商品领域进行全新探索，使大宗商品中远期市场有序回归现货，成为互联网时代专业市场集约化、网络化、智能化发展的方向。

每日交收制度，满足企业现货需求。现货递延交易中设计了每日交收制度，企业可以根据自身需求提出交收申报，配对成功即能当日提货交收；没有即期现货需求的企业无须提出交收申报，待有现货需求时再提出交收申报即可。这种灵活自主的每日交收制度，既满足了企业的现货需求，又帮助企业合理安排库存，减少资金占用，降低存货成本，同时也满足了锁定价格、规避风险的需求。针对提出交收申报但未能获得（交付）货物的企业，现货递延交易中设计了递延补偿费制度，与经济合同中的"违约金"对接，通过经济补偿，维护各方利益。

全程电子商务，提高企业运营效率。现货递延交易通过电子商务实现集中交易，提高市场流动性。交易商只需根据自己的需求进行价格申报，按照"价格优先、时间优先"的原则进行撮合成交，节省了搜寻交易对手的时间和费用。履约保证金制度与经济合同中的"订金（或预付款）"对接，建立了以交易所为核心的可信交易环境和违约保障机制，确保合同真实有效和完全履行，为企业减少了资金占用，降低了交易成本，提高了经营效益。电子仓单使货物入库申请、货权过户、提货申请等业务操作因信息化变得安全、高效和便捷，实现了商流和物流信息的无缝对接，不仅降低了物流成本，也为货物就近配送、物流金融等业务的开展提供了信息支撑。

公平交易环境，形成公允现货"锚价格"。现货递延交易为全国各地的企业提供一个公平、透明的交易场所，企业在自身完成交易的同时向市场中的其他人发布了真实可信的价格信息。这种交易方式改变了传统交易模式的信息私密性，建立了"我为人人、人人为我"的信息良性循环和

分享机制。电子商务集聚的真实信息，通过网络等多种方式向行业公开发布，有利于形成全国性的公允现货市场价格，成为期货市场的"锚价格"，更好地发挥了市场资源配置作用。

智慧贸易模式，推动专业市场集约化发展。以"互联网+智能终端"为载体的现货递延交易，实现了"标准化交易+个性化交收"的有机结合，能为各类大宗商品提供电子商务解决方案，因而被誉为大宗商品的智慧贸易模式。交易所作为交易结算的中介，结合商业银行的资金三方存管服务，提升了供应链金融服务的广度、深度和效率，解决了中小微企业融资难、融资贵的问题；商流、信息流、资金流的网络集聚，从根本上摆脱了市场建设对土地、资金等要素资源的过度消耗和约束，推动了专业市场向集约化、网络化发展；与政府部门建立大宗商品市场的信息共享机制，有效地促进了企业诚信守法经营，提高了政府制定宏观经济决策的及时性、针对性和准确性。

(二)创新探索期现市场对接模式，完善多层次商品市场建设

长期以来，期货与现货市场无法进行有效的衔接，从结算清算到仓储物流之间缺乏专门的制度设计和监管规范，无法充分发挥期货市场套期保值与现货市场定价功能的有机结合。

为降低现货企业参与成本，促进期现对接，2014年大商所与甬商所、浙江省国际贸易集团物流公司（以下简称浙江国贸）开始探讨PVC仓单在两市场间转换的可能性。2015年3月，大商所与浙江省金融办签署战略合作协议，为三方业务合作打下了基础。2015年5月初，三方在宁波组织召开了"期现仓单转换业务研讨会"，进一步推动了相关工作。2015年8月20日，大商所与宁波大宗商品交易所、浙江国贸在杭州签署聚氯乙烯（PVC）期现仓单转换业务三方协议，启动PVC仓单在两所间的转换试点业务。大商所和甬商所将先期通过浙江国贸开展两所间PVC仓单转换试点业务。协议对仓单转换试点业务中仓单转换程序、试点交割仓库服务及监管等进行了详细约定，并明确三方严格按照国家有关政策要求及大商所、甬商所现有业务规定和协议，对仓单转换业务进行管理。

仓单转换程序。客户先在大商所（甬商所）仓单管理系统中，按照大商所（甬商所）的仓单注销程序办理仓单注销；经试点交割仓库确认后，再按照甬商所（大商所）注册流程办理仓单生成，并记入相应仓单

管理系统。

试点交割仓库是指在现有交割地点中经大商所、甬商所审定的，为该业务履行交收的共同指定交割地点。目前确定了杭州半山仓库、海宁钱江仓库和嘉兴仓库三个仓库，仓库的监管单位为浙江国贸。

(三) 推动竞价交易电子化，有效地拓展市场地理空间边界

竞价交易就是招标拍卖的电子化、网络化，从浏览商品、下单购买、确认付款到提货验收，这种简洁明快的交易流程基本上符合传统交易习惯，适合标准化程度低、个性化的商品开展电子商务。该类交易模式扩大了可参与群体的范围，使市场的地理边界得以延伸，市场辐射面得以扩张，有利于降低交易成本，促进商品流通，对传统现货批发市场改造与提升具有一定意义。

甬商所的竞价交易分为竞买和竞卖两种模式，在交易中，参与竞价的交易商通过轮番出价的方式进行竞价。竞买交易是指当竞价结束时，销售委托人将商品出售给出价最高的竞价人的买卖方式；竞卖交易是指采购委托人向出价最低的应价者采购所需商品的买卖方式，整个过程公开透明。招标交易与竞价交易不同，招标交易中，各参与投标的交易商只能进行一次价格和数量的投标，且不能看到其他交易商的投标情况。竞价与招标交易在传统贸易中应用广泛，运作成熟，适用于多种不同类型的商品，具有良好的市场基础。甬商所将传统的贸易模式与电子商务相结合，通过流程再造和突破创新，实现了竞价、招标交易的电子化。这有利于众多非标准化的商品实现线上交易，为广大的企业提供了新的销售渠道和采购平台，扩大了交易的参与群体，降低了交易成本。同时，所有交易商都在同一平台进行竞价，公开透明，简化了烦琐的流程，避免了"暗箱操作"的可能，有助于企业运用电子商务手段提升管理水平，降低营销成本，提高经济效益。因此，非常适合诸多大宗物资的集中采购和销售。

(四) 因势利导，首推 LNG 电子交易合同

2012 年，天然气在世界能源一次消费比重中已达 24.4%，与石油的 33.8% 和煤炭的 30.5% 非常接近。而我国天然气消费量虽然年均增长 16%，但在一次能源消费构成中比重仍不足 5%，与世界平均水平相去甚远。近年来，随着实体经济持续下行，LNG 下游整体需求呈现低迷状态，而新建 LNG 工厂集中投产，使国内供大于求的格局进一步加剧。发展

LNG电子交易市场，有助于缓解我国在LNG国际贸易市场的被动局面，对加快形成国内市场现货价格具有重要意义。甬商所创新推出的LNG电子交易，是现代化的电子交易方式与LNG传统贸易特点的结合，是天然气价格市场化进程中的重要一步，是完善LNG贸易体系的重要举措，将为国内LNG现货市场带来重大的变革性意义。在目前下游需求不济、上游产能过剩的情况下，采购企业可以通过甬商所电子交易平台逢低买入，锁定采购量，保障日后特别是冬季用气高峰时气源的稳定供应。自2013年12月正式上线交易以来，甬商所已经聚集了近百家积极进行电子交易的客户，日均成交量超2万手，截至2014年6月底，累计交易额达12.64亿元。甬商所创新推出的LNG电子交易，除了锁定价格、保障气源、保证利润的优势功能外，其创新亮点还体现在以下几点：

第一，打破空间界限，扩大交易范围。随着LNG工厂的不断投产，国内LNG贸易的物流半径不断缩小，但甬商所LNG电子交易，有效地打破了传统贸易的地域限制，只要价格合适都能成交，实现了全国甚至国际性的LNG在线交易，为企业带来更多的贸易机会。

第二，全程电子交易，提升交易便捷性。甬商所运用先进的电子商务技术，实现了LNG交易和交收的全程电子化，交易商只需登录交易客户端进行相应操作，即可完成商品的交易和交收，流通效率大大提升。另外，甬商所根据集中交收日的不同，推出了6个LNG交易品种，为交易商提供更加丰富的交易选择，提升交易灵活性。

第三，自主选择交收，提升贸易灵活度。甬商所采用集中交收和提前交收相结合的交收方式，集中交收是指在甬商所规定的期限内完成交收，这有助于企业锁定销售量或采购量，有助于企业的稳定经营，降低风险。提前交收是指允许交易商在集中交收日前进行交收，这可以帮助企业解决突发事件，如某工厂在7月出货情况不佳，库存液位持续升高，它们就可以提出申请进行提前交收。

第四，货物配送机制，降低行业物流成本。针对LNG产品难以储存、没有物流中转的仓储、运输成本高等特点，甬商所不设立交收仓库，买卖双方自主选择交收对手，以买方自提或者卖方配送的方式，实现点对点的物流对接，杜绝迂回运输，实现了LNG即时生产、即时消费，同时又打破了交收仓库的局限，降低了企业物流成本。

第五，第三方监管机制，减少违约事件发生。传统贸易模式中，买卖双方的交易行为缺乏有效的监管机制和制约机制，导致违约行为频频发生。甬商所采用交易所集中清算的方式开展LNG交易，采用逐步提高履约保证金的形式来控制交易商的交易行为，有效地保障了买卖双方的资金安全和货物安全。

（五）创新合作模式，抢占PVC市场价格话语权

中国是PVC的第一大生产国和消费国，而PVC又是五大合成树脂——聚乙烯（PE）、聚氯乙烯（PVC）、聚苯乙烯（PS）、聚丙烯（PP）和ABS树脂中消费量最大的一种，作为氯碱工业的核心，PVC市场需求及价格波动关系整个氯碱行业的命运。与我国在世界石油和化学工业中的重要地位相比，我国石化企业还没有形成具有国际影响力的交易品种和交易平台，缺乏应有的话语权。

宁波华耀化工新材料股份有限公司（以下简称宁波华耀）是国内知名的化工、塑料贸易商，与国内多家知名的PVC企业建立了合作关系，并拥有广泛的分销渠道。甬商所和宁波华耀合作，推出PVC电子交易平台，甬商所作为平台运营商，宁波华耀作为平台服务商，双方还在运营、信息、物流、金融、服务外包，以及相关专业人才培训等领域进一步深化合作，共同推动PVC电子交易发展。针对PVC品种的行业特点和贸易习惯，甬商所推出的是PVC现货递延交易，充分利用其"电子化公开报价+每日选择交收"的制度优势，并在交易、交收、融资等环节上进行了四个方面的创新：

第一，保证金交收申报方式。PVC品种在交易过程中，只需要具备足够的保证金便可提出交收申报，相对于以往的足额货款申报条件，大大降低了对资金的要求，有利于参与企业提高资金的使用效率，提高了交收申报的灵活性。

第二，浮动递延交收补偿费率。PVC品种采用浮动递延交收补偿费率模式，费率随着买卖双方交收申报情况的变化进行调整。这一制度能够更好地根据市场条件的变化调节供需关系，更加符合市场的需求和参与企业的利益。

第三，个性化供应链金融。针对PVC交易的特点，甬商所与中国民生银行进行深度合作，针对PVC交易提供50亿元的供应链流程授信，将

为参与PVC交易的企业提供便捷高效的融资服务，解决了中小企业的融资难问题。

第四，提供厂库交收模式。针对PVC产量较大、产地分散的特点，并充分考虑PVC的运输要求，甬商所推出厂库交收的模式。在该模式下，重点生产企业的自有仓库成为交易所指定的交收地点，既符合PVC的贸易习惯，也有利于企业降低物流成本。

与期货市场具有的套期保值和发现价格的功能与作用不同，甬商所PVC现货电子交易平台的功能和作用更多的是提高PVC流通效率，降低社会综合成本。随着全国范围内交易商的广泛参与，买卖双方都在平台上按照自己心目中的价格出价进行交易，必然形成市场所能接受的即期和远期价格。这样，就形成和发现了对现实生产与贸易有实际的指导意义的价格。而PVC交易市场的价格发现与形成机制，有助于国家为宏观、微观的经济政策提供帮助。期货市场与现货市场有序发展，互为补充，能够更好地推动中国大宗商品向更高层次发展，也有助于"中国价格"在世界PVC市场发出强有力的声音。

（六）拓展投资渠道，开发现货白银交易品种

为了契合当前市场对贵金属投资的需求，甬商所推出现货白银投资，实实在在地为广大投资者提供了一种低门槛、低成本的新型理财方式。白银作为贵金属投资，由于其传统的价值属性，是国际市场上ETF基金的重要投资品种，在国内也早已进入百姓的理财领域。甬商所推出的现货白银投资不仅迎合了当下的市场需求，而且还具有以下几点创新和优点：

第一，全时段交易，更多投资机会。由于股票、期货等平台的交易时间主要都设在白天工作时间，这让白天忙于工作的上班族无法有效参与。甬商所的现货白银实行全天候交易并开设夜盘，让上班族在业余时间，也能够轻松地进行投资理财。另外，国内白银价格受国际银价的影响很大，而晚上又是国际银价波动最为剧烈的时候，全时段交易使投资者不仅能规避价格波动风险，而且能抓住更多的投资机会，博取更多的投资收益。甬商所开通的手机"掌上财富"客户端，使投资者能够随时随地进行交易，遇到任何时段的大行情时，再也不用望洋兴叹了。

第二，参照国际行情，不含税价交易。甬商所的白银行情与国际价格同步，并与包括LME白银、COMEX白银等主要市场的交易时间接轨，有

利于投资者参考全球宏观的走势，抓准趋势后顺势而为。另外，甬商所的现货白银采用不含税价交易（一般交易所的白银价格为增加17%税费后的价格2018年5月1日起实行16%的增值税），这不仅在一定程度上降低了交易成本，而且更有利于价格的国际化。

第三，实物交收方便，满足多种需求。为了方便投资者参与到现货白银的投资中，甬商所开通了投资者（个人）交收服务，而且不增加其他各类手续费（一般交易所需要加收一定的各类费用）。只要在甬商所下单买入，在交收申报配对成功后，便可去宁波天一绿洲珠宝行提取工艺级投资银条，既方便快捷，又能满足投资者的投资收藏需求。甬商所还通过设计、精加工制作等附加值服务，全面实现"标准化交易，个性化交收"一条龙服务模式，为客户营造更好的消费体验。对使用白银的工业企业来说，甬商所还提供了工业级的标准白银银锭。

第四，标准合约任意选，交易更加灵活。为满足不同客户的需求和风险偏好，甬商所现货白银特推出5千克和30千克两种合约，方便不同群体客户选择交易。小资金试水的投资者可以选择5千克合约，资金压力小，交易成本也相对低，且能够有效控制风险。而有经验且资金充裕的投资者，则可以选择30千克合约，快速完成大数目交易，抓住稍纵即逝的投资机会，实现可观的投资收益。

第五，交易成本低廉，资金使用率高。与在实体店购买白银不同，甬商所的现货白银采用保证金交易模式，客户只需16%的保证金即可完成交易。具体来说，只需1000元，即可以参与5千克合约的白银交易，从而大大降低了入市的门槛，有利于普通老百姓参与。与此同时，甬商所白银采用的是T+0交易模式，在订立的当天就可以进行转让，一笔资金可以在一天内重复多次使用，从而使资金的利用率大大提高，十分有利于中小投资者进行灵活的操作。

借助B2B、B2C的集合化电子商务平台，甬商所白银现货的标准化交易、个性化交收模式，能够实现新型的产业聚集，以交易为纽带，带动设计、加工、市场资源集聚和整合，将促进白银上下游企业的共同发展，有利于提升大宗商品流通效率，降低社会综合成本，将对当地经济发展和转型升级产生积极的影响。

（七）开辟皮革电子交易，助推皮革产业转型升级

近年来，我国皮革行业快速发展，2012年，我国轻革（猪牛羊革）产量达7.47亿平方米，总产值达1705亿元。随着经济的快速发展、城市化进程的加快、城乡居民可支配收入的不断提高，对于皮革产品的需求迅速增加。然而，我国皮革行业在快速发展的同时也面临诸多问题。首先，皮革行业对外依存度高、议价能力低。原皮或蓝湿革在制革企业的生产成本中占70%甚至80%，但原皮来源一半需要进口，且国内制革企业对外议价能力低，生产成本受制于国外大型屠宰场。当原材料价格上涨时，制革企业生产成本上升，却无法及时涨价向下游鞋厂、服装厂转嫁风险；当原材料价格下跌时，又存在存货跌价风险。因此，皮革相关企业特别是制革企业具有较强的避险需求。其次，皮革质量标准不规范，质量纠纷多。我国皮革行业普遍面临国内采购的原皮质量参差不齐，没有统一的质量和定价标准，容易引发质量纠纷，并为制革企业日后的加工和贮存带来一定麻烦。最后，企业面临资金、成本双重压力大。皮革贸易商数量众多而规模较小，经营上又具有较强的季节性，对资金的周转需求较大。面对行业竞争和下游企业，拖欠款现象时有发生，且通常是现金出去，承兑汇票进来，资金流动缓慢，加上国内金融体系对中小企业的扶持力度不够，皮革企业发展面临资金"瓶颈"。同时，近年来受劳动力成本、土地成本、汇率等多重因素影响，企业成本增加，利润下滑。

未来很多年内仍然是皮革产业发展的大好时机，但是，面对目前发展中的困境和挑战，企业必须转型升级。为此，甬商所和海宁皮革行业紧密合作，开展牛蓝湿革现货电子交易，牛蓝湿革现货电子交易平台的上市是大宗商品交易品种延伸的一大创新尝试，更是促进皮革行业转型升级的新举措，通过发挥甬商所大宗商品交易平台优势，帮助企业破解困局，为企业争取更大的发展空间。甬商所牛蓝湿革现货电子交易平台的优势和创新主要体现在以下几个方面：

第一，填补了原材料电商化采购空白。随着互联网经济的蓬勃发展，皮革成品行业如皮鞋皮衣通过淘宝、天猫等电子商务平台实现了销售收入几何级数增长，但作为原材料的原料皮革或者蓝湿革，仍然没有C2C或B2C交易平台，也没有大宗商品电子交易平台覆盖这一块。甬商所牛蓝湿革现货电子交易平台的上线正好填补了这一空白，使皮革行业从上游到下

游形成了较为完整的电子商务产业链。通过原材料电商化购销,便捷购销方式,简化购销流程,降低中间成本损耗,为企业增加利润创造了空间。

第二,提供规避价格波动风险的平台。牛蓝湿革购销具有明显的季节性和周期性,对外依存度高,价格波动较大,对皮革企业的利润带来较大波动。甬商所推出牛蓝湿革现货电子交易平台,有利于企业把握行业供需和价格态势,合理安排采购、生产和销售,实现对传统贸易的价格风险规避,促进企业平稳发展。

第三,有助于规范行业质量标准。牛蓝湿革虽然有国家标准,但是,由于产品本身标准化程度低,贸易过程中执行不严,存在诸多质量分歧。甬商所在国家标准基础上,广泛征求多家制革企业,以及皮革研究院、皮革协会等业内机构的意见,制定了行业接受度较高的交收质量标准,降低交收过程中产生的质量纠纷。这对宣传推广牛蓝湿革国家标准和行业标准,规范和引领行业发展具有重要意义。

第四,保证金交易降低企业资金压力。甬商所电子交易平台采用保证金交易,买方可以用小部分资金实现订货;同时规定在开始货物交收的4个交易日内完成买卖双方的票货款流转,保障卖方能及时安全地回笼资金。贸易商资金流转更加顺畅,减轻资金压力。

此外,针对牛蓝湿革贸易现状,甬商所经过充分调研,设计了贴近行业需求的交易交收制度。如每交易单位设为100平方英尺/手,合约价值约1200元,最低履约保证金8%,大大降低了企业参与的资金成本;最小交收单位1万平方英尺,每笔交收量须为1万平方英尺的整数倍,符合传统贸易习惯。甬商所还为皮革相关企业提供交易、物流、金融、信息一体的全过程、全方位服务,解决皮革行业在实际贸易中的诸多困境,促进皮革产业的转型升级,推动皮革产业健康可持续发展。

(八) 强化功能创新,推进大宗商品电商化

甬商所不断创新交易功能,加快推进大宗商品电商化步伐,相继推出电子仓单、全天候交收系统、交收电子确认、交收基差、竞价自主报价等功能,使参与企业将享受到更加人性化、个性化的交易体验,整个交易过程将更加便捷和高效。甬商所能够实现各类大宗商品的当天交易、当天提货、当天收款服务,实现交易交收的全程电子化,正是应用了这些成熟技术的无缝组合。

第一，电子仓单。在电子仓单管理系统中，仓单将以电子方式存在，会员、投资者和指定交割仓库可以通过互联网来办理各项仓单业务。甬商所于2012年10月20日正式上线的新电子仓单管理系统，成功地完成了第一笔全程电子仓单交收业务，从而实现交易交收全程电子化。电子仓单的运行标志着甬商所物流管理迈上了新台阶，交收效率和安全性将得到大大提高，从交收配对到提货的处理时间缩短到1小时以内，真正为客户提供了高效、便捷的交收服务。同时，电子仓单管理系统还有多重密钥认证，在交易所、仓库和交易商的多重审核、监管下，大大增强了交收的安全性，最大限度地保障了客户利益。

第二，全天候交收系统。2014年1月6日，甬商所全天候交收系统正式上线，成为全国首家实现实时交易交收功能的现货商品交易所。在期货交易所，一个月交割一次，而在甬商所，全天候交收系统上线后，不但每天都能交割，而且一天内还不限次数，随时随地买货卖货，节省了大量的物流成本。通过全天候交收系统，客户还能自主选择货物的交收仓库、品牌等，这与传统的贸易方式完全一样，买卖双方对货物交收地点、仓库和品牌等信息的公开，以及无条件交收的自主选择，进一步帮助企业掌握交收主动权，大大提高了交收效率，降低了物流成本。

第三，交收电子确认。交收电子确认功能是指交易商通过在线操作（交易客户端）完成交收相关流程，包括卖方发货通知、买方数量确认、买方质量确认、卖方开具发票通知等功能。这一功能的实现意味着大宗商品交易交收全程无纸化的"最后一公里"被顺利打通，这将彻底结束半纸质半电子化的大宗商品交易方式，全面提升贸易流通效率。

第四，交收基差。交收基差功能是对条件交收功能的完善，企业除可以自主选择交收地点、仓库和品牌外，还新增了"价格再申报"功能，最终价格由买卖双方共同确定。此功能将先应用于阴极铜，随后向其他品种铺开。

第五，竞价自主报价。竞价自主报价实现了竞价交易中发起方能够自主设定"起报价"和"报警价"，并选择交易时间段，简化了以往需要提交书面申请的烦琐程序。

## 二　启示与建议

### （一）以客户需求为中心，提高服务水平

企业要持续提升盈利能力和附加价值，最核心的战略就是要对企业的商业模式进行创新和重塑。商业模式创新要求强化为客户提供服务的观念，深入研究客户行为，了解客户习惯和偏好，准确判断客户需求，注重客户体验，充分实现客户价值。提升客户服务水平意义重大，客户是连接企业与广大消费者的桥梁，在反映市场、满足市场、沟通信息等方面都发挥着重要作用。提升客户服务水平最终目的是使客户满意，而提高客户满意度，其关键是提高客户服务水平。

重视客户需求，是甬商所商业模式创新成功的关键因素。从2014年9月起，甬商所便先行先试了"电商换市"的创新商业模式，在电子交易形式下，企业客户只需根据自己的需求进行价格申报，系统将按照"价格优先、时间优先"的原则进行撮合配对，节省了搜寻交易对手的人力和物力，帮助企业扩大了客户群体规模；电子仓单则帮助企业客户通过在线操作（交易客户端）完成交收全流程，从交收配对到提货的处理时间缩短到1小时以内，真正为企业提供了高效、便捷的物流服务。

### （二）以企业联盟为支撑，重视合作创新

商业模式创新要求充分认识企业产业链上下游以及利益相关方的优势、劣势和盈利需求，利用行业特有的资源和技术优势，构建利益相关方共同参与的一体化服务体系，建立产业联盟，开展合作创新，实现共赢的局面。合作创新通常以合作伙伴的共同利益为基础，以资源共享或优势互补为前提，有明确的合作目标、合作期限和合作规则，合作创新既包括具有战略意图的长期合作，也包括针对特定项目的短期合作。合作创新能实现创新资源的互补和共享，降低创新的风险和成本。

为降低现货企业参与成本、促进期现对接，2015年9月，甬商所和大商所合作开展了期现仓单转换试点业务，两家交易所共同期现仓单互换业务的试点品种为PVC，其相通的交割服务体系，为仓单互换奠定了良好的合作基础。而在PVC仓单互换、仓单融资，以及构建多层次商品或衍生品市场和服务实体经济方面，双方有共同的诉求和发展目标，从而推动甬商所成为国内首家与期货交易所试点仓单转换的现货交易平台。此外，甬商所还和宁波华耀化工新材料股份有限公司合作，推出PVC电子

交易平台，甬商所将作为平台运营商，而宁波华耀将作为平台服务商，双方还在运营、信息、物流、金融、服务外包，以及相关专业人才培训等领域进一步深化合作，共同推动PVC电子交易发展。通过战略合作，实现了企业"双赢"的效果。

（三）以电子商务平台为载体，开展一站式综合服务

在大宗商品领域，化解过剩产能成为改革的重点，许多企业选择了大宗商品电子交易市场作为转型升级的重要平台。作为国家发改委的国家电子商务试点单位和电子商务交易技术国家工程实验室，甬商所目前已经形成了一整套完整的运营体系，搭建了全面的服务框架，在市场树立了良好的口碑。甬商所开创的"电子交易+电子仓单+全天候交收+基差交收"智慧贸易新模式，真正为企业提供了高效、便捷的物流服务，提高了流通效率，降低了流通成本。依托良好的产业优势，着力于服务实体经济，加上持续不断的创新，甬商所走上了发展的快车道。

作为一家集交易、交收、仓储、运输、信息、融资服务于一体的综合性现货商品交易所，甬商所不断推陈出新，适时推出了现货递延交易模式，利用互联网技术将电子商务与传统现货贸易相结合，对传统市场流通环节进行再造，提高了交易效率，降低了交易成本，并产生了传统市场交易方式所不能实现的功能。甬商所合理利用交易、结算和物流三者的有机结合，与银行及其他金融机构进行合作，创新金融服务理念，开展仓单质押和未来仓单质押等双向融资服务。为银行提供质押物监管、价格评估和资金封闭运营监管等多种服务，既提高了银行的放款效率，降低了贷款风险和贷审成本，又满足了贸易企业对流动资金"周期短、时间急、次数多"的融资需求，为中小企业开辟了快速的融资渠道。

## 第二节 中国塑料城转型升级发展

中国塑料城位于余姚市区北部，成立于1994年，总规划占地面积3.25平方千米，现有建筑面积33万平方米，市场交易品种1万余种。早在2011年，中国塑料城经营企业达1830家，市场交易额818.5亿元（现货市场交易额416亿元，网上市场交易额402.5亿元），交易量639万吨

(现货市场交易量297万吨,网上市场交易量342万吨),上缴税费3.3亿元。2016年,中国塑料城实现总交易额920亿元,比2015年增长6.4%,交易量860万吨,同比增长7.9%。据统计,2016年,塑料城共有企业2450家,比2015年增加47家;销售2000万元以上企业285家,比2015年增加17家;销售破亿元企业71家,比2015年增加1家。中国塑料城先后获得"中国商贸流通先进单位""全国商品交易市场系统文明诚信经营示范市场"等荣誉称号,连续七年获得宁波市服务业百强企业第一位。中国塑料城已成为国内最大的集塑料原料销售、塑料信息发布、塑料会展、塑料机械、塑料模具、塑料制品及其他辅助材料于一体的专业生产资料市场。

经过历年的拼搏开拓,中国塑料城已取得累累硕果,并被评为中国商品交易市场系统文明诚信市场、中国交易市场最具影响力品牌、中国商品交易五星级市场,进入中国商品专业市场竞争力50强,被商务部列为第一批全国重点联系市场,入选全国最具品牌价值商品市场50强。中国塑料博览会被评为中国100个最具影响力的品牌会展之一、中国十大最具影响力的品牌展会。

中国塑料城市场功能不断增强,经营环境不断优化。市场拥有良好的仓储、物流系统;信息中心和塑料网上交易市场两大电子商务平台开创了现代交易新模式,实现了有形市场和无形市场的结合。目前,已经发展成为集塑料电子交易、结算和信息服务于一体的电子商务服务平台,成为国内最大的塑料电子交易市场。"塑料全程电子商务"课题被列入国家科技支撑计划项目,成为首个列入国家科技支撑计划的塑料电子商务项目。发布的中国塑料价格指数和中国塑料市场库存报告,全面、真实地反映市场价格运行轨迹,成为塑料行情风向标。

按照"转型升级、跨越发展"的总体要求,塑料城将牢牢抓住浙江省政府"三位一体"港航物流服务体系建设机遇,深入实施"外部拓展与内部改造相结合、产业延伸与市场提升相互联动"的发展战略,加快推动市场向原料经销、商品展销、信息集散、电子商务、产业集群、产城联动等复合型、多功能方向发展,加快建设核心商务区、原料机械交易区、展览展示服务区和仓储物流配套区四大功能区块,真正成为中国重要的塑料原料交易中心、塑料机械展销中心、信息发布中心、价格形成中心和资金结算中心，确保在全国塑料市场中的龙头地位和塑料行业的价格风向标地位。

## 一 中国塑料城的转型升级方向

传统专业市场转型升级是目前专业市场发展的核心问题，也是推动传统产业转型升级的现实路径。作为传统专业市场，余姚中国塑料城在实践中探索出转型升级的五大方向，对专业市场的新一轮发展具有一定的借鉴作用。

### （一）目标提升

面对周边的义乌小商品城、绍兴轻纺城、海宁皮革城、台州国际塑料城等专业市场的区域竞争压力，结合自身的发展特点，余姚中国塑料城找准了自己的目标定位。近期目标是：加快转型，打造城市工业服务业功能区。推行"两方联动战略"，即塑料城升级与塑料产业升级联动、市场拓展与城市发展联动。适时提出建设"国际塑料之都、工业服务名城"的城市发展目标。充实工业服务业形态，围绕塑料及相关产业，发展投资与资产管理服务、经济鉴证类服务、咨询服务和法律服务、专业化的工业设计等。中远期目标：稳步拓展，打造国内塑料市场集群的总部。力争用十年左右时间，形成以余姚中国塑料城为核心，以东北中心、西南中心、西北中心为支撑的一核多心的塑料城国内大格局，将中国塑料城打造成为控股国内重要区块塑料市场的大型专业市场运营商。

### （二）功能拓展

近年来，中国塑料城以配套功能完善为重点，发展效益进一步提高。大力支持浙江省塑料工业科技创新服务平台建设。以浙江省塑料工业科技创新服务平台建设为主要内容，加快与中国科学院宁波材料技术与工程研究所、中国兵器工业集团五三研究所、四川大学、浙江工业大学等著名科研机构和院校技术研发的合作及成果的产业化应用；完善科技人才培养服务平台和科技信息与成果推广服务平台、公共研发与性能检测服务平台三大服务体系的建设。以一定比例补助费方式，鼓励中小企业与研究院开展研发和产业化合作。2011年，余姚塑料研究院共承担科研项目2项，研发产品21项，科研成果市场转化8项。同时，进一步抓好仓储物流等配套设施建设，建设完成余姚物流网，成立余姚市物流行业协会。

（三）企业改组

借鉴绍兴和义乌等地的经验，从国有独资到国有控股，中国塑料城分阶段完成了改组工作。（1）政府出台相关政策，重点支持中国塑料城公司的改组。适度增加市政府每年拨付给管委会的经费。市财政继续负责中国塑料城规划区内的公共设施（如会展中心、市政规划道路、桥梁等）的重大维修资金。市政府对中国塑料城经营企业继续进行政策性补助。组建后五年内公司产生的税费，以奖励形式全额用于企业再生产。对组建过程中所需办理的证件，在符合法律规定的前提下免交税费。（2）实行管委会和股份公司两块牌子、一套班子，进行企业化管理。管委会继续作为市政府的派出机构，行使行政管理职能，保持与政府的关系，获取相应支持；而公司经营与市场具体运作则由余姚市中国塑料城集团有限公司进行。（3）支持塑料城母子公司的经营决策。整合塑料城规划范围内的国有资产，构建以余姚市中国塑料城集团有限公司为母公司的国有独资控股集团，并保持母子公司的正常运营。（4）科学激励经营者。对公司高层人员，包括经营者（董事长）、经营者群体（董事）、经营管理骨干等，可以在中国塑料城改组后的公司中持股。对于其他合资合作类公司，采取灵活多样的市场化方式进行激励。

（四）资产整合

中国塑料城的重组和整合分三步走：（1）整合资源，重组国有资产。整合塑料城规划范围内的国有资产，构建以余姚市中国塑料城集团有限公司为母公司的国有独资控股集团。（2）发起成立由国有资本、社会法人（战略投资者）、管理者团队共同持股的余姚市中国塑料城股份有限公司，实现投资主体多元化。如通过股权置换等方式，将中塑在线并入股份有限公司，以获得中国塑料城信息方面的竞争优势。（3）满足上市条件，筹备上市。盘活存量资产，优化资源配置，转换经营机制，建立现代企业运行机制。

（五）模式创新

面对大型跨国公司，尤其是发达国家的全球治理者将越过中国塑料城等国内的塑料专业市场，直接控制广大中小型涉塑贸易商、涉塑生产商的倒逼形势，中国塑料城以创新发展模式为重点，发展空间得到进一步拓展。（1）研究模式创新。围绕商务模式创新，设置一批重点攻关项目和重大课题研究。如与国家商务部、我国驻东盟国家使馆经商参处等共同开展中国塑料城宏观经济影响、国际化战略、产业趋势分析等的研究。(2) 交易模式创新。提升中塑仓单、中塑现货的交易结算功能，力促网上交易有新突破。(3) 会展模式创新。做足做好会展文章，以办好中国塑料博览会为重点，力促会展业发展取得新突破。充分发挥市会展办和中塑国际会展中心的功能作用，继续加大招展力度。(4) 培训模式创新。充分发挥中塑讲坛、中国塑料城报和塑料城网站等载体的作用，开展各类塑料发展的教育培训。

## 二　中国塑料城转型升级路径

中国塑料城是典型的传统专业市场，自1994年批准设立以来，中国塑料城牢牢把握专业市场发展趋势和机遇，经过20多年的发展，在不生产一粒塑料原料的余姚，创造出"无中生有"的奇迹，成为目前国内规模最大、交易最活跃、影响力最强的塑料原料交易市场和华东地区最大的塑料机械销售中心，是余姚区域经济的名片，是宁波诸多传统专业市场的"排头兵"，也是浙江"市场大省"的典型代表。中国塑料城近年来发展快速，年交易量和交易额逐年上升，并成功地实现战略组合，基本实现了转型升级的跨越式发展，主要在于其对市场的持续建设，不断推进体制机制创新，并能不断地改善市场发展环境。归结起来，主要有以下几点：

（一）不断优化空间功能布局，努力提升市场形象品位

第一，中国塑料城按照"远近结合、合理布局、完善功能、提升能级"的要求，立足高起点、高标准、高质量，着力构筑科学合理、功能明确、集约发展的规划体系，加快修编完善中国塑料城控制性详细规划和相关专项规划，调整完善部分区块的功能定位，明确规划建设范围为东至金盛路、南至北环路、西至梁周线、北至舜宇路—经八路—舜科路，总体规划面积为3.25平方千米。强化规划控制，对中国塑料城规划范围内的开发建设项目，应征得中国塑料城管委会的同意，坚决杜绝不按规划建设或随意改变规划的行为。

第二，按照总体发展规划，加快区块拆迁进度，建立滚动开发模式，深入实施一批重大项目，加快打造核心商务区、原料机械交易区、展览展示服务区和仓储物流配套区四大功能区块，着力提升市场功能和形象品位。(1) 加快新建中塑中央广场，打造高档商务楼宇集群，积极招引大

型石化企业、国内外品牌企业、中国塑料城规模企业进驻，配套星级商务酒店、金融中心、商业邻里中心，设立职能部门公共服务中心，完善商务配套和行政服务功能，为广大经营企业提供交易办公、商务洽谈、住宿餐饮、休闲娱乐、公共服务等一站式服务，实现产城联动，使该区域成为中国塑料城的高端商务区。(2) 按照统一规划、分期开发的原则，在现有展馆以西区域规划建设塑料原料配料交易区，为新建北路两侧老市场的西迁提供物理空间，使之成为塑料原料、塑料配料一站式采购基地。同时，在该区域规划建设塑料机械、模具机械设备交易区，设立机械体验中心，不断丰富中国塑料城的市场内涵。(3) 按照交通便捷、设计合理、车位充足、兼顾实用的原则，在梁周线以东新建中塑国际会展中心，使之成为集展览会议、机械常年展示、临时仓储为一体的标准展馆，为各类涉塑企业提供一个展示展销平台。加强专业会展服务，积极引进新展会，推动专业市场与会展服务融合发展。(4) 按照统一规划、全面改造的思路，对东方物流公司及周边区块进行重新定位，扩建仓储区，实行智能化仓储管理。引进一流物流企业，开展物流外包合作，并争取进入浙江省"三位一体"港航物流服务体系中的海陆联动集疏运网络，成为华东地区面积最大、功能最全、服务最好的塑料仓储服务区。

第三，中国塑料城坚持基础设施先行，按照适度超前的原则，切实加大财政投入力度，加快中国塑料城内规划市政道路建设，积极打通断头路，抓紧实施纬四路、纬五路、经七路、经八路、经九路等市政道路建设，努力构筑高效、便捷的城内交通网络。加快完善供水、供电、通信、排污等配套服务设施，为中国塑料城企业做大做强和优质品牌企业引进创造良好条件。

(二) 培育壮大涉塑产业，切实增强市场竞争实力

第一，巩固扩大塑料原料交易规模。坚持以提升市场竞争力为方向，深化完善扶持政策，做大做强塑料原料经营企业，引导经营户从传统的前店后库经营模式，向店库分离和商务办公形式转变，着力培育一批具有相当知名度和竞争力的领军型企业。加快推进中塑世纪大厦、中塑中央广场建设，积极吸引国内外品牌公司、大型石化企业建立区域性乃至全国的营销中心，鼓励塑料经营企业取得国内外石化企业塑料产品的总代理商或总经销商资格，不断提高塑料原料的品牌和档次。大力创新经营方式，依托

中国塑料城网上交易市场、涉塑产品展览展示平台和完备的仓储物流体系，大力发展电子商务，做大网上交易规模。积极推进中塑网上创业园建设，鼓励大学生等初次创业人员创办"塑料网络 E 店"，深化完善"智慧贸易"，增强中国塑料城发展后劲。

第二，着力拉长涉塑产业链条。加快筹划塑料机械设备交易中心，鼓励现有塑料机械销售企业入驻，着力引进国内外塑料机械设备的知名品牌和大型企业落户。抓紧筹划涉塑半成品全球网上采购平台，采用现场实物展示和网上虚拟展示相结合方式，开展涉塑半成品和模具网上采购，拉长涉塑产业链，促进原料、模具、机械销售。按照"统一规划、统一设计、统一管理"的要求，在滨海新城建立塑料机械装备及改性塑料产业园和改性塑料中试基地，积极引进科研院所等各类研发机构，吸引国内外高端塑料机械和改性塑料企业进驻园区，加快科工贸一体化进程。

第三，加快发展涉塑配套产业。着眼于增强中国塑料城的配套服务功能，加快发展仓储、物流、会展等配套产业。以东方物流公司为重点，建设中塑仓储服务园，争取设立保税仓库，着力完善仓储基地和物流配送节点，加快构建现代仓储保税物流配送体系，打造智能物流，为中国塑料城企业提供快速、便捷、高效、低成本的物流配送服务。重视会展经济培育，着力提高展会的市场化、国际化、专业化、组织化、高端化水平，继续办好中国塑料博览会等现有重大展会，加大招商招展力度，鼓励行业协会、行业龙头企业和会展企业组织举办各类涉塑产业展示展销或行业论坛，进一步提高中国塑料城品牌影响力。

（三）打造产业服务平台，完善市场功能

第一，加快推进电子商务平台建设。坚持市场化与信息化相结合，积极创新市场经营模式和交易方式，加快建立以网上塑料交易和信息交互为核心、以现代物流为依托、以网上市场管理服务为辅助的电子商务平台，推动专业市场与电子商务平台一体化经营、互动式发展。加快注册中塑现货网上交易平台，积极推进资金结算中心建设，依托中国塑料城现货交易市场，提升完善网上市场"中塑仓单"交易功能，综合运用网络结算等各种电子支付工具，为涉塑企业提供挂单交易、协商交易、合同交易等服务，并进一步完善仓储、配送、运输等配套功能，实现传统专业市场、现代网络市场和快速物流产业有机融合，真正把中国塑料城网上市场打造成为信息最集中、交易最便捷、服务最完善、诚信度最高的电子商务平台，不断扩大无形市场的规模和效应。

第二，加快推进科技研发平台建设。坚持科技引领，深化产学研合作，引导和鼓励社会资本参与科技研发平台建设，积极开展塑料行业共性技术、关键技术、核心技术的联合攻关，提升市场科技创新能力。进一步转变中国塑料城塑料研究院经营机制，突出企业化、市场化经营理念，积极寻找营利模式，形成"初次投入—技术研发—成果转化—盈利实现—再次投入"的良性循环。加快组建北方材料科学与工程研究院工程塑料技术研究所，积极引进其他塑料改性科研机构，构建集技术服务、改性研发、中试实验、成果转化于一体的创新发展平台。鼓励本市塑料改性企业承接科技成果，推动企业向生产高端塑料新材料领域迈进，增强企业的核心竞争力。

第三，加快推进信息发布平台建设。按照"智慧型塑料城"建设要求，积极利用现代信息技术手段，突出中国塑料城管委会网站的公共服务功能、中塑在线网站的信息发布功能、浙江塑料城网上市场网站的交易结算功能，形成既资源共享又各具特色的网站体系。完善"中国塑料价格指数"体系，重视独立的数据采集机构建设，扩大塑料交易价格信息采集品种，强化数据汇总、整理、分析，不断规范塑料价格信息收集行为，加强与新华网等国内知名网站的合作，提高"中国塑料价格指数"发布的及时性和准确性，增强"塑料余姚价格"的话语权，巩固国内塑料价格行情"晴雨表"和"风向标"地位。

（四）创新体制机制，激发市场发展活力

第一，按照"政府主导、资源整合、企业化运作"的要求，多形式、多渠道整合各类资源资产，增加国有企业自持物业，逐步壮大国有（国有控股）企业，切实壮大中国塑料城的资产规模，促进中国塑料城国有公司向企业化、股份化、集团化方向发展。加强现有资产清理，剥离不良资产，整合优质资产，促进市场经营资源、人才资源和资本资源整合优化。抓紧做好中国塑料城区域范围内商务、农林、农机等部门所属单位国有股权划转工作，为中国塑料城规模扩张注入必要的优质资产。综合运用经济和必要的行政手段，加强优质企业股权收购，积极创新市场运作机制，进一步提升中国塑料城的竞争力。

第二，按照政企分开、实体运作的要求，进一步理顺管理体制机制，明确中国塑料城管委会和所属企业各自的职能。切实强化中国塑料城管委会对中国塑料城的管理、指导和服务职能，加强对国有（国有控股）公司的绩效考核和监管，建立健全企业管理制度和风险控制制度，组织编制中国塑料城发展战略和规划体系，按管理权限负责中国塑料城的规划管理、建设管理、广告管理、投资审批、房屋拆迁、经济统计工作，指导监督物业管理，不断提高管理和服务水平。根据中国塑料城发展实际需要和现代企业制度要求，加快现有企业整合，搭建公司组织框架，抓紧组建投资主体（中国塑料城投资发展股份有限公司出资成立开发主体）、（中国塑料城集团有限公司、会展主体）、（中国塑料城国际展览管理有限公司）、经营主体（中国塑料城物流有限公司）和研发主体（中国塑料城塑料研究院有限公司。

第三，创新审批机制。工商、税务、海关等经济管理部门必须强化审批服务，创新审批机制，简化审批流程，派员进驻中国塑料城公共服务中心，对派驻人员的调整应事先征求中国塑料城管委会意见，并与中国塑料城管委会共同做好派驻人员的考核管理工作。调整投资审批流程，扩大中国塑料城管委会的审批权限，对不涉及财政性资金注入和市国有投资公司担保的经营性投资项目，其投资额度在 2000 万元以下的，由市政府委托中国塑料城管委会审批，并报市国资办备案；对投资额度在 2000 万元以上的，经中国塑料城管委会报市国资办审核后，由市政府批准。对涉及财政性资金注入和市国有投资公司担保的投资项目，经中国塑料城管委会报市国资办审核后，由市政府批准。

第四，加快上市步伐。按照"产权清晰、权责明确、政企分开、管理科学"的现代企业制度要求，健全完善企业法人治理结构，明确公司人员身份，搭好企业上市架构，进一步明晰上市路径，努力寻找新的营利模式。积极推进企业股份制改造，着力引进战略投资者，全面加强与国有企业、中央企业等大企业大集团的战略合作，充分发挥战略投资者的综合实力和资源优势，广泛吸收社会资本进入，降低国有控股比例，变国有独资为国有控股、国有参股，不断壮大企业实力。进一步加强与上市辅导机构的交流、沟通和合作，积极开展上市培训和辅导，强化上市宣传、推介和包装，最终实现中国塑料城整体上市目标。

（五）营造良好发展环境，形成兴市建城合力

第一，成立市加快中国塑料城转型升级跨越发展工作领导小组及办公室，统筹负责解决中国塑料城发展中的重大问题和事项。加强中国塑料城管委会班子力量配备，进一步选优配强领导班子，充实若干懂经营、会开发、敢创新的干部到中国塑料城管委会和所属公司工作，并保持相对工作年限稳定，切实增强干部队伍干事创业的能力。中国塑料城管委会必须以转型升级跨越发展为契机，增强忧患意识，统筹整合内部资源，明确职责分工，完善职能配置，探索实施市场化的管理方式和服务机制，不断提高领导和推进中国塑料城开发建设的能力。

第二，进一步解放思想，拓宽用人的视野，创新国有（国有控股）公司人才引进、使用、激励机制，严格控制一般性人员进入，鼓励引进高层次实用专业人才，形成高端人才高地。建立完善职务能上能下、收入能高能低、实施期权激励等用人和分配机制，增强骨干人才队伍稳定性。切实按计划抓好中国塑料城内征地拆迁工作，强化用地保障，优先调整中国塑料城用地结构，确保中国塑料城开发建设需求，对重大产业项目和重点基础设施项目，积极争取上级统筹指标，优先安排建设用地指标；对特殊重大项目，经市政府批准，可以采用"一事一策"的办法给予用地优惠。大力支持中国塑料城投资发展股份有限公司开展形式多样的融资活动，鼓励和吸引规模型、实力型、优质型企业参与重大项目的开发建设，设立涉塑产业发展基金，深化银企合作，积极引导和支持金融机构创新贷款模式，探索对中国塑料城内企业开展股权质押、仓单质押等质押贷款方式，拓宽企业融资渠道，着力解决企业融资难问题。

第三，加大财政支持力度，调整国有土地使用权出让收入分成办法，对中国塑料城规划范围内的国有土地使用权出让收入在按市政府文件规定提取相关税费后，土地出让净收益全额返还中国塑料城管委会，专项用于中国塑料城基础设施建设。中国塑料城区域范围内今后因城市扩张需要，实施"退二进三"过程中收取的土地出让净收益和土地收益金，市本级分成所得部分全部归中国塑料城管委会，用于公共设施项目建设。中国塑料城区域范围内公用（共用）部分的广告经营权，归中国塑料城管委会所有，所产生的收益用于公共设施项目建设。加大融资扶持力度，对重大政府性投资项目由市国有投资公司提供融资担保，增强中国塑料城发展

活力。

第四，强化舆论引导，充分利用报刊、广播、电视、网络等载体，大力宣传加快中国塑料城转型升级跨越发展的重大意义、目标任务和发展蓝图，及时报道中国塑料城转型发展所取得的工作成效，引导全市上下充分认识加快中国塑料城转型升级跨越发展的重要性和紧迫性，自觉参与和大力支持中国塑料城发展，着力营造良好的发展氛围。充分利用中国塑料博览会的品牌效应，切实加大对外宣传和推介力度，积极推介中国塑料城的市场优势、服务环境和优惠政策，不断提高中国塑料城在国内外的知名度和影响力。

### 三 中国塑料城转型升级的启示

#### （一）清晰的战略定位

战略定位即在对内资源和能力分析和对外竞争环境分析的基础上经过缜密谋划决断来确定自身发展方向、营利模式等，是战略管理的核心内容。任何一个商品市场都必须有清晰的战略定位，它是市场未来发展的构思，能给市场未来的正确道路指明方向。战略定位是市场发展的风向标，能够有效地避免决策的随意性，提高决策的准确性和科学性，并尽可能地降低风险系数。同时，在当今激烈的市场竞争中，保持清晰的战略定位能使市场始终坚持可持续发展，在保持竞争优势的同时，不盲从短期利益的诱惑。中国塑料城在不同的发展阶段分别制定了不同的战略目标。近年来，中国塑料城的目标定位更为清晰：以现代国际批发市场"商品集散、信息传播、财务结算、价格（时尚）发布"四大基本功能为标杆，把中国塑料城建设成为立足宁波、依托长三角、辐射全国、影响国际的集塑料原料、助剂、塑料制品、塑料机械、塑料模具技术设备等涉塑产品的交易、展示、会议、信息发布（交流）、仓储、配送、货运、金融结算以及检测认证等功能于一体的经营规模大型化、经营品种专业化、经营档次高级化、经营手段一体化、经营空间国际化、经营环境规范化的大规模的现货批发交易中心，真正成为中国最重要的塑料原料交易中心、信息发布中心、价格形成中心和结算中心，以及中国最大的塑料机械展销中心，最终促进有国际影响力的余姚涉塑产业集群的形成，成为余姚经济的一个增长极。

## (二) 持续的体制机制创新

第一，正确理顺政府与市场的关系，不断推进管理体制机制的创新是中国塑料城转型升级的强大动力。按照"政企分开、实体运作"的要求，进一步理顺管理体制机制，明确中国塑料城管委会和所属企业各自职能。正确把握政府在推进市场发展中的角色定位，强化中国塑料城管委会对中国塑料城的管理、指导和服务职能，加强对国有（国有控股）公司的绩效考核和监管，建立健全企业管理制度和风险控制制度，不断提高管理和服务水平。按照"产权清晰、权责明确、政企分开、管理科学"的现代企业制度要求，加快现有企业整合，搭建公司组织框架，明确投资主体、开发主体、会展主体、经营主体、研发主体，健全完善企业法人治理结构。同时，在加快推进市场内各类资源资产整合的基础上，采取多种形式盘活企业资产，实现保值增值。

第二，进一步加快要素保障体制创新。创新人才引进、使用、激励机制，鼓励引进高层次实用专业人才，形成能引得进、留得住、用得好的人才良性循环局面，积极争取将中国塑料城列入宁波市"人才特区"一区多点建设中的其中一点，享受相关人才政策。适度增加市政府每年拨付给管委会的经费，市政府对中国塑料城经营企业继续进行政策性补助，着力引进战略投资者给予资金保障，广泛吸纳其他资金进入。强化金融服务，加强与政策性银行、商业银行战略性合作，争取与一家商业银行和一家政策性银行建立战略合作关系，争取30亿—50亿元规模的贷款额度。积极引导和支持金融机构创新贷款模式，探索对中国塑料城内企业开展股权质押、仓单质押等质押贷款方式，拓宽企业融资渠道。加强用地保障，对重大产业项目和重点基础设施项目，积极争取上级统筹指标。

第三，积极推进企业股份制改造，着力引进战略投资者，全面加强与中国通用技术集团等大企业大集团的战略合作，充分发挥战略投资者的综合实力和资源优势，广泛吸纳社会资本进入，不断壮大企业实力。加快搭建好企业上市架构，进一步明晰上市路径，努力寻找新的营利模式，加快推进上市工作。进一步加强与上市辅导机构的交流、沟通和合作，积极开展上市培训和辅导，强化上市宣传、推介和包装，最终实现中国塑料城整体上市目标，不断增强中国塑料城转型升级跨越发展的活力。

### (三) 独特的核心产业实力

第一，以研发平台建设提升产品开发能力。中国塑料城充分利用浙江省塑料加工技术创新服务平台，积极引进其他塑料改性科研机构，主攻塑料改性项目，构建集技术服务、改性研发、中试实验、成果转化于一体的创新发展平台，不断提升技术服务和技术创新能力，为改性塑料发展提供强大的技术支持和创新动力。加快与国内著名科研院校的合作和交流，完善科技人才培养服务平台和科技信息与成果推广服务平台、公共研发与性能检测服务平台三大服务体系的建设，鼓励中小企业与研究院开展研发与产业化合作。

第二，以产业园区平台建设增强产品生产能力。加快建设滨海新城2000亩改性塑料产业园，实施统一规划、统一设计、统一管理，积极引进国际领先、国内一流的技术和设备，建立园区内物质、能量循环利用链条。大力开展招商引资工作，努力吸引国内外高端改性塑料企业进驻园区，促进改性塑料产业集群集聚发展。鼓励企业加强科技成果承接转化工作，推动企业向生产高端塑料新材料领域迈进，使产业园区成为以推动改性塑料技术的产业化应用为方向的改性塑料生产创造、创业创新基地，成为中国塑料业的实验园和尖端产业园。

第三，以专项交易平台建设提高产品市场占有率。中国塑料城牢牢抓住浙江省人民政府"三位一体"港航物流服务体系建设机遇，发挥重点项目的政策优惠优势，在继续做大做强现有塑料原料交易市场的基础上，加快改性塑料交易平台建设。新市场二期（中塑世纪大厦）增设改性塑料交易区，吸引全国知名改性企业入驻，抢占改性原料销售的领先地位。充分利用中国塑料城的"中塑指数""中塑仓单""塑博会"等资源优势，突出改性塑料专区，通过更为便捷、深入的专项交易平台，扩大交易额，提高市场占有率。

### (四) 多层次的市场建设体系

针对国内塑料专业市场不断崛起，行业同质化竞争加剧的市场发展环境的新变化，中国塑料城着力推进四个市场建设，不断提升市场总体形象。

第一，加大诚信市场建设。加大塑料城企业信用评价体系的宣传力度，鼓励企业全面参与。制定相应的激励和惩戒措施，加强指导与监督，开通24小时举报电话,加大对销售假冒产品违法行为的打击力度,推进企业信用评价体系有效运营。继续深入探索、挖掘和开发系统功能。加大系统应用的推广力度,提升增值服务,对接中塑在线、网上市场等专业性网站和平台,对诚信企业按等级高低置顶排名,形成良好的导向。与金融部门开展战略合作,增加诚信企业相应授信指标及额度。不断扩大诚信市场建设影响力,打造中国塑料城市场诚信品牌,提升中国塑料城品牌知名度。

第二,推进特色市场建设。按照浙江省委省政府关于特色小镇规划建设的指导意见,结合塑料城实际,认真调研,积极筹备,有效地整合塑料家电产业市场信息,加强产业链协作,大力推动余姚塑料家电产业线上线下的结合,促进产业升级以及信息化和工业化深度融合,打造集贸易、研发、制造、物流、检测、信息服务、展示、文化、特色旅游等于一体的具备完善产业链的余姚塑料家电O2O特色小镇。

第三,加大活力市场建设。大力培育壮大涉塑产业集群,充分利用中国塑料城、塑料城网上交易市场、中国慧聪家电城、余姚市电子商务产业园核心交易区,积极吸引国内外总部型企业入驻,增强市场活力。大力引入行政办公、会计、审计、法律、咨询、商务等相关中介服务机构,发展中国塑料城产业集群总部经济,力争把中国塑料城市场集群打造成为余姚新型城市经济的先导区和集聚区。

第四,推进品牌市场建设。着手改造市场软硬件环境,提升市场管理规范化,创新市场发展理念,打造品牌市场。积极创建浙江省"四星级文明规范市场",全面落实创建的标准要求,强化管理、优化服务、美化环境,进一步改善市场整体环境、经营秩序和文明程度。同时,继续积极申报"宁波市企业百强""全国文明诚信示范市场""中国优秀示范市场"等荣誉,积极打造市场品牌。

## 第三节　国际物流创新驱动发展

宁波国际物流发展股份有限公司(以下简称国际物流)始建于2003年11月,是宁波市信息化建设(公共服务领域)的试点单位。国际物流围绕智慧口岸、智慧交通和智慧物流三大体系实现转型升级,打造了区域通关大宗物流综合服务平台,目前是国内一流的综合性现代大宗物流信息服务企业,技术和业务水平在国内均属领先。公司现有员工200余人,其中软件技术人员68名,本科以上学历人员占91%,中高级工程师20人,研发人员占员工总数的40%。公司于2011年和2012年通过了ISO 20000和CMMI三级的资质认证,进一步加强和完善了公司的管理体制。

**一 国际物流创新驱动发展途径**

(一)搭建电子口岸平台,提供一站式大通关服务

宁波电子口岸平台将整合宁波海关公共服务信息网(http://www.nbedi.com)和宁波港EDI中心(http://www.npedi.com),在原有两网的基础上建设宁波电子口岸(http://www.nbeport.gov.cn),运用信息和网络技术,建立各部门统一的口岸信息平台,使政府单位、外贸和物流各相关单位通过一个信息平台,实现信息交换和共享,通过网上办事、联网资料交换、信息共享、企业信用和政府效能评估等主要功能,减少单证输入和传递的环节,实现电子信息通畅流动,提高大通关速度和效率,为口岸大通关提供"一站式"的服务,从而达到以最低的物流总成本向企业提供最大附加值服务的战略目标,以口岸信息化推动口岸的国际化。

电子口岸平台联结政府与政府、政府与企业、企业与企业的协同电子政务与电子商务于一体,为宁波以及浙江省内外各类外贸物流企业实体提供业务协同处理和电子信息交换服务,是一个区域性的综合外贸物流信息平台。电子口岸平台以信息化服务为主体、以服务企业为宗旨、以企业需求为向导、以部门共建为指导思想,按照地方政府牵头、有关部门联合共建的总体建设思路,在宁波海关、宁波出入境检验检疫局、宁波海事局、宁波边检等单位共同参与推动下,进一步发挥着口岸"大通关"的作用。

宁波电子口岸平台已经成为宁波本地企业通关信息化服务的主要提供商,减少了企业业务联系、车旅、人工等直接成本,减少了企业管理总成本,经营效益得到改善,提高了企业进出口竞争力。随着注册用户稳步增加,电子口岸的服务重点已经从增加注册企业数量,扩大到企业应用面,逐步向更高层次的注重客户服务、提升服务品质发展,同时,在吸引

宁波本地企业的基础上，加大向异地企业用户的推广，提高宁波口岸的通关效率。在原先只针对通关业务类服务延伸到现在重视业务类的同时，公开展示诚信以及各个政府单位的政务公开信息，全面促进电子口岸的发展，以便企业只在一个窗口就能解决众多通关的业务和问题。截至2013年年底，平台注册用户共计14267家，企业范围涵盖货主、货代、仓库堆场、车队、码头、船代、船公司等口岸物流的各类实体。

宁波电子口岸平台已上线运行了77个政务项目，政务项目以政府搭建为主，用于优化大通关流程，提升口岸竞争力，属于公益性项目，因此，公司一直坚持务项目不收费原则。通过这些政务服务，宁波电子口岸平台在平台的影响力、美誉度、公信力等方面日益提升。平台的核心报文流量随着项目数量的增加而稳步攀升，发送报文的企业不断增加，发送报文的种类也日益增多，年数据传输量达到2000万票以上，宁波电子口岸在宁波口岸信息数据传输的核心地位已经逐渐显现。

（二）搭建第四方物流平台，提升大宗物流企业运作效率

第四方物流是一个供应链的集成商，一般情况下，政府为促进地区物流产业发展领头搭建第四方物流平台提供共享及发布信息服务，是供需双方及第三方物流的领导力量。它不是物流的利益方，而是通过拥有的信息技术、整合能力以及其他资源提供一套完整的供应链解决方案，以此获取一定的利润。它是帮助企业实现降低成本和有效整合资源，并且依靠优秀的第三方物流供应商、技术供应商、管理咨询以及其他增值服务商，为客户提供独特和广泛的供应链解决方案。

第四方物流市场供应链公共协同平台项目是第四方物流市场从物流交易运营向"物流交易+物流协同模式"转变的基础性公共项目，主要是搭建供应链货主平台和供应链物流平台：供应链货主平台主要围绕制造与商贸业（进口贸易、化纤、文具、家电等）企业的计划、采购、制造支持、分销、物流管理的功能进行建设，并将采购、分销产生的物流需求与供应链物流平台进行对接；供应链物流平台主要围绕物流企业的业务管理、担保交易、公共交易、跟踪、结算等功能进行建设，在为中小物流企业和专线提供标准简化版物流管理系统的同时，与物流园区系统进行对接，实现物流业务从制造商贸业到物流企业的无缝

对接。

平台范围涉及采购物流、仓储、全国配送一体化的供应链物流管理服务，旨在通过提高物流企业管理和服务能力，增强制造商贸企业的供应链竞争力，实现"多赢"收益，具体指导原则如下：一是在符合行业发展趋势和本地实情的前提下，积极应用先进管理方法、技术；二是强调资源整合、3PL 和企业协同，市场化运营；三是基于成本型、反应型需求的不同物流模式；四是整体规划，分阶段导入。

第四方物流平台经营模式按不同行业，扶持一批物流企业，对接制造商贸企业，实现双业联动发展，加强供应链管理，主要体现为以下两个方面：一是提供供应链物流平台，主要包括通用的数据交换、协同管理、市场交易等功能，还具备第三方物流业务管理的功能，既是公共平台的一部分，也可以作为一个通用的运输管理系统。二是提供货主供应链系统，主要解决 ERP 联网、物流需求的处理、业务协同管理、跟踪管理、异常管理、对账和结算、绩效考评等功能，同时货主还可以通过平台发布货源，对接社会运力，进行社会化物流交易。

（三）搭建跨境购物电商平台，打造公共服务体系

随着电子信息技术和经济全球化的深入发展，电子商务在国际贸易中的地位和重要作用日益凸显，已经成为我国对外贸易的发展趋势。2012 年 2 月，国家发改委、海关总署等八部委联合发布《关于促进电子商务健康快速发展有关工作的通知》，该通知指出："组织利用各示范城市的地方电子口岸平台资源，推动地方电子口岸开展跨境贸易电子商务服务。"2012 年 6 月，宁波国际物流发展股份有限公司申报的《宁波跨境贸易电子商务综合服务平台》成功纳入国家电子商务示范城市电子商务试点专项的中央政策性试点范围。宁波跨境贸易电子商务服务平台已于 2013 年 11 月正式上线运营，建设宁波跨境贸易电子商务试点项目，是宁波发挥试点城市先行先试的优势、探索跨境贸易电子商务模式的重大实践。

1. 创新进口跨境贸易电子商务监管模式

（1）保税备货模式。利用保税区功能，商品一线进境时，按照海关特殊监管区域相关规定办理；在宁波保税区建立跨境贸易电子商务进口商品的网上 B2C 分拨中心，跨境贸易电子商务交易完成后，二线出区时，

海关按照收货人需求和有关政策办理。通过该模式，合理引导并解决近年来快速发展的"海淘""代购"等情况产生无法付汇、运费成本高、质量无法得到保障的问题和矛盾，为跨境贸易电子商务进口开辟阳光通道，促进进口基地发展。前期在宁波口岸成功试点后，可逐渐承接江浙沪进口商品业务，并拓展覆盖长三角区域，同时根据总署整体规划，可考虑在全国特殊监管区域（场所）推广应用。

（2）一般进口模式。依托宁波跨境贸易电子商务服务试点平台和宁波跨境贸易电子商务服务进出口通关系统，针对以快件方式进口的跨境电子商务的个人物品、包裹，在机场快件监管场所开展一般进口业务。一般进口模式将形成对信息流、资金流、物流信息的汇总比对、实时监控，利用 X 光机检流水线，实现商品的有效查验，能够对交易过程中所有申报数据可控、可视化、可追溯，建立起一整套适应于宁波跨境贸易电子商务发展的完整、高效、安全、严密的管理规范，引导消费者"阳光海淘"。一般进口模式符合宁波空港"客货并举，以货为主"的发展战略，空港物流的发展和机场快件监管场所的建设将促进一般进口模式的跨境贸易电子商务发展。

（3）进口集货模式。根据海关特殊监管区域的政策功能，商家将多个已售出商品统一交物流公司打包，通过国际物流运送到海关特殊监管场所。商品一线进境时，海关按照相关规定办理入区通关手续，并运入海关特殊监管区域。物流公司向海关办理通关手续，如果按个人物品申报的（属个人购买的商品且符合要求的），通过跨境贸易电子商务通道办理海关通关手续，经海关查验放行后，以个人物品出区，由物流企业配送到消费者手中。进口集货模式在一般进口模式基础上，有利于电商企业扩充商品品类、降低物流成本、降低采购成本和运营成本，将进一步改善跨境贸易电子商务的总体环境，促进跨境贸易电子商务的发展。进口集货业务的发展依赖地方政府的跨境贸易电子商务产业集聚区建设，良好的企业发展环境、优厚的政策扶持、完备的基础设施将促进进口集货模式的跨境贸易电子商务发展。

2. 创新出口跨境电子商务贸易模式及通关方式

通过出口监管模式创新，解决现行跨境贸易电子商务 B2C 贸易模式下收结汇困难、不能退税等阻碍跨境贸易电子商务发展的问题。在出口基地建立国际邮件互换局（站），将现有B2C模式的出境物品纳入出口基地监管，实现宁波周边的邮件在宁波关区进行通关。电子商务企业在物流基地委托物流企业开展物流及通关业务，以出境物品申报清单申报出境，定期归并形成报关单向海关申报，为电子商务企业后续进行收结汇和退税提供报关单电子数据。

3. 建设跨境贸易电子商务服务平台

由宁波国际物流负责搭建一个综合性的进口服务平台，整合商贸基础信息资源，规范电子商务数据标准，搭建数据中心，实现数据共享，提供电子商务通关、物流、数据交换、外贸协同、商务信息、商务信用等综合服务，实现跨境贸易电子商务进出口通关无纸化功能。

4. 构建跨境电子商务服务产业链

通过在宁波开展试点，围绕跨境电子商务产业链各个环节进行招商，重点引进跨境电商平台、第三方支付、金融服务、代理运营、仓储物流、快递配送、售后服务等相关类型企业，打造一体化的跨境电商业务体系，建立完善的跨境电子商务服务产业链。目前，宁波跨境电商的小包快递成本较高，建议通过政府扶持、企业运作的模式在一部分国家建设海外仓，降低物流成本，缩短物流周期。在进口电商方面，支持企业通过特殊监管区域，批量化进口采购备货，进入保税仓之后再通过网络零售方式送达消费者，发挥规模经济效应，提高海外购物体验。

## 二 启示与建议

宁波电子口岸平台是在整合宁波海关公共服务信息网和宁波港EDI中心的基础上，运用信息和网络技术，建立各部门统一的口岸信息平台，使政府单位、外贸和物流各相关单位通过一个信息平台，实现信息交换和共享，通过网上办事、联网资料交换、信息共享、企业信用和政府效能评估等主要功能，以有效发挥口岸"大通关"作用。在运作模式和组织协调方面，宁波电子口岸建设工作采用市场化运作机制，由宁波国际物流负责平台的建设和运营，以企业需求为导向，积极开拓电子商务增值服务项目，并推进电子商务与电子政务相结合。政府则给予平台以必要的资金和政策扶持，努力创造良好的发展环境，协调和巩固与国检、外经贸、国税、外管、海事、港口等相关共建单位的业务协作，建立地方电子口岸建设的长效机制。在建设思路和功能定位方面，宁波电子口岸建设始终坚持"地方政府牵头、与中国电子口岸合作、地方有关部门和当地海关联合共建"的思路和"统一认证、统一标准、统一品牌"的原则,并按照"共建、共管、共享"方式,把大通关核心流程及相关物流服务程序整合到统一的信息平台上,从而成功地实现了大通关统一信息平台,使之具备了一个门户入网、一次认证登录和一站式服务等功能。

宁波第四方物流市场通过搭建供应链货主平台和供应链物流平台两大核心平台,实现物流交易运营,向"大宗物流交易+物流协同"模式转变,为客户提供采购物流、仓储、全国配送一体化的大宗供应链物流管理服务。充分发挥"政、企、银"联动优势。宁波第四方物流市场核心平台是交易、金融、政务服务"三合一"的物流平台,它将原来联系并不紧密的三大主体互动起来,企业冲在前线,政府是强大的后盾,银行提供有力的后勤保障。物流平台运用现代信息技术,将物流信息集中到计算机平台上,通过政府管理部门法律、政策、制度的有力保障,整合港口 EDI 及口岸电子通关等服务功能。物流平台的使用和信息标准体系的建立实现了电子政务与电子商务的有机结合,降低了物流成本,提高了通关效率。当前,大多数大宗物流企业犹如"大象",都从物流的金字塔底部开始做管理,停留在车来车往的原始阶段,没有意识到物流信息化的重要性,结果导致公司在市场上没有任何竞争优势。

宁波跨境贸易电子商务服务平台是跨境试点项目的主要建设任务之一,平台整合商贸基础信息资源,规范电子商务数据标准,搭建数据中心,实现数据共享,提供电子商务通关、物流、数据交换、外贸协同、商务信息、商务信用等综合服务,为进口电商企业打造一条透明、阳光、便利的通道。同时,通过实名身份备案、年消费额度控制、税单查询、商品防伪溯源查询等服务,为国内跨境消费者提供一条阳光、便利、放心的跨境网购新渠道。跨境购在发展跨境电子商务过程中,针对跨境电子商务在物流、仓储、质检以及海关监管等方面的特点,进一步创新了 O2O 电子商务模式。

## 第四节 中国（舟山）大宗商品交易中心国际化发展

中国（舟山）大宗商品交易中心（以下简称交易中心）是舟山市委市政府根据国务院正式批准设立浙江舟山群岛新区及批复《浙江舟山群岛新区发展规划》提出的"三大定位、五大目标"中建成我国大宗商品储运中转加工交易中心的首要发展目标，以及浙江省委省政府构筑以大宗商品交易平台为核心的"三位一体"港航物流服务体系等重大战略决策建设的综合性大宗商品交易平台。交易中心以营造特色、建设完善的功能服务体系为思路，在功能定位上进行全国首创，建成了集商品交易、公共信息、口岸通关、航运综合、金融配套和行政审批六大功能于一体的服务体系，为贸易商提供高效、快捷、优质的"一站式"服务。

交易中心自2012年1月6日正式运营以来，坚持高标准规划、高标准建设、高效能管理，在多元式打造我国一流的大宗商品综合交易、结算和定价中心的基础上，探索打造我国区域性场外市场、搭建浙江省浙商回归平台、构建新区金融贸易集聚区，目前已集聚大量矿、煤、粮、油等大宗商品资源商、贸易（交易）商、需求商以及金融、口岸等配套服务机构，形成了以浙江舟山大宗商品交易所（以下简称浙商所）、浙江船舶交易市场、舟山水产品交易中心为核心平台，以行业性交易平台、市场服务机构为辅的发展格局，初步成为新区大宗商品商贸交易中心。园区坐落于舟山市临城CBD核心区块，紧邻市政府，总建筑面积16万平方米，包括1幢主楼和2幢配套商务楼，为贸易商、会员提供良好的办公环境和配套服务，充分发挥中心的集聚效应。

按照"以现货贸易为核心，服务实体经济"的宗旨，交易中心采用线上电子交易与线下实体贸易相结合的模式。线上电子交易以商品即期交易、现货挂牌交易、现货竞买交易和二手船舶交易为主，为大宗商品贸易商提供现货交易平台、物流交割、船舶交易、价格指数发布等服务；2014年上半年，浙商所累计上市交易品种已达23个，完成商品即期交易模式交易额近万亿元，已超过2013年全年量，完成现货挂牌交易模式交易额22.72亿元，现货竞买交易模式交易额827.13万元；船交市场共交易各类二手船舶481艘,实现船舶交易额14.06亿元。线下实体贸易以完善的服务功能和有效的政策支撑为载体,已成功地引进了一批实力雄厚的企业落户并开展传统现货贸易,以现有龙头骨干企业为支撑,以主导支柱产业为基础,充分发挥大型企业供应链辐射优势,吸引上下游企业参与,实现贸易一体化和金融全覆盖。2014年上半年,招商引资企业完成贸易额(以增值税发票计)103亿元,同比增长61.50%,缴纳税费2438.34万元,同比增长102.01%;自2012年正式运营以来,累计完成贸易额384.92亿元,缴纳税费9706.16万元,为打造总部经济做出了积极贡献。

## 一 国际化发展策略

### (一) 选择先期交易品种

根据国际国内经济形势发展走向、国家相关贸易政策调整进程以及大宗商品贸易方式变化,选择好大宗商品先期交易品种,是大宗商品交易中心顺利运行的前提。如果先期交易品种选择不当,交易中心建设和发展就会受到延误,甚至会失去竞争优势。

**1. 准确把握大宗商品关联政策及其趋势**

化工类产品种类繁多,舟山主要集中在甲醇、乙二醇和芳烃系列。目前,对来自境外的甲醇等,商务部通过实施反倾销调查进行限制。大宗化工品的更大贸易机会,寄希望于国家实施甲醇汽油替代战略。铁矿石贸易完全市场化,国家通过调整钢材出口退税政策,限制耗费大量铁矿石的生铁、钢坯(锭)等初级产品出口,逐步减少铁矿石巨量进口。

**2. 敏锐捕捉大宗商品贸易方式变化商机**

密切关注国际国内大宗商品供需双方变化过程,以及相应的贸易方式改变情况,在演变过程中寻找贸易机会。截至目前,沿袭了40年的国际铁矿石价格谈判机制开始发生历史性变化,长期协议被与现货市场挂钩的季度定价制度所取代,给铁矿石现货贸易市场形成提供了有利条件。石油贸易尽管继续执行国营自动进口许可管理,非国营执行承诺进口数量(配额)管理,但希望竭力打破原油进口限制的民营石油企业,与力图牢牢控制进口权的国有巨头,在人民代表大会上展开过激烈辩论,最终会加快石油市场开放步伐。

**3. 认真筛选适宜本市交易的大宗商品品种**

选择先期交易品种,必须从实际出发。从大宗商品交易关联政策分析来看，除原油进口贸易外，成品油及其燃料油可以有条件地开展贸易。结合保税港区规划建设，积极争取燃料油出口配额，开展国际离岸船舶保税燃料油贸易。

（二）重构大宗商品供应链体系

随着现代物流多式联运的快速发展，现代贸易中出现了以互联网为依托的供应链管理体系，具备了贸易订单和贸易融资等功能。谁掌控了供应链管理体系核心，谁就掌握了大宗商品贸易的主动权。

1. 努力重构大宗商品贸易供应链管理体系

供应链管理体系是指企业通过改善上下游供应链关系，整合和优化供应链中的信息流、物流、资金流，以获得企业的竞争优势。目前，大型跨国公司和相关契约企业，已经形成了世界范围的大宗商品供应链管理体系。首先，要积极引进世界级大宗商品贸易商，如瑞士嘉能可（Glencore，主营金属）、荷兰托克 TBBV（主营金属和能源）、美国嘉吉（Cargill，主营农产品和黑色金属）等，利用它们的贸易网络和管理经验，帮助我们构建大宗商品贸易供应链管理体系。其次，要充分运用基于供应链管理网络应用的计算机技术，也就是要应用最先进的供应链云管理技术，实现云供应、云物流、云管理，完善传统的大宗商品供应链管理。最后，要争取高度自由化的贸易体制，紧紧抓住浙江舟山群岛新区建设机遇，积极争取一系列政策，改善大宗商品贸易体制政策环境，有利于更好地构建大宗商品贸易供应链管理体系。

2. 创新交易制度，争取大宗商品贸易定价权

中国缺失大宗商品定价权的主要因素：一是欧美期货市场有近两百年积淀，导致纽约和伦敦的期货交易所主导着全世界大宗商品价格。二是大宗商品定价机制逐渐脱离了实体现货贸易，衍生成了一种金融工具，以华尔街为代表的金融资本左右着大宗商品价格。为掌握大宗商品定价的主动权，要向渤海大宗商品交易所等先进交易所学习，运用创新思维，创新交易制度，主推大宗商品现货交易和即期交易模式，推出现货连续价格交易制度。

（三）强化大宗商品交易风险控制

1. 密切关注金融动荡对贸易机会的影响

从某种程度上说，本轮美国次贷危机以及国际金融危机，与过去一二

十年的世界分工有很大关系，是经济泡沫与经济结构失衡相伴的产物。面对国际金融危机，各国政府的对策肯定是先自救后合作，因此，全球性贸易保护主义现象必然出现。我国直接参与国际分工，贸易保护主义会成为经济增长的主要障碍，进而会影响大宗商品贸易。我国承诺重估人民币币值，人民币升值最终导致大宗商品价格波动，也会在一定程度上影响大宗商品贸易机会。

2. 切实强化大宗商品交易过程风险控制

风险控制是大宗商品交易中心发展成败的关键。首先，做好风险预测，谨防各种风险的产生。制订各种风险规避与应对方案，保障交易中心的健康发展。其次，在运营过程中，时刻监控交易行为，对结算进行严格核对，对交收实行严格把关，有效避免交易商违约行为，及时控制并处置违反交易规则的风险。最后，规避同业竞争风险，面对上海、宁波和张家港等多个沿海沿江城市纷纷建设大宗商品交易中心，既要实行差异化竞争战略，又需增强内部实力，积极参与异地同业交易中心联盟建设，力争共同打造行业龙头，提升对抗竞争风险的能力。

3. 注重大宗商品交易中心制度规范化建设

大宗商品交易中心作为第三方平台，必须遵循公平、公正和公开的基本原则，才能吸引更多的交易商参与，这是交易中心得以顺利运营之根本。交易中心要积极配合执行国家有关部门的监控措施，依据《合同法》《担保法》《大宗商品电子交易规范》《期货交易管理条例》以及商务部整改制度等文件，制定各项交易、结算、交收等规则、细则，完善内部各业务流程制度和各部门各岗位的工作制度，确保交易中心平稳运营。

（四）完善支持配套服务功能

1. 加强重大问题研究和政策争取工作

长三角及环渤海湾地区目前没有国际性自由贸易港区及相关政策，来支持各地各类大宗商品贸易活动，在东北亚国际物流中心竞争中明显落后于日本、韩国等。韩国釜山港被确定为自由贸易港区后，一年就创造了2.3万个就业机会和20.7亿美元的收入。然而，釜山港40%的吞吐量却是由中国大陆口岸造成的。因此，在长三角地区设立一个国际性自由贸易港区，发挥汇聚全球资源的意义非常重大。舟山要根据大宗商品交易中心发展规划，用足用好群岛新区建设先行先试政策，结合保税港区申报和规划建设，积极向国家争取大宗商品经营资质、交易模式、金融创新、外汇管理、口岸开放和保税贸易等相关政策支持。积极进行自由贸易港区政策研究，努力争取建设国际性自由贸易港区相关政策。

2. 围绕大宗商品交易做好配套服务工作

千方百计使大宗商品交易中心形成自己的特色，努力克服国际物流岛建设中的"短板"。一是加快推进"三位一体"现代港口物流服务体系建设，积极实施现代港口物流园区建设规划，对货主码头和堆场性质的物流模式进行转型。二是充分发挥港口区位优势，加快港口码头等基础设施建设，既要以上海、宁波等大中型城市为依托，又要与上海、宁波等地的大宗商品交易中心开展差异化竞争，实现与上海、宁波港的优势互补。三是围绕大宗商品交易提供最佳的全方位服务，包括信息及时准确、交易安全可靠、金融服务到位、政府优质高效、吃住行便利舒适等。

3. 加大对大宗商品交易的政策扶持力度

把握大宗商品交易扶持政策力度的基本原则是：使交易中心稳定运行并不断发展，使参与贸易活动的贸易商切实看到比较利益。主要体现在两方面：一是扶持大宗商品交易中心建设资金和运行；二是减少贸易商交易过程中产生的税收和佣金等。同时，设立大宗商品交易专项财政引导资金，主要用于对贸易商、授权服务中心（会员）、专业服务机构和团队（负责人）对地方贡献的奖励。

## 二 启示与建议

### （一）加速国内布局，拓展国际平台

1. 着力打造"舟山大宗商品交易价格指数"

中国（舟山）大宗商品交易中心以金融主业服务为主，物流、仓储、融资、培训等服务为辅，打造舟山大宗商品交易价格指数，在产业升级、市场整合中掌握主动权。中国（舟山）大宗商品交易中心连接生产商、贸易商、投资商和消费商四大市场主体，将分散的、线性的产业链条，整合成集中地、立体化的产业平台。产品上市后，企业从物流、仓储、融资等方面全方位介入新型商品交易市场，通过营销模式变革，企业从传统的生产商转型成为产业链的综合服务商和产业解决方案提供者，在产业升级

及市场整合中掌握主动权。

提升价格影响力。中国（舟山）大宗商品交易中心电子交易平台提高了供需信息透明度，使供、产、销、存各方能够清晰、全面地了解市场环境，使产品销售价格更加阳光、科学、合理，最终提升企业上市产品在同类产品中的价格影响力，成为引领产品行业价格的风向标。

2. 大力拓展国际产业平台

中国（舟山）大宗商品交易中心在加速向全国布局的同时，做好产业布局的上下延伸，以增设国际服务平台，密切关注大宗商品交易产业发展的国际信息，发挥中国（舟山）大宗商品交易中心的国际拓展功能和资源整合功能，在国家"一带一路""南南合作"等带动下开展大宗产业、物流、仓储产业的合作交流，提升中国（舟山）大宗商品交易中心的国际影响力，寻找良好的合作模式，探索和打造进军国际的各种路线，并逐步拓展。国际化的具体措施有：

第一，推行与国际接轨的大宗交易制度。推行更加开放的大宗商品贸易自由化。增设夜盘交易使中国（舟山）大宗商品交易中心行情与国际市场行情接轨，在满足不同时区交易商参与交易的同时，也为投资者有效地规避境外市场带来的价格波动风险提供了条件，并为交易所上市品种的国际化铺平了道路。交易时间因夜盘的开设得以延长，参与的交易商可以有更充分的时间来挖掘交易对手，增加了企业交易商的贸易机会和自然人交易商的投资机会。

第二，增加与国际大宗商品交易所的交流和合作。加大交易所的国际品牌推广力度，对外宣传所有信息和平台都使用中英文双语资料，增设国际宣传推广渠道。

（二）完善监管机制，防范经营风险

1. 完善监管机制

中国（舟山）大宗商品交易中心借鉴国际上先进的商品交易所的经验，不断强化监督，加强监管，以"公开、公平、公正"为原则，健全相应的规章制度和管理流程，确保交易所上市企业信息透明、真实、有效，及时对外公布，提升交易所监察机构的公信力和执行力，确保上市企业交易交收管理、仓储货单管理的规范有序，完善相应的督查制度、问责制度、追究制度。

2. 防范经营风险

构建交易所产业经营和资本经营融会贯通的管理运行机制，做好交易所市场资源配置功能，控制交易所发展经营风险，将战略、业务计划和现货商品电子交易市场管理结合起来，建立完善的交易所审计、审核、内控等管理制度和工作流程，进一步完善以资本、资产管理为核心的风险管控体系。建立健全风险管理控制机制，加强风险管理和控制的功能，强化审计与稽查职能，提高交易所风险防范能力；建立完善风险预警监测机制，构筑防范风险的屏障；加强对交易所干部员工的风险教育和培训，增强全员风险意识。根据风险识别层级，制定相应的风险应对措施，确保交易所稳健的发展。

第一，防范市场风险。宏观经济形势对大宗商品交易所有着直接的影响，宏观经济因素如 GDP、产业升级水平、利率水平、就业率、子互联网使用率水平等，从自然人交易商角度分析，当经济强劲时，人们对投资和理财的渠道需求就旺盛，大宗商品交易所行业带来的产业投资便利才能显现。从上市企业角度分析，市场环境变化将影响大宗商品的价格波动和交易交收的量能变化。

第二，防范竞争风险。目前，全国的大宗商品交易所以省级属地设置、管理为主，全国各地有几十家规模不等的交易所，浙江有新华大宗、宁波大宗、舟山大宗，大宗交易行业内的竞争日益白热化。同时，国家对各大交易所的综合治理工作不断加大，交易所的进入门槛不断提高。面对市场竞争，中国（舟山）大宗商品交易中心不断完善大数据、云计算、产业升级、"互联网+"产业、第三方支付、价格指数等功能，形成差异化的竞争模式，在大宗产业中逐渐占据龙头地位。

第三，防范操作风险。大宗商品交易所的交易特性对安全操作和稳定性要求极高，操作风险，特别是技术风险可能会对大宗商品交易带来灾难性后果。另外，交易所的壮大与发展必将伴随着不断的整合并购，在资源整合过程的制度、交易、战略、交易规则等风险都是值得关注和防御的。此外，管理风险交易数据、专业管理团队、物流平台、信息管理、交收环节管理等大宗商品的专业化管理也是必须加以注意的。

（三）推进创新机制，保持产业前沿

近年来，中国（舟山）大宗商品交易中心大力推进创新工作，促进交易所机制体制、运营模式、市场推广举措、科学技术、产业发展等方面的创新，使交易所的自主创新能力得到有效提升。通过自主创新，促进交易所提升核心竞争力，为全面实现转型升级提供强有力支撑，为走向国际化奠定了坚实的基础。

1. 商业模式创新

根据国内外经济发展态势及交易所发展要求，中国（舟山）大宗商品交易中心提供全新的产品或大宗服务，在上市企业的产业覆盖方面开创新的产业领域，或借鉴和学习世界先进大宗商品交易所管理方式和服务模式，以及创新交易交收方式，大力提升大宗商品的交收量，给上市企业带来更持久的盈利能力与更大的竞争优势。

2. 资源整合创新

根据"经济、效率、协调、适用"的原则，中国（舟山）大宗商品交易中心优化现有营销体制机制，以目前已经上市的大宗商品如山茶油、螺纹钢、咖啡豆、大蒜、苹果、胡柚等为突破口，整合线上线下营销渠道、营销人才及激励政策等资源，在各上市产业板块中统筹安排，灵活调动，合理配置，构建交易所、市场服务机构和上市企业三者相协调的整体营销团队及模式，利用多元化分销渠道传递价值，形成市场核心竞争力，保持竞争优势。

3. 管理体系创新

管理体系创新就是想方设法提升企业各项决策的执行能力，对产品、服务、流程进行改善和优化。管理创新孕育中国（舟山）大宗商品交易中心的每一个环节，如企业调研、上市考察、仓储机构设置、上市产品报告、参数设计等，也包括管理工具创新，如互联网、信息化、智能化的运用。交易所必须运用科学规范的管理模式，以智力资源为依托，实行管理理念的全面创新，从根本上转变经营观念，从科技决策着眼，从品牌战略着手，以打造全球化大宗商品交易所的视角，理解驱动管理的创新，形成适时动态的管理创新机制。学习国内外标杆交易所的管理经验，提升交易所的管控能力。

4. 营运模式创新

营运模式创新的实质是思维方式和方法论的创新。在当前国内外经济社会大变革时期，既有模式有可能制约和阻碍企业的发展与转型，因此，中国（舟山）大宗商品交易中心需要全方位审视并创新发展模式、管理模式、商业模式、盈利模式等，重点是要创新发展模式和盈利模式，要与互联网经济社会特征相匹配，探索出具有大宗商品交易特色的大宗运营模式。

## 第五节　新华浙江大宗商品交易中心国际化发展

新华浙江大宗商品交易中心由新华社中经社控股有限公司和杭州兴利投资有限公司共同组建。2013年7月6日，新华浙江大宗商品交易中心正式宣告成立。作为新华社控股并隆重推出的大宗商品交易机构，新华浙江大宗商品交易中心是新华社全球商品定价权战略布局的重要一环。"立足浙江、辐射全国、影响世界"是各级领导对新华浙江大宗商品交易中心的期许，也是增强中国在全球大宗商品市场话语权的战略目标。

新华浙江大宗商品交易中心突出"交易规模大、市场参与度高"等特点，以"服务实体经济"为根本宗旨，为实体经济在生产、供应、销售等环节提供多维金融关怀，在社会产能纬度内提供全方位服务，解决企业所需。交易中心严格遵守相关法规，积极推进金融创新，构建"公开、公平、公正"的市场环境，力求更多企业群体和个人参与到市场中来，成为杭州、浙江乃至中国经济发展的助推器。经过短时间运作，新华浙江大宗商品交易中心发展迅猛，已形成了四大业务板块，发布了新华杭州大宗商品指数，正式上线白银等交易品种，并在重庆、湖北、河南、福建等地分别建立了8家区域运营中心。

新华浙江大宗商品交易中心以贵金属、能源化工、农产品为交易对象，依托新华浙江大宗商品电子交易平台和完善的客户资金银行第三方监管双向交易、国际价格接轨、全天24小时"T+0"交易等优势，是目前最具优势的大宗商品现货电子交易平台，并提供交易、结算、现货交割（与回购）及金融投资咨询服务。中心立足于国内国际大宗商品现货市场，重点打造贵金属、能源、农产品等大宗商品领域，并为市场提供金融信息、投资咨询、投资策划、资金管理等综合性金融投资咨询管理服务，致力于打造中国领先的大宗商品服务商。

## 一 国际化发展策略

（一）服务实体经济，立足国内市场

浙江省是市场大省，"浙江制造"闻名遐迩，但在要素市场建设方面还较为滞后。因此，加快建设和完善大宗商品交易市场，提升传统大宗商品交易方式与手段，提高"浙江制造"在大宗商品方面的话语权、定价权，是浙江顺利实现经济转型、服务实体经济的重要任务。自成立之日起，新华浙江大宗商品交易中心一直以服务实体经济为己任，促进浙江产业结构转型，推动浙江省要素市场的国际化和跨越式发展。

1. 搭建交易平台，降低企业生产成本

2014年7月18日，中博实业发展总公司与中国纺织建设规划院、中国棉纺织行业协会联合签署战略合作协议，共同组织实施新华浙江大宗商品交易中心棉花、纱线电子交易平台项目运作。同年9月，新华浙江大宗商品交易中心棉花、纱线电子交易平台上线。首批包括棉花、纯棉普梳32支针织纱和纯棉普梳32支机织纱、纯棉精梳40支针织纱、纯棉精梳40支机织纱5个品种。新华大宗棉花、纱线品种上线试运营交易，是落实中国证监会关于建立多层次商品市场的政策、扶持实体企业发展、推动纺织工业转型升级的重要举措。该项目的实施，将大大拓展棉花、纱线等纺织品现货交易市场及相关金融市场发展的广度和深度，促进和帮助纺织企业利用好金融工具，提高国际竞争力，提升我国棉花、纱线等纺织品在国际市场上的定价权、话语权。

同时，交易中心全新推出新华中博 Big Market B2B 电子现货交易平台纺织专区，配合棉花、纱线的上线交易。平台除提供线上商品交易、信息咨询、企业宣传等基础性服务外，还将依托广泛的行业专家资源，为广大企业提供发展规划、技术合作、生产经营咨询、金融服务等全方位增值服务。未来，将根据市场发展需要，适时调整完善交易品种，为纺织企业提供风险对冲、商品采购及投资工具，促进纺织工业稳定发展。

自首期能化品种 PTA、乙二醇上线试运行以来，交易中心能化团队几乎走遍了江浙沪石化产业链上的所有龙头企业，力求在交易规则设计、现货交收、物流配送、融资、信息服务等方面尽可能地贴近产业的实际。交易中心立足产业、服务实体经济的理念，赢得了企业的信赖和支持，为交易中心的发展奠定了良好的基础。

2. 提供金融服务，拓宽企业融资渠道

除搭建交易平台之外，新华浙江大宗商品交易中心为服务实体经济做出的最切实有效的举措是为参与到这个平台中的中小企业提供系列金融服务，包括供应链融资、仓单（现货提单）质押业务、委托贷款等，为一些中小企业提供了实实在在的融资帮助。为此，交易中心与银行等金融机构开展全方位战略合作关系，就票据池、资金池、仓单质押、物流中心、现金管理、财富管理、供应链融资、开证业务等为线上交易企业提供更全面、更个性的综合金融服务，从而为实体经济以销定产、降低交易成本、规避经营风险提供新的途径和方式。

（二）创新交易模式，与国际市场接轨

1. 创新分散式柜台交易模式

针对集中交易、电子撮合、匿名交易等方式风险过于集中的缺陷，新华浙江大宗商品交易中心在首个交易品种新华白银交易中进行了交易模式创新，采用分散式柜台模式进行交易，以伦敦现货白银市场价格为基础，综合国内白银市场价格及中国人民银行人民币兑美元基准汇率，连续报出现货白银的人民币中间指导价，整个交易模式与国际市场接轨。2013年8月23日，交易中心首个交易品种——新华银正式上线。在很短时间内，已签约27家会员单位进行市场推广交易。

交易中心推出的白银产品具有四大交易优势：一是创新推出国内大宗商品工业白银现货交易制度，提高交易交收的流动性，维持价格的有效性，充分考虑了现货企业产品资金周转较快的特点，提高交易的频率，对于扶持实体企业发展有积极的现实意义。二是依靠新华社遍布全球的分支机构，发挥全球资源采集优势，及时获得全球大宗商品市场生产、交易数据，有助于及时掌握全球大宗商品市场变化动态，紧密跟进国际报价，保证报价符合市场实情。三是监管严格，保证交易公平公正，交易资金由客户、新华浙江大宗商品交易中心、银行三方签订协议，由银行进行第三方托管，保证资金安全。四是采用分散式柜台交易模式，交易中心维护交易按照"三公"原则持续开展，因而解决了撮合制交易模式里风险集中的问题，为投资者和保值者带来了更多的成交机会，也避免了在撮合制交易所里不得不设置涨跌停板带来的客户无法成交止损的问题。

作为浙江省发展新型要素市场、打造"浙商回归"平台的重点项目，首推白银产品有利于该产品产业结构调整，优化价格形成机制，同时又由于身处市场大省浙江，地理位置的优势为现货企业提供了低风险、高效率的交易市场、管理手段，能切实促进浙江省实体经济发展；并能更好地服务于浙江资本，推动浙江省现货白银市场乃至金融市场发展的广度和深度，最终提升我国白银在国际市场上的定价权、话语权及对全球金融市场影响力。

2. 多种交易模式并行集合运营

为了解决现货交易平台产品单一化不能满足客户多种交易需求问题，新华浙江大宗商品交易中心根据交易品种的属性，构建了贵金属、能源化工、金属和农副产品四大板块。其中，新华大宗贵金属交易秉持服务实体经济、打造要素平台的宗旨，促进国内贵金属交易市场与国际接轨，力争使新华大宗商品交易平台成为在国内外有影响力的交易市场。能源化工板块是交易中心的核心板块之一，充分利用华东地区 PTA、MEG 等化工产品的生产优势，为全面吸引和推动浙商资本的回归，发挥积极的引导作用。金属板块立足浙江省辐射全国，努力打造成国内最集中、最大的金属现货交易平台。农副产品板块以政府政策和方针为导向，努力打造国内知名的农副产品现货交易平台。

针对不同交易产品的特点，新华浙江大宗商品交易中心采用了多种交易模式并行的方式，通过挂牌交易、现货递延交易等模式集合运营，突破现货交易平台产品单一化、参与度不高的状况，满足多种交易需求，实实在在地为合作单位、现货企业服务。

（三）打造指数发布中心，增强全球大宗商品话语权

目前，我国大宗商品国际定价权缺失严重，尤其在石油、燃料油、大豆等商品的国际贸易中缺少定价话语权，主要原因在于我国期货市场规模较小，不利于参与大宗商品的国际定价；企业行业集中度低，没有形成对外议价的合力。随着我国经济与世界经济的进一步融合，以及国际金融危机后国际大宗商品市场价格波动的加剧，国内生产、经营、消费大宗商品的相关企业和部门面临越来越多的风险，如原材料价格大幅上涨或下跌导致企业成本难以控制、企业生产经营计划难以落实、企业购销价格难以确定等，为了解决上述问题，不断提升我国在国际大宗商品市场上的话语

权、定价权,切实增强我国企业应对大宗商品价格变化的能力就成为当务之急,新华(杭州)大宗商品指数应运而生。

作为新华社国际大宗商品定价权战略的重要组成部分,新华社依托新华浙江大宗商品交易中心组建了新华(杭州)大宗商品指数发布中心,向全球发布中国各类大宗商品价格指数,新华浙江大宗商品交易中心成为国内首家拥有自主创新型指数发布中心的大宗商品交易平台。新华(杭州)大宗商品指数发布中心于2013年10月12日正式上线,系列指数包含黄金、白银、铜、铝、镍、PTA和农产品七大指数。同时,发布与大宗商品具有较高联动性的环保、生物制药、国防工业、非银、前沿消费和电子商务六大行业的先导指数。

指数研发直接采集自国内主要商品交易所、现货交易市场及生产厂家的实时报价,数据横跨期现商品,相对一般指数更具超前性和敏感性,对大宗商品未来价格有较好的预测性。目前,新华(杭州)大宗商品指数发布中心已经与中央电视台及香港凤凰卫视合作,向全球发布新华大宗商品系列指数。为进一步增强指数影响力,指数发布中心正在努力寻求更高的合作平台,以更多样的方式、更高的播报频率,逐步提高该指数在全球的影响力,进而增强我国在大宗商品市场上的话语权。

## 二 启示与建议

### (一)战略目标定位清晰

战略目标是对企业战略经营活动预期取得的主要成果的期望值。战略目标具有宏观性、长期性、相对稳定性、全面性、可分性等特点。战略目标的设定,是企业宗旨的展开和具体化,也是企业在既定的战略经营领域展开战略经营活动所要达到的水平的具体规定。对于企业来说,一个清晰的战略目标可以对自己产品的现状进行全面分析,找到自己的最大优势。因此,成功的企业需要一个清晰而明确的战略目标。只有制定了清晰而明确的目标后,企业才有前进的方向,不同的职能部门、不同阶层的员工在工作中才能形成一股合力,从而更好地发挥出企业团队的力量,表现出知识与技能的聚合作用,从而更好地促进战略目标的完成。新华浙江大宗商品交易中心自成立伊始,就确立了建成全球最大的大宗商品交易中心、增强中国在全球大宗商品市场话语权的战略目标。

围绕这一战略目标,新华浙江大宗商品交易中心采取了一系列措施。

在交易模式上，创新分散式柜台交易模式，并实行多种交易模式并行，力求与国际市场接轨；在组织管理上，学习国内外标杆大宗商品交易所的管理经验，不断加强规范化建设，增强行业自律，提升交易中心的管控能力；在营销策略上，2009年发起创立了一年一度的中国（国际）期货资产管理大会，罗杰斯、威廉姆斯、莫里斯、梅拉梅德等群贤与会，已成为业内最具影响力的国际投资管理交流平台之一。

(二) 多种创新促进发展

创新是企业发展之本。创新是一种精神、一种能力，更是一种可持续发展的动力。企业要想实现可持续健康发展，就必须统筹兼顾各个创新环节，协调发展，形成合力，才能全面提升企业的竞争实力和发展潜力。新华浙江大宗商品交易中心在争夺国际话语权的发展过程中，始终坚持以创新促进发展，并通过创新提升了交易中心的国际影响力。

1. 重视产品创新

为紧贴大宗商品市场实际和投资者偏好，满足江浙一带企业用户和投资者的贵金属投资需求，新华浙江大宗商品交易中心创新推出国内大宗商品工业白银现货交易制度，推动浙江现货白银市场乃至金融市场发展，最终提升我国白银在国际市场上的定价权、话语权及对全球金融市场的影响力。2014年9月，交易中心创新推出棉花、纱线5个品种，扶持实体企业发展、推动纺织工业转型升级。通过产品创新，交易中心既实现了差异化发展，赢得了国内市场，又提升了相关产品在国际市场上的定价权、话语权。

2. 重视模式创新

商业模式创新是把新的商业模式引入社会的生产体系，并为客户和自身创造价值，通俗地说，商业模式创新是指企业以新的有效方式赚钱。在全球化浪潮冲击、技术变革加快及商业环境更加不确定的时代，决定企业成败最重要的因素，不是技术，而是它的商业模式。商业模式创新被认为能带来战略性的竞争优势，是新时期企业应该具备的关键能力。新华浙江大宗商品交易中心注重商业模式创新，在白银上市中采用了分散式柜台交易模式。

3. 注重机制创新

机制创新是企业为优化各组成部分之间、各生产要素之间的组合，提高效率，增强整个企业的竞争能力而在各种运营机制方面进行的创新活动，包括动力机制、运行机制、发展机制等方面的创新。在动力机制方面，新华浙江大宗商品交易中心根据四大业务板块分别组建了专业化的团队，制定了较合理的奖惩制度，激发企业员工的积极性。在运行机制方面，交易中心按照"产权清晰、权责明确、政企分开、管理科学"的现代企业制度要求，不断健全完善企业法人治理结构，创新企业的运行程序和管理制度，增强了企业活力。在发展机制方面，交易中心注重高级人才的引进与培养，依托新华社强大的信息收集机构，及时跟踪国际国内大宗商品发展动态，积极组建战略联盟，实现优势互补，不断谋求创新发展的机制。

4. 关注服务创新

为更好地发挥浙江新华大宗商品交易中心服务实体经济的职能，构建"公开、公平、公正"的多层次大宗商品市场体系，本着"先行先试、多种创新相结合"的运营方针，新华大宗积极推动交易交收模式的创新及产业链、供应链金融服务的创新。交易中心在浙江省委省政府和金融主管部门的指导与支持下，已与全国多家国家级商业银行达成合作，如中国农业银行、中国工商银行、中国建设银行及兴业银行、浦发银行、杭州银行等，资金托管阵容正在不断扩大，方便交易者随时随地开户交易；同时推动相关仓储质押、供应链金融等一系列有助于解决现货企业融资难题的金融配套服务。交易中心以大宗商品实体企业和终端消费群体的需求为根本，重点提升为实体企业提供去产能、降杠杆、优化供给、防范风险等方面的服务能力，发挥大宗商品交易市场普惠金融作用，为实体经济服务，努力将新华浙江大宗商品交易中心打造成为具有大宗商品国际定价权与话语权的交易平台。

(三) 合规经营防范风险

1. 以"合规、合法"经营为准绳

合规是大宗商品交易平台生存发展的前提，否则会受到监管部门的取缔。合规是指各类交易行为遵循法律法规、监管要求和规则、自律性组织制定的有关准则、已经适用于行业自身业务活动的行为准则。新华浙江大宗商品交易中心始终坚持合规经营理念不动摇，严格遵守相关法规，在国家法律法规范围内开展大宗商品现货电子交易，监管严格，保证交易公平公正，交易资金由客户、新华浙江大宗商品交易中心、银行三方签订协议，由银行进行第三方托管，保证资金安全。

2. 不断完善监管机制

交易中心学习借鉴国际上先进大宗商品交易所的经营管理经验，不断强化监管，以"公开、公平、公正"为原则，健全相应的规章制度和管理流程，确保交易所上市企业信息透明、真实、有效，及时对外公布，提升交易所监察机构的公信力和执行力，完善相应的督查制度、问责制度、追究制度。此外，交易中心在浙江省商务厅的支持下，联合省内交易场所，组建行业自律组织。另外，还在省金融办的领导下，构建了横跨多个金融领域的机构，旨在进行行业自律、规范，开展沟通交流的机构，也定期和证监、银监等监管机构汇报、交流情况，促进行业规范发展。

3. 加强对会员的规范化管理

会员单位是交易市场发展的"基石"，是新华大宗面向投资者和现货企业的窗口，加强对会员的监督管理是严格落实交易中心的各项工作要求，加强合规运营建设，提升业务发展水平的重要抓手。为促进会员合规经营，交易中心出台了《新华浙江大宗商品交易中心会员分级管理办法（试行）》，实行会员评级制度，并规定了相应的奖惩制度。

#  第 三 篇

## 大宗商品流通行业发展
## 政策建议

# 第十六章

# 推进大宗商品金融服务企业发展的对策建议

大宗商品金融服务企业作为大宗商品流通企业的主体，在大宗商品贸易金融风险传导中发挥着重要作用。国际大宗商品的价格波动通过金融服务企业传导到国内实体经济和金融行业，影响社会经济的健康稳定运行。可见，应当在对企业面临的信用风险、操作风险、市场风险、法律风险等不同类型的风险全面综合评估的基础上，推进大宗商品金融服务企业持续健康发展。

## 第一节 构建大宗商品电子交易金融平台

我国的大宗商品电子交易市场自1997年成立以来，发展十分迅速，目前多数基于自身的特点，发展成以融资、物流、服务等为核心的电子化平台，市场种类主要有四种，均具有进一步发展和提升空间。

### 一 大宗商品期货交易所

目前，我国已经建立了多个现货和期货大宗商品交易所，参与主体主要是国内的交易商，在交易模式、产品、衍生工具创新方面积累了一定的经验，并已经开始国际化拓展。大宗商品期货交易所发挥了重要的价格发现和风险规避作用，为大宗商品企业规避价格波动风险，保持稳定经营，提供了有力保障。然而，我国的交易所交易商品较为单一、交易量较小，未来发展应当多吸取国际知名商品期货交易所的先进经验，进一步完善交易结构和监管政策，继续发挥自身风险规避的作用，促进国内大宗商品交易的健康良好发展。

## 二 信息资讯服务平台

信息资讯服务平台主要以大宗商品信息服务为主营业务，包括价格行情分析、交易品种分析、行业分析、其他增值服务等，不提供交易过程的监督、结算、融资或物流服务。在大宗商品现货交易中具有一定的定价功能。

## 三 供应链服务平台

供应链服务平台为平台的交易商提供配套的融资、物流、信息等相关服务，以便更好地完成交易；同时，也需要与大宗商品金融服务企业、担保公司、物流企业等进行合作，可以与银行合作共同推进供应链金融产品的使用。

供应链金融业务支持系统平台成为近年来大宗商品金融服务企业的重点建设对象，由于供应链金融服务的自偿性，供应链金融平台利用人工智能平台，可以对供应链授信业务的用途进行逐笔监督，实现对企业运营过程中的信息流、资金流、物流监督，同时也能保证信息的及时性、准确性，进而大大降低授信业务风险。目前，国内绝大部分银行均建立了自己的线上供应链融资系统平台，如深圳发展银行"线上供应链金融"、招商银行"智慧供应链金融"、交通银行"电子供应链交互平台"等。

## 四 第三方服务平台

第三方服务平台是指交易平台以第三方角色参与交易活动，为交易方提供配套平台服务，自身不参与交易当中，仅以收取手续费作为盈利来源。这类平台客户包括生产商、加工商、贸易商以及终端客户，平台充当中介，为交易方提供广泛透明的销售采购渠道、准确的信息及便捷的金融物流服务，为交易方节约成本。同时，第三方服务平台，依据国家法律及相关政策，负责监督上述交易过程，对违规行为进行处理。

第三方服务平台充分利用电子商务渠道，整合信息、交易、结算和物流等各个环节，将生产企业、流通企业、终端用户集聚到这个平台上，大大提高了效率，节约了成本，成为各行业的信息中心、交流中心、物流配送中心和结算中心。

将以上四个交易平台进行融合与延伸，对于大宗商品金融服务企业控制融资风险具有重大意义。2014年3月，上海银行业推出了动产质押信息平台，是全国首创的动产质押信息平台，该平台旨在通过对动产质押业务的全流程风险管控，降低银行信贷风险。支持钢材、铜、铝、化工产品等大宗商品的质押业务登记。通过静态仓储监管和动态联运监管确保交易货物的真实性。通过物流仓储环节管理和大数据共享，避免了"虚假仓单"和"重复质押"等不良行为的发生。各平台之间信息共享与平台共建，有利于未来大宗商品融资业务发展与风险控制。

## 第二节 推行数据化金融模式

"互联网+供应链金融"的应用虽然没有对金融产品结构和内涵带来实质性改变，却带来了产品服务模式创新，提升了金融产品操作与处理效率，改善了客户体验，提高了客户满意度。

随着我国网络信息技术与银行等金融业务融合的日益深化，互联网金融将成为未来银行的竞争力，以核心企业内部系统、物流仓储系统和银行核心系统互通的互联网供应链金融将成为未来供应链金融的发展趋势。

大宗商品金融服务企业可以探索建设互联网金融服务平台和投融资平台，通过互联网的方式，为个人和中小企业提供投资理财、融资服务和消费等全方位创新型金融服务。通过平台业务开展，将大宗商品金融服务企业的贸易融资资产进行证券化，并通过互联网出售给个人或者企业投资者，此类贸易融资资产具有较低风险和较高稳定回报率等特点，未来逐步面向市场投放，重点面向对冲基金和养老基金等，形成一个创新型的投资市场。

## 第三节 推进公共服务平台建设

建立公共服务平台，推动大宗商品金融社会化服务体系建设。首先，各级政府要落实好大宗商品金融服务企业服务体系建设专项规划，重点加强信用担保、技术创新、创业培训、市场开拓、管理咨询等服务，为大宗商品金融服务企业提供全方位服务。其次，引导和支持融资担保、管理咨询等大宗商品金融服务机构，建立一批融资信用、创业基地、共用技术、培训等社会化公共服务平台。此外,组织实施大宗商品金融服务企业信息化工程,为大宗商品金融服务企业提供政策、金融、商务、市场等服务信息,提高大宗商品金融服务企业的管理水平、生产能力和市场竞争力。

整合大宗商品金融信息资源,构建跨部门、跨行业、跨区域、跨国界的大宗商品金融信息交换共享体系,打造国家级大宗商品金融公共信息服务门户。推动龙头大宗商品金融服务企业、大宗商品金融服务企业集聚园区搭建大宗商品金融服务企业信息服务平台。依托各类大宗商品金融公共信息平台,形成集大宗商品金融信息发布、在线交易、数据交换、跟踪追溯、智能分析等功能于一体的大宗商品金融信息服务中心。

## 第四节 实施全面风险管理

传统的风险管理以防范损失为主要内容,而全面风险管理包括防范损失及以风险和回报为中心两个方面的活动。其中,防范损失包括内部控制和衍生产品交易(风险对冲)等;风险和回报方面包括定价、风险调整资本回报率等风险管理活动。大宗商品融资与传统贸易融资业务的区别在于,综合运用货权控制、保险、套期保值等风险缓释手段。针对大宗商品融资业务,大宗商品金融服务企业必须建立适应其风险特征、涵盖前、中、后台的风险管理体系,并结合贸易融资产品与服务创新,建立专业化的授信评审及管理机制,有效地加强全面风险管理。

### 一 大宗商品差异化的资本监管

《巴塞尔协议Ⅲ》对大宗商品融资提出了过高的资本要求,并将其相关表外资产均纳入杠杆率监管范围,不利于银行大宗商品融资业务的发展;应当充分考虑大宗商品交易标的物的风险缓释作用以及自偿性的特征,在新资本协议实施中,给予大宗商品融资更加差异化的资本及杠杆率监管,将大宗商品融资债项层面的低风险特征转化为更低的资本占用。

### 二 泛供应链金融业务

大宗商品金融服务企业的供应链金融融合结算、资金管理、跨境等,形成综合泛金融产品体系。泛供应链金融业务重点聚焦供应链融资业务和供应链结算两方面业务:①融资业务聚焦通过核心企业、物流机构、平台企业等供应链管理、流程控制、数据对接和增信等手段，从事与贸易流程相关的应收、预付、存货、流量和组合定制类的融资产品；②结算业务聚焦产业链中核心企业与上下游企业间交易关系中形成的活跃交易往来，包括资金划转和使用现金进行支付结算的业务。

通过泛供应链金融业务的开展，大宗商品金融服务企业可以将融资产品与结算产品相结合、资产端与负债端相结合，表面看来，是为供应链企业提供丰富的金融产品服务，实则通过绑定供应链上所有企业的结算现金流，利用网银结算和现金管理平台累积的基础数据进行贷前调查和贷后监测工具等风险控制，将供应链条上所有企业的交易往来资金全部锁定到大宗商品金融服务企业内，真正实现现金流的有效管理，确保供应链上企业之间所有交易的还款来源，将还款风险化整为零。

### 三 专业化的风险组织架构

我国大宗商品金融服务企业可借鉴国际同业先进经验，结合自身实际，搭建海内外专业化的大宗商品融资组织架构，建立健全大宗商品融资前、中、后台专业化的风险管理模式。

全面风险管理还包括融资风险管理。在大宗商品金融服务企业内探索实行风险管理全覆盖政策，安排专职风险经理做实贸易融资全过程的闭环管理，回归贸易融资业务本源，作为控制贸易融资业务风险的根本手段；专业交易银行业务涉及的贸易背景核实、应收账款核实、贸易回款监控、贸易过程管理、抵（质）押品管理等，作业的业务范围包括国际贸易融资、国内贸易融资、跨境金融、供应链金融等交易银行相关业务。经办客户经理、风险经理、审批人员等按照各自岗位职责相互配合，实现全过程管理，做好贸易融资贷前调查、贷时审查、贷后管理，将贸易融资不同于流动资金贷款的背景真实性、用途特定性、资金封闭性、还款自偿性真正运用到风险管理决策中。

第一，大宗商品金融服务企业要不断提高对大宗商品贸易金融风险的危机意识。目前，我国的大宗商品贸易额不断增大，很多企业将大宗商品抵押到银行获得资金周转，虽然银行的贷款利率相对较低，但是，大宗商品的价格较高，银行能够获得高额的利息。很多大宗商品金融服务企业为了获得高额的利息会忽视了大宗商品贸易金融潜在的巨大风险。因此，要提高大宗商品金融服务企业对大宗商品贸易金融风险的防范意识，坚持审慎经营，时刻保持清醒，不被眼前的短期利益冲昏头脑，切实有效地处理做好企业经营和风险控制之间的关系。

第二，大宗商品金融服务企业要进一步加强对大宗商品贸易融资申请的审批能力。大宗商品的现货贸易质押业务往往易被当作抵押贷款，大宗商品金融服务企业比较容易放松对企业贸易合同真实性的检查。大宗商品金融服务企业要对大宗商品贸易融资制定有针对性的、专门的质押贷款审批标准，从源头上认真、有效地控制大宗商品贸易融资的风险。将大宗商品贸易融资的审批与贷款分开。由专门的信贷审批部门对企业质押大宗商品的融资申请进行审批，对质押的大宗商品相关单据和合同进行审查，避免出现虚假贸易情况。对于融资企业的整体资产状况、资金流量、生产经营情况进行严格审查并持续关注，避免贷款后相关风险的产生。认真、仔细地审核融资企业所提交的大宗商品货物证明资料，确保货物估值的准确性，并能够到仓库现场对货物的质量、数目进行实地的检查，防止发生骗贷现象。

第三，大宗商品金融服务企业要进一步加强对离岸企业融资业务的监控。随着经济全球化的进一步加深，很多大型企业为了进一步开展国际市场，树立国际企业形象，都会在国外建立离岸公司。离岸公司设立过程较快、审批手续简单、成本较低，既可以在海外加强扩张，又能使企业有效地跳过关税壁垒，获得减税。由于我国对金融市场监管相对比较严格，国内外的利率和汇率有一定的利差。很多设有离岸公司的大型企业就会利用信息不对称和国外监管宽松的有利条件，虚构转口贸易，开立假贸易合同，通过"假贸易，真融资"来获得银行资金，进行套利和周转。因此，大宗商品金融服务企业要加强对离岸企业的监管力度，对于高风险、融资时间较长的离岸企业进行全程实时监控。并不断加强与国际上各银行的业务交流，建立实时共享的信息渠道，增强对海外离岸公司的监管力度。

第四，大宗商品金融服务企业要进一步贯彻落实盯市制度和跌价补货制度。由于企业在对大宗商品进行质押时，大宗商品金融服务企业是根据最近的大宗商品价格给企业放贷。但是，大宗商品价格往往受到国际金融机构的投机影响，当国际市场上大宗商品价格出现大幅度下跌时，贸易企业质押给大宗商品金融服务企业的大宗商品价值就会大大减少，大宗商品质押物的市值会远远小于大宗商品金融服务企业放给企业的贷款金额。因此，大宗商品金融服务企业要进一步贯彻落实盯市制度，当发现国际上大宗商品价格出现大幅波动时，及时通知相关企业进行补仓或者先偿还一部分贷款。这样，大宗商品金融服务企业就能够及时发现金融风险并提早做好防范措施，防止金融风险的进一步传导和扩大。

第五，大宗商品金融服务企业要加强彼此之间的交流，进行信息共享。目前部分企业在对大宗商品贸易融资时，为了获得更多的银行贷款，就会利用各大宗商品金融服务企业间的信息不对称，在多家银行进行重复质押贷款。因此，各家大宗商品金融服务企业要及时进行沟通交流，避免一家企业在多家银行重复质押获得大额贷款的现象。通过全面的监管系统，充分发挥"物联网"的作用，各家大宗商品金融服务企业都能够查询到企业是否已经对同一批货物在其银行申请了质押贷款业务。并且，通过该系统各家大宗商品金融服务企业也能够看到企业的总的贷款金额和负债情况，能够正确判断是否审批贷款和及时发现风险收回贷款，从而可以在一定程度上避免大宗商品贸易金融风险的传导和深化。

# 第十七章

# 推进大宗商品交易平台健康有序发展的政策建议

根据大宗商品交易平台建设现状及存在问题，本章从加大政府支持、提升运营能力、加强服务支持能力等方面提出加快推进大宗商品交易平台健康有序发展的政策建议。

## 第一节 加大政府支持力度

各级政府和有关部门要充分认识到建设大宗商品交易平台的重要性，了解大宗商品交易平台建设是推动大宗商品交易的重要手段，是发展我国区域物流的重要举措，有利于将我国打造成为国际综合型大宗散货枢纽，提升我国在国际大宗商品交易市场的话语权。相关部门要通过整合资源、密切关注、理顺关系等手段，大力扶持大宗商品交易平台建设，扩大大宗商品交易规模。

建设大宗商品交易平台，我国各级政府要出台配套优惠政策，加大扶持力度，进一步改善审批、口岸进出口等软环境，吸引外部大宗商品交易商入驻，促进本地从事大宗商品交易的企业快速成长。具体可以采取以下方法：第一，合理规定财务税收制度。可以参照已经成熟产业的税收优惠政策，实行营业税差额抵扣等制度；对交割中增值税差额及交易价格结算差价形成的税收等问题进行明确规定。第二，加强对开放政策的支持。开放是进行港口开发的前提，港口开发的档次和规模依赖于开放的广度及深度。此外，应当支持期货交易，设立区域优势品种的商品期货交割仓库。

一　制定行政法规

大宗商品交易平台的建设运营，不仅需要平台自律体制的作用，也需要强制性法律规范，两者缺一不可。虽然我国目前在多个行业已经建立了大宗商品电子交易市场，但是，市场交易程序并没有统一，甚至出现相互冲突的现象，因而具有全国效力的强制性法律规范的制定就显得尤其重要。由于大宗商品交易的特点，在交易过程中会遇到诸多法律困境，实践证明，强制性法律规范为大宗商品交易平台顺利进行提供有效的规制和保护。此外，法律法规的制定还需要保留一定的弹性空间，这主要是由于大宗商品电子交易市场是传统市场与高科技技术结合的产物，具有高度的复杂性，法律法规的弹性空间能够为未来制度的创新预留足够的空间。

二　实施大宗商品标准化

根据业内共识，大宗商品指的是能够进入非零售环节的流通领域，具有商品属性，能够用于工农生产和消费的大批量买卖的物质产品。由于多数大宗商品，如玉米、花生、白糖、铝、铁、石油等的产地表现出集中化，以及市场规范和实践的不同，各个大宗商品交易平台的交易物一般都是特定的，如淀粉市场、天然橡胶市场、黄金市场、石油市场等，并且，有些大宗商品并不适合电子交易，如一些中药材等。因此，国家有关部门应该明确大宗商品电子交易标的物的种类，并确保不同交易中心交易标的物的规范化和标准化。

标的物标准化指的是对产品的品质标准、物理性状、交易数量、产地来源等的规范分级。在实际交易中，大宗商品尤其是工农业原料一般都具有市场认可并且明确规定的级别标准，这就表示标的物标准化是可行而且必需的。另外，交易平台也可以对通用性内容制定格式条款，对交割时间、交易程序、交易地点等制定标准化的要求，尽可能减少由此产生的纠纷。

三　明确监管机构

目前，我国已经形成了多家大宗商品交易中心，交易量非常庞大，对物流流通以及国民经济的正常运营产生了巨大的影响。与此同时，大宗商品交易中也出现了各种纠纷、冲突与矛盾，甚至引发一些社会影响极坏的案件。这表明，大宗商品交易市场需要稳定有效的监管体制，日益增加的交易问题也从侧面说明，我国对大宗商品交易市场监管的缺失。大宗商品交易市场从传统市场转型发展而来,在形式上也是由地方政府审核批准成立,商务部作为全国贸易主管部门发挥着越来越大的作用。此外,由于金融纠纷的日益增多,金融证券市场监管机构也介入到对大宗商品交易的监管中。可以说,现在对大宗商品的监管表面上由多头共管,实际上谁也没有百分之百的权力进行监管,这是影响交易市场健康发展的隐患之一。

## 第二节 提升大宗商品交易平台运营能力

### 一 建立合理的保证金制度

大宗商品电子交易市场的交易商一般是具有背景的企业,对行业发展趋势虽然有一定的了解,但是,价格的过分波动仍然是其最为担心的问题。大宗商品电子交易市场运营机制中的保证金制度为他们提供了一种有效规避价格风险的途径。但是,保证金比例的制定又直接影响企业交易,虽然过低的保证金比例能够活跃市场,但也容易造成交易履约风险和过度的投机行为,过高的保证金比例则会加大企业资金占用成本,降低交易活跃程度,从而增大流动性风险。因此,制定合理的保证金制度,对促进大宗商品电子交易市场顺利发展、提高相关企业的利润有着重要作用。

### 二 构建完善的交易纠纷处理机制

大宗商品交易平台的纠纷处理机制包括行政处理机制、自律处理机制和司法处理机制。具体而言,主要包括调解、和解、仲裁和诉讼途径。

交易商发生交易纠纷时,可自行协商解决,达成和解协议。交易平台可以依法设立纠纷调解机构,交易商可向其书面申请调解。交易平台根据一方当事人的书面申请调解纠纷。双方达成调解协议的,可由交易平台鉴证实施。根据仲裁协议或仲裁条款,当事人可向约定仲裁机构提起仲裁。仲裁结果一经做出,具有法律效力。另外,考虑到交易纠纷的专业性,也可设立专门仲裁机构。诉讼是司法救济途径。纠纷当事人可就纠纷直接向有管辖权的人民法院提起诉讼。依据合同法,有管辖权的法院包括合同履行地和被告人所在地法院。大宗商品交易平台是由交易平台网络系统撮合成交,交易商得到交易平台的全面服务,所以,交易合同的履行地应该是交易平台所在地。

### 三 规范发展与超常规发展相结合

大宗商品电子交易平台是连接期货市场和现货市场的桥梁，在期货市场和现货市场的联系中发挥着重要的作用，但是，大宗商品电子交易平台应继续向上发展，提升自身价值，占领现代商品交易市场体系的制高点。在这个过程中，就需要管理者具有规范发展与超常规发展相结合的战略性眼光。以石化类电子交易市场为例，领导者既要以规范发展为主导方向，继续做大做强做优现有市场，尽量避免风险事件的发生；也要有超常规发展的战略眼光，与期货交易所形成战略合作关系，对于性质相似的品种，可以培育有效的套利机制，为已经发展成熟的中远期品种交易向期货市场过渡提供便利条件。

## 第三节 加强大宗商品交易平台服务支持能力

### 一 加强金融服务支持能力

大宗商品电子交易市场伴随着巨大的金融交易结算额，可以说金融服务能力是推动大宗商品交易平台发展的重要动力。因此，要从多个方面提升自身金融服务能力。一方面，相关部门要加强金融机构对大宗商品交易平台的支持力度，在金融结算快捷、合作银行选择、产品创新等方面，积极促进交易平台和金融机构的密切合作与良性互动；另一方面，由于大宗商品交易平台保证金制度的实施，为了保证交易金额的安全，必须严格实行第三方监管制度。

### 二 加强软件和信息服务支持能力

重点发展具有地区优势的软件和信息服务体系建设，结合当地主导产业，加快开发面向工业原材料、农产品等的软件能力。推动以企业为主体的信息系统建设，创新商务模式，开发并应用先进的业务运营信息系统，扩大大宗商品交易公共信息互联网范围，降低信息流通成本，提高运作效益。要针对目前市场竞争还主要为价格竞争的现状，加强信息服务产品供给，包括市场前景研究报告、产品指数发布等，以尽快形成宁波市场高层次的竞争力。

### 三　加强物流服务支持能力

现代物流服务业和大宗商品交易市场相辅相成。可以以深化港航联动发展作为突破口，构建结构合理、实力强大的现代物流运输体系，加快发展水路运输、铁路运输、航空运输，提升本土运输规模化水平和市场竞争力，发挥政府在海铁联运、港航联动中的主导和控制作用。此外，推动以企业为主的专用物流信息系统建设，开发应用先进的物流业务运营信息系统，扩大物流公共信息互联互通范围，降低物流成本。

### 四　加强人才队伍支持能力

相对于传统市场，大宗商品交易市场中的期货市场与现货中远期市场在发展过程中对人才的要求更高，需要大量技术过硬的专业型、复合型高层次人才，来从事产品市场前景研判、市场指数产品研发、市场交易工具创新、市场宣传推介等高端服务。此外，高层次人才对于大宗商品价格变化趋势有更加直接及准确的判断，可以为交易商提供最新的信息，避免因为价格波动而造成的损失。因此，应该加强大宗商品交易平台人才培养和引进工作，积极扩大人才总量，优化人才结构，增强人才储备和竞争力。

## 第四节　规范大宗商品交易平台管理制度

### 一　明确市场定位

大宗商品电子交易是以服务大宗原料商品的流通为经营目的，介于期货市场和现货市场之间。但是，大宗商品电子交易市场采用的交易机制与期货市场存在很多相同之处，比如，都采用了每日无负债结算机制、保证金制度等，很多人都认为，大宗商品电子交易就是"变相期货交易"或者"准期货交易"。如果这种错误的经营思路、经营理念蔓延，就有可能给大宗商品电子交易市场带来沉重的打击。因此，管理者必须明确大宗商品电子交易是传统批发交易模式的延伸，是新型的现货交易模式。市场在运行中借鉴期货交易机制以及利用电子商务技术等都是管理手段，大宗商品电子交易市场建立的根本目的就是利用这些手段服务于现货交易。

### 二　提高平台参与企业的准入门槛

为了对大宗商品电子交易市场进行规范，政府已经多次出台整治意见。比如，2009年颁布的232号文件要求"全国禁止新设立大宗商品中远期交易市场"，文件对新设企业名称、经营范围及原有企业申请变更登记的，不能使用"大宗商品中远期交易市场""大宗商品中远期交易""仓单交易"等字样。文件规定的整顿对象为56家大宗商品交易市场。2010年，国务部颁布的《中远期交易市场整顿规范工作指导意见》规定，禁止设立新的大宗商品交易市场、禁止自然人和无行业背景的企业进入交易市场交易、禁止代理业务，并规范了保证金缴纳形式，限定了每个交易品种和交易商的最大订货量。

虽然已经有了相关的规定，但是，在各省市仍然有各类新的大宗商品交易接连开市，可以说交易所泛滥生长的局面并没有得到遏制。因此，为了规范大宗商品交易市场，就像成立一家期货经纪公司要求最低注册资金3000万元人民币一样，建立大宗商品交易市场也应该有最低注册资金要求，以保证平台交易市场有足够的抗风险能力。同时，各地主管部门要严格审批，并对投资方进行资格审查，以提高市场准入门槛。

# 第十八章

# 大宗商品流通人才培养的创新实践与思考

## 第一节 引言

2011年,为应对浙江省大宗商品流通产业人才紧缺的新情况,宁波财经学院(原宁波大红鹰学院)联合宁波神化集团等大宗商品经营机构,依托国际经济与贸易专业,开始进行大宗商品流通专业人才培养的试点工作。2012年,成立国内首家大宗商品商学院,宁波市政府为大宗商品商学院的建设投入了5000万元专项建设资金。2014年,国际经济与贸易(大宗商品交易方向)获批浙江省新兴特色专业。2015年9月,与江西财经大学金融贸易学院签约,开始联合培养国际商务(大宗商品经济学方向)专业硕士生。2016年6月,被宁波市认定为市级首批特色学院。

宁波财经学院大宗商品商学院各专业以服务浙江开放型经济发展,服务浙江海洋经济发展以及宁波打造国际化港口城市和"一带一路"支点城市对经营管理人才尤其是大宗商品流通行业运营与管理人才的需求而设置,各专业立足浙江、面向长三角,主要培养具备扎实的经济学和大宗商品理论知识,能够在大宗商品贸易、流通、投资等企业从事交易操作、信息处理、市场研究、咨询服务、投资分析等工作的高素质应用型人才。

## 第二节 大宗商品流通人才培养的创新举措

**一 精准定位大宗商品流通紧缺人才需求，政、校、企、协四方协同培养，形成特色专业人才培养新模式**

基于产业新业态发展实际，构建基于行业职业标准的大宗商品流通紧缺人才培养新体系。在宁波市政府大力支持下，以学校为主体培养大宗商品新业态人才，以大宗商品产学研战略联盟和宁波市大宗商品流通协同创新为平台，整合宁波大宗商品交易所、宁波余姚塑料城、宁波中基贸易集团、宁波港集团、宁波神化集团、浙江永安期货经纪有限公司等大宗商品流通龙头企业资源，依托中物联大宗商品流通分会协会力量，在制定新职业标准的同时把大宗商品流通行业标准有机地融入专业人才培养的全过程。基于大宗商品交易员、大宗商品价格分析师、大宗商品贸易业务员、大宗商品物流运营师等新业态岗位职责和能力的要求，制订特色人才培养方案，实行政、校、企、协四方协同培养，形成特色专业人才培养模式。

**二 基于行业职业标准，设计特色专业课程体系，校企合作，共建大宗商品流通特色系列教材**

将大宗商品流通产业职业标准嵌入课程体系，确保人才培养方案能符合和满足大宗商品流通新兴产业的职业岗位要求，实现人才培养通用标准和行业标准的有机结合。专业与行业龙头企业联手开发适应大宗商品产业发展需求的课程体系。通过引入行业标准及职业资格标准，建设嵌入行业企业新技术的专业主干课程，从而构建基于专业核心能力和职业发展需求相结合的课程体系。校企共同拟定课程教学大纲，共同开发、编写汇聚专业核心能力的课程教材，编写完成《大宗商品概论》《大宗商品交易》《大宗商品物流》《大宗商品投资分析》《大宗商品金融》《大宗商品物流综合实验》等特色课程教材15部。

**三 优化教学模式与方法，采用"理论讲授+专家讲座+企业实践+实验竞赛"教学模式，推进以翻转课堂为主要形式的混合式课堂教学改革**

特色专业改革创新多学期、分段式等教学组织形式，按照"理论讲授+专家讲座+企业实践+实验竞赛"教学模式,专业教学中聘请企业专家进行业务实战和行业前沿讲座、安排校企合作企业参与课程实习、认知实习、毕业实习,同时大力推进期货从业资格证书、证券从业资格证书考证与课程学习相结合,并全员参与"甬商所杯"大学生大宗商品交易与电子商务创新大赛,以及浙江大越期货实盘大赛,提高学生的职业竞争力。与此同时,大力推进以翻转课堂为主要形式的混合式教学改革模式,实行微课、慕课、在线教学、网络教学、远程研讨等数字化教学和传统教学相结合的教学方式改革。

**四 建设国内一流大宗商品实验中心,定制化大宗商品实验教学系统,与市场实战同步,提升学生的实践应用能力**

特色专业投资1500万元建成能进行百余项实验项目和大数据支持的大宗商品实验中心,实验设施设备在国内领先。与大宗商品市场领先企业如网盛生意宝、高达软件等合作定制开发国内首创大宗商品实验教学系统,应用企业实战数据接口,结合创新创业教育,开设大宗商品电子商务综合实验、大宗商品交易综合实验、大宗商品物流综合实验以及大宗商品金融综合实验课程,能进行大宗商品贸易、大宗商品电子商务交易模式运营、大宗商品供应链金融、大宗商品量化交易、大宗商品投资组合等先进实验项目。构建以课程实验、实验课程和综合实验三类实验为载体,形成验证性、设计性、实战性和综合性四位一体的国际经济与贸易专业实验实践教学新体系。

## 第三节 大宗商品流通人才培养面临的问题及困难

**一 特色学科科研成果有待于进一步形成**

近年来,在学校对学科科研高度重视的背景下,宁波财经学院大宗商品商学院科研项目、论文论著数量和质量均明显提升,但仍存在不少问题。一是总体研究水平有待提升,国家级科研项目、国家一级期刊论文、高水平学术专著、高级别科研奖项相对偏少。二是能体现学科特色的大宗商品经济学相关研究成果偏少,且学科各方向分布不均衡,目前大多成果集中在大宗商品交易方向,对大宗商品产业理论与政策、大宗商品金融与投资方面的研究有待加强。

近年来，大宗商品商学院依托大宗商品产业流通协同创新中心，与50余家企业和科研院校开展了横向合作，但解决大宗商品流通环节的重大问题和重大任务的能力还不强，政产学研联合攻关的力度还有待于提升。另外，学院与国家和浙江省大宗商品行业主管部门，如商务部、国家及浙江省发改委等的联系不够紧密，科研成果的直接应用和转换力度不够，承接省级以上政府委托横向项目还比较少。

宁波财经学院大宗商品商学院需要优化资源配置方式，创新学科科研发展机制，打造特色学科，培育特色科研成果，在特色学科引领下，以特色科研支撑特色学院的可持续发展。

### 二 高水平师资队伍建设有待于进一步推进

大宗商品商学院高水平师资队伍建设主要面临着以下三个方面的困难。一是学科带头人、方向负责人、学科科研骨干数量偏少，目前还没有国家层次领军人才。二是具有博士学历学位、国（境）外学习经历的教师占比有待提高。三是具有大宗商品经济学学科背景的博士副高以上职称教师数量偏少，尤其缺乏具有大宗商品价格监测和大宗商品大数据理论方面学科背景的教师。

大宗商品商学院需要进一步改革教师聘任和管理制度，重构教师评价体系，拓宽教师发展渠道，进一步提升教师队伍素质，以更好地支撑大宗商品流通紧缺人才培养。

### 三 人才培养模式有待于进一步创新

尽管国际经济与贸易专业（大宗商品交易）已有四届毕业生，但专业毕业生的数量及层次还远不能满足区域大宗商品相关产业发展对人才的紧缺需求。一方面，大宗商品流通环节不仅涉及贸易运营，还涉及大宗商品市场分析、采购、物流、金融、期货与操盘等，但目前仅开设了大宗商品交易专业，还没有开设大宗商品金融与物流专业。另一方面，尚未独立培养硕士研究生，人才培养的层次不能满足区域经济发展对大宗商品行业高层次人才的快速需求。

在人才培养模式方面，建立了校内与校外联动实践机制，完善"理论讲授＋专家讲座＋企业实践＋实验竞赛"的创新教学模式。积极探索企业家讲堂、高管课堂、双导师制等新型实践教学机制。但是，面向如何更好地对接大宗商品流通产业人才需求，尤其是国际化人才需求是学院今后需要认真回答和解决的问题。学院需要基于职业和岗位，优化人才培养方案，强化实践教学，创新人才培养模式，促使学院的应用型人才培养更好地适应大宗商品流通紧缺人才的需求。

## 第四节 推进大宗商品流通人才培养的若干思考

大宗商品商学院"十三五"总体目标：通过五年建设，把学院建成"体制机制创新、培养模式新型、学科特色鲜明、办学条件一流、国际化水平较高、就业优势明显"的省内一流全国领先的特色专业学院。

具体目标是以大宗商品为特色的应用经济学学科建设成为浙江省一流学科和国内有影响力的特色学科，大宗商品流通产业专业（群）成为浙江省优势专业和重点专业，全国特色专业。打造长三角乃至全国一流大宗商品特色人才培养和学术研究基地，全国大宗商品职业岗位教育和从业资格培训基地。

### 一 打造特色学科，引领大宗商品流通产业专业群建设

围绕大宗商品流通产业实施应用型交叉学科创新，率先创建应用经济学学科的特色二级学科大宗商品经济学。依托大宗商品流通协同创新中心，形成若干国内领先的研究平台，发布一批在国内有较强影响力的研究成果，建设成为全国有影响力的特色学科、浙江省人文社科研究基地、浙江省大宗商品流通企业服务中心，达到浙江省新建本科院校和全国民办本科高校第一水平。

为满足大宗商品流通产业纵深发展对高级专门人才的迫切需求，在现有国际经济与贸易、金融工程、物流管理等主干专业和国际经济与贸易（大宗商品交易方向）核心专业的基础上，建成大宗商品交易、大宗商品物流、大宗商品金融等专业构成的大宗商品流通产业专业群（核心专业），并成为浙江省优势专业和国家特色专业。

推进以大宗商品经济学为特色二级学科的浙江省应用经济学一流学科建设工作，成为全国有影响力的特色学科。与宁波大宗商品龙头企业、咨

询机构等联合成立大宗商品流通专业建设委员会，共同开展大宗商品产业研究及人才需求分析工作。依托学院物流管理和金融工程专业，加快设立物流管理（大宗商品物流方向）和金融工程（大宗商品金融方向），并实现备案招生，形成大宗商品流通产业专业群。将大宗商品特色专业（群）建设成为浙江省优势专业和重点专业，并申报成功国家特色专业。培育并成功申报国际商务（国际大宗商品流通方向）专业硕士点，培养国际大宗商品流通和商务高级专门人才。建立大宗商品流通跨学科研究中心，全力提升学科科研产出水平。加快推动完成大宗商品流通省、市二级人文社科研究基地建设工作。推进大宗商品协同创新中心建设工作。建设成为省、市二级协同创新中心。发布大宗商品指数及产业报告。联合宁波大宗商品交易所、生意社、长城战略咨询等大宗商品研究机构，积极争取政府相关部门支持，发布《宁波"一带一路"大宗商品贸易指数》和《宁波大宗商品流通产业发展报告（2016—2020）》。

## 二 创新体制机制，完善合作共建共享体制和学院内部管理机制

大宗商品商学院依托大宗商品产学研战略联盟，拓展办学资源，建立与完善学院与大宗商品流通行业企业合作办学的体制机制。完善和健全理事会制度，扩大理事会中非学校成员的比例，完善理事会领导下的院长负责制。大宗商品创新学院内部管理运行机制，改革学院内部治理结构、聘任和管理制度、激励机制以及资源配置方式。

以大宗商品产学研战略联盟龙头企业宁波大宗商品交易所和余姚塑料城为共建合作对象，实施"以产权或资金为纽带，由市场机制主导的责权明确、利益同享、风险共担的决策、投入、沟通、管理、分配机制"的共建共管合作体制。进一步完善和健全理事会制度。理事会中来自地方部门、行业企业、用人单位和合作方的代表占比不少于50%。完善理事会领导下的院长负责制。理事会在人力、财力、物力、资源配置等方面给予政策，对学院的运行绩效采用目标管理考核。学院重大事项由党政联席会决定，学院采取相对独立运作的运行机制。

改革学院内部治理结构，下移管理中心。引入市场机制，学校实行目标管理，学院成为基层管理中心和学科专业发育的主导场所，依法自主支配包干经费，自主设立系（部）、研究所等机构，自主进行教师评价考核，自主开展职务（职称）评聘。改革人事管理和分配激励机制，实施

岗位管理。引入竞争机制，推行因事设岗、平等竞争、淡化身份、择优聘任、动态管理、严格考核的人事制度和以岗定薪、按劳取酬、优劳优酬的分配制度。同时，学院实行聘用约束、期权金等调节机制，稳定骨干和高层次人才队伍。借鉴企业界的经营理念和管理模式，推行"一人一议，一事一议"的柔性管理制度。推行教学科研等效评价制度，允许教师自由选择教学与科研工作量的合理匹配，保证他们在一定时间段内既可以专心从事教学工作，也可以专心从事科研工作。学院领军人才和特殊人才实行协议工资制。建立和完善重大贡献和突出业绩奖励制度。

### 三　出台人才引进和培养政策，创新师资队伍建设模式

通过建立社会化的人员聘用和流动方式，力求打破学院教师与行业企业人才交流的壁垒，改革教师评价机制，拓展教师发展通道，优化教师结构，进一步提升学院教师整体水平。尤其是引进和培养若干支大宗商品流通创新团队，在大宗商品物流、大宗商品金融、大宗商品电商、大宗商品交易等方向集聚人才，形成高地。

设立人才特区，增加学院专任教师编制数量，逐年降低生师比。通过专职引进、柔性聘任、行业兼职、讲座教授等多渠道多形式引进大宗商品流通学科、专业及社会服务各类各级师资。推行"科学领军人才+创新团队"的引才模式，引进、培养5名学科领军人才和20名博士，形成40人左右，包含省、市高层次人才的结构合理的教师创新团队，其中1—2个教师团队入选浙江省教师创新团队。开设绿色通道，根据学院建设需要引进行业企业优秀人才。

创新应用型师资培养方式，与合作企业实施"实职互派、双向兼职"工程。加强应用型教师队伍建设和双师双能型教学团队培养。落实学校《应用型教师资格认定、考核相关办法》，开展应用型教师认定，双师双能型专任教师占比达到70%以上。实施青蓝工程，聘请学院在岗老教师对青年教师进行传帮带。实施教授工程，新增教授6名，副教授15名，学院高级职称教师比例达到45%。坚持引进与培养并重原则，博士学位教师达到学院专职专任教师总人数的50%以上。出台政策，每年支持5—10名教师到国内外著名高校进修和访问交流。

## 四 依托大宗商品产学研战略联盟，创建大宗商品流通行业应用型人才教育新体系

以大宗商品流通产业链职业岗位需求为导向，构建大宗商品流通产业专业群。以大宗商品职业标准为依据，依托大宗商品产学研战略联盟，与合作企业联合进行课程体系建设。强化实践环节培养，与企业联合开发实验实训项目，校企合作开展学科竞赛，实施现代学徒制培养方式改革。

基于职业标准，与合作企业共同制订人才培养方案。一是根据产业研究及人才需求分析报告，进一步细化、区分学院各专业（方向）人才培养的目标、知识、素质、能力及技能要求；二是基于国际（国内）大宗商品分析师职业标准，由行业领袖企业共同制订人才培养计划，制订大宗商品流通产业专业群人才培养方案。

基于职业标准，与合作企业联合进行课程体系建设，将大宗商品交易分析师职业标准内容嵌入课程体系。进一步联合企业，共同开发大宗商品系列教学软件和大宗商品系列特色教材。

进一步突出课程体系的"应用型"特色，通过企业相关外贸人员走进教室和学生走进企业相结合的方式，进一步形成专业理论教育与职业能力培养密切融合的课程体系。进一步优化课程组合，深入开展课程体系和课程内容改革，通过合格课程建设、优质课程建设、网络课程建设、双语课程建设、专业核心课程建设、应用型课程及教学团队建设，通过课程群建设、校本教材编写、考核方式改革等手段，积极推进应用型专业课程建设和教材建设。

重视教学手段的更新。积极推广、普及现代化教育技术，重视教育资源的开发利用，增强教学效果。注重培养学生的创造性和个性特征，形成鲜明的应用经济学教学、实践与创新模式。加强引入互联网优质共享课程，提高在线课程使用比例。试点选择若干课程采用MOOC课程学习方式，建立在线开放课程学习认证和学分认定制度。

实施应用型课程及教学团队建设工作。应用型课程中，校外行业企业兼职教师比例在30%以上，所授课程占总课时的30%以上。建设10支应用型课程及教学团队。进一步联合企业，共同开发大宗商品系列教学软件和大宗商品系列特色教材。加强引入互联网优质共享课程，提高在线课程使用比例。试点选择若干课程采用MOOC课程学习方式，建立在线开放

课程学习认证和学分认定制度。进一步联合企业，共同开发大宗商品电商、大宗商品交易、大宗商品物流、大宗商品金融等实验实训项目。校企合作，共同开展学科竞赛。与宁波大宗商品交易所合作开展"甬商所杯"大宗商品交易大赛，并将其提升为国家级学科竞赛。

**五 实施专业教育国际化改革，构建特色鲜明的国际交流与合作机制**

在大宗商品商学院现有的国际交流与合作基本构架的基础上，进一步充实国际交流与合作的内涵，提升学院的国际交流与合作的水平，构建和完善特色鲜明的、全方位的国际交流与合作机制，以大力培养、引进国际化人才，开展国际合作项目，扩大院际合作交流，促进学术交流、科研合作、联合培养，提升学院教研水平与国际声誉。

推行专业教育国际化改革。借鉴先进的国外相同或相近专业教学经验，并与国外高校合作，共同制订学院的专业国际化教学计划，选择1—2个专业进行国际化教育改革试点。推进双语教学，研究、设计和增设部分能够培养学生具有国际意识、国际视野、国际知识和国际交流能力的相应课程。进一步推进与国（境）外学校建立学分互认的海外学习项目，实现学院每个专业的全面覆盖。完善学生海外学习的学籍管理制度，为学生提供更多的海外学习、进修、访问、修学旅行等渠道和机会，增加学生培养的国际化元素。

结合学校"优秀人才派出计划"，加大教学科研人员的派出力度，鼓励、支持教师和科研人员，特别是青年教师，到世界著名大学或学科特色明显的科研机构攻读博士学位，从事与大宗商品学科与专业发展紧密联系的学习、进修、科研等学术活动；有计划地聘请海外专家学者来校讲学任教、参与科研工作。按照"按需设岗、公开招聘、合同管理"原则，积极探索"外籍雇员"的聘用和管理模式。通过网络现代教育技术引进国外成熟的网络教学课程，招收海外留学生5—10名；每年承办一次国际学术会议；鼓励和支持青年教师参加重要的国际学术会议。

# 第十九章

# 浙江建设大宗商品国际贸易与
# 物流中心的若干思考

国务院于 2011 年 2 月正式批复《浙江海洋经济发展示范区规划》，浙江海洋经济发展上升为国家战略。浙江省外向型经济发达，区位优势突出，港航资源丰富，大宗商品国际贸易与物流在全国具有重要地位。构建有影响力的大宗商品交易平台是浙江"三位一体"港航物流服务体系建设的重点和难点所在，也是浙江海洋经济发展示范区建设的重要内容之一。

## 第一节 国际大宗商品市场发展趋势

### 一 大宗商品贸易日益体现国家利益

最近几十年来，经济全球化加快发展，印度、中国、巴西、俄罗斯、南非等发展中大国在短短数十年时间内迅速实现工业化，对资源商品的需求增长迅速。随着供需矛盾的日益加深，国际大宗商品交易市场争夺日益体现"国家利益"，尤其是对于一些战略性资源，企业间的交易逐渐上升到国家利益。

### 二 国际大宗商贸易格局发生变化

第二次世界大战后，国际大宗商品市场是以欧美为主建立的。近年来，以中国、印度、巴西等为代表的发展中国家在大宗商品市场上的影响力日益加强。美国期货行业协会的报告显示，2010 年，亚太地区的期货衍生品交易量首次超越北美地区，成为全球最大的期货市场。其中，郑州商品交易所的白糖期货、上海期货交易所的螺纹钢期货分别成为全球农产品和工业金属交易量最大的期货品种，印度大宗商品交易所的原油、天然气、铜、黄金以及巴西、墨西哥等国的大豆、铁矿石大宗商品交易量也较为突出。

尽管发展中国家大宗商品的交易量超过欧美国家，但大宗商品的国际定价权仍由世界老牌商品期货交易所主导。这些市场之所以可以成为定价中心，不仅得益于领先的商品产销量或贸易量，更是以国际化、市场的规范运营和良好的信誉为基础，而且商品价格的连续性、市场流动性都占有优势。

### 三 大宗商品交易中心城市竞争激烈

大宗商品交易市场是贸易中心城市扩大贸易规模、增强集聚辐射能力、提高市场话语权的重要平台。目前，世界上有影响的大宗商品交易市场，同时也需要承载大宗商品国际贸易的现货交易中心和物流中心。如纽约商业交易所（NYMEX）原油市场、新加坡普氏公开市场（PLATT）燃料油市场、英国伦敦金属交易市场（LME）有色金属和芝加哥期货交易所（CBOT）农产品市场等。

目前，全国具有一定规模和影响力的大宗商品交易市场有70多家，分布在20多个省市，商品种类涵盖有色金属、石油及衍生品、煤炭、农产品、纺织原料等多个大类。

## 第二节 浙江大宗商品贸易与物流现状

### 一 依托港口，大宗商品进出口贸易发展迅速

浙江地处长三角南翼，拥有世界级大港宁波舟山港，对内是江海联运枢纽，对外是远东国际航线要冲，港口、区位条件优越，具有建设国家大宗商品国际贸易和物流中心的天然优势。长三角地区经济发达、制造业集聚，是国内主要的大宗商品终端消费地。目前，宁波、舟山作为若干大宗商品（铜、镍、煤炭、石化、铁矿石、粮食等）的国际、国内贸易集散地，具有形成全国性交易市场的基础条件。例如，浙江是中国最大的铜制造加工地，铜加工材产量占全国总产量的1/3，精炼铜消费量超过30万吨，全年通过宁波海关进口量超过10万吨；浙江是石化产品PTA的主要

生产地，也是主要进口地区。浙江进口有色金属镍的贸易量占全国进口量30%以上。

### 二 起步较早，大宗商品交易平台运营成效显著

浙江大宗商品交易平台目前主要集中在宁波和舟山两个城市。早期的大宗商品交易市场主要是依托现货批发市场自发形成的交易市场，主要有余姚塑料城交易市场、镇海液体化工交易市场等有代表性的专业交易市场。其中，余姚塑料城交易市场的前身是余姚塑料一条街，2004年创建了中国首个塑料网上交易平台——浙江塑料城网上交易市场。目前，余姚塑料交易市场已经成为全国最大的塑料原料现货集散地。镇海液体化工交易市场是国内首家开展液体化工网上交易的市场，其前身是一个以液体化工产品为主营商品的大型临港型专业市场，2006年通过"中国液体化工在线"网站的信息平台和"中国液体化工交易网"的交易平台的搭建，实现了由传统专业市场向多流通业态、传统贸易和电子商务贸易相结合的现代化综合性专业市场的转型。

2011年，在政府推动下，浙江相继成立了宁波大宗商品交易所和浙江（舟山）大宗商品交易所。两大交易所主要开展塑料、化工原料、有色金属、钢材、煤炭、铁矿石、纸浆、木材等大宗商品交易。随着两大交易所开业交易，浙江正逐步形成大宗商品现货交易的宁波—舟山指数，与上海期货交易指数形成共振，市场影响力不断提升。

## 第三节 浙江大宗商品交易市场建设的机遇和挑战

### 一 发展机遇

浙江建设大宗商品国际贸易与物流中心具有良好的政策优势。作为沿海开放地区，浙江拥有保税区、保税物流园区、保税港区和舟山群岛新区等支撑大宗商品交易的特殊功能区。

近年来，《浙江海洋经济发展示范区规划》和《浙江舟山群岛新区规划》相继获得国家批准，为浙江区域经济发展提供了有力的支撑。根据《浙江海洋经济发展示范区规划》，浙江要着力构筑由大宗商品交易平台、海陆联动集疏运网络、金融和信息支撑系统组成的"三位一体"港航物

流服务体系，把示范区建设成为我国重要的大宗商品国际物流中心。同时，《浙江海洋经济发展示范区规划》还明确提出了"一个中心，两个平台"的建设规划，要以建设大宗商品国际物流中心为目标，建设舟山大宗商品交易服务平台和宁波生产资料交易服务平台。《浙江舟山群岛新区规划》更是明确提出，要将舟山群岛新区建成"大宗商品储运中转加工交易中心"。

## 二 面临的挑战

浙江建设大宗商品交易中心的省内外竞争日趋白热化。从全国来看，天津、北京、青岛、大连、广州依托良好区位优势和产业基础，都在大力推进大宗商品交易中心建设，浙江在争取国家政策支持上面临着较大的竞争压力。从长三角范围来看，在150千米的直径内，形成了上海、宁波和舟山三大港口城市争夺石化、铁矿石、煤炭、钢铁等大宗商品交易中心的格局，协调难度较大。从省内来看，浙江的大宗市场交易市场分散，尚未形成有效的合力。宁波起步早，具有良好的市场基础，而舟山依托群岛新区政策优势，也正积极谋划建设大宗商品交易中心。目前，两地都在围绕石油化工品、煤炭、有色金属、铁矿石等大宗商品，开展同质化的大宗商品交易市场建设，整合难度较大。

## 第四节 推动大宗商品交易市场发展的若干建议

### 一 明确发展定位，突出发展重点

通过优化交易流程、创新交易模式，巩固塑料、石油化工等现有优势品种；利用港航优势发展进口煤炭、进口矿产品和粮食等潜力品种；加大红酒、水果、裘皮等生活类消费品进口专业市场培育力度。在交易品种开拓的同时，也要注重优势品种的创新升级，对塑料、石油化工等现有优势品种进行重点扶持，巩固全国领先优势，力争成为全国重要的交易中心和定价中心。

### 二 寻求层次突破，探索大宗商品国际化交易平台

浙江大宗交易平台建设要着眼于国际化，充分利用浙江的保税港区、保税区、保税物流园区等特殊园区政策优势，探索大宗商品国际交易平

台。目前，我国基于国际贸易的大宗商品交易市场为数不多，宁波、舟山在纺织化工、有色金属、铁矿石方面具有相应的基础，可以探索大宗商品国际交易平台，成为有国际影响力的交易中心，提升浙江大宗商品市场的层次。一是要推动宁波、舟山积极申请自由贸易区试点，探索创新，支持符合条件的国际大宗商品贸易流通企业开展金融创新和企业商业模式创新，形成真正意义上的国际大宗商品交易市场。二是要争取国家和省的保税扶持政策。推动整合海关特殊监管区，选择有条件的区域设立保税物流园区或大宗散货保税港区。

### 三 推动市场整合，打造综合性大宗商品市场品牌

从全球大宗商品交易中心的发展经验来看，浙江必须通过整合分散的大宗商品交易市场，形成规模化的综合大宗商品交易市场，才能逐渐发展成为国内国际有影响力的交易中心。要充分发挥政府引导的作用，通过市场化运作，逐步形成合力，打造立足浙江、面向长三角、辐射全国及亚太地区的具有较强品牌影响力的综合性大宗商品交易平台，成为国内乃至国际知名的大宗商品交易中心和定价中心。

从近期来看，应发挥电子平台优势，推动浙江各交易市场实行联网交易。以宁波大宗商品交易所和浙江（舟山）大宗商品交易所为核心，通过联网建成浙江统一的综合性大宗商品交易平台；通过"统一品牌、独立运营"的机制将浙江区域内各交易市场融入平台。新的交易平台转型为第三方平台运营商，借鉴国内外先进的企业运营机制，采用会员制交易管理方式，吸纳交易各方。

从长远来看，要突破行政壁垒，通过股权兼并和融合形成稳定的合作机制，推动宁波、舟山协调共建浙江统一大宗商品交易中心。

### 四 加强财税和金融支持，推动产业加速发展

大宗商品交易平台建设具有资金投入大、风险大的特点。政府要充分发挥产业引导作用，通过建立大宗商品交易平台建设专项资金等形式进行资金支持。对从事大宗商品平台运营的电子商务企业，纳入信息产业、高新技术企业等相关政策支持的范畴；对从事大宗商品仓储的企业，充分挖掘税收政策支持的空间，加大税收支持的力度，同时探索以重点物流项目贷款贴息或项目补助的形式予以支持。支持航运物流企业开展国际大宗商品运输和中转业务，应尽快出台具有国际竞争力的航运税费政策和对航运

企业免征营业税等政策。

此外，还要加强金融服务支持。加强与国内主要商业银行建立战略合作关系，对位于浙江的重点扶持的大宗商品交易市场加大授信额度。通过政府监督，建立健全完善的交易商信用评价制度，引导银行在积极参与大宗商品交易平台资金结算的基础上，积极开展订单融资、仓单质押等线上融资模式。通过开展多元化的融资服务，解决贸易商的融资难问题。

### 五 加强市场监督管理，促进行业健康发展

要依据国家有关政策法规要求，加大市场监管力度，促进浙江大宗商品交易市场规范发展。为了更好地监督管理大宗商品市场的运行状态，切实履行政府监管职能，应当在上报商务部数据的基础上，结合浙江实际，制定内容更加全面的市场运营信息数据库，了解掌握浙江大宗商品市场的数量、规模、交易规则、管理制度等信息，并将此项工作作为常态化监管措施进行完善，确定监管部门，建立数据直报平台，做好数据分析与运用，促进行业健康发展。

# 第二十章

# 浙江发展大宗商品自由贸易的优势及建议

## 第一节 引言

浙江经济已由高速增长阶段转向高质量发展阶段,同时正处在转变发展方式、优化经济结构、转换增长动力的攻关期。随着供给侧结构性改革、"一带一路"倡议实施以及"互联网+"行动计划的持续推进,浙江大宗商品贸易正在向规模化、专业化、规范化和国际化转型。互联网、大数据、人工智能和实体经济的深度融合,也为大宗商品贸易行业的快速发展提供了强有力的支撑,有助于市场的转型升级,服务实体经济。

本章在借鉴上海和天津自贸区推进大宗商品贸易自由化的经验基础上,通过实地调研,分析了浙江大宗商品自由贸易的优势条件,从深化大宗商品投资与贸易便利化改革、健全大宗商品交易市场体系、创新大宗商品贸易监管制度、优化大宗商品贸易营商环境、加快大宗商品贸易人才培养等方面提出了具体的对策建议。

## 第二节 浙江发展大宗商品自由贸易的优势

大力推进大宗商品贸易自由化是浙江自贸港区建设的重点和方向,也是自贸港区制度创新的重要抓手。浙江省是大宗商品消费大省,经济发展水平高,区位优势明显,大宗商品交易市场化程度较高,具有发展大宗商品自由贸易的三大优势。

### 一 港口优势

优良的海港是建设大宗商品交易中心的必备条件，世界上最重要的大宗商品交易中心都位于著名的港口城市。浙江省沿海港口众多，具有开展大宗商品自由贸易的天然优势。宁波舟山港是全球第一大港，地处我国南北沿海航线和长江黄金水道的交汇点，与100多个国家和地区的600多个港口保持贸易往来。目前，宁波舟山港由19个港区组成，拥有万吨级以上大型深水泊位150多座，是我国大陆大型及特大型深水泊位最多的港口。宁波舟山港也是我国主要的铁矿、原油、液体化工中转储存基地和华东地区主要的煤炭、粮食等散杂货中转和储存基地，具有形成世界性大宗商品交易市场的基础条件。

### 二 政策优势

浙江自贸区定位于以油品全产业链为核心的大宗商品自贸区，目标是建成国际性的大宗商品储运、中转、加工和交易中心，享有在外商投资准入、金融制度、贸易服务以及税收方面的优惠政策。按照国务院赋予的先行先试政策，以及浙江省委、省政府的部署，浙江省出台了《关于支持中国（浙江）自由贸易试验区建设的若干意见》，立足赋权放权，下放企业登记权限、放宽企业名称登记限制、推广企业住所（经营场所）申报承诺制，助推浙江自贸试验区建设和发展。中国银监会浙江监管局制定了《浙江银行业支持中国（浙江）自由贸易试验区发展的指导意见》，积极支持以油品全产业链为核心的大宗商品投资便利化和贸易自由化的金融服务需求，全力支持油品存储、中转、加工、交易和补给等油品全产业链功能布局。此外，对落户舟山、进驻交易中心开展交易的相关企业，实行极具吸引力的财政奖励，对重要贸易企业，实行"一企一议"政策；对相关企业实行税收优惠。

### 三 市场优势

浙江是全国工业强省，同时也是原油等大宗商品消耗大省，大宗商品市场较为发达。目前，宁波已经形成以宁波（镇海）大宗生产资料交易中心、余姚中国塑料城等15个大宗商品交易平台为代表的沿海大宗商品交易体系。舟山已经建成中国（舟山）大宗商品交易市场，具体开展以石油化工品、煤炭、有色金属、铁矿石、钢材、纸浆、木材等产品为代表的大宗商品合同交易业务。今后，浙江应当以石油化工、矿石、煤炭、粮食、钢材、木材等重要战略型建筑材料、工业化工原料和大型船只等交易品种为重点培养对象，以成为我国争夺大宗商品国际定价权的重要的大宗商品交易中心和定价中心为目标来建设浙江大宗商品交易市场。

## 第三节 浙江发展大宗商品自由贸易的政策建议

浙江自贸区自成立以来，短期内在面向国际化的大宗商品自由贸易领域取得了一些积极成果。但面对深化改革和扩大开放的新形势、新任务，仍然存在大宗商品自由贸易体制机制不灵活、大宗商品交易市场体系不健全、大宗商品贸易监管制度创新不够、大宗商品自由贸易营商环境不佳、大宗商品自由贸易人才不足等方面的问题，亟须从以下几个方面加以改进。

### 一 深化大宗商品投资与贸易便利化改革

浙江应以自贸区建设为契机，对标国际通行规则和新趋势，致力于以油品为核心的大宗商品投资便利化和贸易自由化改革。一是进一步完善以国民待遇加负面清单管理为核心的投资管理制度和国家安全审查制度，适当放宽大宗商品贸易领域的内外资准入限制，推动大宗商品国际投资便利化。二是构建大数据共享的政府统一信息平台，加快推进大宗商品自由贸易"单一"窗口建设，推动大宗商品自由贸易的便利化，打造国际大宗商品贸易自由化先导区和具有国际影响力的大宗商品资源配置基地。三是以浙江电子口岸信息平台为基础构建大宗商品自由贸易大通关系统，加强口岸管理"三互"机制建设，推动"一带一路"和"长江经济带"区域通关一体化改革。四是积极探索大宗商品贸易国际国内两类规则的有效衔接，争取参与全球大宗商品特别是油品交易规则的制定和修改，提升我国在全球大宗商品贸易中的话语权。

### 二 加快国内大宗商品交易市场体系建设

统一的多层次的现代大宗商品交易市场体系是开展大宗商品自由贸易的重要支撑，也是大宗商品产业发展的必然要求。一是培育经营模式、交易模式与国际接轨的大宗商品现货交易市场，优化整合省内大宗商品交易平台，重点打造规范、透明、可信赖、有实物交割体系和仓储体系的大宗商品交易平台，加强大宗商品现货交易制度改革创新，做大做强中国（浙江）大宗商品交易中心。二是探索成立大宗商品期货交易市场，借鉴国际大宗商品期货市场的经验，适时推出原油期货和其他大宗商品金融衍生品期货，争取原油和其他大宗商品的国际定价权。三是健全大宗商品交易市场的配套服务体系，构建大宗商品跨境金融服务平台和大宗商品物流配送服务平台，促进大宗商品贸易流通领域的自由化水平。例如，率先探索为大宗商品贸易企业提供大宗商品抵押融资等金融创新支持。

### 三 创新大宗商品自由贸易监管制度

以贸易便利化为重点的大宗商品贸易监管制度创新是实现浙江自贸区扩大对外开放、形成可复制可推广经验的重点制度创新领域，也是浙江自贸区监管制度创新的重点和方向。必须妥善处理政府与市场的关系，对大宗商品贸易监管体制进行重构和改革。一是适应负面清单管理，建立以事中事后监管为主的新体制；二是构建大宗商品贸易、运输、加工、仓储等业务的跨部门综合管理服务平台，推动监管主体由"单部门监管"向"多部门综合监管"转变；三是对大宗商品货物贸易实行"一线放开、二线管住"的分线监管模式；四是建立大宗商品贸易企业信用风险分类监管制度，实行区域监管信息共享联动、完善企业信用信息公示制度、经营者异常名录制度，形成境外投资合作风险防控机制、金融风险防控机制和社会参与市场监管新模式。

### 四 优化大宗商品自由贸易营商环境

对接大宗商品国际贸易通行规则，通过开展制度创新，形成国际化、市场化、法治化营商环境，为大宗商品自由贸易提供制度性保障。一是对标国际贸易规则和标准，加强国际合作与交流，注重打造开放包容的国际化营商环境。二是依法保护大宗商品贸易主体的合法权利，加大大宗商品贸易主体不正当竞争行为和垄断行为的惩处力度，切实加强大宗商品贸易风险防控，大力营造竞争有序的市场环境。三是推进国家层面的大宗商品交易统一立法，尽快出台《外国投资法》，修改《对外贸易法》，完善地方立法，实行竞争中立政策，营造公平正义的法治环境。

### 五 加快大宗商品自由贸易人才培养

发展大宗商品自由贸易需要大量的高素质专业化人才，不仅需要大宗商品贸易专业人才，还需要大宗商品金融和物流管理方面的专业型人才，尤其是既懂外语、国际贸易，又精通大宗商品融资、物流的高级别复合型人才。一是加强大宗商品交易及海铁联运等相关的专业人才教育，大力培养应用型、技术型、复合型的大宗商品贸易人才；二是与浙江大学、宁波财经学院等高等院校、科研机构合作，加大现有大宗商品贸易人员的培训，切实提高大宗商品贸易人员的综合素质；三是大力引进大宗商品贸易领域的国际领军人才，完善人才引进的激励机制，为大宗商品自由贸易提供人才支撑。

# 第二十一章

# 中国（浙江）自贸试验区建设亟须破解的难点和对策建议

## 第一节 研究背景

中国（浙江）自由贸易试验区（以下简称浙江自贸区）已于2017年4月1日正式挂牌成立。浙江设立自贸区，主要任务是围绕油品全产业链的投资便利化、贸易自由化，在企业准入资质、金融政策配套、口岸监管便利、税收政策创新等关键领域取得突破，打造国际大宗商品贸易自由化先导区和具有国际影响力的资源配置基地，为进一步加强国际贸易和产能合作探索新路径、新经验。

## 第二节 浙江自贸试验区建设亟须破解的"瓶颈"和难点

浙江自贸区作为我国新一轮改革开放的试验区，在短短的几个月内取得了一些积极成果。但面对深化改革和扩大开放的新形势、新任务，仍然存在一些体制机制、推进实践中的"瓶颈"和难点，主要反映在以下六个方面：

一　复制推广与制度创新边界有待于进一步明确

浙江自贸区建设中首先需要解决的难题是如何正确处理复制与创新的

关系。尽管各个自贸区的经济发展程度不同，但是，在发展模式上都必须遵循共同的国际规范。浙江自贸区可以大胆借鉴上海、广东、天津和福建四个自贸区在投资管理制度、贸易监管制度、金融制度和事中事后监管制度改革创新中形成的可复制可推广的成功经验，避免资源浪费和重复建设。自贸区的核心不是拼政策洼地，而是在国家层面形成可复制可推广的制度创新。《中国（浙江）自由贸易试验区总体方案》（以下简称《总体方案》）只明确了自贸区建设的主要任务和措施，但却没有对可以复制推广和制度创新的领域进行明确划分，在推进实践中有必要处理好两者之间的关系。

## 二 市场开放与全球经贸规则新标准对接不够

浙江自贸区的改革开放在短期内取得了一些进展，但是，在制度创新方面尚未完全对标最新趋势和最高标准，尤其是欠缺对全球经贸规则中的最新议题以及我国较为担心的所谓"边界后措施"进行系统的压力测试。此外，已有的一些制度创新探索与实践，也面临开放力度不足的问题。例如，浙江自贸区试行的负面清单条目数不断减少，但限制性措施数量仍然较多，而且在表现形式、内容、透明度、可预期性等方面与国际标准尚未完全接轨，与高水平开放存在较大差距。在一些未列入负面清单的行业，部门规章和审批许可程序仍然存在，外资进入仍存在一定的难度。开放措施未能得到有落实，在服务业开放中更为突出，对外商投资企业的市场准入预期造成较大的不利影响。

## 三 改革创新的政策配套与系统集成不够

部分改革创新存在"碎片化"现象，最为突出的是，由于对自贸试验区的授权不足，系统集成不到位、配套政策措施不到位，致使在关键领域进行实质性制度创新的难度加大。一是涉及不同部门的改革措施的协同性、系统性有待加强；二是部分制度创新试点范围偏窄，对全面复制推广意义有限；三是企业年报公示和经营异常名录制度威慑作用尚未充分发挥，信息公示制度对"失信"企业的惩戒手段有限、方式单一；四是信息"孤岛化"现象较为突出，政府管理部门之间的信息互换和监管互认尚未完全实现。

## 四 部分领域的制度创新力度不足

在《总体方案》的落实推进上，呈现出不均衡现象：油品全产业链贸易投资便利化方面进展较快，但自由化改革创新进展较慢；只涉及单一部门改革创新、程序优化的"微创新"进展较快，而涉及跨部门、职能调整、市场开放的制度性改革任务举措落实较慢。此外，部分领域改革深度和广度需要进一步提高。例如，大宗商品交易监管制度创新、金融开放制度创新和服务实体经济的实效低于预期等。

**五 自贸区法治建设有待于进一步加强**

目前，浙江自贸区法律法规调整滞后，在国家层面仅有《中华人民共和国外资企业法》，涉及外商投资、贸易、金融、税收等先行先试事项的国家立法缺失；在地方层面，《中国（浙江）自由贸易试验区条例》等地方性法规尚未正式颁布。这就造成改革创新与依法行政存在矛盾，特别是面对日益严格的审批问责与事故追责机制，创新容错机制和改革激励机制缺位导致动力不足，影响了相关举措的推进和落实。此外，全国人大除暂时调整外资三法规定的行政审批事项之外，并未做出其他方面的国家立法授权，而当前自贸试验区大多数制度创新举措都是以部门规章的形式发布，法律层级较低、位阶不高。

**六 服务国家战略与区域协同发展作用有待于进一步提升**

服务国家战略和增强区域协同发展，是浙江自贸区发挥本地优势和辐射带动作用的重要内容，符合培育国际竞争新优势的重大战略需求。浙江自贸区在对接"一带一路"和"长江经济带"发展上积极主动，但其辐射带动效应仍显有限。与广东、天津、福建自贸试验区分别紧密联动粤港澳一体化、京津冀协同发展、闽台合作相比，浙江自贸区对周边区域发展的辐射联动效应还需要进一步加强。

## 第三节 加快浙江自贸试验区建设的思路与举措

浙江自贸区建设作为新时期贯彻落实"八八战略"的又一新载体、新机遇，浙江自贸区应按照"构建开放型经济新体制"和"十三五"规划的要求，以油品全产业链的投资便利化和贸易自由化为核心，对标国际通行规则和新趋势，致力于建设"高度开放的自由贸易港区"，在全国新一轮自贸区建设中发挥排头兵和标杆作用，以新的发展理念引领和提升自贸区建设质量和水平，加快培育发展新动能和国际竞争新优势，提升服务国家战略和制度创新系统集成的功能及作用。

## 一 加大市场开放力度，构建开放型经济新体制

浙江自贸区应本着"勇于创新、大胆尝试"的精神，对标国际通行规则和新趋势，致力于打造"高度开放的自由贸易港区"。具体来讲，就是要进一步完善以负面清单管理为核心的投资管理制度和安全审查制度，大力提升以油品为核心的大宗商品全球配置能力，争取具备参与全球大宗商品交易规则制定能力，在财税、金融、通关等关键领域创新体制机制，积极探索国际国内两类规则的有效衔接，在构建开放型经济新体制中贡献浙江智慧。

## 二 加强系统集成，提升改革创新的协同性

从改革开放全局出发，浙江自贸区应更加注重未来发展的顶层设计，以系统集成的整体视角推进各项改革深化，重点在构建开放型经济新体制、全面深化市场化改革和强化法治保障体系三大层面系统集成。进一步发挥自贸区部际联席机制的作用，推进国家部委与浙江省的协同合作，进一步提升制度创新的整体性、系统性和有效性。与此同时，浙江自贸试验区应在省级权限范围内率先通过管理体制改革促进相关改革创新的系统集成，为全国其他自贸试验区做出表率、积累经验。

## 三 服务国家战略，拓展制度创新的内涵和功能

浙江自贸区以探索建设自由贸易港区为战略制度目标，充分借鉴国际自由贸易港建设经验，对标国际标准，对应企业需求，打造自贸区建设服务国家战略的"浙江样本"。一是完善油品储运基础设施，加快码头、网管、油罐、地下油库、锚地、物流基地等基础设施建设。二是推动油品全产业链投资便利化和贸易自由化，探索研究推动油品全产业链发展的政策措施，制定国际航行船舶保税油管理办法，全力优化保税油通关等服务方式，积极探索大宗商品贸易的航运制度和运作模式。三是加强大宗商品现货交易制度改革创新，放宽原油、成品油资质和配额限制，支持企业开展油品离岸和在岸贸易，设立舟山国际原油保税交易中心，发展成品油内外贸分销网络和交易市场。四是强化浙江自贸区服务国家"一带一路"倡议及对"长江经济带"建设的辐射效应。例如，率先探索为在"一带一路"沿线国家投资的企业提供大宗商品抵押融资等金融创新支持。

### 四 创新自贸区监管制度，掌握"管"与"放"的平衡

加强监管是维护大宗商品行业健康有序发展的关键，也是浙江自贸区监管制度创新的重点和方向。必须正确处理市场与政府的关系，对整个大宗商品市场监管体制进行重构和改革。一是适应负面清单管理，建立以事中事后监管为主的新体制；二是组建综合性、权威性的市场监管机构，推动监管主体由"单部门监管"向"多部门综合监管"转变；三是设计一套与国际接轨的"规则与原则"相结合的监管模式，推动监管模式由"规则性监管"向"规则性与原则性协调监管"转变；四是形成政府监管与行业自律和社会监管的合力，保证监管的透明、公平、公正，适当掌握"管"与"放"的平衡。

### 五 加强自贸区法治环境建设，着力培育法制化营商环境

法治环境规范是浙江自贸区的发展目标之一，也是自贸区建设的根本保障。一是应在国家层面进行自贸区的统一立法，建议在总结各个自贸区地方立法实践的基础上，结合最新形势发展，抓紧制定《中国自由贸易试验区法》，提高自贸区的整体立法位阶；二是进一步在外商投资企业准入、外商投资项目管理、外商投资企业事中事后监管等方面深化改革，并尽快出台《外国投资法》；三是深化各领域改革试点，加大压力测试、加强监管、防控风险，做好与相关法律立改废释的衔接；四是通过地方立法，建立与试点要求相适应的自贸区管理制度。

# 第二十二章

# 加快创建浙江自由贸易港的建议

习近平总书记在十九大报告中指出,赋予自由贸易试验区更大改革自主权,探索建设自由贸易港。这是新时代我国深入推进改革开放的重要探索。浙江自贸区港口条件优越,对外贸易发达,大宗商品全球配置能力突出,拥有建设自由贸易港的良好基础和条件,也是国家明确定位"探索建设自由贸易港区"的自贸区之一。赋予自由贸易试验区更大改革自主权,探索建设自由贸易港,这是党的十九大做出的重大决策。浙江自贸区是国务院批准设立的拥有深水良港的自贸区之一,也是全国唯一一个以油品全产业链投资贸易便利化为核心的自贸区。加快创建浙江自由贸易港,是契合中央要求和国家战略,再创新时代发展新优势的历史重任。

## 第一节 自由贸易港建设的战略机遇

### 一 建设自由贸易港是浙江推进新一轮扩大开放的重大战略

十九大报告指出,"中国开放的大门不会关闭,只会越开越大"。探索建设自由贸易港是我国推动形成全面开放新格局的重大创新,为今后一个时期的开放型经济发展指明了方向。2017年3月,浙江自贸区作为全国第三批自贸区正式挂牌成立。但是,从全国来看,经过三轮的发展,自贸区已经从沿海向内地、边疆地区拓展,除了已经获批的11个自贸区,还有14个省份把申报自贸区纳入地方"十三五"发展规划。深化自贸区改革试点,积极创建浙江自由贸易港,是浙江省以更高的站位、更宽的视野、更大的责任,抢抓国家新一轮扩大开放机遇的战略举措。

## 二 建设自由贸易港是浙江参与长江经济带和"一带一路"建设的重大平台

当前,我国正加快推进"一带一路"和长江经济带战略。浙江自贸区作为长江经济带龙头的龙眼、"一带一路"倡议支点和义甬舟开放大通道的重要极核,只有不断创新,打造高水平、高能级的开放平台,才能集聚高端生产要素,发挥龙头引领作用。目前,我国将要布局的自由贸易港将是我国开放层次最高、引领作用最强的开放平台。创建浙江自由贸易港是浙江打造全国新一轮对外开放重要海上门户和世界级港口经济圈的战略任务,是提升开放层次、水平和高度的战略举措。

## 三 建设自由贸易港是浙江谋划"大湾区"建设的重大载体

加快推进杭州大湾区建设,是浙江应对世界经济新挑战、开创经济发展新局面的重大决策。综观世界各地大湾区发展实践,世界级港口集群和高能级开放平台是大湾区的重要依托和核心竞争力。目前,浙江在全国率先完成"五港合一"的一体化港口资源整合,以宁波舟山港为核心,着力打造世界级港口集群。在推进大湾区建设过程中,如果没有自由贸易港这一高水平开放平台,大湾区建设的水平和高度将会大打折扣,导致大湾区港口功能单一化和产业结构低端化。因此,积极创建浙江自由贸易港,是打造湾区发展极核、凝聚湾区建设动能的重大载体。

# 第二节 浙江创建自由贸易港的基础和条件

## 一 浙江创建自由贸易港具备独特的区位和港航优势

自由贸易港建设必须具有良好的港口和物流设施,所以,区位优势和港口条件是创建自由贸易港的重要条件。舟山位于我国南北海运和长江水运T字形交汇处,背靠整个长江流域,辐射日本、韩国。目前,我国7条国际远洋航线中,有6条经过舟山海域。舟山深水岸线资源为中国仅有、世界罕见,国家批复建设的7个40万吨级以上深水码头,舟山占3个。从港口能级看,宁波舟山港连续八年货物吞吐量位居世界第一位、集装箱吞吐量跃居世界第四位。在完成浙江省港口一体化整合后，浙江正加快打造以宁波舟山港为龙头的世界级港口集群，经济腹地辐射江苏、安徽、江西、湖南、上海等省市。

### 二　浙江创建自由贸易港独具大宗商品资源配置的比较优势

现有的浙江自贸区已经形成了以油品为核心的大宗商品储运、中转、加工、交易等领域具备完善的产业链。2016年，中国原油进口量达到3.8亿吨，对外依存度达到了65.4%，其中，60%的进口原油在宁波舟山港储运、中转。目前，舟山群岛油品储备能力超过1950万吨，并且正在建设亚洲最大的油品储运和中转基地；绿色石化基地项目进展顺利，保税燃料油加注规模居全国沿海港口前两位，辐射整个南北海运网络；国务院已批准设立中国（浙江）大宗商品交易中心，并具备庞大的油品交割需求。由此可见，创建浙江自由贸易港，对于发挥浙江在大宗商品资源配置中的优势地位，提升我国大宗商品全球配置能力具有战略意义。

### 三　浙江创新自由贸易港已具油品全产业链贸易投资便利化的体制机制优势

2017年4月挂牌成立的浙江自贸区，浙江自贸区将油品全产业链投资便利化和贸易自由化作为建设的核心和重中之重。目前，浙江自贸区已率先在全国突破保税燃油经营资质申请，出台全国首个保税燃油供应业务操作规范，在全国自贸试验区范围唯一的海域锚地——秀山东锚地完成首单保税燃料油加注，实施了外锚地供油、跨关区直供、夜间靠泊供油、"一船多供"等全国首创的贸易便利化举措改革。创建自由贸易港是浙江自贸区继续深化改革的内在要求和核心目标，有利于进一步加快油品全产业链投资贸易便利化，为保障国家能源战略安全、争取国际油品贸易话语权提供有力支撑。

## 第三节　创建浙江自由贸易港的战略定位和政策举措

### 一　对标国际先进标准，打造东北亚乃至全球保税燃料油加注中心

从更高站位谋划浙江自由贸易港的创建工作，为国家增强战略资源

保障能力贡献力量。浙江自由贸易港创建就要对标新加坡，实现油品全产业链自由贸易政策的有效突破，早日建成东北亚乃至全球保税燃料油交易中心。与新加坡相比，浙江自贸区在保税燃料油加注市场主要存在燃料油生产、保税燃料油加注资质和金融服务配套等方面的劣势。因此，浙江自贸区要以新加坡为标杆，发挥先行先试的政策优势，着力培育壮大与国际接轨的国际航行船舶保税燃油供应市场。同时，围绕保税燃料油加注，拓展外轮配套服务、仓储物流服务、特色航运交易、船舶及大型配套设备融资租赁和海事衍生服务，增强国际综合竞争力。

## 二 对标全球一流强港，打造石油储备、加工、交易、补给、金融配套服务综合性国际港航枢纽

浙江自贸区虽然拥有优越的港口物流条件，但在港口服务水平上距离新加坡、香港、鹿特丹、上海等国际一流港口还有较大差距。因此，要进一步深化浙江自贸区的政策试点，大力发展高端航运服务业，提高航运软实力，打造石油储备、加工、交易、补给、配套服务"五位一体"的自由贸易港。依托中国（浙江）大宗商品交易中心，开展原油、成品油、保税燃料油现货交易，条件成熟时开展与期货相关的业务。加快形成具有国际影响力的原油现货交易市场，在扩大现货交易的基础上，支持自贸试验区发展成品油、保税燃料油交割、仓储、保税等。发挥金融推动石油全产业链作用，探索油品交易贸易金融服务功能创新，构建与国际接轨的金融服务体系。

## 三 对接上海自贸区比较优势，增强和发挥龙头龙眼的地位和作用

宁波舟山港是长江经济带龙头的一只龙眼。上海作为我国改革开放的前沿阵地，在建设自由贸易港上具备先行先试的地位。浙江在争创舟山自由贸易港的工作上，要主动与上海协调联动、错位发展，发挥自身优势，共同打造龙头龙眼的地位和作用。在金融开放、服务贸易等方面，浙江自贸区可更多地复制、推广上海自贸区的改革成果；在以油品为核心的大宗商品贸易投资自由化上，则可更大地发挥舟山的区位和海洋资源优势，承担国家使命，建设高度开放、富有特色的大宗商品自由贸易港。

## 四 对准国际市场规则，在商事、海事、司法、人才等方面协同推进各项创建工作

创建浙江自由贸易港是一项重大对策，拟建立创建工作领导小组，推动港务、海关、商检、发改、税务、工商、金融、外管、人社等多部门协同开展建工作，全面推进和落实创建筹办和改革事项，推动舟山自由贸易港在申创中的制度创新。创建浙江自由贸易港在申报的时序上，宜早不宜迟，申报方案拟尽早向中央提交，创建方案可以在探讨中不断完善，争取浙江自由贸易港能作为我国第一批试点获批。

# 第二十三章

# 浙江大宗农产品跨境电商发展现状及建议

大宗农产品跨境电商是指分属于不同关境的农产品交易主体，通过电子商务服务平台实现产品展示、信息交流或者达成商品交易的国际商业活动。近年来，浙江紧紧围绕发展效益农业，提高农产品竞争力，出台了一系列扶持政策。浙江省人民政府出台的《浙江省人民政府关于大力发展电子商务加快培育经济新动力的实施意见》指出：计划到2020年，浙江全省基本建成完整的电子商务产业体系，实现电子商务交易额超过4万亿元，农产品网络销售额1000亿元，跨境网络零售额1000亿美元。这些都为浙江农产品跨境电商提供了新的支持和发展机遇。

## 第一节 浙江大宗农产品跨境电商发展现状

### 一 浙江农产品跨境电商发展迅速

浙江省通过开展跨境电子商务物流综合服务试点，构建了集商品采购、报关报检、结汇退税、国际物流、海外仓储及售后服务于一体的跨境电子商务物流服务体系，也带动了浙江农产品跨境电商的快速发展。2015年，浙江农产品网络零售额达到304亿元，居全国首位；农产品跨境电商更是取得巨大突破，实现出口额270亿元。2016年，浙江农产品网络零售为396.19亿元，同比增长30.3%，位居全国首位，农产品跨境电商实现出口额约320亿元。

### 二 浙江农产品跨境交易品种增多

"互联网+"时代，浙江依托跨境电商综合试验区，积极探索制定贸易新规则，创新外贸发展新模式，推进"大众创业、万众创新"，为浙江农产品跨境电商提供了新的支持和发展机遇。目前，浙江涉及跨境电子商务的农产品种类比较多，但交易靠前的农产品相对集中，有茶叶饮品、坚果炒货、包装肉食、蜜饯糖果、蜂产品、保健产品、干货及工艺品等，交易额占农产品跨境电商交易总额的近80%。

### 三 浙江农产品跨境电商逐步形成了三大主流模式

浙江省农产品跨境电商的三大模式为农商或个体农户利用电子商务平台直接向客户提供农产品的F2C模式、大规模农业生产者利用电子商务平台向大型农产品需求企业提供农产品的F2B模式和农户通过中介公司向顾客提供农产品的F2I2C模式。

### 四 第三方跨境电商平台销售是主渠道

从渠道分布来看，第三方跨境电商平台销售是浙江省农产品跨境电商销售的主渠道，约占全部销售额的95%。排名在前五位的第三方跨境电商平台分别是速卖通、eBay、亚马逊、Wish和敦煌网，浙江省卖家在该五大平台上的销售均居前三位。近年来，许多第三方平台越来越重视农产品网上交易。阿里巴巴、京东商城、一号店等大型电子商务平台对农产品网上交易日益重视，将农产品电子商务视为网络交易增长新的推动力。阿里巴巴近年来重点推动特色中国馆，加快复制地方馆建设。绿健网、农民巴巴网等一些农产品电子商务公司成长迅速。

## 第二节 浙江大宗农产品跨境电商面临的挑战

### 一 农产品跨境电商的营商环境有待改善

当前，浙江农产品跨境电商市场依然属于"寡头市场"，跨境农产品零售电商并不多，政策优势仍不太明显。除阿里巴巴、京东外，其他小型跨境农产品零售电商难以得到正常发展。

### 二 农产品跨境电商的物流系统仍不完善

农产品自身的不易保存、保质期短等特殊属性决定了其对物流配送时效性的严格要求，然而，跨境电商物流运程远、环节多，整个物流产业链条较长，而且海关、商检等不可控因素较多，这都导致浙江跨境农产品电商物流成本较高。此外，虽然浙江的交通十分方便，但其海、陆、空三方运输体系协作运行能力和物流信息化程度仍有待提高。因此，浙江农产品通过跨境电商出售后运往国外，不仅运输成本较高，运输难度也大大加大，这就导致浙江部分农产品由于价格过高从而不易打入进口国市场。此外，浙江农产品物流标准化程度较低，在农产品的分类分级、包装管理、物流追踪系统、冷链物流标准以及农产品物流的监督管理方面都缺乏统一的标准，这就给跨境电商农产品的仓储、运输、加工、配送等造成了一定的困难，也不利于各物流职能部门的协调统一，从而降低了浙江农产品跨境电商企业的效益。

### 三 浙江农产品质量安全隐患较多

一方面，浙江农产品跨境电商的产业链不甚齐全，部分企业仍不重视农产品基地建设，商品采购主要通过与大型农业生产基地合作，或者由采购人员直接入市购买。这种不完善的采购方式无法有效地避免农残指标高、激素残留多等安全隐患。

另一方面，由于浙江农业技术、资金、设施设备等条件限制，以及相关检测检疫水平不高，农产品质量安全体系还不是很完善，加之一些农产品经营户的质量意识不强，滥用化学农药和添加剂等导致生态环境破坏，致使农产品质量不符合欧盟、美国、日本、韩国等发达国家的质量标准，从而妨碍了浙江农产品进一步打开国际市场。

### 四 农产品跨境电商复合型人才较为稀缺

近年来，随着浙江跨境电子商务的快速发展，使既懂农产品贸易又懂电子技术的复合型人才较为短缺。农产品跨境电商复合型人才是应掌握农产品行业情况、了解国外市场（产品偏好、消费习惯、交易方式等）、具备电商知识和技术、国际结算、国际贸易政策和管理能力等的创新型人才。目前，由于浙江跨境电商方面的专业培训机构数量不多，而且人才输出存在一定滞后，导致浙江农产品跨境电商行业人才供不应求，因此，也在一定程度上妨碍了浙江农产品跨境电商的可持续发展。

## 第三节 浙江大宗农产品跨境电商改革建议

### 一 继续为农产品跨境电商营造良好的发展环境

浙江各级政府应继续引导农产品电商企业认真研究跨境电子商务可持续发展模式，讲究经济效益、社会效益、生态效益，探索具有浙江特色的农产品跨境电商发展道路，增强农产品跨境电商发展的有效性、可持续性、整体性、差异性和适应性。同时，应加强农产品跨境电商企业的诚信体系建设，营造浙江农产品跨境电商的良好生态环境。

### 二 继续培育浙江知名农产品品牌

目前，浙江农产品跨境电商已进入到品牌阶段，低价、低质、假冒伪劣产品的竞争已经影响到农产品跨境电商的可持续发展。如果农产品优质不能够优价，"劣币驱逐良币"的农产品跨境电商便不能够实现可持续发展，所以，应当继续培育和打造浙江知名农产品品牌，提升浙江农产品的整体竞争力。此外，要借助跨境电商平台提供的大数据和云计算技术对农产品进行动态追踪，确保浙江农产品质量的全程优化，并适时对伪劣产品进行曝光。这种倒逼机制既可以促进浙江农产品质量的不断提高，也可以突破国外技术性贸易壁垒，增强浙江农产品跨境电商企业的竞争力。

### 三 构建成熟的浙江农产品跨境物流体系

农产品不同于其他跨境电商商品，其保质期短、不易保存的特性使农产品跨境电商运输难度加大。浙江位于东部沿海，省内有宁波港、舟山港、温州港等5个一类开放口岸和12个二类开放口岸，不仅海运便捷，其他陆地运输也较为方便。但是，要大力发展浙江农产品跨境电商不仅要充分利用这些运输手段，更需要整合这些运输方式，建立一个更加完善、快捷的物流体系。要统筹安排国内外仓储、配送、服务中心，提高物流信息化和标准化程度。通过高效的信息资源整合（快速发货、海外仓储、配送中心服务，海外退换货服务），以有效地提升浙江农产品跨境物流竞争力。

首先，浙江物流行业要依托信息技术加强一体化和标准化建设，把所有农产品物流信息整合到一个信息平台上，实现国内外仓储、配送、服务中心的统筹安排，减少或避免不必要的时间损耗。

其次，针对农产品的特性，浙江物流行业应当尽快全面引入冷链保鲜技术，保障农产品配送的质量，减少资源损耗和浪费。

最后，要继续推广完善海外仓库配送模式。鼓励有条件的浙江农产品跨境电商企业建立自己独立的海外仓库，以更好地保证配送的速度和质量。

### 四 着力培养农产品跨境电商人才

近年来，浙江农产品跨境电商的复合型人才供给短缺，这需要政府、高校、农业企业多方的共同协作，以构建完善的跨境电商人才培养体系。一方面，高校需要加强对大学生跨境电商的创业指导和技能培训，从而实现与包括农业在内的产业跨境电商人才需求的无缝对接；另一方面，浙江政府也应鼓励人才培训市场，积极开展农业跨境电商人才的培训项目。应积极推广杭州跨境电商人才培养基地的经验，直接面向社会，培训既懂农产品外贸又懂技术的跨境电商应用型人才，这有助于进一步破解制约浙江农产品跨境电商人才短缺的难题。

# 第二十四章

# 浙江构建大宗农产品品牌的优势与政策建议

品牌化是农业现代化的标志，是转方式、调结构的重要抓手。推进农业产业向中高端迈进，提升大宗农产品的质量效益和竞争力，必须大力实施品牌战略，把培育、发展和保护大宗农产品品牌作为重要支撑和进取方向。大宗农产品电子商务是构建新型农业经营体系、加快现代农业发展的重要载体和有效途径，不仅为大宗农产品品牌提升带来了新的机遇，而且拓宽了大宗农产品品牌提升的渠道和空间。

为了落实省委省政府"四换三名"战略的深入实施，宁波财经学院金融贸易学院院长蒋天颖教授、饶爱民博士团队，最近组织对农业大宗农产品如何提高质量效益和竞争力，展开实地调查，针对当前农业大宗农产品发展的实际情况，提出了快速推进浙江省大宗农产品品牌建设的对策建议。

## 第一节 浙江大宗农产品品牌发展的三大优势

浙江省作为东部最发达的省份之一，是电子商务大省、农业品牌强省，也是中国具有代表性的综合型农业高产区。大宗农产品电子商务品牌建设可谓基础扎实、潜力无穷。

### 一 农业资源区位优势明显，农业现代化水平较高

浙江农业有悠久的历史，历来具有"丝绸之乡""鱼米之乡"之称，大米、茶叶、蚕丝、柑橘、竹品、水产品在全国占有重要地位，西湖龙井等大量优质名品大宗农产品在国内外享誉盛名。绿茶产量位居中国第一，蚕茧产量位居中国第二，绸缎出口量占中国的30%，柑橘产量位居中国

第三，毛竹产量位居中国第一。浙江又是一个渔业大省，海洋捕捞量位居中国之首，杭嘉湖平原是中国三大淡水养鱼中心之一。浙江农业经济发达，是中国高产综合性农业区。截至2015年，浙江省累计建成13个国家现代农业示范区，818个省级现代农业园区，总面积517万亩。其中，现代农业综合区107个，主导产业示范区200个，特色农业精品园511个。浙江省已有农业龙头企业7470家。优越的农业资源，加上较高的农业现代化水平，为大宗农产品电子商务品牌建设打下了坚实的基础。

## 二 民营经济占比大，农村电子商务发展强劲

浙江省集中了330多万家中小企业，中小民营企业在浙江的集群化发展特性使大宗农产品区域品牌较其他地区更容易建立起来。目前，全省行政村宽带通村率达到98%以上，全省农村已经建设了1.1万多个电子商务服务点和一批县级电子商务配送和服务中心。随着"电商换市"的深入实施，全省农村电子商务得到快速发展，成为全国农村电商发展最为活跃的地区。2015年，全省实现县及县以下网络零售额3452亿元，村级网络零售额近1000亿元，大宗农产品网络零售额达到304亿元，比上年增长69%，居全国首位。培育以"淘宝村"为代表的电子商务村280个，数量位居全国第一，以龙头企业为核心的金字塔形的电子商务主体结构逐渐形成，产业集聚成效显著。大宗农产品电子商务作为农村信息化和产业化相融合的产物，正成为提高大宗农产品销售利润、增加农民收入的有效手段。

## 三 大宗农产品品牌创建功底深厚，发展潜力巨大

浙江省历来重视品牌农业建设，在各级党委和政府的大力支持下，大宗农产品注册商标每年以40%的速度增长。目前，全省共有大宗农产品注册商标10.5万件，证明商标103件，总数均位居全国第一，占全国总量的20%。全省有效期内"三品一标"总数达7762个，地理标志大宗农产品达42个，大宗农产品认证数量和基地面积均居全国前列。金华两头乌猪被列入首批6个"全国大宗农产品地理标志示范样板创建试点单位"之一，千岛银珍、泰顺三杯香茶、金华两头乌猪等被列为首批中欧地理标志互认产品。无论是从"三品一标"大宗农产品的数量，还是省名牌大宗农产品的数量来看，浙江省大宗农产品品牌建设仍存在较大的发展空间。

## 第二节 浙江大宗农产品品牌发展现状与问题

目前,全省大宗农产品商标注册数达10.5万余件,农副产品驰名商标50件,省著名商标620多件,浙江名牌大宗农产品244个,现有无公害大宗农产品、绿色食品、有机大宗农产品7395个,列入大宗农产品地理标志保护产品40个,品牌大宗农产品种类基本覆盖了所有农业产业领域,并涌现出了西湖龙井、安吉白茶、仙居杨梅等知名品牌,取得了显著的经济效益和社会效益。然而,浙江大宗农产品品牌发展还存在一些问题:

### 一 品牌定位不够清晰,保护意识有待强化

近年来,浙江家庭农场、农民合作社、农业企业等新型农业经营主体迅速发展,成为农业现代化建设的重要力量,但其对大宗农产品品牌培育与发展的重视程度还不够,大宗农产品品牌建设意识有待强化。例如,浙江省内很多优质的蔬菜、瓜果等使用的都是外贸企业的品牌,这使部分大宗农产品品牌建设处于不利地位。不少企业在品牌建设过程中品牌定位不清晰,存在严重的趋同性,缺乏必要的差异化和个性化,品牌的识别能力较差。例如,省内不少电商平台的大宗农产品品类呈现同质化。同时,多数企业由于资金不足等原因,没有严格完整的品牌管理体制,对品牌的保护意识不够,大宗农产品网上交易中"以假充真、以次充好"的现象时有发生,对大宗农产品电子商务的品牌诚信和信誉造成了恶劣的影响。

### 二 品牌整合力度不大,集群效应不够明显

浙江在创建大宗农产品品牌过程中,存在重数量、轻质量的现象,品牌整合的力度还不够大,品牌融合发展还不够深入,缺乏覆盖全省、全品类、全产业链的大宗农产品区域公用品牌。目前,全省同种大宗农产品品牌杂而乱,规模较小,市场占有率不高。如仅茶叶产业,全省就有70多种传统名茶和新创名茶,著名的名优茶有26种,推进品牌整合融合发展还有很大空间。另外,浙江适合农业规模化经营和机械化生产的土地资源相对较少,先天条件的限制导致了标准化程度较高的大宗农产品的产量不高,大宗农产品的规模化程度较低,特色大宗农产品品牌的集群效应不

明显。

### 三 品牌管理体制落后，运作机制不够完善

在品牌创建及经营管理过程中，不仅需要企业投入大量的人力和资金予以支持，更需要一整套行之有效的管理模式来促进企业品牌的发展。目前，80%的中小企业停留在模仿大企业的品牌管理措施和相关制度阶段，尚未形成一套先进的自身品牌管理模式。在大宗农产品电子商务发展领域，因品牌营销概念不成熟、手段单一等问题，导致大宗农产品品牌的认知度较低、品牌价值提升空间有限、增值速度较慢；各级政府在品牌营销推广、企业文化建设等方面较少涉及，大宗农产品电子商务品牌创建企业（组织）或个体的信息咨询、认证咨询、品牌推介、人才培训、商标代理、社会中介评价等服务不完善，缺乏系统化的大宗农产品电子商务品牌运作机制。

### 四 品牌文化内涵缺乏，宣传手段有待创新

文化元素是沟通大宗农产品和消费者之间情感关系的特殊支点，充分展现区域大宗农产品品牌应有的历史、地理、传统、风俗等文化元素，确立区域品牌文化的价值内涵，是打造持久、深远、稳定的区域品牌的一个关键环节。目前，浙江不少生产者在创建大宗农产品电子商务品牌时，没有注入地方特色文化，没有丰富大宗农产品的文化底蕴，忽视了大宗农产品品牌文化内涵的研究挖掘和建设深化。在宣传方面，目前还主要停留在组织品牌大宗农产品参加展示展销活动等层面，创新的方式还不够多，创新的力度还不够大。政府应鼓励同种大宗农产品生产经营者积极整合，化零为整，推广大宗农产品。这样，不但能降低大宗农产品经营者创立品牌的成本，而且能利用本地的地方优势，将当地品牌进行成倍整合，从而增加大宗农产品的市场占有率。

### 五 品牌建设人才不足，外部环境有待完善

调查显示，没有相应的人才支撑是各类涉农电商反映较为集中的问题。当前，计算机和网络知识实际操作技能人才、品牌经营策划类和市场推广类电子商务人才供需矛盾突出。一些地方政府对大宗农产品品牌的扶持力度不够，缺乏正确的引导和有力的政策支持。政府对当地大宗农产品品牌的宣传力度不够，缺乏品牌保护意识及有效的保护措施，致使部分大宗农产品生产者和经营者随意侵害大宗农产品商标，假冒和侵权现象突

出，严重损害了名牌大宗农产品的市场形象。推进品牌强省的法规制度还不健全，政策的针对性、协同性有待进一步加强。市场上缺乏深加工产品和二次增值产品，这也严重制约了大宗农产品的品牌建设。

## 第三节 加快创建浙江大宗农产品品牌的政策建议

### 一 完善政策支持体系

借鉴山东省等地推进大宗农产品品牌建设的做法（山东省政府2015年出台大宗农产品品牌建设意见，提出要打造一个在国内外、享有较高知名度和影响力的山东大宗农产品整体品牌形象、建立一套实体店与网店相结合的山东品牌大宗农产品营销体系），制定大宗农产品品牌发展规划，把大宗农产品品牌建设作为农业现代化的发展目标来规划，从信息化与农业化相融合、大宗农产品质量与市场推广相结合的战略高度，制定出一系列扶持、激励和促进大宗农产品品牌发展的政策，建立起由市政府、社会和企业参与的品牌发展支持体系。政府要加强协调引导，有针对性地制定并落实扶持政策，建议设立"浙江省推进大宗农产品品牌引领战略专项资金"，主要用于大宗农产品品牌培育、奖励、营销策划和市场推介等工作，引导和扶持大宗农产品品牌建设。加大驰（著）名商标农业龙头企业的财政、金融支农力度，强化政策支持的精准性和有效性，发挥强势大宗农产品品牌示范带动作用，放大优势大宗农产品品牌企业促进经济转型升级的效果，激发农业经营主体开展商标品牌工作的积极性。特别是对于一些中小微创新型企业和一些坚持走自主品牌的传统农业企业，加大品牌培育力度，积极搭建融资平台，提供商标品牌咨询指导、业务培训等服务，提升企业品牌附加值和核心竞争力。

### 二 构建品牌培育体系

首先，精心培育大宗农产品品牌。加大对各地龙头农业产业的扶持力度，鼓励和引导龙头农业企业合理定位，开展申请注册大宗农产品商标，走品牌经济发展之路。

其次，培育大宗农产品区域公共品牌。大力推进大宗农产品品牌整合和塑造，着力培育一批具有地域特色、历史渊源、人文内涵的大宗农产品区域公共品牌，统一包装标志、推广营销，扩大品牌知名度和影响力，形成区域品牌效应。

最后，培育大宗农产品市场品牌。以品牌大宗农产品市场建设为重点，夯实商标培育平台建设，推动大宗农产品市场创立品牌，切实提升大宗农产品市场品牌影响力和知名度。

### 三 创新宣传推广体系

大宗农产品品牌的建设发展不仅需要政府和企业的参与，更需要媒体和社会大众共同的配合。为此，浙江省应尽快建立一个由政府参与、媒体联动、企业配合的广泛、持久的品牌宣传推广体系。政府层面，一是继续利用好大宗农产品博览会、展销会、中国国际大宗农产品交易会、绿色食品博览会等传统活动，积极宣传品牌大宗农产品；二是抓平台对接，充分发挥浙江特色馆、区域性大宗农产品平台和专业性平台的各自优势，构建全方位、多层次的品牌宣传推广体系；三是帮助建立"浙江特色大宗农产品公众互动平台"，及时公布有关"大宗农产品品牌"和"大宗农产品电子商务示范企业"的最新动态，遴选社会关注的诚信问题与公众分享，为大宗农产品品牌发展搭建广阔平台。媒体层面，需要通过多方活动合作进行联合推广，打"科技牌""绿色牌""健康牌"等，使健康、绿色的大宗农产品形象深入到消费者中，提高品牌大宗农产品的认知度和美誉度。企业层面，在保持传统大宗农产品销售和品牌传播渠道的前提下，要积极探索和实践新的大宗农产品分销传播渠道，通过电商网站、手机客户端、微信、百度直达号、支付宝服务窗，实现多种移动互联网渠道，大力宣传浙江优势特色大宗农产品，快速形成品牌效益。

### 四 构建电商支撑体系

首先，成立市大宗农产品电子商务发展协调机构，加大对大宗农产品电子商务的资金扶持力度，引导、规范大宗农产品电子商务平台健康发展。

其次，探索建立浙江（宁波）大宗农产品电子商务创业园区，建设宁波大宗农产品电子商务仓储中心，通过示范辐射，带动农业电子商务的全面发展。

最后，创新大宗农产品电子商务平台的运作机制。一是完善信息发布机制，通过图片、声音、视频等多层次、立体化的方式，丰富平台信息表现形式，创建立体化的大宗农产品品牌形象，提升品牌大宗农产品的影响力。二是增强平台的互动功能，完善平台的信息检索和信息导航功能，创新消费者参与互动的渠道和方式。三是加强电子商务安全技术研究，完善客户诚信认证机制，保障品牌大宗农产品网上交易的安全性。

### 五 健全人才保障体系

首先，加快引进、培养高层次创新创业人才。加强对涉农电子商务人才引进、培养的统筹规划和分类指导，大力引进品牌设计、市场营销、数据分析、网络整合营销传播等方面的大宗农产品电子商务发展高端人才，培养造就一批具有全球化视野的高素质农民企业家队伍。

其次，加强农村电子商务人才培训。创新农村电子商务人才的培养模式，鼓励各类电子商务技术人员深入农村提供相关技术指导，通过社区在线教育、农民学校远程教育、农村电子商务平台等形式，拓展电子商务培训渠道，丰富培训内容，培训一批懂经营、会操作的农村电子商务人才。

# 第二十五章

# 加快推进义甬舟开放大通道建设的对策建议

义甬舟开放大通道是浙江"十三五"时期规划建设的四大重大战略平台之一。义甬舟开放大通道将连接义乌小商品市场和宁波舟山港，以宁波舟山港、义乌陆港、甬金高速和金甬舟铁路为支撑，打通"义乌—宁波—舟山"经济走廊，对内辐射长江经济带，对外辐射"一带一路"，对推动浙江与长江中下游地区产业协作，加强与沿海沿边地区国际贸易合作，构建更高层次的开放型经济，持续增强浙江经济国际竞争力具有重要意义。

## 第一节 加快推进义甬舟开放大通道建设的基础和条件

义乌以商贸著称，是全球最大的小商品批发市场、国家级国际贸易综合改革试点城市。义乌联系全国20多万家中小企业，商品辐射世界上215个国家和地区，是我国商品走向世界和世界商品进入我国的重要平台。宁波地处长江流域与东部沿海的"T"形交汇处以及长三角经济带的核心区，位于"一带"与"一路"的战略交汇处。宁波作为国内首批14个东南沿海开放城市之一，是我国参与国际贸易合作的重要门户城市。舟山处于我国南北海运大通道和长江黄金水道交汇地带，是江海联运的重要枢纽、"21世纪海上丝绸之路"的重要区域和港口节点。2011年，舟山新区获批第四个国家级新区。

对内，义甬舟开放大通道贯穿浙江沿海和山区，大通道沿线地区经济总量和进出口总额分别占浙江省的40%和55%，是浙江开放平台能级和水平最高、空间最为集中的区域，对推动浙江经济提质增效具有重要意义。

对外，宁波和舟山作为东部沿海地区重要的对外开放门户，是实现我国与国际沿海港口之间互联互通的重要组成部分。义乌作为全球最大的小商品贸易中心、国际贸易综合改革试点城市，与"新丝绸之路"沿线国家和地区经贸往来密切、经济互补性强。加快推进义甬舟开放大通道建设，可以有效地贯通丝绸之路经济带和海上丝绸之路，推进东西双向开放，推动内陆与沿海沿边地区协作，形成横贯东中西、连接南北方对外经济走廊，实现"向西借陆出境"和"向东借海出洋"。

## 第二节 推进义甬舟开放大通道建设中面临的若干问题

### 一 区域产业协同发展机制尚未建立

目前，义甬舟三地在重点项目合作、产业对接平台建设、产业转移承接等方面都处于起步阶段，产业协调发展水平还不够高，主要表现在：一是协同发展体制机制不健全，区域产业统筹规划缺乏，政策协调机制不完善，增量利益共享机制未能确立；二是由于缺乏跨行政区统一的产业规划，新兴战略性产业空间布局不够优化，产业分工与协作不能有效衔接。如宁波与义乌在发展新能源汽车、云计算和大数据以及医疗器械产业，宁波与舟山在医药健康产业、海洋新能源产业上存在着同质化，竞争非常激烈，未能形成优势互补、错位发展。

### 二 外向型经济发展水平参差不齐

浙江是外向型经济大省，外贸依存度高达40%以上。2016年，浙江省进出口总额19959.2亿元，同比增长3.0%（考虑到近年来国际市场需求乏力的严峻局面，可见，2016年浙江进出口增速仍然不高，但是，相比2015年已经转负为正，而且在2016年年内呈现出逐季回稳的态势）。但更应该注意的是，目前各地外向型经济发展水平参差不齐。在义甬舟三地中，宁波、义乌外向型经济发展基础较好，能够保持相对平稳增长。2016年，宁波实现进出口总额5607.0亿元，同比增长0.6%，实现小幅增长；义乌实现进出口总额1816.1亿元，同比增长3.1%，与全省增速持平。而舟山外向型经济发展基础薄弱，实现进出口总额606.1亿元，同比增长-7.7%,外贸增长乏力。目前,我国外向型经济发展的环境已经发生深刻变化,在既有国际市场空间越来越有限的背景下,未来如何切实利用好义甬舟开放大通道的开放联通功能和各类政策平台,进一步提升三地外向型经济发展水平,对提振浙江外贸经济,培育浙江外贸发展新动能具有重要意义。

### 三 物流联动网络尚未构建

2013年10月,义乌—北仑海铁联运集装箱专线正式开通。2016年,义乌—宁波舟山港累计发运集装箱数量为81.5万个标箱,其中,仅有1.0万个标箱是通过海铁联运完成,仅占1.3%,海铁联运能力有待进一步提升。未来,金甬铁路开通后,义乌到宁波舟山港的货运里程将比现有铁路线减少78千米,会降低企业货运成本,海铁联运水平会有所提高,但跨区域多式联运框架体系仍然有待健全。其中,最为关键的是,如何打造无缝对接的物流联动网络。未来亟须建立高效的集疏运体系,提升关键性物流节点的服务能力和多式联运组织能力。同时,结合"互联网+物流"的建设思路,整合三地及沿线地区物流信息平台资源,探索构建多式联运信息共享平台,满足货主和多式联运经营人获取班列、港口、场站、口岸等动态信息的需求。这些在目前都没有现成经验可以借鉴,需要深入思考。

## 第三节 加快推进义甬舟开放大通道建设的若干思路

### 一 打破行政壁垒,加强顶层设计,统筹协调推进

目前,宁波舟山港作为上海国际航运中心的重要组成部分,舟山新区已成为国家战略,舟山自贸区也有望获批,构建义甬舟开放大通道可谓正逢其时。浙江省人民政府要在顶层设计、体制改革、政策协调、管理创新等方面把握方向。义甬舟三地政府要努力实现一体化发展,自觉打破管好自家"一亩三分地"的思维定式,抱成团朝着顶层设计的目标一起做。在充分借鉴国内外海陆港联动发展的成功经验基础上,明确各地在义甬舟开放大通道建设中的定位和各阶段的重点工作;在顶层设计的指导下,以部门工作为主体,出台相应的政策管理和激励措施,加快推进义乌、宁波

和舟山的互联互通、协同发展，在更大范围、更高层次实现资源要素整合和产业优化布局。

### 二　加快三地产业协同发展，打造区域经济走廊

加强区域产业统筹规划，协同发展。一是结合各地"十三五"时期产业发展目标，突出区域优势产业，强化与义乌、宁波、舟山等地在产业项目规划布局、市场共享、要素流动、招商合作、项目实施等方面对接。以产业合作发展项目为抓手，推动三地物质资源、人才资源、信息资源的紧密结合，加速产业联动和企业跨界，建设一条都市经济走廊；二是放大宁波舟山港口、开放的联动效应，主动融入"一带一路"倡议和长江经济带建设，积极引导区内劳动密集型、低附加值产业向区外转移，发展"飞地经济"，共同拓展市场和发展空间；同时借助宁波境外投资的基础和优势，实施企业"走出去"战略，通过合作共建境外产业园、经贸合作区等国际化经济平台，提高区域开放型经济层次。

### 三　加快自贸区建设，扩大对外开放平台

尽快争取舟山自贸区政策落地，以油品全产业链投资便利化、贸易自由化为核心，集中力量建设我国提升大宗商品全球配置能力、保障国家经济安全的重要平台和提升海洋产业开放合作水平的先行区。在此基础上，加快将舟山自由贸易试验区向宁波梅山新区拓展，并以金义综保区和义乌保税物流中心（B型）为依托，积极谋划金华—义乌小商品自由贸易港区，从而形成自贸区在义甬舟开放大通道的全覆盖。同时，加快优化综合保税区的布局和功能，推动宁波综合保税区的整合，支持义乌升格创建综合保税区，规划布局建设绍兴（新嵊）综合保税区，形成大通道沿线的综合保税区网络，扩大浙江对外开放平台。

### 四　构建互联互通的数据信息平台，积极发展跨境电商

通过义甬舟大通道建设，搭建起跨境电子商务及物流信息协同平台，对浙江全方位构建"买全球、卖全球"的贸易格局，扩大浙江对外贸易影响力具有重要意义。一是按照"互联网+"物流的发展思路，加快义甬舟三地之间公路、水路、铁路、管道及航空货运信息、快递信息等物流信息整合，同时连接口岸信息处理与相关行业托管部门的网络资源，形成统一的"公共物流信息平台"，降低组织调度成本。二是三地在电商通关、数据交换、外贸协同、商务信息等跨境网购服务上探索数据集成创

新，建设一条阳光、便利、快速、放心的跨境网购新渠道。三是积极配合，全方位推进一体化"大通关"建设，尤其是加强在市场采购贸易方式运行和监管方面的跨区域合作。推进"两关两检"全面互认，实现口岸执法部门信息系统互联共享，推动国际贸易"单一窗口"建设，彻底实现一次申报、一次查验、一次放行。

### 五　江海联动、陆海统筹，打造无缝对接的交通网络

立足"多开新线、多辟新点、进口与出口并举、发运与到达并重"的思路，积极对接长江经济带交通基础设施平台。深化义乌与宁波—舟山的交通战略合作，优化规划金华—宁波客货共线普通铁路运输功能，完善"义乌—宁波北仑""义乌—舟山金塘"海铁联运通道，加快建设"甬金""甬舟"城际铁路，支持海铁联运延伸到长江经济带以及中西部内陆地区各铁路枢纽；积极争取义乌铁路口岸全面开放，重点推进"义新欧"班列常态化运行，畅通义乌与中亚、欧洲等地的陆路通道。结合义乌国际陆港的功能定位与宁波舟山沿海港口的海运能力，打造立体化的现代交通体系，推动铁海联运、江海联运多式联运发展，拓宽对外港口腹地，真正使货物"收得进、走得出、运得顺"。

# 第二十六章

# 宁波大宗商品交易市场建设与政府服务

　　大宗商品通常是指适合大批量交易、具有标准化特性的专门用于工农业生产的中间商品（非零售环节），按照使用的主要领域可以分为能源、基础原材料和农副产品三大类。顾名思义，大宗商品交易市场就是指专门进行大宗商品交易的场所，包括实物现货市场和电子交易市场。随着信息技术的发展，现在的大宗商品交易越来越多地依靠电子交易的形式来实现。因此，在我国大宗商品交易市场一般特指电子交易市场（区别于传统的现货批发市场），是将传统现货批发交易放到互联网上进行交易的一种模式。

　　宁波作为长三角南翼的经济中心，制造业发达，依托全球吞吐量最大的港口宁波舟山港，近年来，逐步发展成为我国重要的大宗商品贸易和物流中心。根据国务院于2011年2月正式批复的《浙江海洋经济发展示范区规划》，宁波将通过构建大宗商品交易平台、海陆联动集疏运网络、金融和信息支撑系统"三位一体"的港航物流服务体系，建设我国大宗商品国际贸易和物流中心。在此背景下，通过借鉴国内外大宗商品市场建设的经验，对宁波大宗商品交易市场建设的具体问题进行研究，具有较强的现实意义。

## 第一节　研究背景

　　欧美发达国家的大宗商品交易市场已有数百年历史，已经形成了完善的市场交易体系。因此，目前国外学者对大宗商品的研究主要集中在大宗商品价格波动、金融主体的投融资决策与风险控制等方面。例如，比格曼、戈尔德弗雷布和舍特曼（Bigman，Goldfrab and Schechtman，1983）通过建立计量模型，检验在芝加哥期货交易所（CBOT）上市交易的一些大宗商品期货价格与现货价格的关系。多曼斯基和希思（Domanski and Heath，2007）研究了近年来金融机构涌入商品期货市场的现状和趋势，认为商品期货市场金融化是现代金融市场发展的必然结果，未来期货价格波动与金融市场之间的关系将更加密切。舍曼和彼得（Sherman and Peter，2010）通过建立不同投资策略组合模型，分析表明，加入商品期货的投资策略组合存在长期稳定的多元化收益，合理的配置能够将投资风险降低，从而获得比较稳定的投资收益。我国的大宗商品市场体系仍然处于起步阶段，政府在大宗商品市场建设中具有重要的作用，因此，国内不少学者对大宗商品交易市场中政府作用进行了研究。胡俞越（2008）认为，政府和行业协会应联合履行监管职责，规范、指导、服务、发展、整合电子交易市场。肖林、任新建（2009）对上海大宗商品交易市场进行了系统分析，提出了加快推进上海大宗商品交易市场规范发展的政策建议。孙立锋（2011）、徐萍（2012）以及骆嬑（2012）等探讨了宁波大宗商品市场发展的现状以及宁波市政府在推进大宗商品市场建设中的作用。

综上所述，国内外基于政府服务视角对于大宗商品市场建设的系统研究较少，针对宁波大宗商品市场培育、发展过程中政府服务体系的研究更是鲜见。本书将深入探讨政府在宁波大宗商品市场培育中的角色以及具体的政策措施。

## 第二节 宁波大宗商品交易市场建设面临的形势

### 一 国际市场环境

近年来，在全球经济周期的影响下，大宗商品价格回落，大宗商品的供需矛盾得到一定程度的缓解，有关大宗商品定价权的国际竞争表面上有所缓和。但是，从长期来看，全球资源分布的不平衡和经济全球化，使世界各国对大宗商品的依赖程度持续增强。以"金砖五国"（中国、俄罗斯、印度、巴西和南非）为代表的发展中国家的工业化进程加速推进，对世界大宗商品的需求规模越来越大，在全球大宗商品贸易领域占据重要地位，但是却没有能够与庞大的生产和消费相匹配的交易市场及定价权。因此，在相当长一段时间内，新兴工业化国家与发达国家将围绕大宗商品话语权展开竞争。

## 二 国内市场环境

随着我国经济对外部市场依赖程度的不断提高，国际原材料价格的频繁波动对我国制造企业产生了很大的冲击，企业迫切需要通过参与大宗商品交易市场进行价格风险管理。但是，由于我国商品期货市场起步较晚，交易的品种还比较单一，无法满足企业商品投资需求。与此同时，伴随着互联网和电子信息技术的广泛应用，我国各地的大宗商品电子交易市场如雨后春笋般迅猛发展。但是，由于政府监管和制度建设的滞后，导致大宗商品市场发展出现了无序的局面。近年来，国家加强了对大宗商品市场的监管力度，特别是2011年年底，国务院出台了《关于清理整顿各类交易场所切实防范金融风险的决定》（以下简称38号文），对我国大宗商品市场进行了力度空前的清理整顿，为市场的长远发展奠定了坚实的基础。通过清理整顿，国内大宗商品交易市场发展环境得到优化，投机盛行的恶性竞争得到遏制，严重违法违规、存在严重风险的交易场所被关闭。宁波大宗商品交易市场在清理整顿中受到了一定的冲击，但从长期来看，国家对大宗商品交易市场的规范也为宁波大宗商品交易市场的健康发展奠定了良好的基础。

## 三 区域竞争态势

规模化、专业化、高效运行的大宗交易市场能够有效集聚商流、资金流、信息流和物流等各项服务，从而产生强大的产业集聚和辐射作用，极大地促进当地现代服务业发展，推动产业转型升级。因此，具有一定条件的城市，特别是东部沿海城市的政府都在积极推动建立大宗商品交易中心，区域竞争激烈，发展格局尚不明朗。从全国来看，天津、北京、青岛、大连、广州依托良好的区位优势和产业基础，都在大力推进大宗商品交易中心建设。从长三角范围看，在150千米的直径内，形成了上海、宁波、舟山三大港口城市争夺石化、铁矿石、煤炭、钢铁等大宗商品交易中心的格局。

## 第三节 宁波建设区域性大宗商品交易中心的条件和优势

### 一 港口物流条件优越

宁波地处长三角南翼,拥有世界级大港宁波舟山港,对内是江海联运枢纽,对外是远东国际航线要冲,具有建设大宗商品国际贸易和物流中心的天然优势。依托深水良港和优越的区位条件,目前宁波是我国主要的石油、液体化工、矿石等大宗商品的国际中转储运基地,也是华东地区主要的煤炭、粮食、木材等商品的中转和储运基地。2012年,宁波舟山港货物吞吐量达到7.44亿吨,连续四年雄踞世界海港首位。其中仅铁矿石、煤炭和石油三种产品的吞吐量就占整个港口吞吐量的近40%,在全国具有重要的地位。

### 二 市场发展基础扎实

宁波大宗商品交易市场发展起步早,早在20世纪90年代,就依托现货批发市场自发形成的交易市场已经在全国具有重要的影响。主要有中国塑料城交易市场、镇海液体化工交易市场等有代表性的专业交易市场。2011年,在浙江海洋经济上升为国家战略的大背景下,宁波市政府推动成立了宁波大宗商品交易所(简称甬商所)。该交易所是由宁波市政府牵头,三家国有股东单位(宁波开发投资集团有限公司、宁波市国际贸易投资发展有限公司、宁波港集团有限公司)共同组建的大宗商品交易平台。截至目前,宁波已经建成了14个大宗商品交易平台,拥有77个专业交易市场,2012年,大宗商品交易额突破5000亿元,居浙江省首位。其中,宁波大宗商品交易所实现网上交易额1145亿元,在全国同类市场中名列前茅。

### 三 政策环境优势突出

宁波作为我国首批沿海开放城市,拥有保税区、保税物流园区、保税港区、出口加工区等支撑大宗商品交易的海关特殊监管区(见表26-1)。在这些区域,开展大宗商品的国际中转、储运、加工具有得天独厚的优势。2011年,国务院正式批准的《浙江海洋经济发展示范区规划》将大宗商品交易平台建设作为海洋经济发展的重要抓手,而作为浙江海洋经济发展核心示范区的宁波，则承担着建设大宗商品交易中心的重要使命。2012年5月，为促进国内电子商务健康快速发展，国家发改委依托国家电子商务示范城市组织开展了电子商务试点工作。宁波大宗商品交易所成为华东地区唯一入选的现货交易所，也是唯一一家以大宗商品电子交易、金融服务为重点的试点项目，这将有助于宁波大宗商品市场体系的转型升级。

表26－1　　　　宁波改革开放以来成立的海关特殊监管区

| 名称 | 成立时间 | 主要功能 |
| --- | --- | --- |
| 宁波保税区 | 1992年 | 保税仓储、出口加工、转口贸易、商品展示 |
| 宁波出口加工区 | 2002年 | 区内加工产品不征收增值税；区内企业为加工出口产品从境外进口的原材料、零部件等，予以保税；区外进入加工区的国产机器、设备、原材料等，可办理出口退（免）税 |
| 慈溪出口加工区 | 2005年 | |
| 宁波保税物流园区 | 2004年 | 保税仓储、全球采购和国际配送、国际中转和转口贸易、检测维修、商品展示 |
| 宁波梅山保税港区 | 2008年 | 港口物流、出口加工、保税仓储、国际中转、国际采购、国际配送、转口贸易、商品展示、测试维修功能 |

## 第四节　政府参与大宗商品交易市场建设的必要性

### 一　理论基础：从凯恩斯主义到阿米曲线

在市场经济中，政府与市场的矛盾一直是理论界探讨的热点问题。凯恩斯奠定了政府参与经济活动、克服"市场失灵"的理论基础。1995年，美国经济学家阿米用计量经济方法进一步详细描述了政府参与的阶段特征，并将这一现象形象地描述为"阿米曲线"。在市场起步阶段，政府干预会促进经济发展，因为政府建立了保护机制、提供公共服务、制定标准，能够很好地引导、培育市场发展；但是，随着政府干预继续增大，到了一定的阶段，就会对市场产生不利影响，产生"挤出效应"。作为新兴产业，大宗商品交易市场建设的核心是大交易平台的构建，政府必须参与其中，适当运用经济或行政手段以降低外在成本与风险，为大宗商品市场发展保驾护航，促使其早日步入良性、稳定的发展轨道。这也是新兴产业发展的客观规律之一。

### 二 现实需求：大宗商品交易市场需要政府的引导、培育和扶持

大宗商品交易市场建设具有一定的特殊性，政府的扶持和引导对整个市场的培育起着决定性作用。首先，大宗商品交易平台的构建涉及电子信息、物流仓储、金融保险等产业一体化协同发展，需要政府扮演"守夜人"的角色，在市场定位、公共服务、监督管理等方面发挥作用，避免因为市场失灵而造成的无序发展。其次，大宗商品交易市场在一定意义上具有金融市场的性质，在风险监控和信用保证方面需要政府的参与。近年来，在我国大宗商品市场中连续出现诸如海南天然橡胶事件、广西白糖事件、浙江嘉兴茧丝绸事件以及华夏现货商品交易所等一系列风险事件。在此形势下，市场迫切需要由政府"背书"提供政府信用，构建由国资参与的综合性大宗商品交易平台。目前，天津、北京、广西、山东等各地政府都在积极搭建国资控股的大宗商品交易平台，高起点谋划推进大宗商品市场建设，以便在发展中占得先机。

## 第五节 推动大宗商品交易市场发展的政策建议

### 一 明确发展目标，突出发展重点

宁波发展大宗商品交易市场具有得天独厚的条件，但是，在当前的国内政策框架下，应当循序渐进，紧跟我国改革开放的步伐，明确自身的发展定位。一方面，要贯彻国家的政策，立足现货，壮大市场交易规模，积极开展挂牌、竞价、招标、拍卖等交易形式；另一方面，要提升现货，探索OTC大宗商品衍生品交易。要依托国家电子商务试点项目，在全国率先探索OTC大宗商品衍生品交易，尽快把宁波建成国内重要的综合性大宗商品场外交易中心。

根据以上目标，在今后的发展中，宁波要围绕石油化工、矿石、煤炭、粮食、钢材等交易品种进行重点培育和提升。现有的塑料、石油化工

等国内具有领先优势的产品市场，要率先突破，通过交易制度创新巩固在全国的领先地位。同时，要利用港航物流的优势发展进口煤炭、进口矿产品和粮食等潜力品种，逐步培育新兴市场。此外，还要积极加大红酒、水果、裘皮等生活类消费品进口专业市场培育力度。

## 二 拓展政策空间，对接国际市场

目前，在我国现有的政策框架内，国外的期货交易所还不能在我国设立商品交割仓库。因此，LME、COMEX、CBOT等期货交易所在亚太地区重要的大宗商品仓储、中转、交割中心一般都设在韩国、日本、新加坡等周边国家的港口。随着我国改革开放的深入推进，特别是国家自由贸易区的布局，我国将逐步放开相关的管制措施，允许国外的期货交易所在我国的自由贸易区内设立商品交割仓库。因此，宁波要依托梅山保税港区等特殊海关监管区，争取国家相关政策支持，吸引国外的期货交易所在宁波设立交割仓库。另外，随着我国的期货交易所业务的逐渐开放，可以积极吸引国内期货交易所在宁波的海关特殊监管区内开展期货保税交割业务。同时，以宁波大宗商品交易所为龙头的大宗商品交易平台也要积极探索中远期现货的保税交割业务，把宁波建设成为国内重要的大宗商品保税交易交割中心。此外，根据国家改革开放的总体战略布局，要主动与上海自由贸易区错位发展，推动宁波创建以大宗商品自由贸易和流通为特色的国家自由贸易区。

## 三 推动市场整合，培育行业龙头

目前，宁波的塑料、化工等大宗商品交易平台在全国有一定的影响力，但是，缺乏有影响力的综合性大宗商品交易市场。宁波大宗商品交易作为宁波唯一的综合性大宗商品交易平台，由于起步较晚，业务网络覆盖不足，在全国的影响力非常有限。应当通过关、停、并、转整合市场，并逐步形成合力，打造区域有影响力的大宗商品交易市场。对违规经营、存在严重风险的交易场所实施关闭；叫停脱离现货的交易模式和交易清淡的交易品种；发挥电子平台优势，通过市场化手段，推动宁波地区各交易市场实行联网交易，鼓励股权兼并和融合，形成共赢机制。以宁波大宗商品交易所为龙头，通过联网或股权兼并，建成全市统一的综合性大宗商品交易平台；通过"统一品牌、独立运营"的机制将市内各交易市场融入平台，共同打造在国际国内有影响力的大宗商品交易品牌。

### 四 强化行业监管，促进健康发展

行业监督要从完善法律法规体系和组建行业协会两个方面分别推进。首先，宁波是我国具有地方立法权的"较大的市"，应通过完善地方性法规、规章保障宁波市大宗商品市场建设，做好指导监督管理工作，引导市场走向健康发展的道路。其次，要加快组建大宗商品行业协会，完善行业自我管理机制。2013年4月，我国正式成立了中国物流与采购联合会大宗商品交易市场流通分会，从事我国大宗商品交易市场现代流通的行业协调与管理。宁波市应推动本市相关企业积极入会，以该协会为依托，积极开展行业管理、技术交流等方面的工作。同时，政府有关部门要积极介入，切实履行政府监管职能，以行业协会为依托，建立数据直报平台，完善大宗商品交易市场数据库，动态掌握交易市场的数量、规模、交易规则和管理制度等信息，并做好数据分析与运用，强化市场引导和监督管理。

# 第二十七章

# 宁波农产品进出口贸易影响因素及发展对策

党的十九大报告提出，必须保证我国粮食安全，牢牢地把中国人的饭碗端在自己手里。我国作为世界上为数不多的农业大国，农业作为第一产业一直保持着国民经济的基础地位。加入世界贸易组织以来，我国农产品进出口量虽然均保持增长态势，但总的来看，呈现出口增速缓慢，进口增速迅速，这也直接导致我国农产品贸易出现长期逆差。2016年，我国农产品进出口总额为1845.6亿美元，同比下降了1.6%。其中，出口额为729.9亿美元，同比增长3.3%；进口了1115.7亿美元，同比减少了4.5%；贸易逆差385.8亿美元，同比减少了16.5%。促进农村第一、第二、第三产业融合发展，支持和鼓励农民就业创业，拓宽增收渠道。

宁波作为浙江省的重要农业城市，其对外农产品的进出口贸易常年保持顺差的状态。当地政府也着力于农产品的对外销售，以提高农业创收。宁波口岸进出口农产品增长较快，质量总体保持稳定。近年来，宁波试点国家现代农业示范区，并且成为我国计划单列市之一，这要求其农产品对外贸易水平必须得到本质提升，以便与竞争越来越激烈的农产品进出口市场相适应。

在此背景下，本章通过研究其农产品进出口的主要影响因素，并探讨推动其发展的相关对策，这对于宁波市克服农产品竞争力薄弱等问题，进一步提高我国对外开放水平具有重要的现实意义。

本章从探讨宁波市农产品进出口贸易现状入手，立足于研究影响其发展主要影响因素，在对其进行定性分析的同时，结合多元线性回归模型实证方法对影响宁波农产品进出口贸易的主要因素进行研究，并提出相关的对策建议。

## 第一节 研究回顾

随着我国社会经济的不断发展和完善,农产品对外贸易越来越受到各方的关注。我国的农产品贸易已逐渐成为国际贸易中的重要力量之一,其对 GDP 等重要经济指标的拉动作用也越来越大。国内外对于农产品进出口贸易额已经成为研究热点。以下针对农产品贸易影响力和农产品贸易影响因素等的研究重点整理相关文献。

Edmondson Schluter 和 Lee(1996)分析了 20 世纪 90 年代美国农业的进出口贸易总量、流向及其具体结构,他们认为,美国家农产品贸易额增长对美国中西部农业水平的提高起到了非常大的作用。Khem R. Sharraa 和 Stuart T. Nakamoto(1999)等利用投入产出法,研究了夏威夷农产品的生产、贸易状况,指出该地区的农产品贸易极大地拉动了该地区经济的增长;而且该地区农产品的进出口贸易也创造了许多就业机会,提高了该地区的就业率。

M. Sevela(2002)使用引力模型,解释了捷克斯洛伐克的农产品贸易波动。首先,建立回归分析模型,并使用逐步回归模型进行检验。实验结果发现,该国人均 GDP、GDP 以及与其他有贸易往来的国家和地区之间的实际距离具有明显的正相关关系。Abdulkudos Ahmed Almarwani(2003)构建回归条件异方差模型以及比较优势指数体系,对于美国农产品出口竞争力中的美元汇率因素进行了分析,研究结果显示,竞争对手的汇率和农产品出口竞争力之间呈正相关关系。

世界贸易组织成员中重要的谈判结果之一是关税减让承诺,David Vanzetti(2004)使用 ATPSM 分析软件,分别模拟了世界贸易组织、欧盟以及美国的关税减让提案。模拟结果表明,在以上三种提案下将分别有 260 亿美元、120 亿美元和 170 亿美元的总体福利的增加。David Vanzetti 认为,关税水平的降低可以有效地增加国家的整体福利,因此,世界贸易组织成员中的发展中国家可以根据自身的优势及特点,选择适合本国的关税减让模式,从而达到增加国家整体福利的目的。科尔(Cole,2010)也对关税减让的优点进行了分析。他指出,关税减让能够很好地减少企业进入市场时需要付出的成本，进而降低进出口商品的价格，从而使企业生产用的购买成本也能够得到有效控制。

安德森（K. Anderson, 1983）运用显示性比较优势指数（RCA）研究太平洋沿岸国家农产品的比较优势、贸易政策与竞争环境。1989年，Balassa Bela 为了让该指数更多地体现进口对产品国际竞争力的影响，在 RCA 的基础上做了改良，引进了净出口显示性比较优势指数（NXRCA）。Maria Sassi（2003）采用产业内贸易指数和贸易竞争指数等指标，分析了欧盟各国农产品的实际竞争力状况及其影响因素。2006年，为了考虑进口对出口竞争力的影响，Sassi 进一步运用 NXRCA 和贸易竞争优势（TC）指数对欧盟各国农产品比较优势进行了研究。

近年来，沿海地区农产品进出口在我国引起了广泛关注。国内学者对农产品国际竞争力的评价也更为全面与细化。张丹（2008）使用 TC 指数和 RCA 指数对于宁波农产品进出口国际竞争力进行评价，并针对其结果提出了相关策略。熊启泉等（2014）用 1980—2000 年的贸易数据，通过 RCA 指数和恒定市场份额模型研究，证明我国农产品的国际竞争力事实上有下降的趋势，然而，这一趋势被出口值的增长所掩盖。屈小博等（2007）在分析以谷类为主的农产品国际竞争力时，采用 MS、TC、RCA 指数进行综合考量，并指出，我国以小麦为首的土地密集型农产品的比较优势非常弱。

周大启、张婕、任万鹏（2013）在《中非农业合作现状与建议》中研究了中国和非洲部分国家区域贸易框架下中国与非洲的农产品贸易交流，在这一研究中，规划了双边贸易的未来发展。杨照（2013）在《塔吉克斯坦农业发展及中塔农业合作探析》中着重分析了塔吉克斯坦的农业历史背景，并指出了塔吉克斯坦存在的一些农业发展方面的问题，并且与中国进行比较，分析了两国发展农业合作的可能性，为两国开展农业作合提供了有力的论证。李慧君（2014）对中国与加拿大、新加坡、泰国等国家之间的农业贸易合作方式进行了分析，他在研究中对于我国与这三个国家之间的农业贸易合作形式进行了对比。

熊德平等（2014）在对 1985—2010 年农产品贸易数据进行实证研究后指出，在长期内，人均播种面积与农产品出口呈正相关；在短期内，两者呈反向关系；而农业投入水平总是与其呈负相关。丁家云（2015）指出，规模经济是决定贸易格局和国际分工的重要因素之一,但却常常被贸易统计理论所忽视。隋福爱(2006)指出,人力资本的数量与质量属于影响农产品国际竞争力的资源性因素。李崇光(2004)研究指出,农业科技进步要通过增加产出和节约要素投入来提高农产品品质,决定农产品比较优势状况。但是,也有学者认为,中国农业目前仍是粗放增长,技术进步对农业增长及农产品对外贸易的贡献度并不高。韩灵梅(2015)指出,农村救济费、科技投入以及基础设施投入能够促进农产品的出口贸易。单君兰等(2012)通过对1984—2006年的数据分析得出农业直接投资与中国农产品贸易额的增长存在着长期协整关系,但是,在短期内会由于直接投资对商品进口的替代作用而偏离其轨迹。

由以上文献可知,国内外已有较多文献研究农产品进出口贸易影响因素,但是,一般是基于国家角度的相关研究,具体到某一城市的案例探究还比较少见。

## 第二节 宁波农产品进出口贸易现状

巴伦斯(1988)曾总结过衡量国际贸易显性比较优势的多种指标和方法。由于贸易竞争力指数计算简单、快捷,而且涵盖了各类国际贸易进出口指标,并且可以将地区贸易量直接与某地区特定产业相联系,从而作为衡量国际贸易比较优势的主要指标被广泛使用。

TC指数是分析某地区特定行业的国际竞争优势的重要工具。它所反映的是特定地区相对于广义市场上由其他地区所供应的同种产品,本地区生产此类商品的效率是否具有竞争优势,并且可以直观地反映出其优劣程度。其计算公式为:

$$TC_{ij} = \frac{X_{ij} - M_{ij}}{X_{ij} + M_{ij}} \tag{27.1}$$

式中,$TC_{ij}$表示$i$特定地区的$j$特定行业的贸易优势竞争指数,$X_{ij}$表示$i$特定地区$j$特定产品的出口总额,$M_{ij}$表示$i$特定地区$j$特定行业的进口总额。

通常情况下,TC指数在(-1,1)的区间波动,当TC指数>0

时，i 特定地区 j 特定行业为净出口，表明该地区的该行业生产率高于广义平均水平，具有国际竞争优势；当 TC 指数 <0 时，i 特定地区 j 特定行业为净进口，表明该地区该行业的生产率低于广义平均水平，表明其不具有国际竞争优势；当 TC 指数 =0 时，表明 i 特定地区 j 特定行业生产率与广义平均水平基本一致。

RCA 指数是经济学家 Balassa Bela 计算地区国际贸易比较优势时采用的一种方法，可以反映某一特定地区某一特定行业国际贸易的显性比较优势。其计算公式如为：

$$RCA_{ij} = \frac{X_{ij}/X_i}{E_{wj}/E_w} \tag{27.2}$$

式中，$RCA_{ij}$ 表示 i 特定地区 j 特定行业的显示性比较优势指数，$X_{ij}$ 表示广义地区中 j 特定行业出口总额，$X_i$ 表示 i 特定地区所有商品的出口总额，$E_{wj}$ 表示广义地区中 j 特定行业的出口总额，$E_w$ 表示广义地区中所有商品的出口总额。学术界一般认为，RCA 指数越大，说明 i 特定地区 j 特定行业的显性国际优势越强。

国际市场占有率指数（MS 指数），是指某一特定地区出口某一特定行业的国际贸易总额占广义地区出口该行业出口商品总额的比重，也是显示某地区某特定行业在广义市场上所占的份额。该指标是可以反映国际竞争力的变化过程，是衡量特定地区国际竞争力的一个直接指标。其计算公式为：

$$MS_{ij} = \frac{X_{ij}}{E_{wj}} \tag{27.3}$$

式中，$MS_{ij}$ 表示 i 特定地区 j 特定行业的国际市场占有率，$X_{ij}$ 表示 i 特定地区 j 特定行业的出口总额，$E_{wj}$ 表示广义地区中 j 特定行业的出口总额。学术界一般认为，$MS_{ij}$ 指标数值越大，i 特定地区 j 特定行业国际市场占有率越高，也说明其国际竞争力越强。

本章利用上述三种贸易竞争力指标，构建地区农产品进出口贸易力指标体系，对我国、浙江省和宁波市的农产品进出口竞争力进行评价，从而验证和描述其进出口贸易的现状，引出影响因素。

宁波作为浙江省的重要沿海港口城市，肩负着浙江省重要的进出口任务。2016 年，进出口农产品共 283168 万美元，其中，出口农产品 126216 万美元，同比下降 8.7%；进口农产品 156952 万美元，同比上升 52.3%，实现了超过 3 亿美元的贸易顺差。这也是宁波市三年来首次实现农产品进出口贸易顺差。这与浙江省和全国长年农产品贸易逆差的现状形成了鲜明的对比,有着重大的借鉴意义。具体情况如图 27-1 所示。

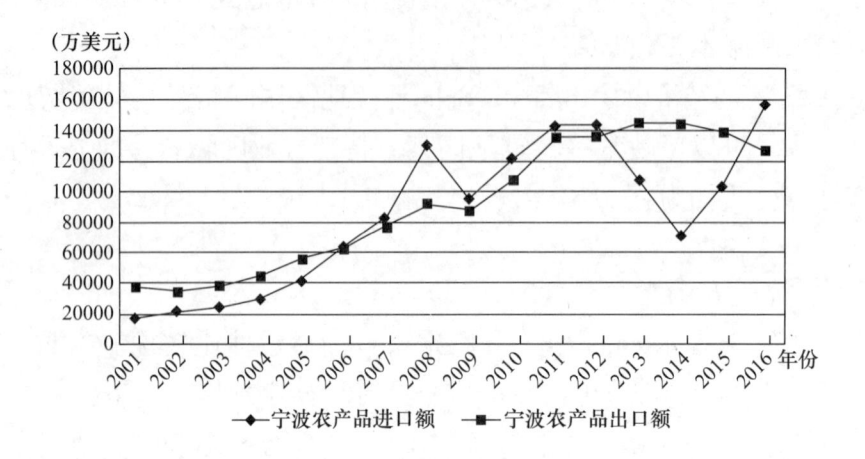

**图 27-1　2001—2016 年宁波农产品进出口贸易额**

资料来源:根据宁波对外贸易经济合作局历年数据整理。

表 27-1 显示,宁波农产品行业早期 TC 指数均为正,2007—2012 年为负值,2013 年以来,有回升倾向,说明其国际竞争力正处于上升阶段。宁波农产品比较优势指数 RAC 一直低于 0.8 的临界值并呈下降趋势,这与浙江省和全国的趋势基本一致,说明农产品行业比较优势不强。宁波农产品国际市场占有率 MS 呈现上升趋势,这说明宁波农产品行业的国际竞争力在逐步增强,但是,从浙江的数据来看,还有较大的提升空间。2016 年,宁波农产品 TC 指数虽然转为负值,但是,在比较浙江和全国的数据后发现,其在 2015 年的农产品进出口贸易额实现了顺差,本章认为,这对于浙江省甚至我国的农产品贸易都非常有借鉴意义。

**表 27-1　2001—2016 年宁波农产品进出口贸易竞争力指标**

| 年份 | 宁波农产品贸易竞争力指数(TC) | 宁波农产品显示性比较优势指数(RCA) | 宁波农产品国际市场占有率(MS) |
| --- | --- | --- | --- |
| 2001 | 0.375062 | 0.675555 | 0.000681 |
| 2002 | 0.240018 | 0.478304 | 0.000601 |

续表

| 年份 | 宁波农产品贸易竞争力指数（TC） | 宁波农产品显示性比较优势指数（RCA） | 宁波农产品国际市场占有率（MS） |
| --- | --- | --- | --- |
| 2003 | 0.237668 | 0.359788 | 0.000572 |
| 2004 | 0.212237 | 0.317080 | 0.000574 |
| 2005 | 0.150952 | 0.308171 | 0.000652 |
| 2006 | 0.000095 | 0.280120 | 0.000664 |
| 2007 | -0.042335 | 0.244872 | 0.000668 |
| 2008 | -0.167154 | 0.239801 | 0.000687 |
| 2009 | -0.034584 | 0.242025 | 0.000745 |
| 2010 | -0.060763 | 0.231669 | 0.000787 |
| 2011 | -0.027067 | 0.244570 | 0.000811 |
| 2012 | -0.027278 | 0.247794 | 0.000823 |
| 2013 | 0.149853 | 0.240551 | 0.000834 |
| 2014 | 0.340181 | 0.211604 | 0.000814 |
| 2015 | 0.145787 | 0.208290 | 0.000903 |
| 2016 | -0.108543 | 0.205492 | 0.000851 |

资料来源：根据《宁波统计年鉴》（2002—2017）、宁波对外贸易经济合作局历年数据和世界贸易组织进出口数据库整理计算所得。

## 第三节 宁波农产品进出口贸易影响因素研究假设

### 一 宁波地区农产品总产值

宁波地区农产品生产主要包括粮食、谷物、蔬菜、油料、茶叶、水果、坚果等类别。宁波地区农产品出口主要包括海产品、蔬菜加工品、茶叶等劳动密集型产品。进口产品主要为水果、水产品、粮食、油料等。不难发现，宁波地区生产的农产品和其进出口的农产品品种基本一致，这说明宁波地区农产品生产品种会对其进出口有一定的影响。就此影响因素，张唯婧（2011）建立了VAR模型以探讨1994—2010年国际农产品价格对我国农产品价格是否具有因果关系。结果显示，当国际农产品价格发生一定的正向变化后，同期，中国农产品价格不会发生明显变化，这说明其价格传导可能具有一定的时滞性。在此本章使用宁波地区农产品产量及其进出口量进行对比，具体情况如图27-2所示。

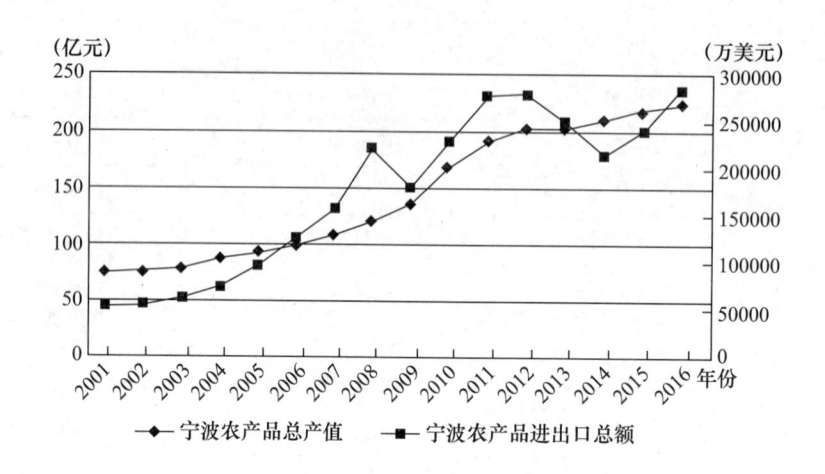

**图27-2 2001—2016年宁波农产品总产值及其进出口额比较**

资料来源：根据《宁波统计年鉴》（2002—2017）和宁波对外贸易经济合作局历年数据整理。

图27-2显示，宁波地区农产品总产值和其农产品进出口总额在2001—2016年的趋势基本一致。因此，本章推测，宁波农产品总产值为宁波农产品进出口总额的影响因素。故提出如下假设：

H27-1：宁波地区农产品总产值和宁波农产品进出口贸易总额呈正相关关系。

**二　宁波地区生产总值**

在研究地区进出口问题时，国内生产总值（GDP）往往作为其中一个重要的影响因素来考虑。学术界一般认为，某地区的社会经济越发达，其对外联系和贸易就越频繁，这是由于要推动其进出口贸易发展的必然要求。本章认为，衡量一个国家或地区社会经济发展水平高低的有效指标是GDP。

国内生产总值越大，意味着可出口的产品和需要进口的商品越多。本章认为，国内生产总值的大小将影响进出口额的大小和进出库商品品种的种类。就此影响因素，殷凤（2009）对我国服务贸易影响因素进行了回归分析，指出了国内生产总值、人均国民收入以及国内对服务业发展水平等因素对服务贸易的发展有着积极影响。本章认为，在研究宁波农产品进出口贸易时，可以借助这一指标，使用宁波地区生产总值即 GDP 作为宁波农产品进出口贸易的一个指标。

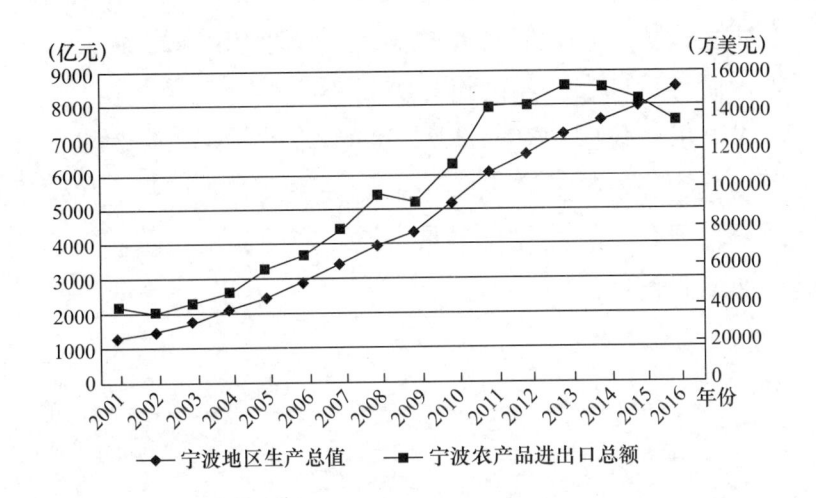

图 27-3　2001—2016 年宁波地区生产总值与农产品进出口总额比较

资料来源：根据有关年份《宁波统计年鉴》和宁波对外贸易经济合作局历年数据整理。

图 27-3 显示，宁波地区生产总值和其农产品进出口总额在 2001—2016 年的趋势基本一致，这说明宁波地区生产总值可能为宁波农产品进出口额的影响因素。故提出如下假设：

H27-2：宁波地区生产总值和宁波农产品进出口贸易总额呈正相关关系。

### 三　我国农产品关税水平

本章认为，商品成本越高，其贸易价格就越高，其贸易量则越低。通过文献综述，笔者发现，进出口关税对商品成本有着非常巨大的影响。具体来说，随着某行业关税的上升，其成本也会随之上升；反之，商品成本就会随之下降。自我国加入世界贸易组织以来，尤其是近年来我国一直主动向下调整农产品关税。1997—2014 年，我国农产品平均关税从 21.2%下降到 14.6%。2001 年，我国农产品进出口总额为 367.436 亿美元，而 2014 年已经达到了 2445.342 亿美元，总额增长超过 6 倍。从上述数字可以看到，我国农产品关税的普遍下调对我国农产品进出口贸易产生有着非常大的积极影响。对于此影响因素，科尔（2010）对关税减让的优点进行了分析。

研究显示，关税减少能够降低企业在进出口市场中需要付出的成本，进而降低进出口商品的价格和总量，这进一步说明了其相关性。本章认为，我国农产品关税也是我们需要考虑的一个影响因素。但是，农产品出口关税为零，而且每种农产品的进口关税不一。

图 27-4 显示，我国 2001—2016 年的农产品关税水平和宁波农产品进出口总额基本趋势一致。这也印证了前文关税对农产品进出口总额的影响逻辑，说明我国农产品关税水平是宁波农产品进出口总额的影响因素之一。故提出如下假设：

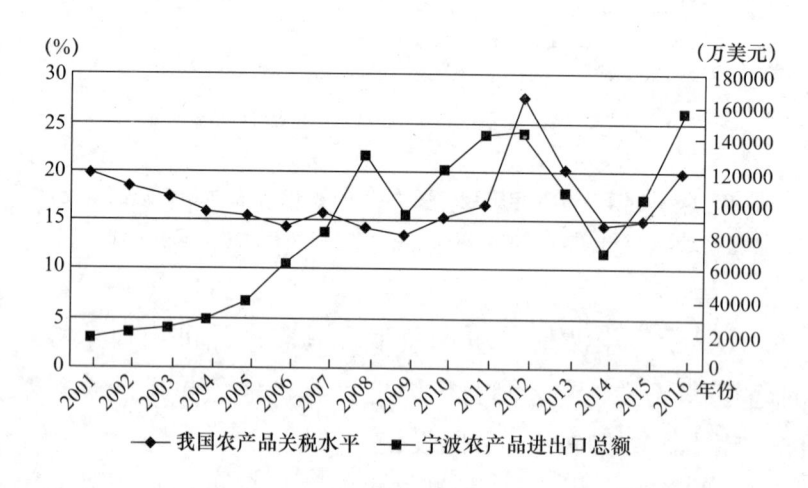

图 27-4 2001—2016 年我国农产品关税水平及宁波农产品进出口总额

资料来源：根据《中国统计年鉴》、进出口关税税则、《宁波统计年鉴》和宁波对外贸易经济合作局历年数据整理。

H27-3：我国农产品关税水平和宁波农产品进出口贸易总额负相关关系。

### 四　人民币对美元平均汇率

本章认为，一国汇率对于某行业进出口的影响主要通过其货币在国际市场上的竞争力来体现。如果一国货币对外汇率下降，那么该国商品出口商可以从汇率波动中获得超额利润，这部分超额利润提供了降低出口商品在国际市场中价格的空间,从而提高出口企业的国际竞争力,并增加该国商品出口量。同理,当我国汇率发生变动时,农产品的出口贸易额也会随着汇率的变动呈反向变动。2005年,我国开始实行汇率制度改革,人民币对外币汇率从单一的有管制的浮动汇率制度向以市场供求为基础、参考"一篮子"货币进行调节、有管理的浮动汇率制度转变。但是,由于本章截取的是2001—2016年的数据,在这个时间区间内,前五年我国的汇率制度依旧实行单一的盯住美元的汇率制度,本章使用人民币对美元的年平均汇率来考察其对宁波农产品进出口贸易是否具有影响进行考察。

关于影响因素,Kmi和Koo(2004)研究发现,1989—2000年,美元升值,使美国在与加拿大之间的农产品贸易出口锐减,而进口猛增,贸易赤字扩大。本章使用的年平均汇率以每年各期汇率的算术平均数作为参考值。

图27-5显示,2001—2016年人民币对美元汇率水平与宁波农产品进出口总额呈负相关关系,这也进一步证明了上文的观点,人民币对美元汇率为宁波农产品进出口贸易的影响因素之一。故提出如下假设:

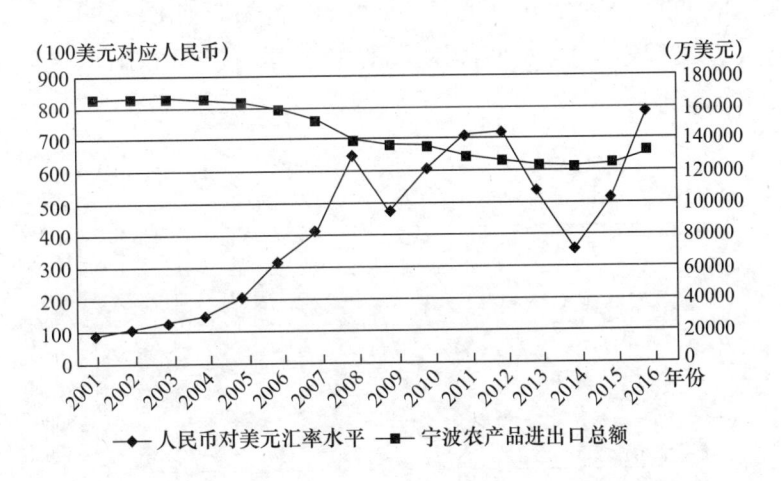

图27-5 2001—2016年人民币对美元汇率水平和宁波农产品进出口总额比较

资料来源:根据有关年份《中国统计年鉴》《宁波统计年鉴》和宁波对外贸易经济合作局历年数据整理。

H27-4:人民币对美元汇率水平和宁波农产品进出口贸易总额呈负相关关系。

### 五 宁波地区通货膨胀率

一个地区的通货膨胀率会直接影响该地区的消费水平。当某地区出现通货膨胀时,该地区内的平均消费水平将普遍下降,从而增加该地区出口贸易的需求量;反之,当该地区出现通货紧缩时,其消费水平也将随之上升,从而降低其出口贸易的需求,同时增加其进口贸易的需求。同理,当他国出现通货膨胀时,在价格机制影响下,一方面,外部商品价格上涨,导致该国家对外商品出口量增加,从而增加该地区的出口贸易需求;另一方面,他国商品价格上涨,会导致居民对进口商品的消费量减少,从而增加对本地区商品的消费。就此影响因素,Roache(2010)使用Spline GARCH模型计算了美国食品价格波动的频率,发现美国通货膨胀及其对外币汇率是1990—2000年美国食品价格上涨的两个主要原因。所以,本章将通货膨胀率作为一个影响宁波农产品进出口贸易因素进行探讨。本章用宁波地区的年度消费价格指数(CPI)来代替通货膨胀率。

图27-6显示,宁波地区2001—2016年通货膨胀率一路走高,伴随其出口额呈上升趋势,而进口额却相应地出现大幅回落。这也进一步说明:宁波地区通货膨胀率和其农产品进出口贸易存在内在联系。由于本章着重研究其进出口总额的大小,因而不考虑其与进口和出口之间的传导关系。故提出如下假设:

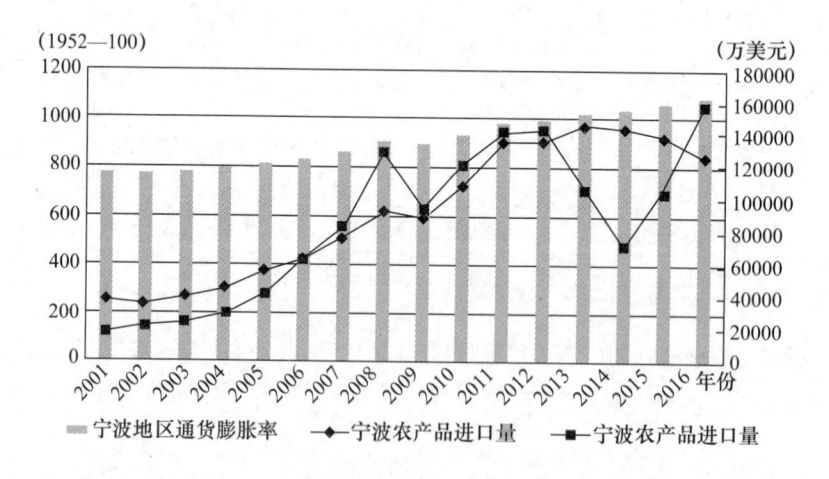

图27-6 2001—2016年宁波通货膨胀率与农产品进出口总额比较

资料来源:根据有关年份《宁波统计年鉴》和宁波对外贸易经济合作局历年数据整理。

H27-5：宁波地区通货膨胀率和宁波农产品进出口贸易总额呈正相关关系。

### 六 宁波地区货运总量

宁波外向型经济的特点为宁波地区的货运行业提供了广阔的市场，然而，宁波货运量与其农产品的实际进出口量和需求仍有较大差距。就此影响因素，张宝友（2009）选取1995—2004年数据，研究商品进出口贸易和物流行业发展的相互联系。运用相关性分析以及弹性分析等方法，研究显示，物流产业的发展对进出口贸易发展具有正向影响；物流产业的发展必然会降低贸易中的物流成本，从而对进出口贸易产生乘数效应。

图27-7显示，宁波地区2001—2016年货运总额一直呈上升趋势，伴随其进出口额波动上升。这也进一步说明：宁波地区货运总额为其农产品进出口贸易的影响因素之一。故提出如下假设：

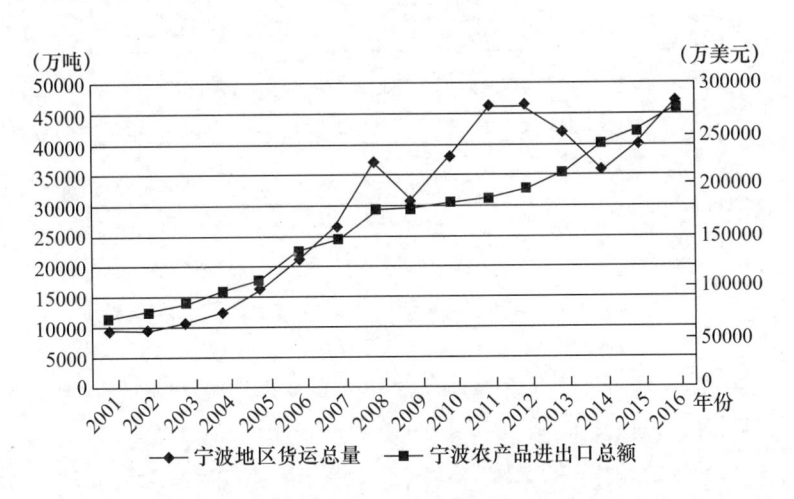

图27-7 2001—2016年宁波农产品进出口总额及其货运总量比较

资料来源：根据有关年份《宁波统计年鉴》和宁波对外贸易经济合作局历年数据整理。

H27-6：宁波地区货运总量和宁波农产品进出口贸易总额呈正相关关系。

### 七 宁波地区实际利用外资

宁波位于长三角南侧，是我国东部沿海重要的港口城市，同时也是我国最早的对外贸易城市之一。改革开放以后，宁波充分利用外商直接投资获得了迅速发展。尤其在2001年中国加入世界贸易组织后给宁波带来了数量巨大的外商投资,在这段时间里,宁波利用外资从小到大,形成了巨大的规模。关于此影响因素,张先锋和刘厚俊(2006)、林贵军和张玉芹(2007)等以我国整体的对外贸易情况为例,研究影响农产品贸易的因素,其选取指标中都包括FDI。基于这样的理论基础和现实意义,本章使用宁波地区实际利用外资额作为考察值。

图27-8显示,宁波地区2001—2016年实际使用外资总额一直呈上升趋势,伴随其进出口额呈正相关关系,且在2008年国际金融危机时与农产品进出口总额同时呈现平稳趋势。这进一步说明:宁波地区实际利用外资额为其农产品进出口贸易的影响因素之一。故提出如下假设:

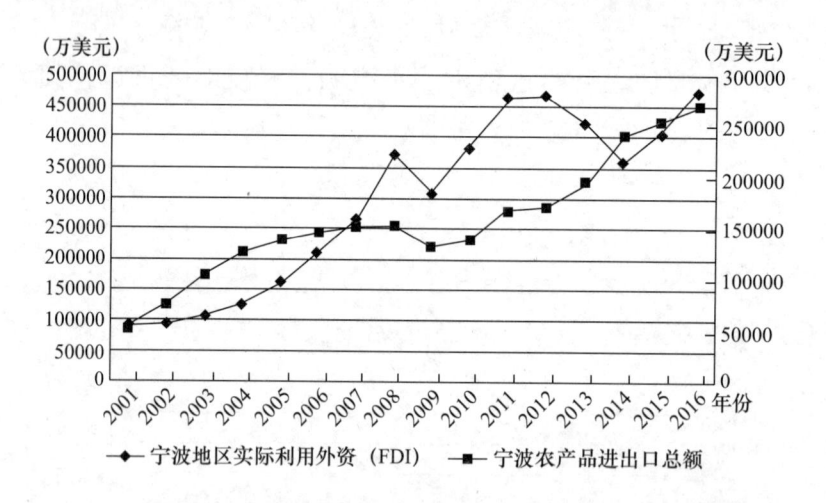

图27-8 2001—2016年宁波实际利用外资及其农产品进出贸易总额

资料来源:根据有关《宁波统计年鉴》和宁波对外贸易经济合作局历年数据整理。

H27-7:宁波地区实际利用外资和宁波农产品进出口贸易总额呈正相关关系。

## 第四节 宁波农产品进出口贸易影响因素实证检验

### 一 研究方法

结合研究现状可以发现,在对地区进出口贸易进行实证分析过程中,大多数国内外学者都使用引力模型和向量自回归(VAR)等方法。引力模型虽然可以较好地分析和预测国家间贸易的相互作用能力，但却必须基于两国各自的经济规模和贸易流量。VAR 模型主要进行风险评估，而且在实际应用过程中往往在其模型中会隐含前提假设。

本章选用可以方便地计算一个或多个变量的样本建模软件 Eviews6.0 作为建模工具，以便对其结果做进一步检验。研究使用普通最小二乘估计法进行初步回归，分析参数后进行异方差、自相关和多重共线性的检验及消除。

### 二 指标选取和数据说明

本章首先选择宁波农产品进出口贸易总额作为被解释变量 Y，记为 sale。结合上述研究，本章选择包括宁波地区生产总值 $X_1$（GDP）、宁波地区农产品总产值 $X_2$（prordct）、我国农产品关税水平 $X_3$（tax）、人民币对美元汇率水平 $X_4$（rate）、宁波地区通货膨胀率 $X_5$（cpi）、宁波地区货运总量 $X_6$（transport）、宁波地区实际利用外资 $X_7$（FDI）7 种影响因素 2001—2016 年的数据为样本，作为解释变量并导入数据。得出以下基本方程：

$$Y = \beta_0 + \beta_1 X_1 + \beta_2 X_2 + \beta_3 X_3 + \beta_4 X_4 + \beta_5 X_5 + \beta_6 X_6 + \beta_7 X_7 + \mu_i \quad (27.4)$$

式中，$\beta_0$ 为回归常数，$\mu_i$ 为随机误差项，代表因测试过程中诸多因素随机作用而形成的具有抵偿性的误差。具体基础数据如表 27-2 所示，主要变量描述统计结果如表 27-3 所示。

**表 27-2 2001—2016 年宁波进出口贸易额及其影响因素基础数据**

| 年份 | 宁波农产品进出口贸易总额/万美元 | 宁波地区生产总值/（亿元） | 宁波地区农产品总产值/（亿元） | 我国农产品关税水平 | 人民币对美元汇率水平/100美元 | 宁波地区通货膨胀率/（1952=100） | 宁波地区货运总量/（万吨） | 宁波地区实际利用外资/（万美元） |
|---|---|---|---|---|---|---|---|---|
| 2001 | 54735 | 1278.75 | 74.31 | 19.7 | 827.7 | 771.5033506 | 11283 | 87446 |
| 2002 | 56704 | 1453.34 | 73.65 | 18.5 | 827.7 | 765.3313238 | 12429 | 124696 |
| 2003 | 63269 | 1749.27 | 77.42 | 17.4 | 827.7 | 774.5152997 | 13919 | 172727 |
| 2004 | 74233 | 2109.45 | 86.94 | 15.8 | 827.68 | 795.4272128 | 16026 | 210322 |
| 2005 | 96640 | 2447.32 | 91.14 | 15.5 | 819.17 | 811.335757 | 17664 | 231079 |

续表

| 年份 | 宁波农产品进出口贸易总额/万美元 | 宁波地区生产总值/（亿元） | 宁波地区农产品总产值/（亿元） | 我国农产品关税水平/% | 人民币对美元汇率水平/100美元 | 宁波地区通货膨胀率/1952=100 | 宁波地区货运总量/（万吨） | 宁波地区实际利用外资/（万美元） |
|---|---|---|---|---|---|---|---|---|
| 2006 | 125736 | 2874.42 | 97.14 | 14.6 | 797.18 | 826.7511364 | 22238 | 243018 |
| 2007 | 158381 | 3418.57 | 107.22 | 15.7 | 760.4 | 858.9944307 | 24363 | 250518 |
| 2008 | 222154 | 3946.52 | 119.31 | 14.1 | 694.51 | 901.9441523 | 29508.45 | 253789 |
| 2009 | 182481 | 4334.33 | 134.6351 | 13.5 | 683.1 | 896.5324874 | 29027.87 | 220541 |
| 2010 | 228675 | 5181 | 167.51 | 15.3 | 676.95 | 929.7041894 | 30553 | 232336 |
| 2011 | 277275 | 6074.94 | 191.64 | 16.5 | 645.88 | 978.9785114 | 31228.4 | 280929 |
| 2012 | 279488 | 6601.21 | 201.19 | 27.5 | 631.25 | 995.6211461 | 32615.72 | 285252 |
| 2013 | 252067 | 7164.51 | 202.2774 | 20.3 | 619.32 | 1017.524811 | 35408.59 | 327483 |
| 2014 | 214568 | 7610.28 | 209.5141 | 14.6 | 614.28 | 1036.8325 | 40406.5 | 402514 |
| 2015 | 241366 | 8003.61 | 215.238 | 15.1 | 622.84 | 1055.495485 | 42083.2 | 423375 |
| 2016 | 283168 | 8541.1 | 223.7 | 19.8 | 664.23 | 1088.4 | 46258.1 | 451333 |

资料来源：根据有关年份《中国统计年鉴》、国研网统计数据库、《宁波统计年鉴》和宁波对外贸易经济合作局历年数据整理。

表27–3　　　　　　　　　　主要变量描述统计结果

| 变量名称 | 变量形式 | 观测值 | 平均值 | 标准差 | 最小值 | 最大值 |
|---|---|---|---|---|---|---|
| 宁波农产品进出口总额 | sale | 16 | 175683.750 | 85665.808 | 54735.000 | 283168.000 |
| 宁波地区生产总值 | GDP | 16 | 4549.289 | 2503.315 | 1278.750 | 8541.100 |
| 宁波农产品总产值 | product | 16 | 142.052 | 57.551 | 73.650 | 223.700 |
| 我国农产品关税水平 | tax | 16 | 17.119 | 3.491 | 13.500 | 27.500 |
| 人民币对美元汇率水平 | rate | 16 | 721.243 | 87.518 | 614.280 | 827.700 |
| 宁波地区通货膨胀率 | CPI | 16 | 906.556 | 110.766 | 765.331 | 1088.400 |
| 宁波地区货运量 | transport | 16 | 27188.239 | 10918.986 | 11283.000 | 46258.100 |
| 宁波地区实际利用外资 | FDI | 16 | 262334.880 | 100297.725 | 87446.000 | 451333.000 |

### 三 多元线性回归模型

（一）模型回归结果

在导入数据之后，首先对于其5个影响因素进行初步回归，使用普通最小二乘估计法后可以看出 $R^2$ 为0.954，调整后 $R^2$ 为0.915，可以说明，此模型中因变量的超过91%的因变量可以用对应的自变量解释，可以直接列出基本的回归方程：

$$Y = -876077.5 - 224.16X_1 + 3898.67X_2 + 5284.80X_3 - 685.55X_4 + 1600.75X_5 + 12.61X_6 + 0.49X_7 + \mu_i \tag{27.5}$$

回归结果发现，模型初步检测的 F 值为 23.94943，F 检验原假设为 $H_0: b_1 = b_2 = \cdots = b_k = 0$，回归方程不成立，设置置信区间为5%，即 α 值为5%，n 值为16，k 值为7。根据 F 检验基本原则，查表得 $F_\alpha$（k，n-k-1）在 F 的临界值为3.500，明显可得 $F > F_\alpha$，拒绝原假设 $H_0$，回归方程显著成立。

就回归结果可以看出，常数项 $\beta_0$ 所对应的相伴概率 P 值为0.3061，参数在5%的置信区间未能通过 t 检验，因此该参数不具有显著性，应将其剔除。在剔除常数项 $\beta_0$ 后，得到新的回归方程。可以看到，新的方程是过原点的回归方程，且可以看出，宁波地区生产总值 $X_1$(GDP)、宁波地区通货膨胀率 $X_4$(rate)和宁波地区货运总量 $X_6$(teansport)的相伴概率 P 值分别为0.0332、0.0487 和0.0367，三者均符合5%的置信区间，说明这三者均可以确定为宁波农产品进出口贸易总额的影响因素。剔除常数项 $\beta_0$ 后回归模型和各检验参数如下（剔除常数 $\beta_0$ 项后不需要进行 F 检验）：

$$Y = -169.53X_1 + 3857.90X_2 + 5716.14X_3 - 677.97X_4 + 335.34X_5 + 13.70X_6 + 0.43X_7 + \mu_i \tag{27.6}$$

在回归模型中所得残差正负随机波动，且均分布在两个单位之内，说明模型数据的采集具有科学性，不存在过大偏差。到此为止，模型已经回归完毕，可以看到 $X_1$、$X_4$ 和 $X_6$，即宁波地区生产总值、宁波地区通货膨胀率和宁波地区货运总量分别对宁波农产品进出口总额，即被解释变量 Y 有显著影响。接下来，本章将继续进行异方差、自相关和多重共线性的检验及消除，使模型更具有科学性。

（二）异方差检验

本章利用怀特检验对模型进行异方差检验，选择怀特检验的原因是由于其不需要对观测值排序，也不需要依赖于随机误差项服从正态分布，只需要通过使用辅助回归式构造统计量即可实现对于异方差的检验。具体公式和假设如下：

怀特检验辅助回归模型：

$$e^2 = \alpha_0 + \alpha_1 X_1 + \alpha_2 X_2 + \alpha_3 X_1 + \alpha_4 X_2 + \alpha_5 X_1 X_2 \tag{27.7}$$

怀特检验零假设：残差不存在异方差，即：

$$H_0: \text{Var}(\xi_i) = \text{Var}(\xi_j) \tag{27.8}$$

上述列举的是两个自变量的辅助回归模型，由于本模型存在 7 个自变量，在实际操作中，只要对于辅助回归模型做出一定的调整后进行辅助回归即可。在检验结果显示，样本数 × $R^2$ 统计量为 7.416436，其相伴概率为 0.3868，本模型的置信区间设置为 5%，在 0.05 的显著性水平下应该接受零假设，即可以得出结论：该回归中不存在异方差。

（三）自相关检验及消除

本章利用 DW 检验（杜宾—沃特森检验）对模型检验结果进行自相关检验。根据模型回归结果，在剔除了常数项之后，模型的 DW 统计量为 2.86。在 5% 的显著性水平下，n = 16，k = 7，查无截距 DW 统计量表（费尔布拉泽 1980 表）可得 $d_L$ = 0.398，$d_U$ = 2.62。由于 4 - $d_U$ < d = 2.86 < 4 - $d_L$，故不能确定是否存在自相关性。为了保证模型的合理性和科学性，故本章使用 Cochrane – Orcutt 迭代法对模型进行消除自相关性的操作，具体公式如下：

$$\begin{aligned} Y_t &= b_0 + b_1 X_t + \mu_t \\ u_t &= \rho u_{t-1} + \xi_t \\ t &= 1, 2, \cdots, n \end{aligned} \tag{27.9}$$

使用了 Cochrane – Orcutt 迭代法之后的解释变量的相伴概率 P 值（见表 27 – 4）与最初模型中对应解释变量的相伴概率 P 值（见表 27 – 5 和表 27 – 6）逐一比较后可以发现，$X_1$、$X_4$ 和 $X_6$ 的相伴概率 P 值虽然相对置信区间的位置没有变化，但是其数值都有了明显减小，且 $X_2$、$X_3$、$X_7$ 三个解释变量的相伴概率相对置信区间 5% 来说，呈显著状态，这说明在消除自相关以后可以发现，包括宁波农产品总产值、我国农产品关税水平和宁波地区实际利用外资都是宁波农产品进出口贸易额的影响因素，这说明此模型的残差之间缺失存在一定的自相关关系,更进一步说明,除 $X_5$ 以外的6个解释变量确实是 Y 的主要影响因素。实验结果显示,AR(1) = 0.1479 > 0.05,接受原假设,证明消除了自相关性。

表 27 - 4　使用 Cochrane - Orcutt 迭代法消除自相关性后各解释变量相伴概率 P 值

| 变量 | $X_1$ | $X_2$ | $X_3$ | $X_4$ | $X_5$ | $X_6$ | $X_7$ |
| --- | --- | --- | --- | --- | --- | --- | --- |
| P 值 | 0.0003 | 0.0005 | 0.0010 | 0.0074 | 0.6347 | 0.0005 | 0.0076 |

表 27 - 5　剔除常数项 $\beta_0$ 后的 R 检验参数

| 项目 | 参数 |
| --- | --- |
| Multiple - R | 0.975673 |
| $R^2$ | 0.951938 |
| 调整后 $R^2$ | 0.919897 |
| 标准误差(S. E. of regression) | 24245.57 |
| 观测值 | 16 |

表 27 - 6　剔除常数项 $\beta_0$ 后的模型系数及 t 检验参数

| 模型项目 | α 系数 | 标准误差 | t 统计量 | P 值 |
| --- | --- | --- | --- | --- |
| 宁波地区生产总值($X_1$) | -169.53 | 67.494 | -2.511796 | 0.0332 |
| 宁波农产品总产值($X_2$) | 3857.90 | 1846.878 | 2.088876 | 0.0663 |
| 我国农产品关税水平($X_3$) | 5716.14 | 2816.827 | 2.029284 | 0.0730 |
| 人民币对美元汇率水平($X_4$) | -677.97 | 297.619 | -2.277977 | 0.0487 |
| 宁波地区通货膨胀率($X_5$) | 335.34 | 383.532 | 0.874334 | 0.4047 |
| 宁波地区货运总量($X_6$) | 13.70 | 5.593 | 2.450156 | 0.0367 |
| 宁波地区实际利用外资($X_7$) | 0.43 | 0.381 | 1.136904 | 0.2849 |

(四) 多重共线性检验及消除

下面检验上述模型是否具有多重共线性。从理论层面来说,就最初模型回归结果的 t 检验及其伴随概率来看只有 $X_1$、$X_4$ 和 $X_6$ 对 Y 是显性的,其余4个解释变量均不显著，并且方程拟合优度 $R^2$ 为 0.952，调整后 $R^2$ 为 0.920，且 F 统计值非常显著，因此，虽然在消除自相关之后已经证明除 $X_5$ 以外所有解释变量的 6 个解释变量均为 Y 的影响因素，本章仍然认为，解释变量之间其具有较强的多重共线性，应该通过相关矩阵法查看 7 个解释变量之间的相关系数，其计算公式为：

$$R = \begin{bmatrix} r_{11} & r_{12} & \cdots & r_{1k} \\ r_{21} & r_{22} & \cdots & r_{2k} \\ \vdots & \vdots & \vdots & \vdots \\ r_{k1} & r_{k2} & \cdots & r_{kk} \end{bmatrix} = \begin{bmatrix} 1 & r_{12} & \cdots & r_{1k} \\ r_{21} & 1 & \cdots & r_{2k} \\ \vdots & \vdots & \vdots & \vdots \\ r_{k1} & r_{k2} & \cdots & 1 \end{bmatrix} \quad (27.10)$$

$$r = \frac{n\sum xy - \sum x \sum y}{\sqrt{n\sum x^2 - (\sum x)^2}\sqrt{n\sum y^2 - (\sum y)^2}} \quad (27.11)$$

从表 27-7 可知，解释变量之间，特别是宁波地区生产总值 $X_1$（GDP）、宁波农产品总产值 $X_2$（product）和宁波地区通货膨胀率 $X_5$（CPI）三者之间有着明显的正相关关系。

表 27-7  宁波农产品进出口回归模型多重共线性相关矩阵法检验结果

| 变量 | $X_1$ | $X_2$ | $X_3$ | $X_4$ | $X_5$ | $X_6$ | $X_7$ |
| --- | --- | --- | --- | --- | --- | --- | --- |
| $X_1$ | 1.000000 | 0.990961 | 0.191366 | -0.936502 | 0.997664 | 0.977482 | 0.920859 |
| $X_2$ | 0.990961 | 1.000000 | 0.250685 | -0.946468 | 0.987255 | 0.948430 | 0.870902 |
| $X_3$ | 0.191366 | 0.250685 | 1.000000 | -0.150860 | 0.187606 | 0.051466 | 0.002226 |
| $X_4$ | -0.936502 | -0.946468 | -0.150860 | 1.000000 | -0.940823 | -0.918311 | -0.773959 |
| $X_5$ | 0.997664 | 0.987255 | 0.187606 | -0.940823 | 1.000000 | 0.981513 | 0.916598 |
| $X_6$ | 0.977482 | 0.948430 | 0.051466 | -0.918311 | 0.981513 | 1.000000 | 0.937624 |
| $X_7$ | 0.920859 | 0.870902 | 0.002226 | -0.773959 | 1.916598 | 0.937624 | 1.000000 |

本章认为，针对模型特征，应该使用逐步回归法对模型的多重共线性进行处理。即利用被解释变量 Y 对每一个解释变量 $X_i$ 单独建立回归方程，并从中选取最优模型继续进行检验，直至得出最优模型。

对 7 个解释变量的回归实验结果来看，其单独对于宁波地区农产品进出口总额，即因变量 Y 的对于 P 值概率均为 0.000，说明每个解释变量单独对于被解释变量均显著。就表27-8而言,对于单独解释变量的模型本身而言,其t值的临界值在5%的置信水平下应为$t_{\alpha/2}(n-k-1)=t_{0.0258}=2.12$,可以看出7个解释变量的t值均大于其临界值,即均拒绝原假设,对被解释变量呈显性。且其标准误差均明显小于总体,说明其单独于被解释变量的相关性更强。

表27-8　　　　　单个变量分别对于被解释变量的t检验参数

| 模型项目 | 标准误差 | t统计量 | P值 |
| --- | --- | --- | --- |
| 宁波地区生产总值（$X_1$） | 1.853173 | 19.96585 | 0.0000 |
| 宁波农产品总产值（$X_2$） | 55.23112 | 22.42472 | 0.0000 |
| 我国农产品关税水平（$X_3$） | 1178.260 | 8.948813 | 0.0000 |
| 人民币对美元汇率水平（$X_4$） | 36.25474 | 6.281043 | 0.0000 |
| 宁波地区通货膨胀率（$X_5$） | 18.04577 | 11.13935 | 0.0000 |
| 宁波地区货运总量（$X_6$） | 0.307245 | 21.32752 | 0.0000 |
| 宁波地区实际利用外资（$X_7$） | 0.048423 | 13.80988 | 0.0000 |

从经济意义上看,一个地区的生产总值及其农产品总产值一般具有一定的内在相关性,而且这两者在模型中的单位一致且经济意义存在包含关系。在查阅相关文献后我们发现,国内外专家学者普遍认为,某一地区的生产总值会对其某一行业的产值产生某些影响。本章认为,上述是造成多重共线性的原因。而要解决这一原因,应将$X_1$和$X_2$相加合并为一个变量,再对Y、$X_1+X_2$、$X_5$进行线性回归后,结果显示,$X_1+X_2$、$X_5$的相伴概率P值分别为0.0000和0.1060,明显不符合5%的置信区间要求。$X_1+X_2$相伴概率的降低证明了是由多重共线性存在造成的,由于在消除多重共线性后$X_5$仍然不符合置信区间要求,将其剔除。

(四) 研究总结

从上述实证研究结果可知,回归模型在排除了异方差、自相关和多重共线性等干扰因素以后,包括宁波地区生产总值$X_1$（GDP）、宁波农产品总产值$X_2$（produce）、我国农产品关税水平$X_3$（tax）、人民币对美元汇率水平$X_4$（rate）、宁波地区货运总量$X_6$和宁波地区实际利用外资$X_7$ 6个解释变量对于被解释变量,即宁波农产品贸易进出口数量Y在5%的置信区间下都分别具有显著影响。而且通过 F 值检验可以看出，其解释变量联合后对于被解释变量也具有显著影响，这也说明回归方程整体显著成立。

实证研究结果表明，宁波地区生产总值、宁波农产品总产值、我国农产品关税水平、人民币对美元汇率水平、宁波地区货运总量和宁波地区实际利用外资 6 个解释变量对被解释变量具有显著影响，H27-1、H27-2、H27-3、H27-4、H27-6、H27-7 通过了检验，H27-5 没有通过检验。

通过实证结果研究，可以发现，模型中的 6 个解释变量对于被解释变量均显著，我们可以针对这些解释变量，并结合其经济意义有针对性地提出政策建议。在预测过程中发现，虽然预测显示解释变量均呈上升趋势，但是，从被解释变量的预测值来看，个别指标增长速度较慢，从这个角度出发对宁波农产品进出口贸易发展提出对策，也将更加具有科学性。

## 第五节　进一步发展宁波农产品进出口贸易的对策建议

本章节选取的解释变量可以从宏观和微观两个方面对被解释变量进行影响，基于以上研究结论，本章提出以下发展宁波农产品进出口贸的相应对策建议。

### 一　完善宁波农产品进出口结构

为了帮助宁波地区农产品进出口贸易企业克服人民币汇率不稳定、通货膨胀率较高、农产品关税较高等问题所带来的经营困难。本章认为，宁波市政府要优化农产品贸易市场的地理结构，并推动其进出口商品结构的转变。要为农产品进出口贸易企业开拓海外农产品市场创造条件，使其在巩固现有传统市场的基础上，大力开拓和开发欧美、非洲等地区的潜在市场和新兴市场。要积极鼓励相关农产品贸易企业参与宁波农产品主要进口国的各类农产品展销会、食品博览会等会议，使相关企业了解最新的国际农产品市场信息，以进一步推广宁波优势农产品，扩大宁波农产品企业国际影响力。应重点推广新技术和新理念，联合高校积极培养相关对口人才；充分利用各类培训和实训模式，建立一支理念先进的高科技农业人才队伍，以提高宁波地区农业工作者的生产技术水平。

通过科学技术水平的提高，进一步改善宁波地区农产品结构，有选择地培育优良的农产品品种，加强对高产值、高质量品种农产品的研究，以提高农产品质量和产量。此外，要实现进出口农产品品种结构及其生产结构的转型升级，逐渐引导宁波农产品进出口由粗加工产品向深加工产品过渡，从而提高宁波地区农产品进出口贸易的科学技术附加值，以适应竞争日益激烈的国际贸易市场。

## 二 健全农产品进出口质量检验体系

近年来，宁波实际利用外资额比较大，其中，农产品也占有相当大的比例，但是，我国农产品屡屡被以质量问题为由受到其他国家的贸易制裁。面对这样的国际竞争形势，本章认为，宁波要广泛吸取其他国家失败的经验教训，从而提高宁波农产品出口检验检测技术，完善检验检测体系及其配套设施。宁波的农产品质量检测技术及其水平要及时与国际市场接轨；要引进国外先进的检测技术及配套设备，以提高宁波农产品质量检测水平。另外，要加强宁波农产品进出口贸易质量安全监督管理体系；这是解除西方国家市场技术贸易壁垒的关键，也是提高宁波地区农产品进出口贸易国际竞争力的重要手段之一。

此外，要进一步完善绿色食品技术和检测体系的建设，从而健全各级包括生产、加工、流通等农产品自我检测体系，从而对农产品的生产过程进行有效的全程监控，以使宁波农产品安全监测体系符合国际要求。

## 三 加强相关农产品政策扶持

为了提高宁波农产品产量，进一步优化其农产品贸易结构。本章认为，宁波市政府要进一步加强对宁波农业及其相关产业的政策扶持，增加对农产品进出口贸易的补贴力度，以强化扶持力度，更好地落实各项支农惠农政策；完善宁波农产品生产加工基础设施建设，改善其交通运输条件，完善农村电网和邮政通信；改善宁波市农产品生产加工环境，进一步提升农业工作者的工作环境和生活质量水平。

此外，要进一步加强对宁波农产品进出口企业的扶持力度。对农产品生产企业、农业合作承包组织和农产品龙头企业等主体，要积极给予相关利好政策扶持。例如，可以增加对农产品进出口企业的贷款额度，减少甚至减免对此类农产品贸易加工企业的各类收费，以减轻农产品贸易加工企业的税负。同时，还应当建立农产品对外贸易发展协会，并开拓宁波市农产品生产保险服务以扶持宁波市农产品生产贸易企业，以扩大宁波优势农产品进出口量。

### 四　优化企业风险保障体系

农产品进出口作为一项所涉商品量巨大、金额巨大的贸易种类，对相关企业会产生巨大的风险，这其中可能包括价格风险、财务风险、市场风险等不可控因素。据此，本章认为，相关企业应该积极利用现货电子交易市场、期货市场等现有工具，对农产品及其相关产品等贸易标的进行合理的套期保值和风险对冲，以锁定生产成本、贸易成本和贸易利润，从而通过进行风险对冲来达到规避市场风险的目的。

企业要对国际贸易中的商品标的进行风险对冲，就要充分考虑和监控关税、汇率、通胀率等不可控因素，以避免亏损风险。而且企业必须对操作过程进行规范性操作，避免盲目投机。要积极了解国内国外农产品市场的最新信息，积极学习专业的操作方法，并对最新的信息和数据进行分析，进而通过剖析农产品进出口贸易市场的市场规律和价格规律来增加自身的盈利机会，控制潜在风险。

### 五　促进农产品进出口物流协调发展

在全球贸易一体化背景下，宁波小规模的农产品对外贸易规模很难与国外同类农产品进出口贸易企业进行合作或对抗。其中的一个重要原因是宁波货运体系不完善，这直接导致了农产品进出口企业无法及时完成物流配送和相关贸易。因此，解决好宁波农产品进出口贸易企业的物流问题，宁波就可以在国际化的农产品竞争中占据有利地位。

宁波农产品生产、贸易、加工、物流企业应积极响应政府的号召，与宁波农产品物流行业协会共同建立公共物流信息平台，以整合宁波市各级、各部门的物流信息资源，从而建立可以提供物流过程的查询和反馈等功能，为农产品贸易企业、农产品物流企业和金融服务机构等部门提供物流信息和高效沟通界面的多层次一体化平台。最后，要加快实现农产品物流标准化。对于相关企业农产品物流信息化的建设，应按照标准化要求，各物流环节都应采用国际通用的设施和标准，以此规范宁波市农产品进出口秩序，提高宁波地区农产品企业整体的国际竞争力和贸易潜力。

### 六　打造农产品进出口自主品牌

前面提到的宁波农产品进出口产业虽然相对于国内其他地区来说竞争力较强，但就其本身的国际影响力来说，还有很大的提升空间。我们认为，宁波相关进出口企业要转变传统观念，强化品牌意识，要由传统单一的农产品品牌向现代化的品牌贸易转变；要在企业经营中不断突出优势农产品的特色，注重特殊农产品的品牌塑造；要注重企业的品牌意识，必须打造绿色安全品牌。在市场开拓过程中，要注重优化农产品进出口市场结构，充分发挥宁波作为我国东部沿海重要港口城市的优势。一方面，对于现有的传统市场要不断巩固和完善；另一方面，要不断拓展北美、南非等新型市场，积极开辟新兴农产品进出口市场，并重视非洲、中东等潜在新兴市场的开发，以降低宁波农产品进出口企业的对外贸易风险。

精心培育地方特色的农产品品牌，鼓励和引导龙头农业企业合理定位农产品品牌，开展申请注册农产品商标，走品牌经济发展之路。大力推进浙江省农产品品牌整合和塑造，培育一批具有地域特色、历史渊源、人文内涵的农产品区域公共品牌，统一包装标志、推广营销，扩大品牌知名度和影响力。以品牌农产品市场建设为重点，夯实商标培育平台建设，推动农产品市场创立品牌，切实提升农产品市场品牌影响力和知名度。

# 第二十八章

# 加快发展宁波大宗物流产业的政策建议

中共浙江省第十四次党代会强调,加快把宁波舟山港建设成为国际一流强港,打造世界级港口集群。本章在梳理大宗商品物流产业发展相关研究的基础上,以宁波为例,梳理了宁波强港建设所需的大宗物流发展基础,分析了宁波大宗物流产业发展存在的"短板",提出了加快宁波大宗物流产业发展、有效服务宁波强港建设的相关建议。

## 第一节 研究回顾

大宗商品物流产业是集服务大宗商品交易、市场信息、运输仓储物流和物流金融服务为一体的综合性产业,主要包括大宗商品运输、大宗商品仓储和大宗商品物流金融服务。我国是铁矿石、石油、铜等大宗原材料的需求大国,每年进出口数量较大,但是,在国际大宗商品交易中,我国并没有相应的话语权,导致我国大宗商品交易市场面临无法控制生产成本的风险,随着2013年"一带一路"倡议的提出,提升了我国大宗商品交易市场的竞争力,为大宗商品交易带来了新的契机。

然而,目前关于大宗商品相关理论研究处于起步阶段,其成果主要集中在大宗商品市场、大宗商品价格、大宗商品电子交易、大宗商品定价、大宗商品贸易等方面,尤其是对大宗商品价格的探究(占53.34%);其次是对大宗商品市场的研究(占35.58%);对大宗商品电子交易、定价和贸易的研究,分别占3.55%、3.82%和3.71%。其中,基础理论研究分别对大宗商品交易的影响因素(曾才生,2010;崔明,2012;韩立岩,2012;尹力博,2012;吕志平,2013)、大宗商品交易的影响效应(白晓娟，2014；王静，2014）、大宗商品市场的风险（冯耕中，2010；刘莉，2015）等方面的研究。

对大宗商品与经济学、管理学等其他理论的交叉研究明显滞后，研究论文的数量很少，尤其是关于大宗商品物流产业的相关研究只在一小部分研究资料中有所提及。王有朝（2009）对不同类型企业主导建设的大宗商品电子商务平台开展的物流金融业务模式进行了研究，并分析了各自的优劣，提出由于第三方物流企业的中立性和专业性，可以降低物流金融业务的成本和风险；蒋修坚（2013）分析了大宗商品交易模式中的供应链物流业务模式存在的必要条件；鲁慧君（2013）提到大宗商品现货贸易集散在地域上呈现集群化发展；王军锋（2015）提出了浙江发展大宗商品产业物流组织模式。

综合已有研究成果可以发现，虽然物流产业集聚及集聚演化的研究日益成熟，在物流产业集聚的结构、评价、影响因素、政策等方面取得大量的研究成果，但是，基于大宗商品产业链分析大宗商品物流产业发展的研究不足，且尚未形成体系。

## 第二节　宁波大宗物流产业发展的基础

宁波是华东地区重要的能源和原材料基地及先进的制造业基地，是全国三大化工合成材料和 PTA 最大的现货供应商，是塑料原料、铜、镍、粮食、木材、铁矿石等大宗商品的重要消费和运输集散地。宁波港液体化工、原油、铁矿石、塑料等交易量均居全国前列。宁波港作为全球最大的综合港口之一，是中国大陆主要集装箱、矿石、原油、液体化工中转储存基地，华东地区煤炭、粮食等散货理想的集散地。宁波拥有以港口运输为核心，集公路、水路、铁路、航空等多种运输方式于一体的集疏运网络体系以及江海联运、海铁联运等多式联运形成的全方位立体型大通道，是国家综合交通枢纽和综合性运输大通道的重要交会点。

"十二五"期间，宁波大宗商品物流产业规模持续扩大，服务质量明显提高，已经成为宁波经济发展新的增长点。面向"十三五"规划，依托"一带一路"倡议、"港口经济圈"等重大战略，作为海洋经济核心产业的宁波大宗商品物流产业，借助宁波强大的大宗商品产业优势与物流交通枢纽优势，势必保持良好发展态势，取得更大发展。

宁波大宗商品交易是从生产资料市场建设起步的，经过20多年的发展，市场规模不断增长，生产资料集散中心地位进一步确立，已建立起初具规模的大宗商品交易体系，拥有以中国塑料城、镇海液体化工产品市场为代表的专业市场（其中余姚中国塑料城、宁波镇海大宗生产资料交易中心、中国液体化工产品交易市场、宁波华东物质城和浙江塑料城网上交易市场五家市场连续三年荣登中国商品交易市场百强榜单），以宁波神化、浙江远大、前程石化等为代表的一批高速成长的大宗商品贸易与运营商，以金田铜业、兴业铜业、镇海炼化、逸盛石化等为代表的一批大宗商品生产商，以原油、铁矿石、塑料、液体化工等品种为代表的市场交易量位居全国前列的交易品种。同时，依托港口经济，宁波大宗商品交易所、宁波航运交易所等企业，带动了生产性服务业的勃兴。

2012年年初，宁波大宗商品交易所正式运营，2016年交易额达4482亿元，比上年增长114.87%；实物交收量13.3万吨，比上年增长53.83%。宁波航运交易所于2012年9月挂牌成立，打造航运信息、航运交易和航运服务三大平台，进一步完善了宁波国际港口城市的功能。

从目前来看，宁波大宗商品市场分散，国内外竞争激烈，配套物流产业发展不完善，机制体系尚未形成合力，主要存在以下"瓶颈"：大宗商品物流产业政策软环境建设相对滞后，大宗商品专业市场功能体系尚不够完善，大宗商品仓储物流配套功能低下，大宗商品物流产业配套服务存在较多欠缺，大宗商品物流金融服务发展水平落后，大宗商品物流产业空间腹地开拓能力不强，政府政策扶持力度不够。造成这些问题的原因是多方面的，其中大宗商品物流产业空间分布状况、区位选择等无疑是重要的影响因素之一。

尤其是宁波大宗商品交易与物流产业对接还处于低度均衡状态，在资源、信息、人才等方面的整合集聚能力还比较弱，整体质量不高，缺乏竞争力，长期以来，在港口经济圈内部没有形成有效运转的统筹协调机制，大宗商品物流产业布局和发展只从自身利益出发，较少考虑区域全局利益，造成了各种有限资源的巨大浪费。与世界著名港口相比，大宗商品物流产业的临港服务功能差距明显，使大宗商品物流产业不易形成有利于促进大宗商品产业发展的空间网络布局,直接影响宁波港口核心竞争力的提升和港口的代际升级。

"十三五"期间,按照"建设大港口、发展大宗物流"的总体思路,宁波市全力推进长三角区域大宗物流重点与全国大宗物流节点城市建设,取得了显著成绩,先后被确定为29个国家一级大宗物流园区布局城市、37个国家级流通节点城市以及首批16个国家级综合运输服务示范城市之一,国家大宗物流节点城市的地位不断提升。

### 一 支柱性产业地位得到进一步巩固

大宗物流产业作为宁波市经济发展基础性和支柱性产业,成为拉动宁波经济增长的重要力量。过去几年,宁波市大宗物流业增加值年均增长12.3%,比同期宁波市GDP增速高出近两个百分点,对经济增长的贡献率平均达到15.3%,年均拉动生产总值增长近1.5个百分点。至2016年,大宗物流业增加值超过了1000亿元,占第三产业增加值的25.3%,占宁波市地区生产总值的11.8%。

### 二 构建现代大宗物流服务体系取得重大突破

宁波市现代大宗物流服务体系已经基本建成,以集装箱大宗物流、大宗散货大宗物流和保税大宗物流为代表的港口大宗物流居于全球领先地位,以危化品大宗物流、快递大宗物流和冷链大宗物流为代表的专业大宗物流处于快速发展阶段。港口大宗物流规模不断扩大,2016年,集装箱吞吐量达到2069万标箱,稳居全球第四位。波罗的海交易所发布宁波"海上丝路指数",中国的航运指数首次走出国门。电商市场快速增长,快速大宗物流和冷链大宗物流得到快速发展,专业大宗物流体系不断完善。

### 三 搭建大宗物流创新平台取得明显成效

在"互联网+"等信息技术的支持下,宁波市大宗物流创新平台快速崛起,有力地推进了大宗物流业平台化、智能化、一体化发展。智慧大宗物流建设取得一定成效,推进建设了一批国家级信息服务平台,成功地申报了国家大宗物流平台宁波综合示范区,设立了具有一定规模的"大宗物流信息根服务器"交换节点,搭建了一批以四方大宗物流为代表的区域性公共信息平台。

### 四 建设大宗物流基础设施卓有成效

大宗物流基础设施互联互通,大宗物流园区的集聚效应不断显现,国家大宗物流节点城市地位得到进一步巩固与提高。绕城高速、穿好高速、三门湾大桥等重大基础设施项目建成,宁波市已基本形成东西、南北贯通的"通江达海"的综合大宗物流大通道,与长三角周边地区的交通实现有效衔接。

## 第三节 宁波大宗物流产业发展的"短板"

### 一 大宗物流成本总体偏高

过去几年,宁波市社会大宗物流费用占 GDP 比重长期保持在 18% 左右,高于全国平均水平,社会运输结构不合理,大宗物流组织化程度不高。"营改增"之后,交通运输企业经营成本中的人工薪酬、过桥过路费等不能进项抵扣,导致传统大宗物流企业的税负水平不断上升。受土地利用各项指标限制,大宗物流用地指标解决难度不断增大,提高了大宗物流企业的用地成本。道路货运企业的驾驶员与航运企业的船员招工难度增加,劳动者报酬不断提高。

### 二 大宗物流发展模式质量相对较低

大宗物流集约化程度低,一体化服务与高端增值服务缺乏,市场竞争应变与盈利能力较弱。港口大宗物流仍然以"货物集散"为特征,港口大宗物流货物价值量不高。港航大宗物流主要集中在运输、仓储与卸载等传统业务环节,在信息服务、订货管理及供应链方案设计等高附加值的大宗物流增值服务比例不高。

### 三 对外大宗物流通道推进相对缓慢

在对外交通中,甬金铁路是宁波市通往昆明、武汉、九江等内陆城市的重要通道,是浙江省"义甬舟"开放通道的组成部分。杭州湾跨海铁路大桥是沿海铁路大通道的主要组成部分,是宁波市构筑四通八达的铁路网络的基础。但根据规划,这两条铁路最早要到 2020 年 12 月才能全线完成,制约了宁波市"十三五"期间的对外大宗物流产业发展。

#### 四 城市大宗物流服务水平相对较低

以城市配送大宗物流为代表的生活性大宗物流发展滞后，与城市生产生活需求相比，仍有明显差距。核心城区城市配送专用车辆比例低，末端配送点建设滞后。快递进社区、进校园的进程迟缓，快递投递"最后一公里"难题尚未破解。

### 第四节 推进宁波大宗物流产业发展的政策建议

#### 一 加快供给侧结构性改革，降低社会大宗物流成本

以供给侧结构性改革为抓手，充分把握宁波市"十三五"综合交通实施"1331"发展战略的契机。加快提高大宗物流基础设施的利用率，提高多式联运型大宗物流站场、集装箱中转比例，提高无车承运人整合大宗物流企业与货运车辆的集聚度，降低大宗物流园区仓库的空置率。加快优化交通大宗物流主体结构，提高重型营运货车数、厢式货车数、节能环保营运货车数等的使用比例。积极培育公铁联运，充分发挥铁路货运北站的功能，促进中长途道路货运向铁路货运转移。

充分发挥交通大宗物流、节能减排、海铁联运等政策扶持作用，加大政府补贴和购买服务力度。继续实行宁波绕城高速通行优惠、指定高速进出口集卡优惠通行政策，加大"最多跑一次"行政审批服务改革力度。积极引进大宗物流龙头企业，引进一批跨国大宗物流企业区域总部、专业化大宗物流供应链服务商和大宗物流园区运营商，吸引大型央企以及跨国航运大宗物流企业拓展在宁波业务，大力支持本地航运企业拓展国际海运业务，拓展船舶交易市场功能。

优化本地大宗物流企业的区域布局，提高大宗物流企业的效率。统筹规划宁波市四大仓储大宗物流区域，北仑区和镇海区的临港大宗物流区域，应加快保税大宗物流企业、集装箱大宗物流企业、大宗商品大宗物流企业和制造业大宗物流企业的集聚；中心城大宗物流区域，应重点发展以城市配送为主体的大宗物流企业；覆盖余姚、慈溪和杭州湾新区的余慈大宗物流区域，应充分依托当地发达的制造业，重点发展大宗商品大宗物流企业；覆盖奉化、宁海和象山南部大宗物流区域，应培育中转和城乡配送

大宗物流功能，提供全面的仓储大宗物流服务。

## 二 大力发展智慧大宗物流，提高大宗物流发展质量

以"互联网+"为抓手，加快提升宁波市智慧大宗物流服务水平，实现市内跨部门、跨行业、跨区域大宗物流公共信息互联共享。加快智慧大宗物流服务平台的建设，提高大宗物流行业的信息化程度，借力"物联网+""大数据"等新型信息技术，对大宗物流供求信息、大宗物流货源信息、交易信息等进行高效整合，推动大宗物流网上交易。加快智慧大宗物流数据中心的建设，全面构建智慧大宗物流数据储存中心、数据交换中心与数据应用中心，汇聚智慧大宗物流各层面的对外服务和互联交换信息，整合智慧大宗物流数据资源。完善电子口岸的信息平台功能，加快实现数据监控、视频监控、大宗物流监控、数据展示，提高口岸监管水平和服务效率。

强化智慧大宗物流公共服务，加快智慧大宗物流综合门户建设，发挥第四方大宗物流供应链协同平台、中通大宗物流供应链智慧信息平台等市场信息平台的作用，推进大宗物流供应链上下游企业端信息互联互通。进一步加快区域大宗物流公共信息平台建设，满足大宗物流企业的信息要求，整合各个部门的信息资源。加快建设智慧大宗物流的互联互通标准，汇聚智慧大宗物流的互联交换信息，为宁波智慧大宗物流提供互联互通标准、信息安全保障、信息资源共享等服务，逐步形成涵盖大宗物流技术、大宗物流供需、各级政府部门、各个行业协会在内的综合大宗物流资源平台。

积极培育智慧大宗物流市场，提高智慧大宗物流的规模效应。以市内大宗物流龙头企业为主导，积极引进智慧大宗物流市场的应用平台，实现大宗物流资源的优化与整合。以政府政策支持形式，鼓励中小大宗物流企业提高智慧大宗物流市场平台的运用比例，促进传统大宗物流企业的业务转型与升级。重点扶持"万联港"全球港口大宗物流供应链网络交易平台、宁波速搜大宗物流速配货平台、宁波聚合集卡联盟电子商务服务平台等特色大宗物流企业信息平台建设，发挥示范效应，推动各类大宗物流企业信息平台建设，形成智慧大宗物流市场网络。

## 三 抓住国家发展战略，补齐大宗物流发展短板

宁波大宗物流行业的发展必须牢牢把握"一带一路"倡议和"长江

经济带"的重要国家战略机遇，贯彻落实交通运输部、浙江省关于促进交通大宗物流融合发展的工作部署，围绕宁波打造"一圈三中心"总体目标，加快补齐大宗物流发展的短板。跳出宁波视野，充分发挥宁波作为"一带一路"环形区域重要海陆交会点的优势，加快构筑海通全球主要港口、路连亚欧大陆、空接东南亚的国际大宗物流通道网络。加快与"一带一路"沿线国家和地区的港口合作，构筑海向国际大宗物流通道。加快创建海铁联运综合试验区，打造宁波—华东地区集装箱海铁联运"黄金通道"，布局国际联运大通道，构建陆路国际大宗物流通道。加快开通宁波至东南亚地区的国际航线，完善"辐射东亚连通洲际"航空网，构建航空大宗物流国际通道。

立足全国流通节点城市，加快构筑"一纵一横一射"区域大宗物流通道格局，融入全国"三纵五横"骨干流通大通道。重点推进杭甬高速复线、甬台温高速复线、象山湾疏港高速、穿山港铁路支线、金甬铁路、甬舟铁路，加快机场三期扩建工程建设，强化重要大宗物流节点与铁路干线、高等级公路以及城市主干道的连接。加快推进大宗物流基地规划建设，建设一批典型的大宗物流园区，重点建设象山现代大宗物流园区、宁海大宗物流园区，优先发展具有城市配送、生活物资集散功能的专业型大宗物流中心。

依托城市枢纽地位，加快建设商贸流通大宗物流基地。以大宗商品交易市场、重要物资储备中心为依托，规划建设大宗商品大宗物流基地、大宗物流园区、多式联运中心等场站设施。以铁矿石、煤炭等大宗货物中转基地和交易市场等载体为依托，加快建设大宗商品大宗物流中转基地，重点加强信用担保、技术创新、创业培训、市场开拓、管理咨询等服务，打造全国大宗货物资源配置中心和集散中心。积极培育现代大宗物流、金融保险、信息服务等总部经济，加快国内外大型大宗物流综合服务商、商贸流通一体化企业总部在宁波的集聚，打造商贸流通大宗物流企业总部集聚区。

## 四　加强政府政策保障，实现大宗物流联动发展

加强宁波市政府对市现代大宗物流领导小组的领导，强化各职能部门间的协调配合，消除各职能部门"条块化"的领导模式，形成各级各部门齐抓共管、权责明确、协调联动、配合密切的统筹协调机制。加快供给

侧结构性改革,全面清理和取消各部门对大宗物流经营许可和资质的行政审批。有效地落实大宗物流行业管理"负面清单"改革事项,建立工作落实责任制和绩效考核评价机制。明确岗位职责,完善激励约束机制,健全绩效评估制度,严格考核奖惩,调动工作队伍积极性。

贯彻国家对大宗物流企业的各项税收减免政策,减轻大宗物流企业税赋。有效地落实大宗物流企业服务体系建设专项规划,优化交通大宗物流整体结构,降低大宗物流企业成本。出台龙头大宗物流企业的支持政策,建立并完善大宗物流企业的评价体系,以支持大宗物流企业转型升级为导向,支持宁波大宗物流企业积极融入"一带一路"倡议与"长江经济带"国家战略,走出去、引进来,加快大宗物流企业的业务升级。扩大大宗物流企业发展扶持资金规模,建立宁波市政府主导的大宗物流发展专项基金,通过控制所有权但不控制经营权的方式,支持一批创新能力较强的大宗物流企业的发展。

创新大宗物流企业用地供应机制,完善大宗物流土地政策。优先考虑大宗物流企业的用地需求,以政府为主导、以大宗物流企业需求为导向、以大宗物流行业发展为最终目标,实施有效的大宗物流项目评估机制,以此为基础,合理配置大宗物流用地指标。加快完善大宗物流金融政策,有效运用政府政策支持,积极引导各类银行、金融机构加大对宁波大宗物流企业的信贷支持力度,加快推动适合大宗物流企业特点的金融产品和服务方式创新,提高对大宗物流企业的金融服务水平。积极争取梅山保税港区的营业税免征、启运港退税、沿海捎带和国际集拼等优惠政策,争取国家给予宁波海铁联运跨区域直通关和起运站退税政策支持。

### 五 优化大宗商品物流产业发展市场环境,加强人才队伍储备

推动信用信息的整合共享,形成统一的大宗商品物流信用信息共享平台,推动物流业信用信息记录在全社会的广泛应用,创新信用产品,满足市场多层次、多样化和专业化的大宗商品物流信用服务需求。建立和完善大宗商品物流行业监测预警体系,每年编制宁波大宗商品物流行业发展景气指数,加强对大宗商品物流市场的监测,提高预测预警水平和服务能力。完善口岸发展环境,积极争取海关、口岸查验部门的支持,继续完善"企业自主选择通关地、口岸放行"的通关模式,最大限度地方便大宗商品企业。

传统的风险管理以防范损失为主要内容,而全面的风险管理包括防范损失和以风险和回报为中心两个方面的活动。其中,防范损失包括内部控制和衍生产品交易(风险对冲)等;风险和回报方面包括定价、风险调整资本回报率等风险管理活动。大宗商品融资与传统贸易融资业务的区别在于:综合运用货权控制、保险、套期保值等风险缓释手段。针对大宗商品融资业务,大宗商品金融服务企业必须建立适应其风险特征、涵盖前中后台的风险管理体系,并结合贸易融资产品与服务创新,建立专业化的授信评审及管理机制,有效地加强全面风险管理。

加强人才引进和培养,统筹各类人才队伍建设,为宁波大宗商品物流发展提供人才保障和智力支持。加强大宗商品物流创新人才的培育与引进,营造人才发展的良好环境,吸引复合型管理人才、技能型实用人才、创新型研究人才,以及智慧物流、港航物流等重点领域紧缺人才。优化人才培养机制,推广产学研相结合的方式,以重大项目为载体,依托大中专院校和物流专业研究机构,培养一支数量充足、结构合理、素质优良、勇于创新的大宗商品物流人才队伍。建立以政府投入为主导,用人单位、社会和个人积极参与的多元化人才投入机制。

# 参考文献

[1] Acharya, R. N., Gentle, P. F., Mishra, A. K. et al., *Examining the CRB Index as an Indicator for US Inflation* [R]. Southern Agricultural Economics Association Annual Meeting, 2008.

[2] Adams, F. G., Ichino, Y., Commodity Prices and Inflation: A forward-looking Price Model [J]. *Journal of Policy Modeling*, 1995, 17 (4): 397-426.

[3] Aghion, P., Howitt, P., Brant-Collett, M. et al., *Endogenous Growth Theory* [M]. New York: MIT Press, 1998.

[4] Aljohani, K., Thompson, R. G., Impacts of logistics sprawl on the urban environment and logistics: Taxonomy and review of literature [J]. *Journal of Transport Geography*, 2016, 57: 255-263.

[5] APEC, Benefits of Trade and Investment Liberalization and Facilitation [R]. *Working Paper*, 2002.

[6] Asian Development Bank, Designing and Implementing Trade Facilitation in Aisa and the Pacific [R]. Asian Development Bank, 2008.

[7] Avdokushin, E. F., Kudryashova, I. A., Some Trends in Russian Food Product Export the Meaning of the International Trade Development [J]. *Foods & Raw Materials*, 2016, 4 (2): 148-156.

[8] Awokuse, T. O., Yang, J., The Informational Role of Commodity Prices in Formulating Monetary Policy: A reexamination [J]. *Economics Letters*, 2003, 79 (2): 219-224.

[9] Ben Shepherd, John S. Wilson, Trade Facilitation in ASEAN Member Countries: Measuring Progress and Assessing Priorities [J]. *Journal of*

*Asian Economics*, 2009 (4): 367 - 383.

[10] Boeri, T., *Structural Change, Welfare Systems, and Labour Reallocation: Lessons from the Transition of Formerly Planned Economies* [M]. Oxford University Press, 2000.

[11] Bloch, H., Dockery, A. M., Sapsford, D., Commodity Prices and the Dynamics of Inflation in Commodity - Exporting Nations: Evidence from Australia and Canada [J]. *Economic Record*, 2006, 82 (S1): 97 - 109.

[12] Blomberg, S., Harris, E. S., The commodity - consumer price connection: fact or fable? [J]. *Economic Policy Review*, 1995 (10): 21 - 38.

[13] Cavallaro, E., Mulino, M., Quality upgrading, technological catching up and trade: The case of central and eastern European countries [R]. Roma: *Sapienza University of Rome Working Paper*, 2005.

[14] Chen, G., Firth, M., Xin, Y., The Price - Volume Relationship in China's Commodity Futures Markets [J]. *Chinese Economy*, 2004, 37 (3): 87 - 122.

[15] Cheng Yu., An Influence Factor Analysis of International Trade Flow using a Gravity Model [J]. *International Journal of Simulation — Systems, Science & Technology*, 2016, 17 (36): 1 - 6.

[16] Christos Papazoglou, Greece's Potential Trade Flows: A Gravity Model Approach [J]. *Int Adv Econ Res*, 2007 (13): 403 - 414.

[17] Domanski, Dietrich, Alexandra Heath, Financial Investors and Commodity Markets [J]. *BIS Quarterly Review*, March, 2007: 53 - 67.

[18] Eichengreen, B., Irwin, D., The Role of History in Bilateral Trade Flows [J]. *The Regionalization of the World Economy*, 1998 (7): 33 - 62.

[19] Fagerberg, J., Technological Progress, Structural Change and Productivity Growth: A Comparative Study [J]. *Structural Change and Economic Dynamics*, 2000, 11 (4): 393 - 411.

[20] Felipe, J., Kumar, U., The Role of Trade Facilitation in Central Asia: A Gravity Model [J]. *Eastern European Economics*, 2012, 50 (4): 5 - 20.

[21] Francois, J. H. , Van Meijl, F. Van Tongeren, Trade Liberalization in the Doha Development Round [J]. *Economic Policy*, 2005 (4): 191 – 202.

[22] Frankel, J. A. , Romer, D. , Does Trade Cause Growth? [J]. *American Economic Review*, 1999: 379 – 399.

[23] Fretheim, T. , Kristiansen, G. , Commodity Market Risk From 1995 to 2013: An Extreme Value Theory Approach [J]. *Applied Economics*, 2015, 47 (26): 2768 – 2782.

[24] Fung, H. G. , Tse, Y. , The information flow and market efficiency between the US and Chinese aluminum and copper futures markets [J]. *Journal of Futures Markets*, 2010, 30 (12): 1192 – 1209.

[25] Fung, H. G. , Tse, Y. , Yau, J. , et al. , A Leader of the World Commodity Futures Markets in the Making? The Case of China's Commodity Futures [J]. *International Review of Financial Analysis*, 2013, 27: 103 – 114.

[26] Geetha Ravishankar, Marie M. Stack, The Gravity Model and Trade Efficiency: A Stochastic Frontier Analysis of Eastern European Countries' Potential Trade [J]. *World Economy*, 2014, 37 (5): 690 – 704.

[27] Grieger, M. , Elect ronicMarketplaces: A Literature Review and a Call for Supply Chain Management Research [J]. *European Journal of Operational Research*, 2013, 144: 280 – 294.

[28] Grossman, G. M. , Helpman, E. , *Innovation and Growth in the Global Economy* [M]. Cambridge, MA: The MIT Press, 1991.

[29] Haase, P. , Spatial Pattern Analysis in Ecology Based on Ripley's K Function: Introduction and methods of edge correction [J]. *Journal of Vegetation Science*, 1995, 6 (4): 575 – 582.

[30] Hertel, Thomas W. , Terrie Walmsley and Ken Itakura. Dynamic Effect of the "NewAge" Free Trade Agreement between Japan and Singapore [J]. *Journal of Economic Integration*, 2001 (16): 46 – 84.

[31] Hesse, M. , Rodrigue, J. P. , The Transport Geography of Logistics and Freight Distribution [J]. *Journal of Transport Geography*, 2004, 12:

171-184.

[32] Hong, J., Chin, A. T. H., Modeling the location choices of foreign investments in Chinese logistics industry [J]. *China Economic Review*, 2007, 18 (4): 425-437.

[33] Hou, Y., Li, S., Price discovery in Chinese stock index futures market: New evidence based on intraday data [J]. *Asia - Pacific Financial Markets*, 2013: 1-22.

[34] Huang PING, Mingyong LAI, Haicheng WANG, Risk analysis of international trade financing of Chinese ledenterrprises in Chnia [J]. *Light & Engineering*, 2017, 25 (3): 103-117.

[35] Hua, R., Chen, B., International Linkages of the Chinese Futures Markets [J]. *Applied Financial Economics*, 2007, 17 (16): 1275-1287.

[36] Jia, R. L., Wang, D. H., Tu, J. Q. et al., Correlation between agricultural Markets in Dynamic Perspective—Evidence from China and the US futures markets [J]. *Physica A: Statistical Mechanics and its Applications*, 2016, 464: 83-92.

[37] Isabel Proen Ca, Maria Paula Fontoura, Enrique Martínez - Galán, Trade in the enlarged European Union: A New Approach on Trade Potential [J]. *Port Econ J*, 2008 (7): 205-224.

[38] J. S., Darshini, International trade: Direction and Dimension [J]. *CLEAR International Journal of Research in Commerce & Management*, 2017, 8 (3): 24-29.

[39] Julie Cidell, Concentration and decentralization: The New Geography of Freight Distribution in US Metropolitan Areas [J]. *Journal of Transport Geography*, 2010, 3 (18): 363-371.

[40] Junjie Hong, Anthony T. H. Chin, Modeling the Location Choices of Foreign Investment in Chinese Logistics Industry [J]. *China Eonomic Review*, 2007, 18 (4): 425-437.

[41] Kavussanos, M. G., Visvikis, I. D., Dimitrakopoulos, D. N., Economic Spillovers between Related Derivatives Markets: The Case of Commodity and Freight Markets [J]. *Transportation Research Part E: Lo-*

gistics and Transportation Review, 2014, 68: 79 - 102.

[42] Kevin, O'Connor, Global City Regions and the Location of Logistics Activity [J]. Journal of Transport Geography, 2013, 3 (18): 354 - 362.

[43] Krippner, G. R., The Financialization of American Economy [J]. Socio - Economic, 3: 173 - 208.

[44] M. Bruna Zolin, Bernadette Andreosso - O'Callaghan, The Korea - EU FTA: New Prospects for and Patternsof Agricultural and Agrifood Trade? [J]. J Glob Policy Gov, 2013 (1): 129 - 142.

[45] Markus Hesse, Jean - Paul Rodrigue, The Transport Geography of Logistics and Freight Distribution [J]. Journal of Transport Geography, 2004 (12): 171 - 184.

[46] Nelson, R. R., Phelps, E. S., Investment in Humans, Technological diffusion, and economic growth [J]. The American Economic Review, 1966, 56 (1/2): 69 - 75.

[47] Mercedes Delgado, Michael E. Porter, Scott Stern, Clusters, Convergence, and Economic Performance [J]. Research Policy, 2014, 43 (10): 1785 - 1799.

[48] OECD, The Costs and Benefits of Trade Facilitation [R]. OECD Policy Brief, 2003.

[49] Park, A., Jin, H., Rozelle, S. et al., Market emergence and transition: Arbitrage, transaction costs, and autarky in China's grain markets [J]. American Journal of Agricultural Economics, 2002, 84 (1): 67 - 82.

[50] Peneder, M., Industrial structure and aggregate growth [J]. Structural Change and Economic Dynamics, 2003, 14 (4): 427 - 448.

[51] Pettit, S. J., Beresford, A. K. C., Port development: From gateways to logistics hubs [J]. Maritime Policy & Management, 2009, 36 (3): 253 - 267.

[52] Pöyhönen, P., A tentative model for the volume of trade between countries [J]. Weltwirts chaft liches Archiv, 1963: 93 - 100.

[53] Prabir De, Global Economic and Financial Crisis: India's Trade Poten-

tial and Prospects, and Implications for Asian Regional Integration [J]. *Journal of Economic Integration*, 2010, 25 (1): 32 - 68.

[54] Rapsomanikis, G., Sarris, A., The Impact of Domestic and International Commodity Price Volatility on Agricultural Income Instability [R]. *UN U - WIDER Discussion Paper*, 2006.

[55] Sakai, T., Kawamura, K., Hyodo, T., Spatial Reorganization of Urban Logistics System and Its Impacts: Case of Tokyo [J]. *Journal of Transport Geography*, 2017, 60: 110 - 118.

[56] Song, Y., Lee, K., Anderson, W. P. et al., Industrial Agglomeration and Transport Accessibility in Metropolitan Seoul [J]. *Journal of Geographical Systems*, 2012, 14 (3): 299 - 318.

[57] Tinbergen, J., Shaping the World Economy: Suggestions for an International Economic Policy [M]. New York: The Twentieth Century Fund, 1962.

[58] Trippl, M., Knowledge sourcing beyond buzz and pipelines: Evidence from the Vienna software sector [J]. *Economic Geography*, 2009, 85 (4): 443 - 462.

[59] Tropeano, D., Hedging, Arbitrage, and the Financialization of Commodities Markets [J]. *International Journal of Political Economy*, 2016, 45 (3): 241 - 256.

[60] Verhetsel, A., Kessels, R., Goos, P. et al., Location of logistics companies: A stated preference study to disentangle the impact of accessibility [J]. *Journal of Transport Geography*, 2013, 42 (42): 110 - 121.

[61] Walkenhorst, P., Domestic and International Environmental Impacts of Agricultural Trade Liberalisation [R]. *International Trade EconWPA*, 2004.

[62] Wang, H. H., Ke, B., Efficiency tests of agricultural commodity futures markets in China [J]. *Australian Journal of Agricultural and Resource Economics*, 2005, 49 (2): 125 - 141.

[63] Wilson, J. S., Mann, C. L., Otsuki, T., Trade Facilitation and Eco-

nomic Development: A New Approach to Measuring the Impact [J]. *World Bank Economic Review*, 2003 (3): 367 – 389.

[64] Xin, Y., Chen, G., Firth, M., The Efficiency of the Chinese Commodity Futures Markets: Development and Empirical Evidence [J]. *China & World Economy*, 2006, 14 (2): 79 – 92.

[65] Yena Song, Keumsook Lee, William P. Anderson, T. R. Lakshmanan, Industrial Agglomeration and transport accessibility in metropolitan Seoul [J]. *Journal of Geographical Systems*, 2012, 14 (3): 299 – 318.

[66] Yuan Feng, Wei Yehua Dennis, Chen Wen et al., Spatial Agglomeration and New Firm Formation in the Information and Communication Technology Industry in Suzhou [J]. *Acta Geographica Sinica*, 2010, 65 (2): 153 – 163.

[67] 阿布都伟力·买合普拉、杨德刚：《物流地理学研究进展与展望》，《地理科学进展》2012年第2期。

[68] 白晓娟、王静：《我国大宗商品电子商务交易模式及发展趋势》，《中国物流与采购》2014年第11期。

[69] 毕秀晶、汪明峰、李健、宁越敏：《上海大都市区软件产业空间集聚与郊区化》，《地理学报》2011年第12期。

[70] 蔡慧、华仁海：《中国商品期货指数与GDP指数的关系研究》，《金融理论与实践》2007年第8期。

[71] 蔡进：《大宗商品现代流通将终结企业单体竞争》，《中国企业报》2014年7月29日第13版。

[72] 曹卫东：《城市物流企业区位分布的空间格局及其演化——以苏州为例》，《地理研究》2011年第11期。

[73] 曹卫东：《港航企业区位特征及其空间关联——以上海港口后勤区为例》，《地理研究》2012年第6期。

[74] 曾小永、钱庆兰：《广州市仓储型物流企业空间分布特征及其影响因素分析》，《中国市场》2010年第32期。

[75] 常清、赵冬梅、胡捷帆：《CRB对我国CPI价格指数的关系引导性研究》，《金融理论与实践》2010年第10期。

[76] 陈超、马春光：《中国大宗商品期货交割库空间布局及影响因素》，

《地理科学》2017 年第 1 期。

[77] 陈俭、布娲鹣·阿布拉、陈彤:《中国与中亚五国农业经贸合作模式研究》,《国际贸易问题》2014 年第 4 期。

[78] 陈素青:《长江三角洲主要城市产业结构转换的综合评价》,《世界地理研究》2004 年第 4 期。

[79] 陈晓艳:《丝绸之路经济带沿线战略背景下新疆边境贸易发展研究》,《对外经贸》2014 年第 12 期。

[80] 陈再齐、闫小培、曹小曙:《广州市港口服务业空间特征及其形成机制研究》,《地理科学》2010 年第 1 期。

[81] 程云洁:《"丝绸之路经济带"建设给我国对外贸易带来的新机遇与挑战》,《经济纵横》2014 年第 6 期。

[82] 褚晓明、李彦萍:《大宗商品市场要素运作交易模式研究》,《中国市场》2013 年第 19 期。

[83] 崔明:《大宗商品金融化的动因、争议与启示》,《现代管理科学》2012 年第 12 期。

[84] 单君兰、周苹:《基于 APEC 的贸易便利化测评及对我国出口影响的实证分析》,《国际商务研究》2012 年第 1 期。

[85] 杜晓鹏:《中国新疆与中亚五国经贸合作研究》,博士学位论文,新疆师范大学,2013 年。

[86] 高杰、王志强、邵琦:《Ripley's L 指数与最近邻空间热点分析在流行病学标点地图分析中的应用》,《山东大学学报》(医学版) 2009 年第 3 期。

[87] 高燕:《产业升级的测定及制约因素分析》,《统计研究》2006 年第 4 期。

[88] 韩东、王述芬:《贸易便利化对进出口贸易影响的实证分析》,《金融与经济》2014 年第 4 期。

[89] 韩立岩、尹力博:《投机行为还是实际需求?——国际大宗商品价格影响因素的广义视角分析》,《经济研究》2012 年第 12 期。

[90] 韩永辉、邹建华:《"一带一路"背景下的中国与西亚国家贸易合作现状和前景展望》,《国际贸易》2014 年第 8 期。

[91] 韩增林、王成金、尤飞:《我国物流业发展与布局的特点及对策探

讨》,《地理科学进展》2002年第1期。

[92] 韩增林、李亚军、王利:《城市物流园区及配送中心布局规划研究——以大连市物流园区建设规划为例》,《地理科学》2003年第5期。

[93] 韩增林、郭建科:《现代物流业影响城市空间结构机理分析》,《地理与地理信息科学》2006年第4期。

[94] 韩增林、李晓娜:《第三方物流企业的区位影响因素研究》,《地域研究开发》2007年第2期。

[95] 胡鞍钢、马伟、鄢一龙:《丝绸之路经济带沿线:战略内涵、定位和实现路径》,《新疆师范大学学报》(哲学社会科学版)2014年第2期。

[96] 胡美娟、李在军、侯国林等:《江苏省乡村旅游景点空间格局及多尺度特征》,《经济地理》2015年第6期。

[97] 黄伟新、龚新蜀:《丝绸之路经济带国际物流绩效对中国机电产品出口影响的实证分析》,《国际贸易问题》2014年第10期。

[98] 惠英、舒慧琴:《长三角物流园区规划布局分析》,《城市规划学刊》2008年第3期。

[99] 纪边:《新华浙江大宗商品交易中心——"一带一路"大宗商品的新蓝海》,《期货日报》2015年6月9日第004版。

[100] 蒋冠、霍强:《中国—东盟自由贸易区贸易创造效应——基于引力模型面板数据的实证分析》,《当代经济管理》2015年第2期。

[101] 蒋天颖、史亚男:《宁波市物流企业空间格局演化及影响因素》,《经济地理》2015年第10期。

[102] 蒋天颖、麻黎黎:《浙江省大宗商品交易市场空间分布及区位选择》,《经济地理》2016年第7期。

[103] 靖学青:《上海产业升级测度及评析》,《上海经济研究》2008年第6期。

[104] 卡比努尔·库拉西:《新疆与中亚五国农业经济合作研究》,博士学位论文,新疆农业大学,2013年。

[105] 李建民:《丝绸之路经济带、欧亚经济联盟与中俄合作》,《俄罗斯学刊》2014年第5期。

[106] 李惊雷:《人民币汇率变动对中国农产品的贸易条件效应的实证分析》,《农业技术经济》2009 年第 5 期。

[107] 李书彦:《大宗商品交易市场建设与政府服务——以宁波为例》,《企业经济》2014 年第 4 期。

[108] 李婉红:《排污费制度驱动绿色技术创新的空间计量检验——以 29 个省域制造业为例》,《科研管理》2015 年第 6 期。

[109] 李文良、张小平、郝朝运:《湘鄂皖连香树种群的年龄结构和点格局分析》,《生态学报》2009 年第 6 期。

[110] 李豫新、郭颖慧:《边境贸易便利化水平对中国新疆维吾尔自治区边境贸易流量的影响》,《国际贸易问题》2013 年第 10 期。

[111] 李豫新、郭颖慧:《中国新疆与周边国家边境贸易便利化水平研究》,《国际商务研究》2014 年第 1 期。

[112] 李援亚:《粮食金融化:界定、背景及特征》,《金融理论与实践》2012 年第 10 期。

[113] 梁双波、曹有挥、吴威:《上海大都市区港口物流企业的空间格局演化》,《地理研究》2013 年第 8 期。

[114] 刘大均:《武汉市休闲旅游地空间结构及差异研究》,《经济地理》2014 年第 3 期。

[115] 刘迪、舒林、范阅:《"丝绸之路经济带沿线":概念界定与经济社会综述》,《西部金融》2014 年第 9 期。

[116] 刘莉:《中国大宗商品电子交易市场存在问题及发展趋势》,《宁波大学学报》2015 年第 2 期。

[117] 刘璐、闵楠:《国际大宗商品价格冲击与中国宏观经济波动——基于金融危机前后的比较研究》,《世界经济研究》2017 年第 3 期。

[118] 刘喜和:《我国贸易条件异常波动的内外冲击因素》,《财经科学》2012 年第 6 期。

[119] 刘宇宁:《应着力解决我国大宗商品国际定价权缺失问题》,《经济纵横》2013 年第 10 期。

[120] 吕立邦等:《供给侧改革背景下流通行业存在的问题与对策》,《经济问题》2016 年第 12 期。

[121] 吕卫国、陈雯:《制造业企业区位选择与南京城市空间重构》,《地

理学报》2009 年第 2 期。

[122] 马建蕾、秦富、刘岩：《中国与拉丁美洲国家农产品贸易前景与挑战——从中国角度对问题与机遇的分析》，《世界农业》2012 年第 1 期。

[123] 马天平：《"一带一路"下新疆对外贸易发展潜力研究》，《现代经济信息》2015 年第 2 期。

[124] 马远军：《基于图形叠加及地理统计学的浙江文化区空间透视》，博士学位论文，浙江师范大学，2013 年。

[125] 莫星、千庆兰、郭琴等：《广州市运输型物流企业空间分布特征分析》，《热带地理》2010 年第 5 期。

[126] 牛慧恩、陈璟：《我国物流园区规划建设的若干问题探讨》，《城市规划》2001 年第 3 期。

[127] 潘竟虎、李俊峰：《中国 A 级旅游景点空间分布特征与可达性》，《自然资源学报》2014 年第 1 期。

[128] 潘裕娟、曹小曙：《城市物流业的基本—非基本经济活动分析——以广州市为例》，《经济地理》2011 年第 9 期。

[129] 千庆兰、陈颖彪、李雁等：《广州市物流企业空间布局特征及其影响因素》，《地理研究》2011 年第 7 期。

[130] 乔宝华、黄坤：《国际初级产品价格对中国贸易条件的传导机制和影响效应》，《世界经济研究》2010 年第 8 期。

[131] 沈铭辉：《东亚国家贸易便利化水平测算及思考》，《国际经济合作》2009 年第 7 期。

[132] 沈玉芳、王能洲、马仁峰等：《长三角区域物流空间布局及演化特征研究》，《经济地理》2011 年第 4 期。

[133] 盛斌、廖明中：《中国的贸易流量与出口潜力：引力模型的研究》，《世界经济》2004 年第 2 期。

[134] 石晓梅、冯耕中、邢伟：《中国大宗商品电子交易市场经济特征与风险分析》，《情报杂志》2010 年第 3 期。

[135] 史晨昱：《大宗商品金融化》，《中国金融》2011 年第 7 期。

[136] 宋海英：《中国—拉美农产品贸易的影响因素：基于引力模型的实证分析》，《农业经济问题》2013 年第 3 期。

[137] 宋双双：《在"一带一路"战略下扩大对外农业合作》，《国际经济合作》2014年第9期。

[138] 苏秦、张艳：《制造业与物流业联动现状及原因探析》，《软科学》2011年第3期。

[139] 苏治、尹力博、方彤：《量化宽松与国际大宗商品市场：溢出性、非对称性和长记忆性》，《金融研究》2015年第3期。

[140] 孙峰华、魏晓、刘玉桥、沈向昕、李世泰：《山东半岛城市群物流业发展核心竞争力》，《地理学报》2008年第10期。

[141] 孙林：《中国农产品贸易流量及潜力测算——基于引力模型的实证分析》，《经济学家》2008年第6期。

[142] 孙林、徐旭霏：《东盟贸易便利化对中国制造业产品出口影响的实证分析》，《国际贸易问题》2011年第8期。

[143] 孙林、倪卡卡：《东盟贸易便利化对中国农产品出口影响及国际比较——基于面板数据模型的实证分析》，《国际贸易问题》2013年第4期。

[144] 谭小芬、任洁：《国际大宗商品价格波动中的中国因素——基于2000—2013年月度数据和递归VAR模型的分析》，《财贸经济》2014年第10期。

[145] 汤碧：《中国与金砖国家农产品贸易：比较优势与合作潜力》，《农业经济问题》2012年第12期。

[146] 王成金：《我国物流企业的空间组织研究》，博士学位论文，南京师范大学，2005年。

[147] 王成金：《中国物流企业的空间组织网络》，《地理学报》2008年第2期。

[148] 王成金：《1950年代以来中国铁路物流的交流格局及演变特征》，《地理科学进展》2008年第1期。

[149] 王成金、张梦天：《中国物流企业的布局特征与形成机制》，《地理科学进展》2014年第1期。

[150] 王春玉：《中国与澳大利亚农产品贸易互补性与竞争性分析》，博士学位论文，华中农业大学，2008年。

[151] 王东亚：《中国大宗商品电子交易市场建设研究》，《特区经济》

2012 年第 2 期。

[152] 王冠凤：《上海自由贸易实验区大宗商品交易平台经济新模式探究》，《西南金融》2015 年第 5 期。

[153] 王劲峰、廖一兰、刘鑫：《空间数据分析教程》，科学出版社 2010 年版。

[154] 王军锋、江阎：《新常态下服务业发展机遇与挑战——浙江省大宗商品贸易问题研究》，《经济丛刊》2015 年第 5 期。

[155] 王丽英、刘后平：《产业结构变迁对劳动生产率增长的贡献及其区域差异——基于 Shift-share 模型的实证分析》，《西部论坛》2010 年第 5 期。

[156] 王帅、陈忠暖、黄方方：《广州市连锁超市空间分布及其影响因素》，《经济地理》2015 年第 11 期。

[157] 王晓芳、王永宁、李洁：《国际大宗商品期货价格与中国 CPI 波动关系的经验研究》，《财贸经济》2011 年第 6 期。

[158] 王新哲、王颖：《基于优势及特定服务对象的物流园区规划——苏州工业园区现代物流园规划设计》，《城市规划学刊》2005 年第 5 期。

[159] 王志远：《中国与中亚五国贸易关系的实证分析》，《俄罗斯中亚东欧市场》2011 年第 6 期。

[160] 吴海霞、葛岩、史恒通等：《农产品金融化对玉米价格波动的传导效应研究》，《厦门大学学报》（哲学社会科学版）2017 年第 2 期。

[161] 吴宏伟：《中国与中亚五国的贸易关系》，《俄罗斯中亚东欧市场》2011 年第 6 期。

[162] 肖争艳、安德燕、易娅莉：《国际大宗商品价格会影响我国 CPI 吗——基于 BVAR 模型的分析》，《经济理论与经济管理》2009 年第 8 期。

[163] 徐清军：《国际大宗商品市场日益走向金融化》，《国际商报》2011 年 6 月 27 日第 001 版。

[164] 许祥云、何恋恋、高灵利：《农产品政策如何影响国际市场对国内期货市场的价格传递效应——以棉花和豆类产品的收储及补贴政策为例》，《世界经济研究》2016 年第 6 期。

[165] 许欣欣、曾自强、马胜：《国际油价上升对宏观经济影响的 SVAR 模型分析——基于石油对外依存度视角的中美比较研究》，《亚太经济》2015 年第 4 期。

[166] 杨传开、宁越敏：《中国省际人口迁移格局演变及其对城镇化发展的影响》，《地理研究》2015 年第 8 期。

[167] 杨丹萍、杨秀秀：《浙江省大宗商品交易市场发展研究》，《宁波大学学报》（人文社会科学版）2013 年第 6 期。

[168] 杨广贡：《国际大宗商品价格变动与金融化趋势》，中国社会科学院研究生院，2012 年。

[169] 杨浩、林丽红：《中国与国际大宗商品价格关联性研究》，《经济问题探索》2011 年第 9 期。

[170] 杨胜刚、成博：《股票市场与大宗商品市场互动特征比较研究》，《当代财经》2014 年第 6 期。

[171] 杨咸月：《国内外期铜市场互动及其价格波动关系研究》，《财经研究》2006 年第 7 期。

[172] 姚余栋、刘津宇、刘维特：《大宗商品冲击与货币政策选择》，《中国金融》2017 年第 17 期。

[173] 叶青、韩立岩：《次贷危机中国际大宗商品期货中的国际热钱走向》，《数理统计与管理》2014 年第 1 期。

[174] 殷红、张霞、王长波：《基于组合模型的大宗商品价格预测与可视分析——以甲醇价格为例》，《东华大学学报》（自然科学版）2017 年第 4 期。

[175] 尹力博、韩立岩：《大宗商品战略配置——基于国民效用与风险对冲的视角》，《管理世界》2014 年第 7 期。

[176] 尹力博、韩立岩：《国际大宗商品资产行业配置研究》，《系统工程理论与实践》2014 年第 3 期。

[177] 尹利群：《贸易便利化的定义》，《解放日报》2009 年 6 月 27 日。

[178] 玉素甫·阿布来提：《促进中国新疆与中亚五国经济一体化进程的探讨》，《俄罗斯中亚东欧市场》2011 年第 2 期。

[179] 袁丰、魏也华、陈雯等：《苏州市区信息通讯企业空间集聚与新企业选址》，《地理学报》2010 年第 2 期。

[180] 张博:《促进石油天然气行业可持续发展》,《宏观经济管理》2017年第6期。

[181] 张程、范立夫:《大宗商品价格影响与货币政策权衡——基于石油的金融属性视角》,《金融研究》2017年第3期。

[182] 张剑:《经济增速缓慢 市场整体低位运行——国际大宗商品市场年度回顾及展望》,《国际经济合作》2016年第1期。

[183] 张健、方兆本:《基于Copula函数的中国大宗商品期货的最优套期保值比率》,《中国科学技术大学学报》2012年第12期。

[184] 张江涛:《美元周期、美国利率周期与大宗商品价格周期——基于VAR模型的相关性研究》,《西南金融》2017年第5期。

[185] 张金屯:《数量生态学》,科学出版社2004年版。

[186] 张淑荣、殷红:《我国农产品贸易条件影响因素的实证分析——基于灰色关联分析》,《国际贸易问题》2010年第11期。

[187] 张树忠、李天忠、丁涛:《农产品期货价格指数与CPI关系的实证研究》,《金融研究》2006年第11期。

[188] 张素丽、佘幼宇、官莹等:《北京市商品交易市场的分布特征与发展趋势》,《经济地理》2001年第6期。

[189] 张天顶:《国际大宗商品价格冲击会影响国内的通货膨胀吗?——基于跨国数据的经验研究》,《投资研究》2013年第6期。

[190] 张翔、刘璐、李伦一:《国际大宗商品市场金融化与中国宏观经济波动》,《金融研究》2017年第1期。

[191] 张晓静、李梁:《"一带一路"与中国出口贸易:基于贸易便利化视角》,《亚太经济》2015年第3期。

[192] 张晓平、孙磊:《北京市制造业空间格局演化及影响因子分析》,《地理学报》2012年第10期。

[193] 张晓倩、龚新蜀:《上合组织贸易便利化对中国农产品出口影响研究——基于面板数据的实证分析》,《国际经贸探索》2015年第1期。

[194] 张雪莹、刘洪武:《国际大宗商品金融化问题探析》,《华北金融》2012年第4期。

[195] 张翼:《国际大宗商品期货价格与中国物价变动的关系研究——基

于 CRB 指数的实证分析》,《南京审计学院学报》2009 年第 1 期。

[196] 章文、黎夏:《深圳服装业空间演化及影响因素分析》,《热带地理》2014 年第 4 期。

[197] 赵革、黄国华:《国际市场到国内市场的价格传导链分析》,《统计研究》2005 年第 7 期。

[198] 赵京芳:《试析现代信息技术与大宗商品现货交易模式创新》,《宁波经济》(三江论坛)2013 年第 9 期。

[199] 赵俊强:《国际大宗商品价格波动对我国经济运行的传导机制及应对策略》,《价格理论与实践》2017 年第 6 期。

[200] 赵玲、张玲、黄祎:《全球大宗商品定价机制与国际经贸格局演变动态关系的研究评述》,《国际商务研究》2016 年第 3 期。

[201] 赵培红、张华、花永剑:《大宗商品交易平台融资机制创新研究——以浙商所为例》,《中国经贸导刊》2012 年第 35 期。

[202] 赵媛、沈绿筠、郝丽莎:《"丝绸之路经济带"在世界石油供给格局中的地位及演变》,《自然资源学报》2016 年第 5 期。

[203] 中国人民银行重庆营管部课题组、杨育宏、胡资骏:《国际大宗商品价格运行态势及其与中国经济波动关系探讨》,《金融与经济》2009 年第 7 期。

[204] 钟一鸣:《中小企业规避国际大宗商品价格波动风险研究》,《商业时代》2013 年第 9 期。

[205] 周蕾、杨山、王曙光:《城市内部不同所有制制造业区位时空演变研究——以无锡为例》,《人文地理》2016 年第 4 期。

[206] 周平德:《穗、深、港港口和航空物流对经济增长的作用》,《经济地理》2009 年第 6 期。

[207] 周星星、胡晓青、王雪姣:《大宗商品海铁联运发展对策研究——以宁波舟山港为例》,《物流工程与管理》2016 年第 6 期。

[208] 周晔、王万山:《我国大宗商品出口需求价格弹性与最优出口关税——以稀土为例》,《国际经贸探索》2012 年第 3 期。

[209] 周勇、张晓斌、刘芸:《国际经贸新形势下大宗商品贸易定价机制研究——以棉花等为例》,《纺织报告》2017 年第 5 期。

[210] 朱金鹤、崔登峰:《新疆与中亚五国对外贸易:优势、障碍与对策

研究》,《新疆农垦经济》2010年第12期。

[211] 朱相诚、王永龙:《大宗商品交易市场的行业联合对策——基于宁波大宗商品交易市场的个案研究》,《中国流通经济》2016年第6期。

[212] 朱艳敏、张二华、郑长娟:《现代服务业商业模式创新及启示:基于宁波典型企业的案例分析》,中国财政经济出版社2016年版。